Kulturökonomik

Ingrid Gottschalk

Kulturökonomik

Probleme, Fragestellungen
und Antworten

2., aktualisierte Auflage

 Springer VS

Ingrid Gottschalk
Universität Hohenheim
Stuttgart, Deutschland

ISBN 978-3-531-19966-5   ISBN 978-3-531-19967-2   (eBook)
DOI 10.1007/978-3-531-19967-2

Die Deutsche Nationalbibliothek verzeichnet diese Publikation in der Deutschen Nationalbibliografie;
detaillierte bibliografische Daten sind im Internet über http://dnb.d-nb.de abrufbar.

Springer VS
© Springer Fachmedien Wiesbaden 2016
Das Werk einschließlich aller seiner Teile ist urheberrechtlich geschützt. Jede Verwertung, die nicht ausdrücklich vom Urheberrechtsgesetz zugelassen ist, bedarf der vorherigen Zustimmung des Verlags. Das gilt insbesondere für Vervielfältigungen, Bearbeitungen, Übersetzungen, Mikroverfilmungen und die Einspeicherung und Verarbeitung in elektronischen Systemen.
Die Wiedergabe von Gebrauchsnamen, Handelsnamen, Warenbezeichnungen usw. in diesem Werk berechtigt auch ohne besondere Kennzeichnung nicht zu der Annahme, dass solche Namen im Sinne der Warenzeichen- und Markenschutz-Gesetzgebung als frei zu betrachten wären und daher von jedermann benutzt werden dürften.
Der Verlag, die Autoren und die Herausgeber gehen davon aus, dass die Angaben und Informationen in diesem Werk zum Zeitpunkt der Veröffentlichung vollständig und korrekt sind. Weder der Verlag noch die Autoren oder die Herausgeber übernehmen, ausdrücklich oder implizit, Gewähr für den Inhalt des Werkes, etwaige Fehler oder Äußerungen.

Lektorat: Cori Antonia Mackrodt

Gedruckt auf säurefreiem und chlorfrei gebleichtem Papier

Springer Fachmedien Wiesbaden GmbH ist Teil der Fachverlagsgruppe Springer Science+Business Media (www.springer.com)

Vorwort zur ersten Auflage

Kulturökonomik bringt zwei Bereiche zusammen, die nicht zusammen gehören – so denken vermutlich nicht wenige, die den Titel dieses Lehrbuches lesen. Es ist eine besondere Herausforderung, sich diesen kritischen Stimmen zu stellen und die Vorbehalte gegen die Verbindung von Kultur und Ökonomik zu widerlegen. Die zentrale Aufgabe dieses Buches liegt deshalb darin, die grundlegende Vereinbarkeit und den speziellen Nutzen ökonomischen Denkens und Handelns in Kunst und Kultur zu erläutern und anhand ausgewählter Beispiele zu belegen. In den beiden Anfangskapiteln geht es um die Darlegung des ökonomischen Ansatzes, dessen Terminologie und Vorgehensweise. Marktkonstellationen und die Notwendigkeit öffentlicher Eingriffe im Kulturmarkt werden diskutiert, das bekannte Phänomen der Baumol'schen Kostenkrankheit vorgestellt und in seinen Konsequenzen erläutert. Im Weiteren stehen die Analyse von Kulturangebot und Kulturnachfrage im Zentrum. In dem Zusammenhang wird beispielsweise die Frage behandelt, ob Geld kreativ macht oder ob Kulturkonsumenten souverän sein können und inwieweit sie eine Mitsprache hinsichtlich des Kulturangebots haben sollten. Die theoretische Analyse wird durch die Daten eigener empirischer Erhebungen mit Kulturanbietern und Kulturnachfragern sowie Recherchen in Kulturinstitutionen ergänzt. Hilft Kulturökonomik Kunst und Kultur? Das ist dann der Fall, wenn die Möglichkeiten der Förderung bei Anbietern und Konsumenten ausgeschöpft und mit den Konsequenzen der kulturökonomischen Analyse der Krisenherde verknüpft werden.

Die folgenden Ausführungen basieren auf der kreativen Zusammenarbeit, die gemeinsam mit den Studentinnen und Studenten von 1995 bis 2000 in der von der Autorin an der Universität Hohenheim gehaltenen Vorlesung Kunst und Konsum geleistet wurde. Diese Arbeit konnte mit Erfolg in der Vorlesung Kulturökonomik im Studiengang Kulturmanagement an der Pädagogischen Hochschule Ludwigsburg sowie im gleichnamigen Vortrag an der Universität Kiel im Sommersemester 2005 fortgesetzt werden. Den Teilnehmerinnen und Teilnehmern dieser Veranstaltungen, denen ich neben anregenden Diskussionen und wertvollen Hinweisen auch die insbesondere in Kap. 5 zitierten Diplomarbeiten und Seminararbeiten verdanke, ist dieses Buch gewidmet. Ein herzlicher Dank gebührt auch Stefanie Uhrich und Ina Hamann für die optisch perfekte Erstellung der Abbildungen sowie meiner Lektorin Gabi Franz für die persönliche Betreuung und die professionelle Umsetzung des Manuskriptes. Frank Engelhardt hat mir als zuständiger Lektor im VS Verlag für Sozialwissenschaften den notwendigen Spielraum gelassen, dafür danke ich ihm sehr herzlich. Dieses Lehrbuch ist eine Einführung. Sie richtet sich an Studentinnen und Studenten in den Anfangssemestern, aber auch an Fortgeschrittene, an Dozenten und an Praktiker. Mithilfe von vielen Beispielen und fast fünfzig Abbildungen wird die Kulturökonomik anschaulich dargestellt und als theoretisch anspruchsvolles und in der Anwendung hoffentlich hilfreiches Forschungsfeld etabliert.

Universität Hohenheim im September 2006　　　　　　　　　　Ingrid Gottschalk
Stuttgart, Deutschland

Vorwort zur zweiten Auflage

Neun Jahre sind seit Erscheinen der ersten Auflage dieses Lehrbuchs vergangen. Die vor rund einem Dezennium noch wenig verbreitete Disziplin der Kulturökonomik hat Einzug in Lehrpläne gehalten und dazu beigetragen, dass sich Kultur und Ökonomik aufeinander zubewegen. Sowohl der Zwang knapper Finanzen als auch die Einsicht in positive Wirkungen der Einbringung ökonomischer Ansätze mögen zu dieser Entwicklung beigetragen haben. Das Zugehen auf die Kunden, die Kulturkonsumenten, erscheint als Selbstverständlichkeit und relativiert ursprünglich befürchtete Animositäten zwischen den Disziplinen. Die Fülle an Neuerscheinungen in wissenschaftlichen Sprachrohren wie beispielsweise dem Journal of Cultural Economics bereiten den Boden dafür, dass angehende Kulturmanager theoretisch und empirisch fundiert auf ihren Einsatz in der Kulturpraxis vorbereitet werden können.

Wie überall im täglichen Leben und in der Wirtschaft hat der informationstechnische Fortschritt Chancen und neue Herausforderungen mit sich gebracht. Das 21. Jahrhundert als das Zeitalter des informierten Konsumenten schließt auch den Kulturkonsumenten ein. Wenn per Mausklick Kulturangebote abgerufen und bestellt werden können und dazu noch Hintergrundinformation von den verschiedensten Sendern ohne Umstände verfügbar ist, dann beschreibt das in der Tat eine neue Dimension kultureller Aktivität. Als Konsequenz sind auch die Ansprüche der Kulturnachfrager gewachsen und stellen die Kulturinstitutionen vor neue Herausforderungen. Diesen Entwicklungen entsprechend wurden vielfältige Ergänzungen sowie weitere Kapitel in das vorliegende Lehrbuch der Kulturökonomik integriert.

Dies ist eine vollständig überarbeitete Neuauflage der Kulturökonomik von 2006. Die in ihrer Substanz unveränderten theoretischen und konzeptionellen

Grundlagen wurden durch zusätzliche Literaturhinweise, auch unter Verwendung von online verfügbaren Quellen und aktuellen Daten, angereichert und durch ein gesondertes Kapitel zu den Strategien der Bereitstellung von Kulturgütern, darunter neue Möglichkeiten für deren Finanzierung und Vermittlung, ausgebaut (Kap. 5). Im gänzlich neu konzipierten Kap. 6 steht der Kulturkonsument im Mittelpunkt der Ausführungen. Auf der Grundlage einer eigenen Verbraucherbefragung werden Wünsche an Kulturbesuche analysiert und in ihren Ausprägungen empfundener Vorteile und Nachteile sowie möglicher Barrieren präzisiert. Kap. 7 greift mit stärkerem Praxisbezug am Beispiel von Museen und Theatern die wechselnden Perspektiven zwischen Anbieternotwendigkeiten und Konsumentenbedürfnissen auf. Es wird diskutiert, welche Maßnahmen, etwa aus den Bereichen Zusatzangebote vor Ort und Einsatz von Technik und elektronischen Medien sowie Virtualisierung von Präsentation und Kommunikation, als Verbesserungen für Kulturinstitutionen und Kulturkonsumenten vorgeschlagen werden können. Das abschließende Kap. 8 dient dem zusammenfassenden Überblick, auch hinsichtlich der noch nicht befriedigend gelösten Probleme im Zusammenspiel von Angebot und Nachfrage, sowie den Konsequenzen, die sich für die Theorie und Praxis der Kulturökonomik ergeben. Ein besonderer Schwerpunkt gilt der Frage, wie junge Konsumenten erfolgversprechend an die Kultur herangeführt werden können.

Auch die zweite Auflage basiert auf der inspirierenden Zusammenarbeit zwischen Studierenden und Autorin, in jüngster Zeit vor allem in Form von Masterseminaren bei den angehenden Kulturmanagern des gleichnamigen Studiengangs an der Pädagogischen Hochschule Ludwigsburg. Ihnen sei ebenso herzlich gedankt wie meiner Lektorin Frau Dipl.-Hdl. Gabi Franz, die auch dieses Manuskript der zweiten Auflage engagiert und professionell hervorragend betreut hat. Die didaktisch wertvollen Abbildungen und Tabellen wurden von B. Sc. Anna Rohbock, Universität Hohenheim, in sehr schönem Layout erstellt, ihr sei herzlich gedankt. Ein herzliches Dankeschön geht auch an Frau Dr. Mackrodt von Springer VS. Von ihr bekam ich nicht nur hilfreiche Verbesserungsvorschläge, sondern auch die sehr gern aufgegriffene Anregung zu dieser Neuauflage.

Universität Hohenheim im Mai 2015　　　　　　　　　　　　Ingrid Gottschalk
Stuttgart, Deutschland

Inhaltsverzeichnis

1	**Die ökonomische Betrachtung von Kunst und Kultur**		1
1.1	Der ökonomische Ansatz		1
	1.1.1	Zur Verbindung von Ökonomie und Kultur	1
	1.1.2	Ökonomische Grundprinzipien	4
1.2	Grundlagen der Kulturökonomik		7
	1.2.1	Begriffe und Definitionen	7
	1.2.2	Anwendungen und Folgen	14
1.3	Zur Doppelnatur von Kunstgütern		16
	1.3.1	Private und öffentliche Gütereigenschaften	16
	1.3.2	Kunstgüter und soziale Werte	19
1.4	Ansatzpunkte kulturökonomischer Analyse		21
	1.4.1	Volks- und betriebswirtschaftliche Schwerpunkte	21
	1.4.2	Die Ansatzpunkte im Überblick	23
	Literatur		26
2	**Märkte und Markteingriffe bei Kunstgütern**		29
2.1	Das Entstehen von Märkten		29
	2.1.1	Die unsichtbare Hand	29
	2.1.2	Güterkategorien und Marktversagen	31
2.2	Die Baumol'sche Kostenkrankheit		38
	2.2.1	Kulturanbieter in der Produktivitätsfalle	38
	2.2.2	Konsequenzen der Kostenkrankheit	40

2.3	Grundlagen und Wege staatlicher Kulturförderung		42
	2.3.1	Das Pro und Contra staatlicher Interventionen	42
	2.3.2	Anknüpfungspunkte staatlicher Maßnahmen	44
2.4	Marktkorrekturen bei Anbietern und Nachfragern		48
	2.4.1	Korrektur des Angebots: Subventionen als Zuwendungen	48
	2.4.2	Korrektur der Nachfrage: Subventionen durch Gutscheine	51
Literatur.			56

3 Ökonomische Analyse des Kulturangebots 59

3.1	Kulturfinanzierung im Spiegel der Statistik		60
	3.1.1	Internationale Erhebung von Kulturdaten	60
	3.1.2	Kulturausgaben in Deutschland	63
3.2	Private Kulturförderung		69
	3.2.1	Kulturförderung der Wirtschaft	69
	3.2.2	Kulturförderung der privaten Akteure	75
3.3	Wirkungen des Kulturangebots		79
	3.3.1	Volkswirtschaftlicher Beitrag	79
	3.3.2	Regionale und lokale Wirkungen	83
3.4	Förderung und Bewahrung von Kultur		87
	3.4.1	Die Motivation der Künstler	87
	3.4.2	Der soziale Wert von Kultur	89
Literatur.			94

4 Ökonomische Analyse der Kulturnachfrage 101

4.1	Kunst und Kultur als Konsumentscheidung		101
	4.1.1	Kunst konsumieren	101
	4.1.2	Konsumkonzepte	105
4.2	Der Konsumentscheidungsprozess		113
	4.2.1	Modelle der Konsumentscheidung	113
	4.2.2	Die Souveränität des Kunstkonsumenten	117
4.3	Nachfrage nach Kunst und Kultur		119
	4.3.1	Rationalität als Verhaltensprinzip	119
	4.3.2	Determinanten der Nachfrage	121
4.4	Wirkungen des Kulturkonsums		124
	4.4.1	Individuelle und soziale Funktionen	124
	4.4.2	Distributive Effekte	125
Literatur.			128

5 Strategien der Bereitstellung von Kulturgütern ... 133
5.1 Privat-öffentliche Angebote ... 134
    5.1.1 Das Konzept der Public Private Partnership ... 134
    5.1.2 Public Private Partnership in der Praxis ... 137
5.2 Wertorientiertes Marketing von Kulturleistungen ... 138
    5.2.1 Das Konzept des Value Marketing ... 138
    5.2.2 Value Marketing in der Praxis ... 141
5.3 Neue Wege für die Finanzierung ... 144
    5.3.1 Die Kulturkarte als modernes Gutscheinmodell ... 144
    5.3.2 *Pay as you go* als alternativer Eintrittspreis ... 151
5.4 Neue Wege für die Vermittlung ... 154
    5.4.1 Technik in der Kulturinstitution ... 154
    5.4.2 Virtuelle Kulturbesuche ... 157
Literatur ... 158

6 Der Kulturkonsument im Fokus ... 163
6.1 Auszüge aus vorhandenen Statistiken ... 164
6.2 Konzeption und Methodik der eigenen Konsumentenbefragung ... 166
6.3 Ergebnisse über alle Befragten ... 170
    6.3.1 Stichprobe ... 170
    6.3.2 Überzeugungen und Faktoren ... 173
6.4 Gruppenspezifische Ergebnisse ... 180
    6.4.1 Unterschiede zwischen Gruppen ... 180
    6.4.2 Zusammenhänge zwischen Variablen ... 184
Literatur ... 188

7 Kulturökonomik in Museen und Theatern ... 191
7.1 Besucherzahlen und Besuchererwartungen ... 192
    7.1.1 Museen als Publikumseinrichtungen ... 192
    7.1.2 Wünsche von Theaterbesuchern ... 198
7.2 Incentives durch Zusatzangebote ... 202
7.3 Verkäufe in Kulturinstitutionen ... 205
    7.3.1 Shops vor Ort ... 205
    7.3.2 Virtuelle Shops ... 208

7.4	Präsentation im Internet		210
	7.4.1	Internetauftritte	210
	7.4.2	Internetkommunikation	215
Literatur.			217

8 Konsequenzen aus den kulturökonomischen Analysen ... 221

8.1	Förderung des Kulturangebots		222
	8.1.1	Stabilisierung der Rahmenbedingungen	222
	8.1.2	Stärkung des Kulturbewusstseins	224
8.2	Förderung der Kulturkonsumenten		227
	8.2.1	Erhöhung der Kulturkompetenz.	227
	8.2.2	Förderschwerpunkt junge Konsumenten	230
8.3	Krisenpotenzial bei Kunst und Kultur		232
	8.3.1	Analyse von Krisenherden	232
	8.3.2	Private Initiative fördern	237
8.4	Fazit und Ausblick		240
	8.4.1	Konsequenzen für die Kulturanbieter	240
	8.4.2	Konsequenzen für die Kulturnachfrager	241
	8.4.3	Ausblick	242
Literatur.			243

Literaturverzeichnis ... 247

Stichwortregister ... 269

Autorenregister ... 275

Abbildungsverzeichnis

Abb. 1.1	Entscheidungs- und Handlungsmodell.	2
Abb. 1.2	Ökonomische Grundprinzipien	5
Abb. 1.3	Teilbereiche der Kultur.	11
Abb. 1.4	Kulturökonomische Abgrenzung von Kunst	12
Abb. 1.5	Die Doppelnatur von Kunstgütern	16
Abb. 1.6	Gesamtgesellschaftliche Wirkungen von Kunst.	20
Abb. 1.7	Kultur in wirtschaftswissenschaftlicher Perspektive	21
Abb. 1.8	Ansatzpunkte kulturökonomischer Analyse.	23
Abb. 2.1	Güterkategorien und externe Effekte	34
Abb. 2.2	Meritorische Güterarten	37
Abb. 2.3	Zwei-Sektoren-Modell der Baumol'schen Kostenkrankheit . . .	40
Abb. 2.4	Anknüpfungspunkte staatlicher Maßnahmen.	45
Abb. 2.5	Das Grundmodell der Kulturgutscheine.	52
Abb. 3.1	Matrix zur Messung von Kulturindikatoren.	62
Abb. 3.2	Nationale Beiträge kreativer Industrien im Vergleich	63
Abb. 3.3	Steuereinnahmen und Kulturausgaben des Bundes	65
Abb. 3.4	Motivation für Kulturförderung in Unternehmen	70
Abb. 3.5	Förderbereiche der Unternehmen.	71
Abb. 3.6	Verflechtungsmodell des Kultursponsorings	73
Abb. 3.7	Kulturausgaben in der Kreislaufbetrachtung	83
Abb. 4.1	Kunstgüter in verschiedenen Dimensionen	105
Abb. 4.2	Bedürfnispyramide.	107
Abb. 4.3	Fünf Werte der Konsumentscheidung	108

Abb. 4.4	Dimensionen des Erlebnisses	110
Abb. 4.5	Konsumieren als Prozess	114
Abb. 4.6	Verhaltensintentionsansatz	115
Abb. 4.7	Verhaltensplanungsansatz	115
Abb. 4.8	Sozialer und individueller Nutzen des Kunstkonsums	126
Abb. 5.1	Förderformen unternehmerischer Kulturförderung	135
Abb. 5.2	Public Private Partnership als Struktur-Modell	136
Abb. 5.3	Determinanten des realisierten Konsumentenwerts	140
Abb. 5.4	Aufwertung des Museumsbesuchs	143
Abb. 5.5	Grundstruktur des Modells der Kulturkarte	145
Abb. 5.6	Vor- und Nachteile der Kulturkarte : Diskrepanzen zwischen Anbietern und Konsumenten	149
Abb. 5.7	Finanzierung von Museen	152
Abb. 6.1	Struktur der monatlichen Konsumausgaben privater Haushalte 2012	164
Abb. 6.2	Vor- und Nachteile des Kulturbesuchs	168
Abb. 6.3	Hemmnisse für den Kulturbesuch	169
Abb. 6.4	Kulturinteresse in der Stichprobe	171
Abb. 6.5	Regressionsmodell Kulturinteresse	185
Abb. 6.6	Regressionsmodell Neigung zum Klassischen Kulturbesuch	186
Abb. 6.7	Regressionsmodell Neigung zum Modernen Kulturbesuch	187
Abb. 7.1	Imageprofil von Kunstmuseen	194
Abb. 7.2	Psychologische Hemmschwellen gegenüber Kulturbesuchen	198
Abb. 7.3	Vorteile und Nachteile des Theaterbesuchs	201
Abb. 8.1	Analytischer Rahmen für Kulturbewusstsein und Kulturhandeln	226
Abb. 8.2	Analyse der Krisensituation	233
Abb. 8.3	Systematisierung von Krisenherden	234

Tabellenverzeichnis

Tab. 3.1	Entwicklung der Kulturausgaben in Deutschland	65
Tab. 3.2	Entwicklung der Bundesausgaben für Kultur und Bildung	67
Tab. 5.1	Vorteile der Kulturkarte	148
Tab. 5.2	Nachteile der Kulturkarte	148
Tab. 6.1	Besuch von Kulturveranstaltungen	171
Tab. 6.2	Besuch klassischer und moderner Kulturveranstaltungen	173
Tab. 6.3	Wahrgenommene und bewertete Vorteile des Kulturbesuchs ..	174
Tab. 6.4	Wahrgenommene und bewertete Nachteile des Kulturbesuchs...................................	174
Tab. 6.5	Explorative Faktoranalyse der Verhaltensbeliefs	177
Tab. 6.6	Erwartete und bewertete Hemmnisse für einen Kulturbesuch..	178
Tab. 6.7	Explorative Faktoranalyse der Hemmnisse des Kulturbesuchs...................................	180
Tab. 6.8	Wahrgenommene und bewertete normative Beliefs...........	180
Tab. 6.9	Varianzanalysen bei Altersgruppen	182
Tab. 6.10	Varianzanalysen bei Interessengruppen	183
Tab. 7.1	Vorteile und Nachteile des Museumsbesuchs...............	196
Tab. 7.2	Externe Barrieren des Museumsbesuchs	197
Tab. 7.3	Interne Barrieren des Museumsbesuchs..................	197
Tab. 7.4	Barrieren des Theaterbesuchs.........................	202
Tab. 7.5	Wünsche nach Zusatzangeboten im Museum	204
Tab. 7.6	Wünsche nach Zusatzangeboten im Theater	204
Tab. 7.7	Vorteile und Nachteile von Museumsshops................	207
Tab. 7.8	Bevorzugtes Angebot im Museumsshop	208

Die ökonomische Betrachtung von Kunst und Kultur 1

Zusammenfassung

Kulturökonomik überträgt ökonomische Prinzipien und Instrumente auf den Bereich von Kunst und Kultur. Vor diesem Hintergrund bietet sie Serviceleistungen wie Beratung in Finanzierung, Wirtschaftlichkeit und Kundenorientierung an. Zu diesem Zweck werden Angebot und Nachfrage kritisch im Hinblick auf Verbesserungen in ihrem Zusammenspiel kultureller Leistungserstellung analysiert. Die Doppelnatur von Kunstgütern, die auf der einen Seite den ausschließbaren Nutzen des Einzelnen, auf der anderen Seite aber auch die nicht ausschließbaren Vorteile für die Gesellschaft in Form von externen Effekten umfasst, bietet ein ökonomisches Fundament für finanzielle Beiträge der öffentlichen Hand. Ohne diese Unterstützung droht eine Unterversorgung, da bei Nutznießern, die vom kulturellen Angebot nicht ausgeschlossen werden können, ein Schwarzfahrerverhalten möglich wird. Sie profitieren von der Bereitstellung der Kulturleistungen, ohne ihre wahren Präferenzen durch Nachfrage offenlegen zu müssen.

1.1 Der ökonomische Ansatz

1.1.1 Zur Verbindung von Ökonomie und Kultur

Viele Menschen sehen in Kunst und Kultur einen Bereich außerhalb der ökonomischen Sphäre. Ökonomisches Denken und Handeln passt nach Meinung jener nicht zu dem kontroversen wie fragilen und emotionsbeladenen Raum künstlerischen

Schaffens und Erlebens. Auf dieser Linie liegen Argumente wie die, dass Kunst und Kultur „an sich" gut und von vornherein über jeden Zweifel, aber auch über jede Bewertungsmethode erhaben seien: *The arts are a good thing* (vgl. Baigent 1975, S. 171 f., Scitovsky 1989, S. 1). Sie scheinen die Ansicht zu verkörpern, dass das Einnehmen der ökonomischen Perspektive die Kunst auf eine unangemessene, niedrigere Ebene herabziehen könnte, etwa indem Buchhalteransätze und Krämerdenken Einzug hielten. Dahinter steckt die Befürchtung, Kunst und Kultur könnten den ihnen eigenen Zauber, das Entrückte, Mystische, Unerklärliche und Unantastbare verlieren. Die Folge der Ökonomisierung von Kunst und Kultur seien bereits beobachtbare Tendenzen von Verflachung und Trivialisierung, kurz die Kommerzialisierung der Kunst insgesamt.

Die Ökonomen selbst beurteilen diese Entwicklung verständlicherweise anders, aber durchaus mit Sensibilität gegenüber den Berührungsängsten. Die Verbindung zwischen Kunst und Ökonomie könne als ein gewagtes Unterfangen charakterisiert werden, sie sei aber gegeben und wissenschaftlich zu belegen (vgl. Krieger 1996, S. 19). In der Tat bestimmen Kultur und Zivilisation zwangsläufig unser Denken und Handeln sowie unsere Vorlieben auf der einen Seite, die sich deren Verwirklichung entgegenstellenden Restriktionen auf der anderen Seite, und sie werden in Rückkopplung ihrerseits von den ökonomischen Einflussgrößen geprägt. Diese Zusammenhänge werden in Abb. 1.1, in einem einfachen ökonomischen Entscheidungs- und Handlungsmodell mit dem Schwerpunkt auf Interdependenzen zwischen Wirtschaft und Kultur dargestellt. Im Zentrum dieser Abbildung steht das einzelne Wirtschaftssubjekt. Es entscheidet und handelt gemäß den durch seinen individuellen Geschmack bestimmten Präferenzen (vgl. Samuelson und Nordhaus 2005, S. 54). Aufgrund subjektiver Vorlieben möchte sich der Einzelne bestimmte Wünsche erfüllen, andere dagegen nicht oder zumindest nicht gleich.

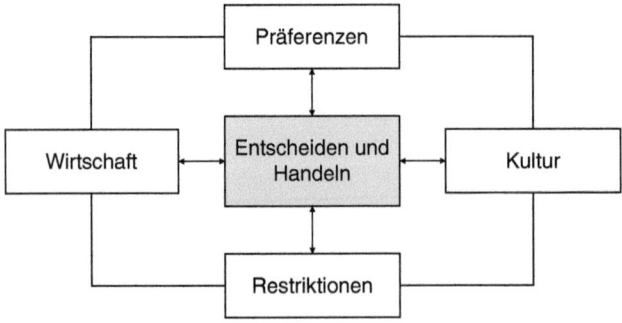

Abb. 1.1 Entscheidungs- und Handlungsmodell. © Ingrid Gottschalk

1.1 Der ökonomische Ansatz

Es gibt eine schon lang währende und auch noch anhaltende ökonomische Diskussion darüber, ob die Rangfolge der Wünsche des Individuums als fest vorgegeben anzusehen ist oder aber ob sie als beeinflussbar und im Zuge von Lernprozessen als veränderlich angenommen werden kann (vgl. Boulding 1977, S. 10). Lange herrschte uneingeschränkt die Auffassung vor, dass Präferenzen gegeben und von ökonomischer Seite nicht weiter zu hinterfragen seien. Die verstärkt auftretende Diskussion um die Endogenisierung von Präferenzen in die ökonomische Analyse zeigt jedoch, dass diese strikte Linie nicht mehr verfolgt wird, vielmehr eine Wechselwirkung unterschiedlicher Faktoren auf die angestrebten aktuellen Entscheidungen und Handlungen angenommen wird. Die Aufgabe der Annahme fixer, durch das ökonomische System nicht erklärbarer Vorlieben führt zu der Erkenntnis, dass die Wünsche der Konsumenten durch den ökonomischen Prozess selbst beeinflusst werden und Veränderungen unterliegen können. In diesem Prozess ist zum einen der Erfahrungsschatz von Bedeutung. Der Einzelne hat ihn durch bereits getätigtes Verhalten, den vergangenen Konsum, erworben. Das gilt für die eigenen Erfahrungen ebenso wie für die Erlebnisse mit Anderen, mit deren Konsumverhalten oder deren Einflussnahme auf das eigene Handeln. Wichtig sind zum anderen die Planungen für die Zukunft. Sie werden unter Umständen so getroffen, dass sie die Befriedigung von Wünschen der Gegenwart zu Gunsten von besseren zukünftigen Konsummöglichkeiten zurückstellen lassen. Gary Becker, Nobelpreisträger für Wirtschaftswissenschaften von 1991, spricht in diesem Zusammenhang von der Anhäufung persönlichen und sozialen Kapitals, die zusammen in das Humankapital eingehen. Beide Komponenten werden durch Erfahrungen, soziale Interaktionen und kulturelle Einflüsse kontinuierlich modifiziert und verändern ihrerseits den Geschmack und die Präferenzen der Wirtschaftsakteure (vgl. Becker 1996, S. 3 ff.).

In ähnlicher Quintessenz für die erfahrungsabhängige, soziale und kulturelle Einbettung von individuellen Vorlieben für die eine oder andere Art zu entscheiden und zu handeln, aber terminologisch anders, werden auch gewöhnliche Präferenzen und ihnen übergeordnete Meta-Präferenzen unterschieden. Letztere beinhalten die Rücksichtnahme des Einzelnen im Geflecht des sozialen Miteinanders. So können etwa moralische Erwägungen individuelle Wünsche modifizieren oder sogar zurückdrängen (vgl. Priddat 1998).

In Abb. 1.1 werden diese mehrfach interdependenten Beziehungen durch Doppelpfeile zwischen den betrachteten Größen symbolisiert. Der Einzelne hat Vorlieben, die sich an die Bereiche von Wirtschaft und Kultur richten. Er wird umgekehrt von Erfahrungen, Erlebnissen und Ansprüchen aus beiden Aktionsfeldern beeinflusst. Sie können sein Handeln beflügeln oder begrenzen. Darüber hinaus steht jedes Individuum vor den ihm eigenen Grenzen seines Tuns. Diese Restriktionen werden verkörpert durch das Ausmaß, in dem es über Mittel bzw. Ressourcen verfügt, die ihm zur Befriedigung seiner Wünsche zur Verfügung stehen und ihn zur Erfüllung seiner Wünsche befähigen. Diese Mittel schöpft der Einzelne aus sich selbst oder bekommt sie von anderen zur Verfügung gestellt, etwa dem Staat. Zusammen genommen handelt es sich um das Reservoir an Geld und Zeit, Intelligenz und Kraft, über das der Einzelne verfügt. Das Umfeld aus Wirtschaft und Kultur kann dazu beitragen, diese Grenzen zu überwinden, indem zum Beispiel Ideen aufgezeigt und Lösungswege effizienter Nutzung knapper Mittel angeboten werden.

Was hier noch wie „Fachchinesisch" klingen mag, wird in der späteren kulturökonomischen Analyse Bedeutung und in konkreten Anwendungsfällen auch überzeugende Plausibilität erlangen. Beispielsweise leuchtet ein, dass Kunstgenuss von den bereits gesammelten Erfahrungen, dem Wissen um die Kunstgegenstände und dem gemeinsamen sozialen Erlebnis entscheidend beeinflusst wird und auch den Wunsch für weiteren Kunstkonsum prägt. Die Abhängigkeit der Präferenzen vom eigenen vergangenen und zukünftig geplanten Verhalten sowie dem Agieren anderer im sozialen und kulturellen Umfeld erklärt sich hier ohne Zögern. So kann die kulturökonomische Forschung einen entscheidenden Hinweis zur Bekräftigung der Endogenität von Präferenzen leisten (vgl. DiMaggio 1994, S. 29). Diese Verstärkerfunktion für die Entwicklung der ökonomischen Theorie gelingt der Kulturökonomik auch in anderen Bereichen (vgl. Hutter 1996).

1.1.2 Ökonomische Grundprinzipien

Im Mittelpunkt des ökonomischen Ansatzes auf individueller Ebene stehen die Entscheidungen und die Handlungen des Einzelnen. Auslöser sind Präferenzen, die vor dem Hintergrund gegebener Restriktionen und angesichts von Wechselwirkungen zwischen Wirtschaft, Gesellschaft und Kultur bestmöglich befriedigt werden sollen. Hiermit korrespondieren in gesamtwirtschaftlicher Betrachtung Prinzipien des als sinnvoll erachteten ökonomischen Handelns. Sie verkörpern einen gemeinsamen Codex von Ökonomen, auch von Vertretern unterschiedlicher Richtungen. Ihre universelle Gültigkeit formuliert der Harvard-Ökonom Mankiw, sicher nicht ohne gewünschte Assoziation, in Form von zehn Grundprinzipien, man könnte sie wohl auch als „Gebote" bezeichnen (vgl. Mankiw 2006, S. 3 ff.).

In Anlehnung an diese Diskussion werden in Abb. 1.2 sechs grundlegende Vorstellungen und Grundlagen ökonomischer Analyse aufgeführt, die sich im

1.1 Der ökonomische Ansatz

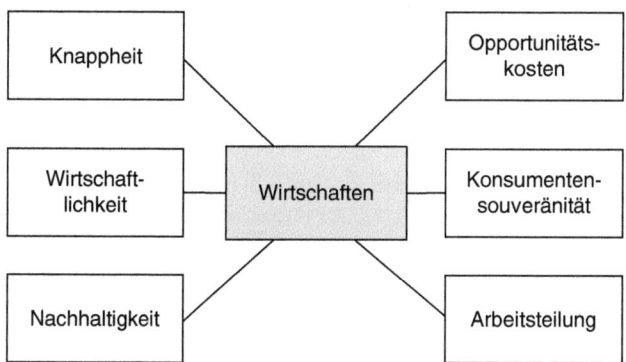

Abb. 1.2 Ökonomische Grundprinzipien. © Ingrid Gottschalk

Folgenden als besonders bedeutsam für die kulturökonomische Betrachtung herausstellen werden. Sie tauchen, mit nur geringen terminologischen Unterschieden in der einen oder anderen Variante, als vereinheitlichende Ideen in der ökonomischen Diskussion auf.

1. **Knappheit**: Auf der grundlegenden Erkenntnis, dass die den Menschen zur Verfügung stehenden Mittel nur begrenzt vorhanden sind, basiert jegliches ökonomisches Denken. Knappheit ist das Gegenteil von Überfluss. Knappheit bestimmt auch, aber nicht allein, den Wert der vorhandenen Ressource. Hinzukommen müssen die Wünsche der Handelnden. Alles, was knapp **und** begehrt ist, steigt in der Gunst der Menschen. Für knappe Güter, die niemand will, gilt das nicht.
2. **Wirtschaftlichkeit**: Wenn man nicht alles von allem haben kann, wie man es vielleicht gern hätte, dann muss man weise, haushälterisch mit dem Verfügbaren umgehen. Man muss Nettoergebnisse kalkulieren, oder, anders ausgedrückt, Kosten und Nutzen einer Handlung in ein sinnvolles Verhältnis bringen. Die hier in Anwendung zu bringende Handlungsanweisung zur Bestausnutzung knapper Mittel ist als Wirtschaftlichkeitsprinzip bzw. ökonomisches Prinzip in zwei Ausprägungen bekannt. Es gilt, mit den vorhandenen Mitteln den maximalen Nutzen zu erreichen oder ein gegebenes Ziel mit einem minimalen Mitteleinsatz zu realisieren.

▶ **Ökonomische Prinzip/Minimax-Regel** Mit vorhandenen Mitteln ein Maximum des gewünschten Ziels zu erreichen (**Maximalprinzip**), oder ein gegebens Ziel mit mit einem möglichst geringen Einsatz von Mitteln zu realisieren (**Minimalprinzip**).

3. **Nachhaltigkeit**: Erst in jüngerer Zeit hat sich die Erkenntnis durchgesetzt, dass die Wirtschaftlichkeit nicht nur für die Gegenwart, sondern auch für die Zukunft Bestand haben muss. Nachhaltiges Handeln heißt so zu wirtschaften, dass auch für zukünftige Generationen der Ressourcenerhalt gesichert bleibt. So, wie ein Forstwirt neue Bäumchen pflanzt, wenn ältere Bäume geschlagen werden, damit sich auch die Nachkommen am Wald erfreuen und ihn nutzen können. Neben der ökologischen spricht man auch von ökonomischer und sozialer Nachhaltigkeit. Aus der Sicherung von Beständen und dem sorgsamen Umgang untereinander erwächst das Zukunftspotenzial im *sustainable growth*. Es erschließt sich unmittelbar, dass die Diskussion um die Erhaltung von Kulturerbe hier ihren Nährboden findet und als kulturelle Nachhaltigkeit festgehalten werden könnte.
4. **Opportunitätskosten**: Was für die eine Sache in Gebrauch genommen oder verbraucht wird, ist für die andere nicht mehr verfügbar. Dieses Denken in entgangenen Alternativen verkörpert eine Selbstverständlichkeit im ökonomischen Gedankengebäude. Opportunitätskosten in Ansatz zu bringen heißt, den Nutzen der nächstbesten, aber nicht realisierten Möglichkeit als Kosten der gewählten Alternative zu veranschlagen. Das scheint auf den ersten Blick etwas „um die Ecke gedacht" zu sein. Doch sind die entstehenden Defizite unter Umständen sehr real spürbar. Mittel, die der Staat vergibt, können nur einmal verteilt werden. Was der Kulturbereich erhält, geht anderen Sektoren, etwa dem Bildungs- und Gesundheitswesen, verloren und umgekehrt.
5. **Konsumentensouveränität**: Die möglicherweise etwas eigentümlich anmutende Assoziation, der Konsument, der Nachfrager nach Gütern und Dienstleistungen, solle der Herrscher im Wirtschaftsgeschehen sein, ist durchaus wörtlich gemeint. Allerdings soll dieses Bild erst am Ende eines Anpassungsprozesses gelten, und auch nicht in jedem Einzelfall. Langfristig aber sollen sich die Präferenzen der Konsumenten durchsetzen, soll die Angebotsstruktur den Wünschen der Verbraucherseite entsprechen. Grundlage für diesen Prozess sind freie Märkte und Preise, gut informierte und motivierte Konsumenten sowie Anbieter, die in Vorlage treten und mit ihrem Angebot auf die Gunst der Marktteilnehmer hoffen. Das Vorschlagsrecht der Anbieter wird kanalisiert durch die Lenkungsfunktion der Nachfrager. Der Bestimmer in diesem System ist das Individuum. Das Souveränitätspostulat sichert dessen individuelle Bestrebungen, auch wenn sich diese nicht immer und nicht jederzeit durchsetzen lassen.

6. **Arbeitsteilung**: Die Mittel zur Befriedigung von Bedürfnissen sind nicht gleich verteilt. Erst im arbeitsteiligen Austausch lassen sich bestmögliche Kombinationen realisieren. Das gilt national wie international. Arbeitsteilung beinhaltet aber nicht nur wirtschaftliche, sondern auch soziale Konsequenzen. Sie umfasst, den anderen ein Mehr an Können und Kompetenz einzuräumen und im Gegenzug von anderen Fähigkeiten attestiert zu bekommen. Unter Umständen, die im Zusammenhang mit der Diskussion um meritorische Güter noch näher zu erläutern sein werden, kann das Individuum damit einverstanden sein, eigene Entscheidungen an dritte Personen zu delegieren (vgl. 2.1.2). Grundlage wäre die individuelle Erkenntnis, dass andere über ein Mehr an Kompetenz verfügen als man selbst. Dies gilt etwa, wenn Vorschlags- und Entscheidungsgewalt in bestimmten Bereichen von Kunst und Kultur in die Hände der Sachverständigen gelegt werden.

Fazit
Zusammenfassend lässt sich feststellen, dass in der **Knappheit von Ressourcen der Ursprung allen Wirtschaftens** steckt. Im Schlaraffenland des Überflusses bedarf es keiner Ökonomen. Die Realität sieht anders aus. Nicht alles zu haben, sondern vom Erreichbaren das bestmöglich Kombinierbare, heißt die Devise. Was sich genau dahinter verbirgt, ist keinesfalls allgemeinverbindlich festzulegen. Richtschnur und Maßstab bleibt immer das Individuum selbst, auch wenn es von außen, durch Erziehung, Information und gesellschaftlichen Druck beeinflusst wird und sich beeinflussen lässt. Dieses individuelle Optimum ergibt sich nicht automatisch, sondern ist Ergebnis gezielter, überlegter Wahlhandlungen. Ökonomisch zu denken und zu handeln heißt, Vor- und Nachteile von Handlungsalternativen gegeneinander abzuwägen. „Ökonomie ist die Kunst, das Beste aus dem Leben zu machen", so hat George Bernard Shaw in einem Bonmot den Sinn der Ökonomie umschrieben (zitiert in Becker 1993, S. 1). Dieser Zustand ist für einen Ökonomen dann erreicht, wenn bei den unendlich vielen Wahlhandlungen des Lebens, bei materiellen sowie immateriellen Gütern und Leistungen gleichermaßen, unter dem Strich das Positive überwiegt.

1.2 Grundlagen der Kulturökonomik

1.2.1 Begriffe und Definitionen

In der Einleitung zu seinem kulturökonomischen Lehrbuch verdeutlicht der australische Wissenschaftler David Throsby, wie man sich den Zugang zur Beschäftigung mit Kunst und Wirtschaft am ehesten versinnbildlichen kann. Er tut das durch

Personifizierung. Vor unserem geistigen Auge erscheinen die Wirtschaft und die Kunst als Personen mit spezifischen Eigenschaften (vgl. Throsby 2001). Ironisch und sicher nicht ganz ernst gemeint charakterisiert Throsby die Wirtschaft als männlich, etwas übergewichtig, hypochondrisch und schwatzhaft. Auf der anderen Seite sei die Kunst vorstellbar als weiblich, intelligent, unvorhersehbar und etwas intrigenhaft. Throsby führt aus, dass diese Metapher über Kunst und Wirtschaft, die er als einleitende Bemerkungen für seine Vorlesung benutzt hätte, durchaus in Einklang mit dem zu sein schien, was seine Zuhörer dachten. Die Erklärung liege zum einen darin, dass vielleicht jeder gern einmal einen Witz auf die Wirtschaft machte. Noch wahrscheinlicher aber sei zum anderen, dass Kunst als Rätsel angesehen würde, dessen Geheimnisse nur schwer zu entschlüsseln seien. Vielleicht, so könnte man hinzufügen, möchten die Menschen diesen Versuch auch gar nicht wagen, in der Befürchtung, der Zauber könne verloren gehen.

Die Einengung der ökonomischen Analyse auf das Handfeste und Bodenständige, das die Kunst außerhalb des ökonomischen Räsonierens und Kalkulierens platziert, hat Tradition. Die Vorstellung, die Ökonomik sei ein lediglich auf materiellen Wohlstand ausgerichteter Ansatz, geht schon zurück auf das 19. Jahrhundert. Dort wurden die Ökonomen als *pig-philosophers*, Schweinephilosophen verspottet, die den Materialismus predigten (vgl. Peacock 1992, S. 13). Das mag nicht ganz so hässlich gemeint gewesen sein, wie es in unseren Ohren klingt. Schweine standen immerhin für Reichtum und satten Wohlstand. Doch wurden durch dieses Petitum dem ökonomischen Wirkungsraum enge Grenzen auferlegt. Was aber berechtigt die Ökonomen unserer Tage, ihr Instrumentarium auf den Bereich Kunst und Kultur auszudehnen, der so ganz anders als der herkömmliche Bereich wirtschaftswissenschaftlicher Analyse zu sein scheint?

Als erstes ist festzuhalten, dass sich die Wirtschaftswissenschaft nicht mehr von ihrem Gegenstandsbereich, sondern von der sie kennzeichnenden Methodik definiert. Die moderne Ökonomik versteht sich als Anleitung zur Problemlösung, als Lehre vom zweckrationalen Verhalten. Ökonomische Probleme entstehen im Grundsatz dadurch, dass die Gesellschaft insgesamt weniger an Mitteln zur Verfügung hat, als sie gern hätte, um ihre Bedürfnisse zu befriedigen. Vor diesem Hintergrund definiert sich die Wirtschaftswissenschaft als Analyse darüber, wie die Gesellschaft ihre knappen Ressourcen bewirtschaftet (vgl. Mankiw 2006, S. 4). Dadurch, dass die Ökonomik ein gemeinsames Reservoir an Ideen und Konventionen akzeptiert und anwendet, verkörpert sie nach Auffassung von Rubinstein selbst eine Art von Kultur (vgl. Rubinstein 2005).

▶ **Ökonomik:** Darunter versteht man die Lehre vom
- zweckrationalen Handeln und
- haushälterischen Umgang mit knappen Mitteln

1.2 Grundlagen der Kulturökonomik

Als zweites ist deshalb festzulegen, was genau bearbeitet werden soll. Was ist Kunst, was Kultur, und was soll in diesem Zusammenhang die ökonomische Analyse bewirken? Zunächst müssen die zentralen Begriffe näher erläutert werden. Auffallend ist, dass beide Begriffe stets in derselben Reihenfolge, als sogenannte Zwillingsformel auftauchen: Kunst und Kultur. Durch den jeweils gleichen Anfangsbuchstaben verkörpern sie das aus der Rhetorik bekannte Stilmittel der Alliteration (vgl. Hofmeister 2009) und sorgen als sich ergänzende Wortkombination für mehr Klangfülle und Schlagkraft. In einer Glosse der Frankfurter Allgemeinen Zeitung ging es um die Herkunft dieser sprachlichen Wendungen. Hintergrund war das schlechte Abschneiden der deutschen Kandidatin beim Grand Prix d'Eurovision 2002, das deren Produzent in einer ungewöhnlichen Wörterkombination kommentiert hatte („Der ganze Auftritt klang wie Arsch und Friedrich", vgl. hier und im Folgenden Muschiol 2002, S. 10). Zwillingsformeln werden auch Paarformeln oder Binomiale genannt. Sie treten als Wortgruppe in Erscheinung, deren Umkehr unüblich ist. Es heißt unter anderem Messer und Gabel, Bausch und Bogen, Kind und Kegel oder aber Kunst und Kultur. Die Umkehr ist nicht üblich und würde sich auch komisch anhören, wie beispielsweise „mit Trompeten und Pauken".

Für unseren Zusammenhang ist von Interesse, dass Binomiale zwar mindestens aus drei Wörtern bestehen, oft aber als einheitlicher Begriff aufgefasst und wie ein einziges Wort verstanden werden. Dies ist bei Tür und Tor der Fall, und wohl auch bei Kunst und Kultur. Die Übergänge sind fließend, beide Begriffe zielen auf dasselbe Phänomen, der eine weiter, der andere enger. Das als wichtig Empfundene wird meist zuerst genannt. Auch in diesem Sinne, aber ebenso in Anlehnung an die Gepflogenheiten kulturökonomischer Lehrbücher, geht es im Folgenden schwerpunktmäßig, aber nicht ausschließlich, um Kunst. Die Termini wechseln aber, ihrer Zwillingshaftigkeit gemäß, Kultur kennzeichnet eher das breite Spektrum, steht für den Oberbegriff.

Die Abgrenzung der Bereiche, die dem Kultursektor im Einzelnen zugeordnet werden, wird nicht einheitlich vorgenommen. Heinrichs schlägt vor, Kultur unter vier Verstehensweisen zu betrachten (vgl. Heinrichs 1997, S. 4 f.):

1. **Kultur als menschliches Vermögen** und dessen Dokumentation, z. B. die Entwicklung des zivilisatorischen Prozesses oder der Umgang mit der Sprache.
2. **Kultur als Verhalten**, z. B. Alltagskultur im Vereinswesen, im Brauchtum, in Spielen und in Form von Gesprächskultur.
3. **Kultur als Bildung**, z. B. die Arbeit in Volkshochschulen, in Bibliotheken und in Museen.
4. **Kultur als Kunst** als der für den Kulturbetrieb wichtigste und umfassendste Bereich mit allen künstlerischen Sparten und der Produktion, Vermittlung und Dokumentation von Kunst.

Kultur kann als Maßstab und gemeinsame Formel, aber auch als anzustrebendes Ziel aller Werte eines Landes verstanden werden – der schon geschaffenen, der entstehenden, der zukünftig noch möglichen Werte. Sie steht für den Bestand, die Tätigkeit und das Potenzial in den Bereichen, die der Weiterentwicklung der Menschen einer Gesellschaft dienen. So wie der lateinische Ursprung des Wortes auf den Ackerbau verweist und die Fruchtbarmachung, Pflege und Veredelung, kurz die Kultivierung der Böden einschließt, so gilt die Fürsorge hier den Personen und deren Fortentwicklung bezüglich ihres Denkens, Fühlens und Könnens. Man könnte auch sagen, es geht um den Geist, die Moral und die Talente einer Gesellschaft.

Es scheint ein „vergebliches Unterfangen" zu sein, den Kulturbegriff umfassend und erschöpfend definieren zu wollen (vgl. Braun und Gallus 1999, S. 67). Einen Versuch ist es dennoch wert. Auf einen Nenner gebracht, spiegelt sich Kultur in den materiellen und immateriellen Werten einer Gesellschaft wider, im Umgang der Menschen untereinander, in der Bildung und in der Kunst. Sie wird verkörpert durch die diesen Bereichen innewohnenden Bestands- und Verhaltensgrößen. Es handelt sich um materielle, physische Größen auf der einen, um abstrakte, verhaltensbezogene Elemente auf der anderen Seite (vgl. Blackwell et al. 2006, S. 426). Die Kultur eines Landes oder eines Kulturraums ist die Summe gesamtgesellschaftlichen Könnens, Vermögens und Verhaltens.

▶ **Kultur** umfasst die materiellen und immateriellen Werte einer Gesellschaft. Sie spiegelt die Summe des gesamtgesellschaftlichen Vermögens, Könnens und Verhaltens wider.

Hinter dieser Abgrenzung für Kultur steht ein dynamisches, für Veränderungen offenes Konzept. Die materiellen Kulturwerte eines Landes sind der sichtbare Teil des Kulturerbes. Hierunter fallen anerkannte Werke vergangener und gegenwärtiger Meister, beispielsweise als Zeugnisse historischer und moderner Stadtarchitektur. Die immateriellen Werte sind naturgemäß nicht so greifbar, aber nicht minder kulturprägend. Sie können, aber müssen nicht fixiert sein. Beispiele sind Werte, die im Rechtssystem festgeschrieben und in der Rechtsprechung artikuliert werden, ebenso wie ungeschriebene Regeln, die sich unter anderem aus moralischen Erwägungen, aus einem latenten Fairnesscodex und dem individuellen Rechtsempfinden ableiten. Im Umgang miteinander spricht man etwa von Alltagskultur, von Unternehmens- oder Kommunikationskultur. Voraussetzung für den kulturellen Fortbestand und seine Weiterentwicklung ist die im Bereich Bildung zur Verfügung gestellte Kapazität sowie die unter anderem in Schulen, Universitäten und Museen geleistete Arbeit (vgl. Abb. 1.3).

1.2 Grundlagen der Kulturökonomik

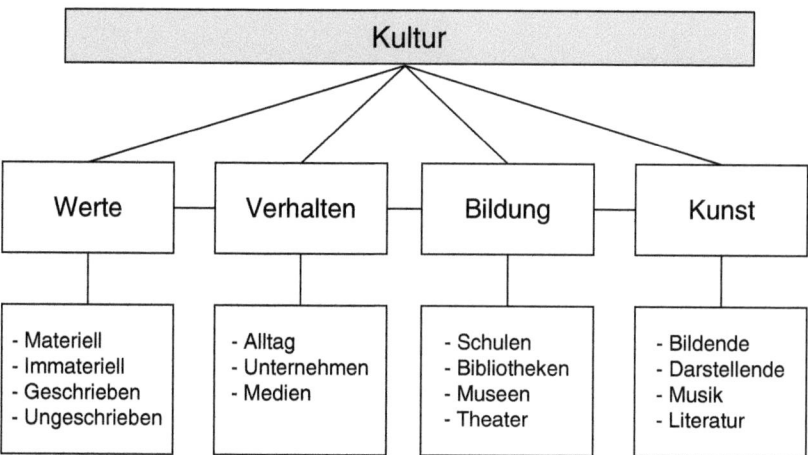

Abb. 1.3 Teilbereiche der Kultur. © Ingrid Gottschalk

Kultur ist der Oberbegriff, Kunst der für den Kulturbetrieb wichtigste und umfassendste Teilbereich. Üblicherweise, und wohl nicht zuletzt um der „Gretchenfrage" aus dem Weg zu gehen, was nun eigentlich Kunst sei – kommt Kunst von Können, oder gerade nicht? (vgl. Müller 1976) – wird eine Abgrenzung nach Themen und Darstellungsformen favorisiert. Als klassische, allgemein gebräuchliche Aufteilung werden die vier Sparten Bildende Kunst (z. B. Malerei, Bildhauerei, Architektur), Darstellende Kunst (z. B. Theater, Ballett, Pantomime) sowie Musik (z. B. Oper, Konzerte, Musicals) und Literatur (z. B. Romane, Essays, Gedichte) unterschieden (vgl. Andreae und Wilflingseder 1980, S. 48).

▶ **Kunst** entsteht in den vier Teilbereichen Bildender Kunst, Darstellender Kunst, Musik und Literatur. Sie ist die Summe der als Kunst angebotenen und nachgefragten Kulturgüter und Leistungen.

Einer ökonomischen Betrachtung sind die dort produzierten Güter und Leistungen dann zugänglich, wenn sie öffentlich gemacht werden, einen Markt haben. Aus dieser faktischen Abgrenzung darf selbstverständlich kein Umkehrschluss gezogen werden. Fraglos blüht Kunst auch im Verborgenen, ist noch im Entstehen, wird bearbeitet, ist noch nicht öffentlich. Doch erst durch das Wechselspiel von Angebot und Nachfrage wird Kunst ökonomisch analysierbar (vgl. Abb. 1.4).

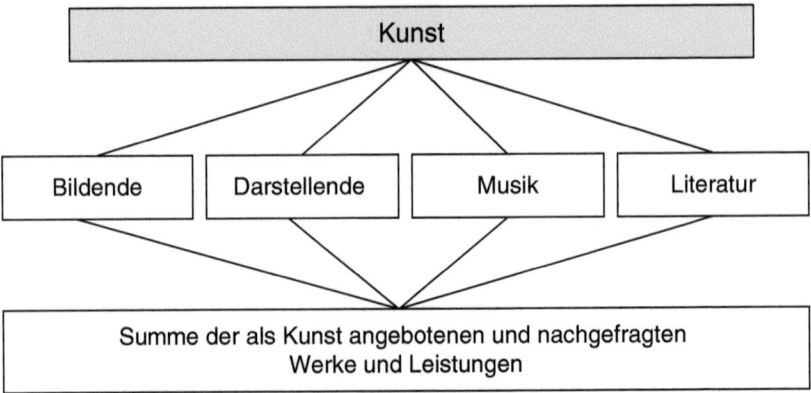

Abb. 1.4 Kulturökonomische Abgrenzung von Kunst. © Ingrid Gottschalk

Die ökonomischen Vertreter bemühen sich darum, Kunst unter einer maximal neutralen Perspektive zu betrachten. Kunst ist das, was sich als Kunst versteht – was als Kunstobjekt angeboten und nachgefragt wird (vgl. Münnich 1980, S. 18). Der unfruchtbare Streit um hohe Kunst auf der einen, Trivialkunst auf der anderen Seite entfällt. Nur der Einzelne entscheidet, was für ihn Kunst ist und was nicht. In diesem Sinne gibt es von der ökonomischen Denkweise her kein Problem mit der Abgrenzung von Kunst bzw. Kultur als dem weiteren, auch gesellschaftliche Phänomene umfassenden Konzept. Unter diesem Blickwinkel ist die Diskussion darüber, was als Kunst durchgehen kann und was nicht, überflüssig. Nicht die – in der Regel selbst ernannte oder sich gegenseitig dazu erhebende – Kunstelite ist hierzu berufen. Würde man tatsächlich die „erleuchtete" Elite darüber befinden lassen, wäre der ökonomische Grundsatz verletzt, dass letzten Endes nur die individuellen Präferenzen zählen sollen (vgl. Pommerehne und Frey 1993, S. 9). Zum Zwecke der Erstellung von Kunstgütern müssen Ressourcen eingesetzt werden, die für andere produktive Verwendungszwecke nicht mehr zur Verfügung stehen. Schon aufgrund dieser Knappheitsproblematik, aber auch wegen des Vorhandenseins von Märkten, auf denen individuelle Akteure systematisch auf Anreize reagieren und den ökonomischen Handlungsmustern von Angebot und Nachfrage folgen, wird die ökonomische Analyse von Kunst und Kultur gerechtfertigt (vgl. Pommerehne und Frey 1993, S. 7).

Kultur- bzw. Kunstökonomik zielt auf die Analyse der bedeutenden wirtschaftlichen Dimensionen der Kunst – und nicht etwa auf die immanenten Gesetze künstlerischen Schaffens (vgl. Münnich 1980, S. 17). Ihre Aufgabe ist die theoretische und empirische Analyse der Abhängigkeiten zwischen

1.2 Grundlagen der Kulturökonomik

Kunst- und Wirtschaftsbereich (vgl. Hutter 1989, S. 461, Hutter 1994, S. 57). Im Rahmen der Kunst- bzw. Kulturökonomik wird die moderne wirtschaftswissenschaftliche Denkweise, werden deren Analysemethoden auf den kulturellen Bereich übertragen (vgl. Pommerehne 1983, S. 52). Als Aufgabenbereich der Kulturökonomik ist hervorzuheben, dass es ihr nicht um den Versuch der Einmischung in innere Strukturen geht. Sie versteht sich vielmehr in dienender Funktion. Kulturökonomik beschäftigt sich mit der Ökonomie der kreativen Prozesse bei der Produktion, Präsentation und Pflege von Kunst- und Kulturgütern (vgl. Peacock und Rizzo 1994, S. IX). Sie zu betreiben heißt, mit dem ökonomischen Instrumentarium die Abläufe zwischen Anbietern und Nachfragern von Kunst- und Kulturgütern zu analysieren und effizienter gestalten zu helfen.

▶ **Kulturökonomik** überträgt das ökonomische Instrumentarium auf den Kulturbereich. Sie analysiert die wirtschaftlichen Dimensionen von Kunst und Kultur, ohne sich in künstlerisches Schaffen einzumischen.

Kulturökonomik kann nach wie vor als eine relativ junge Disziplin bezeichnet werden. Ihr Geburtsdatum wird häufig mit der noch näher zu behandelnden Pionierarbeit von Baumol und Bowen aus dem Bereich der Darstellenden Kunst, der Entdeckung der Kostenkrankheit aus dem Jahr 1966 in Verbindung gebracht (vgl. Baumol und Bowen 1966; Hutter 1996, S. 263). Diese neue Disziplin erhielt in dem Maße Zuspruch, in dem die Krise öffentlicher Finanzen ein Umdenken zu erzwingen schien. Die Erschließung neuer Finanzierungsquellen bei strikter Effizienz der Mittelverwendung wurde und wird zur Überlebensfrage vieler kultureller Institutionen. In Theatern und Museen werden Marketingkonzepte entwickelt, neue Mitarbeitermodelle sowie die Auslagerung von Teilleistungen erprobt. Für Kulturveranstaltungen wird ebenso geworben wie für andere Angebote auch. Vor diesem Hintergrund erfährt auch der Nachfrager der kulturellen Leistung, der Kunstkonsument, eine bis dahin ungewohnte Beachtung. In diesem Zusammenspiel wird die Verbindung von Kunst und Ökonomie nicht diskutiert, sondern praktiziert.

Die wissenschaftlichen Vertreter der Kulturökonomik vermerken nicht ohne Stolz, dass ihre Disziplin mündig geworden sei (vgl. Peacock und Rizzo 1994, S. VII). Der eingeschränkte Fokus auf die klassischen Sparten und deren traditionelle Darbietungsstätten wie Theater und Konzerthäuser, Museen und Galerien möge vielleicht für einige einen Hauch von Bourgeoisie mit sich führen. Dies sei aber vertretbar, da auch bei eingegrenzter Definition von Kulturökonomik schon genügend Probleme auftauchten, die der Lösung harren (vgl. Peacock und Rizzo 1994, S. IX). Prinzipiell ist die Kulturökonomik offen für neue Entwicklungen, verdeutlicht insbesondere an der zunehmenden Einbeziehung der Medienökonomik. Sie wird aber bisher noch überwiegend im engeren Rahmen gehalten, das heißt an der klassischen Sparteneinteilung von Kunst ausgerichtet. Das wird auch im Folgenden weitgehend der Fall sein.

1.2.2 Anwendungen und Folgen

Im ökonomischen Beitrag zur Kultur geht es um die Optimierung von Abläufen unter verschiedenen Aspekten. Optimalität zu schaffen heißt, unter Nebenbedingungen zu maximieren. Das betrifft im Einzelnen:

- Den optimalen Einsatz begrenzter Mittel.
- Die im Rahmen gegebener künstlerischer Ziele bestmögliche Ausrichtung an Konsumentenpräferenzen.
- Die Festlegung optimaler Preise, Informations- und Verteilerwege.

Kunst, die nicht nur im Verborgenen blühen will, muss diese Optimierungsabläufe für ihr eigenes Wohl beherzigen. Wie schon erwähnt, ist die Haltung der Ökonomen bei der Abgrenzung dessen, was als Kunst gelten kann, bemerkenswert zurückgenommen. Eine Einmischung in die inneren Abläufe des Kunstgeschehens wird ausdrücklich abgelehnt. Diese neutrale Position kann dazu beitragen, Ängste und Vorbehalte gegenüber dem ökonomischen Ansatz abzubauen und das Misstrauen der Kulturschaffenden zu dämpfen. Doch so viel Liberalität hat auch einen Preis. Die Folgen der weiten Eingemeindung dessen, was Kunst und Kultur sein können – nämlich das, was sich selbst darunter versteht – führten einerseits zu einer Ausdehnung des Kulturbegriffs mit gravierenden finanziellen Folgen. Die Unschärfe des Untersuchungsgegenstandes brachten andererseits Ansätze statistischer Erhebungen, etwa zur Wirtschaftskraft des Kultursektors, zur Beschäftigungszahl und zum Investitionsvolumen, in Bedrängnis.

In seiner Abhandlung zur Kulturfinanzierung stellt Heinrichs die interessante Hypothese auf, dass ein gewichtiger Anlass für die Probleme bei der Finanzierbarkeit von Kultur in der Aufblähung des Kulturbegriffs der siebziger Jahre zu sehen sei (vgl. Heinrichs 1997, S. 245). Es lässt sich leicht ausmalen, wohin es führt, wenn mit großzügiger Hand als Kultur geadelt wird, was sich selbst so positioniert, und wenn mit dieser Einstufung gleichzeitig ein prinzipieller Anspruch auf öffentliche Mittel verknüpft zu sein scheint. Bei gut gefüllten öffentlichen Kassen, wie es in den 1970er-Jahren in der Bundesrepublik Deutschland der Fall war, wurde dieses

1.2 Grundlagen der Kulturökonomik

Problem zugedeckt. Problematisch wurden dann die Folgeansprüche bei Mittelknappheit. Es zeigte sich, dass nun die traditionellen Kulturinstitutionen in Mitleidenschaft gezogen wurden, da ein Zurückschrauben von Kultur im weiteren Sinne politisch nicht oder allenfalls nur partiell durchsetzbar war.

Die statistischen Probleme, die die Unschärfe des Kulturbegriffs mit sich bringt, liegen insbesondere auf dem Gebiet der Vergleichbarkeit. National geht es um die Relation zwischen Wirtschaftssektoren, um ihren jeweiligen Beitrag zur Erzielung von Beschäftigung und Einkommen, um den Beitrag der Kulturindustrie zum Bruttoinlandsprodukt. Im internationalen Vergleich interessiert der Stellenwert von Kultur pro Land und Gesellschaft, der sich unter anderem auch daran bemisst, wie viel Mittel die öffentliche Hand diesem Bereich zugestehen will. Zusammenfassend kann man sagen, dass bei jeder Messung und bei jedem Vergleich von Kulturaktivität, national wie zwischen Nationen, Vorsicht geboten ist. Dahinter stecken ganz unterschiedliche Gründe.

Zum einen variiert die Praxis der Abgrenzung und bringt naturgemäß, auch für den identischen Untersuchungszeitraum, unterschiedliche Zahlen hervor. Am weitesten gefasst ist der von der UNESCO gewählte Kulturbegriff, der auch die Bereiche Sport und Erholung in seinen Kennziffern der Kulturstatistik berücksichtigt (vgl. UNESCO 2009, S. 23; vgl. 3.1.1). Begründet wird diese Einbettung in den statistischen Rahmen unter anderem mit der engen Verknüpfung sportlicher Aktivitäten mit kultureller Identität, überzeugend versinnbildlicht am Beispiel des Sumo-Wrestlings in Japan (vgl. UNESCO 2009, S. 31). Demgegenüber klassifiziert die Europäische Kommission den Bereich Sport ausdrücklich als irrelevant für die Abgrenzung des kulturellen und kreativen Sektors, obwohl er von einigen Mitgliedsstaaten, wie beispielsweise Großbritannien, einbezogen würde (vgl. European Commission 2006, S. 55).

Zum anderen ist nicht nur die Abgrenzungsmodalität, sondern auch der Wunsch zur Präsentation von Macht und Größe bei der Datenvermehrung im Spiel. Genauso, wie man Eltern stets die schönste Freude machen kann, wenn man das Kind als besonders groß für sein Alter, auf alle Fälle größer als alle anderen einstuft, so möchten wohlmeinende Kulturökonomen den Beitrag von Kunst und Kultur auch quantitativ in den Vordergrund stellen. Beispielsweise werden in die Berechnungen Güter und Leistungen einbezogen, die damit nur mittelbar zu tun haben wie Fernseher und Video-Recorder (vgl. 3.3.1). Dies sei aber, so kritisiert der italienische Ökonom Brosio, so einleuchtend, als wollte man den Bau von Autobahnen der Automobilindustrie zurechnen. Damit einher gehe eine Tendenz zur Überschätzung der ökonomischen Bedeutung der Künste (vgl. Brosio 1994, S. 17).

1.3 Zur Doppelnatur von Kunstgütern

1.3.1 Private und öffentliche Gütereigenschaften

Das Kunstangebot ist heterogen im Erscheinungsbild, es umfasst sowohl Güter, wie Bücher oder Bilder, als auch Leistungen, wie Orchester- oder Ballettaufführungen (vgl. Tietzel 1995, S. 2). Generell werden alle Güter und Leistungen, die in den Bereichen von Kunst und Kultur erstellt werden, als Kunst- oder Kulturgüter bezeichnet. Trotz seiner äußerlichen Unterschiedlichkeit verfügt das Kunstangebot bezüglich seiner Gütereigenschaften über einen gemeinsamen Kern. Er ist unter dem Charakteristikum der Doppelnatur bekannt geworden und lässt sich am besten in Gegenüberstellung seiner privaten und öffentlichen Merkmale darstellen.

Ein privates Gut zeichnet sich dadurch aus, dass es ausschließlich seinem individuellen Nutzer, in der Regel dem Käufer, zur Verfügung steht und ihm, aber sonst niemandem, dient. Man spricht von ausschließbarem, rivalisierendem Konsum. Demgegenüber ist ein öffentliches Gut für die Öffentlichkeit da, genauer: es darf und muss von allen gemeinsam konsumiert werden. Ein öffentliches Gut beinhaltet die Merkmale, dass von seiner Nutzung niemand ausgeschlossen werden kann und dass der Konsum des einen den des anderen nicht beeinträchtigt. Die Finanzwissenschaft spricht hier von nicht-ausschließbarem und nicht-rivalisierendem Konsum.

Die bei anderen Gütern kaum beobachtbare Doppelnatur, die Kunstgüter auszeichnet, kann folgendermaßen verdeutlicht werden (vgl. Abb. 1.5).

1. Einerseits präsentieren sich Kunstgüter als materielle Produkte, vergleichbar mit anderen privaten Gütern. Ein erworbenes Buch oder Bild, ein besetzter Theaterplatz werden ausschließlich von seinem Erwerber in Anspruch

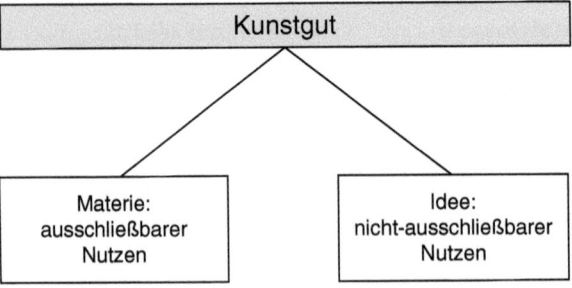

Abb. 1.5 Die Doppelnatur von Kunstgütern. © Ingrid Gottschalk

1.3 Zur Doppelnatur von Kunstgütern

genommen. Ein anderer geht leer aus, wenn die Auflage vergriffen oder die Aufführung ausgebucht ist. Ein Original kann nicht zweimal veräußert, ein Platz nicht doppelt besetzt werden. Der Konsum ist ausschließbar und rivalisierend.
2. Andererseits bringen Kunstwerke sehr oft eine Idee zum Ausdruck, die unabhängig von der einzelnen konkreten Ausgestaltung existent ist. Es handelt sich hierbei um den künstlerischen Informationsgehalt des Kunstwerkes, etwa die Melodie, das Thema und dessen Bearbeitung, das Motiv. Alle können davon profitieren, ohne sich gegenseitig zu behindern, der Konsum ist nichtausschließbar und nicht-rivalisierend.

Die Doppelnatur von individuellem Kunstwerk und künstlerischer Information gelte aber, so Münnich, für mehr oder weniger alle Bereiche der Kunst (vgl. Münnich 1980, S. 18 f.). Sehr vergleichbar argumentiert Hutter, der die Kunst als ein „Kommunikationsphänomen" darstellt (vgl. Hutter 1989, S. 462). Kunstwerke werden als Inhalt und Mittel des Dialogs zwischen verschiedenen Parteien verstanden. Es kommen über Kunst ins Gespräch:

- Die Künstler untereinander,
- der Künstler und die Betrachter sowie
- die Betrachter untereinander, das sind die Kunstkonsumenten.

Durch die Informationsfunktion wird das Kunstwerk zu einem Gut mit hohem Öffentlichkeitsgrad (vgl. Hutter 1989, S. 462). Was ist daran aber der besonderen Erwähnung wert, unter Umständen problematisch? Es ist die ökonomische Problematik, die hier ins Spiel kommt (vgl. Andreae 1994, S. 407). Die Theorie öffentlicher Güter zeigt, zu welchen Defiziten das Auftreten von Gütereigenschaften wie Nicht-Ausschließbarkeit und Nicht-Rivalität führen kann und im Extrem auch führen muss (vgl. 2.1.2). Sehr häufig wird dieses Problem mit dem Schlagwort vom Schwarzfahrer, dem *free rider*, sehr plastisch und treffend gekennzeichnet. Der Einzelne hat weder Motivation noch Anlass, sich in einer Situation, in der er von einer Nutznießung eines Angebots sowieso nicht ausgeschlossen werden kann, an irgendwelchen Kosten zu beteiligen. Man spricht davon, dass der Mitfahrer – klug im Sinne der Schonung des eigenen Geldbeutels – eher geneigt ist, seine wahren Präferenzen zu verschleiern und heimlich zu genießen. Dann kostet es ihn auch nichts, *he rides a free ticket*.

▶ Der **Free Rider/Schwarzfahrer** nutzt den Umstand, dass er vom Konsum eines öffentlichen Gutes nicht ausgeschlossen werden kann, und tut so, als hätte er kein Interesse daran, um nicht zu riskieren, sich an der das Finanzierung beteiligen zu müssen.

Der Anbieter eines Gutes oder einer Leistung mit derartigen Eigenschaften, in unserem Fall der Künstler oder Kulturschaffende, hat das Nachsehen. Er kann nicht verhindern, dass Leute von seinem Angebot profitieren, ohne etwas dafür zu zahlen. Als mögliche Folge dieser Konstellation wird auf der einen Seite ein drohendes Unterangebot, auf der anderen Seite die Tendenz zur Übernachfrage gesehen. Das heißt, dass auf der Produktionsseite eine Unterinvestition, auf der Nachfrageseite eine Übernutzung bereits vorhandener Bestände drohen (vgl. Hutter 1989, S. 462).

Diesen möglichen Nachteilen zum Trotz gibt es auch Fälle einer fruchtbaren Symbiose der Kunst mit anderen Bereichen, in denen sich die Kunstanbieter nicht ausgenutzt fühlen müssen, sondern der eine vom anderen profitiert. Die „Liaison von Kunst und Mode" (vgl. Gropp 2013) ist ein Beispiel dieser Art, das sich nicht auf die Gegenwart beschränkt und in detailgenauen Darstellungen von Stoffen, Materien und Kleidungsstilen die gesamte Kunstgeschichte durchzieht.

Kunst & Mode = Mode & Kunst

- Gegenseitige Inspiration von Künstlern und Modedesignern, beispielsweise:
    - Futuristische Anzüge mit Taschen in Lippenform, kreiert vom Surrealisten Salvador Dáli und Elsa Schiaparelli in ihrem eigenen Modehaus.
    - Minikleider mit Piet Mondrian-Mosaikdruck vom Couturier Yves Saint Laurent.
- Postmoderne Überschneidungen und Überlappungen gemäß hybriden Konsummustern der ausgehenden 80er-Jahre mit dekonstruierter Mode und Konsumgegenständen als Kunstobjekten im Stil von Andy Warhol.
- Kreativität als Kampf gegen den Mainstream vereint das „visionäre Paar": Ist es noch Mode? Oder ist es schon Kunst? Und dasselbe vice versa.

Nach Karcher 2011

1.3.2 Kunstgüter und soziale Werte

Kunst und Kultur bringen eine Fülle ganz unterschiedlicher Nutzen für den Einzelnen und die Gesellschaft als Ganzes. Die teilweise nur sehr schwer quantifizierbaren Wirkungen auf gesamtgesellschaftlicher Ebene können als soziale Werte betrachtet werden, die in Form von fünf verschiedenen, untereinander allerdings nicht immer trennscharfen Kategorien betrachtet werden können (vgl. Pommerehne und Frey 1993, S. 19 f.; Frey 2001, S. 227). Schon Baumol und Bowen haben in ihrer klassischen Studie auf diese sozial relevanten Werte verwiesen (vgl. Baumol und Bowen 1966, S. 382 ff., vgl. 2.2).

1. **Optionswert**: Entscheidend ist nicht, ob das Individuum das Kulturangebot aktuell nutzt. Wichtig ist, dass ihm diese Option bei Belieben und Bedarf offen steht. Von *optional goods* spricht man auch im Gesundheits- und Sicherheitsbereich. Dort geht es um Leistungen, bei denen jeder froh wäre, er müsste sie nie in Anspruch nehmen – etwa die Dienste von Krankenhaus und Feuerwehr – und dennoch die prinzipielle Möglichkeit der Inanspruchnahme als eminent wichtig erachtet.
2. **Existenzwert**: Dieser Wert steckt beispielsweise in historischen Bauten. Auch wenn sie nicht im strengen Sinne von den Individuen genutzt werden, so haben sie doch einen Wert durch ihr Vorhandensein an sich.
3. **Vermächtniswert**: Hier geht es um den Erhalt von Kunstwerken für die nachfolgenden Generationen. Sie können ihre Wertschätzung heute noch nicht zum Ausdruck bringen, in ihrem Sinne dürfen Kunstrichtungen, auch wenn sie momentan nicht hoch im Kurs stehen, nicht unwiederbringlich verloren gehen.
4. **Prestigewert**: Auch die, die sich für Kunst nicht interessieren, erleben deren positiven Prestigewert und profitieren von der Stärkung der kulturellen Identität und dem gestiegenen Nationalstolz.
5. **Bildungswert**: Künstlerische Aktivitäten unterstützen nicht nur die kulturelle Integration, sie fördern auch die Kreativität und die Bildung ästhetischer Maßstäbe (vgl. Abb. 1.6).

Diese sozialen Werte, die als Grundlage und Legitimation öffentlicher Finanzierung von Kunst und Kultur herangezogen werden, sind jedoch in ihrer Wirkungseindeutigkeit relativiert worden. Einerseits sei es richtig, dass kulturelle Identität als Staatsaufgabe angesehen werden könne und genau so förderungswürdig sei wie das physische Wohlergehen der Bevölkerung. Andererseits müsse ins Kalkül gezogen werden, dass Kunst von ihrer Anlage her von internationalem Charakter sei und gefragt werden müsse, ob man angesichts von Staatszusammenschlüssen noch Anstrengungen unternehmen sollte, nationale Identitäten zu fördern (vgl. O'Hagan 1998, S. 23).

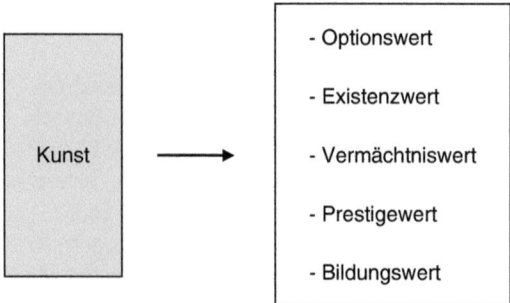

Abb. 1.6 Gesamtgesellschaftliche Wirkungen von Kunst. © Ingrid Gottschalk

Obwohl nicht zu bestreiten sei, dass Kunst das nationale Prestige fördere, liege hierin doch ein etwas wackliges Argument für die Rechtfertigung staatlicher Kunstförderung. Auch andere Produktionsbereiche und Leistungsträger einer Volkswirtschaft tragen zum Nationalstolz bei, wie etwa die Automobil- und die Computerindustrie (vgl. Fullerton 1991, S. 74), Hochtechnologieprodukte wie die Concorde (vgl. Peacock 1973, S. 323) oder Fußball- und Tennisstars (vgl. O'Hagan 1998, S. 25). Trotz der identitätsstiftenden Wirkung auch dieser Personen und Produktionen würde aber niemand gleich an eine staatliche Subventionierung denken. Genauso wenig wie bei der optionalen Nachfrage in anderen Bereichen. Es sei sicher sehr nützlich, zu wissen, dass man ein Kulturangebot irgendwann einmal, wenn man Zeit und Lust dazu hätte, auch nutzen könnte. Aber diese Argumentation gelte für praktisch alle Güter und Dienste. Auch ein gutes Restaurant, ein Spezialgeschäft oder den Tennisclub wollte man für sich selbst oder die Kinder gern erhalten wissen. Aber es sei wohl fraglich, ob daraus ein Argument für öffentliche Unterstützung abzuleiten sei (vgl. O'Hagan 1998, S. 30).

Neben dieser kritischen Relativierung der Werte im Einzelnen ist auch ein genereller Value-Ansatz als Stütze von Kunst und Kunstpolitik und deren öffentliche Finanzierung in die Diskussion eingebracht worden. Der kanadische Ökonom Rushton führt aus, dass sich jede Person mit ihrem Charakter, ihrem Selbst nur in Interaktion mit der Kultur, in der sie aufwächst, definieren kann (Rushton 1999, S. 145). Auf der Basis der gemeinsamen kulturellen Grundlage sei Kultur, deren Erhaltung und Förderung als unverzichtbarer, gewollter, und im Grundsatz nicht zu hinterfragender Wert akzeptiert und sanktioniert. Auf derselben Linie liegt die Argumentation des holländischen Kulturökonomen Klamer, der den Wert von materiellen Kulturgütern als untrennbar verbunden mit dem Niveau immaterieller Kulturüberzeugungen eines Landes bzw. einer Gesellschaft versteht (vgl. Klamer 1997, S. 75).

1.4 Ansatzpunkte kulturökonomischer Analyse

Die Frage bleibt allerdings, ob mithilfe dieser generalisierten Wertzuschreibung nicht doch wieder ein Rückschritt in die außerökonomische Sphäre gemacht wird: Sind Kunst und Kultur also doch generell *a good thing*? Dem steht, wie anfänglich ausgeführt, gegenüber, dass eine pauschal verfügte Sakrosanz kultureller Aktivitäten auch der Kultur selbst nicht hilft. Es mag richtig sein, dass Individuen eine diffuse, individuell weder genau erklärbare noch bezifferbare Wertigkeit von Kunst und Kultur empfinden. Dennoch obliegt es jedem Einzelnen, inwieweit er für Kultur optiert, auch wenn er möglicherweise gar nicht genau weiß, warum er Kultur gefördert sehen möchte. Bei diesem Procedere bleibt der individuelle Ansatz bestehen, auch wenn die Einbettung des Individuums in Gesellschaft und Kultur nicht zu übersehen ist.

1.4 Ansatzpunkte kulturökonomischer Analyse

1.4.1 Volks- und betriebswirtschaftliche Schwerpunkte

Gemäß der klassischen wirtschaftswissenschaftlichen Unterteilung kann das Untersuchungsobjekt Kunst bzw. Kultur unter einer volkswirtschaftlichen und unter einer betriebswirtschaftlichen Perspektive betrachtet werden (vgl. Abb. 1.7).

Schwerpunkte der Diskussion bei volkswirtschaftlicher Betrachtung liegen in Fragen der öffentlichen Finanzierung in Anbetracht öffentlicher Gütereigenschaften

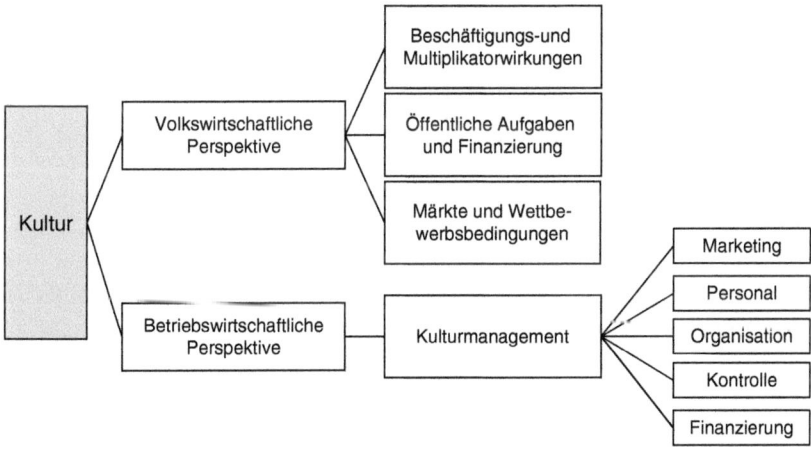

Abb. 1.7 Kultur in wirtschaftswissenschaftlicher Perspektive. © Ingrid Gottschalk

und unter Kalkulation gesamtgesellschaftlicher Wirkungen. Im Grundsatz gilt als völlig unstrittig, dass die Förderung von Kunst und Kultur zum klassischen Kanon öffentlicher Aufgaben gehört und deshalb auch mit angemessener finanzieller Unterstützung rechnen darf. Allerdings gibt es keine für alle Zeiten festgezurrten, unverbrüchlichen Ansprüche. Kulturfinanzierung steht in Konkurrenz etwa zur Gesundheits-, Bildungs- und Forschungsförderung. Die Mittel, die für den einen Bereich ausgegeben werden, stehen für die Unterstützung der anderen nicht mehr zur Verfügung. Die aus Sicht der Kunstschaffenden verständlicherweise als lästig empfundene Diskussion um öffentliche Unterstützung ist aus diesem übergeordneten Blickwinkel heraus ein Gebot von Fairness und Effizienz.

Öffentliche Aufgaben entstehen immer dann, wenn eine Fehlallokation von Ressourcen droht, das heißt wenn die der Volkswirtschaft nur begrenzt zur Verfügung stehenden Mittel nicht so aufgeteilt werden, dass sie bestmöglich die Wünsche der Bevölkerung erfüllen helfen. Man spricht dann davon, dass der Markt versagt. Dies ist bei der schon angeschnittenen Problematik öffentlicher Güter der Fall. In der Extremsituation des rein öffentlichen Gutes – hierauf wird im Folgenden noch näher eingegangen (vgl. 2.1.2) – kommt ein Angebot nur dann zustande, wenn eine Person, Gruppe oder Institution die Initiative ergreift und für die anderen mitdenkt und handelt. Das kann, muss aber keinesfalls der Staat sein. Er besitzt aufgrund seiner hoheitlichen Rechte zwar das konkurrenzlose Privileg, die Finanzierung eintreiben zu dürfen. Private kollektive Aktionen sind demgegenüber auf den guten Willen und die freiwillige Selbstverpflichtung ihrer Mitglieder und Gönner angewiesen. Man muss jedoch kein kühner Prophet sein um vorherzusagen, dass in Zeiten knapper Staatskassen diese Initiativen an Bedeutung gewinnen werden und müssen, sollen die öffentlichen Aufgaben nicht Not leiden.

Die betriebswirtschaftliche Perspektive einzunehmen heißt, Kulturmanagement vor Ort betreiben zu helfen. Dazu gehören alle klassischen Bereiche der Unternehmensführung wie Organisation, Finanzierung, Kontrolle, Personal und Marketing. Die Marketingaktivitäten können nach dem von McCarthy in den 1960er-Jahren entworfenen und verschiedentlich weiterentwickelten Konzept der „4P's" unterteilt werden in *Product*, *Price*, *Placement* und *Promotion* (vgl. McCarthy 1960, Yudelson 1999). Wie jede andere Unternehmung auch muss sich auch die kulturelle Institution um das von ihr angebotene Produkt, um seinen Preis, seine Platzierung und werbliche Vermarktung kümmern. Doch zeigt sich gerade an diesem Beispiel sehr deutlich, wie stark im kulturellen Bereich die Überlappungen zwischen einzel- und gesamtwirtschaftlicher Betrachtung sind und auch sein sollen. Angebots- und Preisgestaltung müssen auch den öffentlichen Anforderungen Rechnung tragen und können nicht wie bei privaten, ausschließlich auf individuellen Nutzen ausgerichteten Gütern, kalkuliert werden.

1.4.2 Die Ansatzpunkte im Überblick

Vor dem Hintergrund der aufgezeigten mangelnden Trennschärfe zwischen volks- und betriebswirtschaftlicher Perspektive scheint es angezeigt, die Separierung zugunsten eines Angebots-Nachfrage-Schemas aufzugeben. Dieser Einteilung folgt auch die Darstellung im Weiteren. Abbildung 1.8 gibt einen Überblick über mögliche Schwerpunkte kulturökonomischer Forschung. Den Anbietern stehen die Nachfrager von Kunst und Kultur gegenüber. Die Abgrenzung des Untersuchungsbereichs folgt der schon beschriebenen klassischen thematischen Einteilung, das heißt es geht primär um das Angebot von und die Nachfrage nach Kunst in den Sparten Darstellende und Bildende Kunst, Musik und Literatur. Doch wer tritt als Anbieter, wer als Nachfrager in Erscheinung, und was wird im Einzelnen gehandelt? Hier wird vorgeschlagen, als strukturierende Elemente die Schwerpunkte Materie versus Idee sowie Original versus Vervielfältigung zu nutzen (vgl. hier und im Folgenden Gottschalk 2011, S. 374 ff.).

1. **Materie versus Idee**: Die Doppelfunktion eines Kunstgutes entsteht daraus, dass in der Regel ein und dasselbe Gut ausschließbaren und nicht-ausschließbaren Nutzen verkörpert. Ein Gemälde umfasst den alleinigen Nutzen des Besitzes für den Erwerber, aber gleichzeitig auch den allgemeinen Nutzen des künstlerischen Informationsgehalts für die Gesellschaft insgesamt. Es kann aber, je nach Angebots- und Nachfragekonstellation, mehr der eine oder mehr der andere

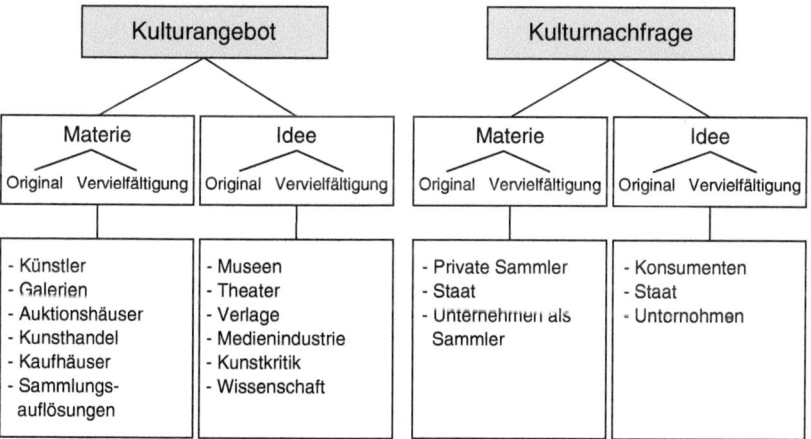

Abb. 1.8 Ansatzpunkte kulturökonomischer Analyse. © Ingrid Gottschalk

Aspekt im Vordergrund stehen. Eine Galerie, die Bilder verkauft, offeriert in erster Linie die Ausschließbarkeit, hier mit Materie bezeichnet. Ein Museum, das Bilder ausstellt, bietet die unteilbare künstlerische Idee von der alle profitieren, die die gesamte Kulturgemeinde aufnehmen, genießen, nachahmen kann. Dasselbe gilt etwa für die Noten im Original und die Musik, die damit gemacht wird.

2. **Original versus Vervielfältigung**: Dem Unikat des Kunstwerkes stehen Kopien des Originals gegenüber, teilweise sind es unendlich viele. Die Künstler selbst haben aber dafür gesorgt, dass auch die Vervielfältigungen, sogar bis hin zu Fertigwaren, Readymades, als Kunstwerke anerkannt und geachtet werden. Auch bei der Kunst als Idee kann man sich eine Unterscheidung in Angebot und Nachfrage des Originals auf der einen, Vervielfältigung auf der anderen Seite vorstellen. Beispiele für die Idee im Original sind Ausstellungen. Die Ausstellungskataloge sind dagegen die replizierten, auch einem abwesenden Publikum zugänglichen „Bilder einer Ausstellung".

Anbieter von Kunst als Materie sind gemäß Abb. 1.8 alle, die Kunst produzieren oder besitzen und damit handeln wollen. Das sind in erster Linie die Künstler selbst sowie die sie vertretenden Agenturen und Galerien. Kunst wird aber auch von privaten Haushalten, aus Familienbesitz oder dem Sammlerfundus, angeboten, oder aber von Unternehmen und staatlichen Institutionen, die Depots teilweise oder gänzlich auflösen, in den Markt gegeben. Neben dem Angebot von Originalen existiert der Markt der Vervielfältigungen, der insbesondere vom Kunsthandel bis hin zu den Kaufhäusern bedient wird.

Als Anbieter, die ihren Schwerpunkt auf die Verbreitung von Kunst als Idee legen, müssen insbesondere Museen und Theater, Opern- und Konzerthäuser genannt werden. Sie sorgen durch Ausstellungen, Aufführungen und Konzerte dafür, dass der geschaffene, einmalige künstlerische Informationsgehalt an die Öffentlichkeit weitervermittelt wird. Ein noch breiteres Publikum erfährt von dieser Idee durch die Vervielfältigungsmöglichkeiten der Verlage, der Medienindustrie generell. Die Kunstkritik und die Kunstforschung, die sich dieser Kanäle bedienen und unter anderem Interpretationshilfen liefern und zusätzliche Auslegungen beisteuern, erweitern den Aktionsradius von Kunst als Idee.

Die hier vorgeschlagene, breite Auslegung für die Gruppen, die als Kunstanbieter verstanden werden sollen, steht in Einklang mit der liberalen kulturökonomischen Definition, dass als Kunst gelten soll, was sich selbst als Kunst versteht. Entsprechend könnte man fortfahren, dass auch die Anbieter von Kunst sich selbst dazu erklären. Dennoch könnte diese weite Abgrenzung Anlass zu Missverständnissen geben. Auch die Kunstrezensenten und die Kunstwissenschaftler finden sich in Abb. 1.8 wieder. Sind wir also doch alle Künstler? Diese Frage ist, trotz

1.4 Ansatzpunkte kulturökonomischer Analyse

der Anspielung auf den bekannten Ausspruch von Joseph Beuys, in dieser Form sicher zu verneinen. Konsensfähig aber dürfte sein, alle diejenigen, die zum Thema Kunst einen Beitrag mit ihren Mitteln leisten, als Kulturschaffende, Kulturvermittler oder Kunstlobbyisten zu bezeichnen.

Als Nachfrager von Kunst in Form von Materie sind in erster Linie die privaten Sammler zu nennen. Das sind nicht selten, wie aus der Kunstgeschichte auch bekannt, die Künstler selbst, die einen Blick für herausragende Werke haben. So hat unter anderem Picasso für sich und seine Familie frühzeitig eine Sammlung von Cézanne aufgebaut. Als Sammler treten aber auch der Staat, beispielsweise durch Kunst in und an öffentlichen Bauten, und die Unternehmen in Erscheinung. Dieselben Gruppierungen treten auch als Nachfrager von Kunst als Idee auf. Die Kunstkonsumenten sind diejenigen, an die sich das Kunstangebot letztlich richtet, die Genießer von Kunst. Zu ihrer Unterstützung wird die staatliche Hand oder werden auch Unternehmen aktiv, die beispielsweise durch Bereitstellung der Bildungseinrichtungen (z. B. Volkshochschulen), durch spezielle Angebote (etwa Museumspädagogik) oder Sondervorstellungen für Mitarbeiter Nachfrage im Sinne der Begünstigung von Kulturkonsumenten schaffen.

Für jedes genannte Stichwort, sei es auf der Angebotsseite oder der Nachfrageseite, lassen sich wichtige und interessante kulturökonomische Untersuchungsbereiche abstecken. Als Schwerpunkte möglicher Untersuchungen, von denen im Folgenden nur ein Teil bearbeitet werden kann, seien beispielhaft genannt:

- Entwicklung von Künstlereinkommen
- Marktmacht von Galerien
- Auktionen und internationaler Handel mit Kunstwerken
- Kunst als Anlageobjekt: Preise und Renditen
- Theater- und Museumsmanagement
- Ausstellungswesen, Ausstellungsfinanzierung
- Festspiele und Festivals
- Kunst im Unternehmen
- Kunst als öffentliche Aufgabe
- Verhalten von Kunstkonsumenten
- Wechselwirkungen zwischen Kunst und Wirtschaft
- Wertschöpfung des Kultursektors

Nach der Darlegung der kulturökonomischen Grundlagen im ersten Kapitel wird sich das zweite Kapitel mit der Koordination von Angebot und Nachfrage auf Märkten qua Preismechanismus sowie den notwendigen ergänzenden staatlichen

Maßnahmen bei Auftreten von Marktversagen beschäftigen. Das dritte und vierte Kapitel untersuchen die ökonomischen Besonderheiten und das Verhalten der Marktteilnehmer bei Angebot und Nachfrage von Kultur. Analysiert werden beispielsweise die Wirkungen des Kulturangebots in der Gesamtwirtschaft, in der Region oder vor Ort. Untersuchungsfragen auf der Nachfrageseite gelten etwa den Konsumentscheidungen und den Möglichkeiten der Verwirklichung von Konsumentensouveränität, den Zahlungsbereitschaften oder den Nutzerstrukturen. Das fünfte Kapitel bringt Beispiele aus der angewandten kulturökonomischen Analyse. Es zeigt, inwieweit Kulturinstitutionen gewinnen, wenn sie sich den neuen Ansätzen wie dem wertorientierten Marketing öffnen, den Kulturkonsumenten in den Mittelpunkt rücken und alternativen Finanzierungswegen Raum geben. Das sechste Kapitel steht ganz im Zeichen des Kulturkonsumenten. Auf der Grundlage eigener Erhebungen aus dem Jahr 2014 werden die Vorstellungen deutlich, die die Verbraucher mit ihrem Kulturkonsum verbinden, unter anderem in Form von empfundenen Vorteilen und Nachteilen sowie den wahrgenommenen Barrieren, die sich dem Kulturbesuch in den Weg stellen können. Auf dieser Grundlage können Konsequenzen für die Kulturarbeit vor Ort, die etwa in den Theatern und Museen geleistet wird, im siebten Kapitel präzisiert werden. An dieser Stelle wird aber auch deutlich, wo weiterer Forschungsbedarf herrscht, beispielsweise hinsichtlich der Einbeziehung von Technik in den Kunstalltag. Im abschließenden achten Kapitel geht es um die Konsequenzen der kulturökonomischen Analyse für Kunst und Kultur insgesamt. Was muss konkret für die Förderung von Kulturangebot und Kulturkonsum getan werden, wie lassen sich Probleme im Zusammenspiel beider Seiten eingrenzen? Ein zusammenfassendes Fazit bildet den Abschluss.

Literatur

Andreae, Clemens-August (1994). Wirtschaft und Kunst im Wohlfahrtsstaat. In: F. Aubele (Hrsg.). Clemens August Andreae. Wirtschaft und Gesellschaft. Ausgewählte Schriften in memoriam. Berlin: Duncker & Humblot. S. 413–427.
Andreae, Clemens-A. und Wilflingseder, Cornelia (1980). Der Einfluß des öffentlichen Sektors auf die Kunst. Wirtschaftspolitische Blätter, 27(6), 47–54.
Baigent, Nick (1975). The economics of cultural subsidy. In: N. Baigent (Hrsg.). The economics of cultural subsidy. Oxford: Blackwell. S. 171–174.
Becker, Gary S. (1993). Der ökonomische Ansatz zur Erklärung menschlichen Verhaltens. Tübingen: Mohr.
Becker, Gary S. (1996). Accounting for tastes. Kapitel 1: Preferences and values. Cambridge, Mass: Harvard University Press. S. 3–23.
Baumol, William J. und Bowen, William G. (1966). Performing arts – the economic dilemma. A study of problems common to theater, opera, music and dance. New York: Twentieth Century Fund.

Literatur

Blackwell, Roger D., Miniard, Paul W. und Engel, James F. (2006). Consumer behavior. 10. Auflage. Mason, OH: Thomson South Western.

Boulding, Kenneth E. (1977). Notes on goods, services, and cultural economics. Journal of Cultural Economics, 1(1), 1–12.

Braun, Günther und Gallus, Thomas (1999). Kultursponsoring-Management. In: T. Heinze (Hrsg.). Kulturfinanzierung. Sponsoring – Fundraising – Public-Private-Partnership. Münster: LIT. S. 67–104.

Brosio, Giorgio (1994). The arts industry: Problems of measurement. In: A. Peacock und I. Rizzo (Hrsg.). Cultural economics and cultural policies. Dordrecht: Kluwer Academic Publishers. S. 17–20.

DiMaggio, Paul (1994). Culture and economy. In: N. J. Smelser und R. Swedberg (Hrsg.). The handbook of economic sociology. Princeton, N. J.: Princeton University Press. S. 27–57.

European Commission (Hrsg) (2006). The economy of culture in Europe. Study prepared for the Euopean Commission (Directorate-General for Education and Culture), October 2006, abgerufen am 07.05.2014 unter: http://www.keanet.eu/ecoculture/studynew.pdf

Frey, Bruno S. (2001). What is the economic approach to aesthetics? In: N. S. Baer und F. Snickars (Hrsg.). Rational decision-making in the preservation of cultural property. Berlin: Dahlem University Press. S. 225–234.

Fullerton, Don (1991). On justification for public support of the arts. Journal of Cultural Economics, 15(2), 67–82.

Gottschalk, Ingrid (2011). Kulturökonomik. In: A. Klein (Hrsg.). Kompendium Kulturmanagement. Handbuch für Studium und Praxis. 3. Auflage, München: Vahlen. S. 369–406.

Gropp, Rose-Maria (2013). Über die Liaison von Kunst und Mode. Frankfurter Allgemeine, faz.net, abgerufen am 07.05.2014 unter http://www.faz.net/aktuell/gesellschaft/mode/zeitgeschehen-ueber-die-liaison-von-kunst-und-mode-12114399.html

Hutter, Michael (1989). Kommunikationsphänomen Kunst: Ein Gang durch die kunstökonomische Forschung. In: H. Rauhe und C. Dehner (Hrsg.). Kulturmanagement. Bonn: Mittelstands-Verlagsgesellschaft. S. 461–485.

Hutter, Michael (1994). Stichwort: Kulturökonomik. In: H. Rauhe und C. Demmer (Hrsg.). Kulturmanagement. Berlin: de Gruyter. S. 57–71.

Hutter, Michael (1996). The impact of cultural economics on economic theory. Journal of Cultural Economics, 20(4), 263–268.

Heinrichs, Werner (1997). Kulturpolitik und Kulturfinanzierung: Strategien und Modelle für eine politische Neuorientierung der Kulturfinanzierung. München: Beck.

Hofmeister, Wernfried (2009). Zwillingsformeln. In: G. Ueding (Hrsg.). Historisches Wörterbuch der Rhetorik. Band 9. Tübingen: de Gruyter Mouton. Sp. 1584–1586.

Karcher, Eva (2011). Kunst und Mode. Das visionäre Paar. ZEIT ONLINE Mode, abgerufen am 07.05.2014 unter http://www.zeit.de/lebensart/mode/2011-02/kunst-mode-lebensstil

Klamer, Arjo (1997). The value of cultural heritage. In: M. Hutter und I. Rizzo (Hrsg.). Economic perspectives on cultural heritage. Houndsmill, GB: Mac Millan Press Ltd. S. 74–87.

Krieger, Georg (1996). Ökonomie und Kunst. Wechselseitige Beziehungen und regionale Aspekte. Berlin: Duncker & Humblot.

Mankiw, N. Gregory (2006). Principles of economics. 6. Aufl. Fort Worth: The Dryden Press.

Müller, Hans-Jürgen (1976). Kunst kommt nicht von Können. 2. Aufl, Edition Moderne Kunst, Zirndorf: Belser Verlag.
McCarthy, Jerome (1960). Basic marketing: A managerial approach. Homewood, Il.: Irwin.
Münnich, Frank E. (1980). Zur ökonomischen Analyse der Kunst. Wirtschaftspolitische Blätter, 27(6), 17–26.
Muschiol, Oliver (2002). Mit Ralph und Siegel. Eine neue alte Zwillingsformel. Frankfurter Allgemeine Zeitung Nr. 121 vom 28. Mai 2002. S. 10.
O'Hagan, John W. (1998). The state and the arts. An analysis of key economic policy issues in Europe and the United States. Cheltenham, UK: Elgar.
Peacock, Alan (1973). Welfare economics and public subsidies to the arts. In: A. R. Prest (Hrsg.). The Manchester school of economics and social studies. Nendeln: Kraus Reprint. S. 323–335.
Peacock, Alan (1992). Economics, cultural values, and cultural policies. In: R. Towse und A. Khakee (Hrsg.). Cultural economics. Berlin: Springer. S. 9–20.
Peacock, Alan und Rizzo, Ilde (1994). Editorial foreword. In: A. Peacock und I. Rizzo (Hrsg.). Cultural economics and cultural policies. Dordrecht: Kluwer Academic Publishers. S. VII–XI.
Pommerehne, Werner W. (1983). Diskussionsbeitrag im „Meinungsspiegel". Betriebswirtschaftliche Forschung und Praxis, Band I. S. 49–69.
Pommerehne, Werner W. und Frey, Bruno S. (1993). Musen und Märkte. Ansätze zu einer Ökonomik der Kunst. München: Vahlen.
Priddat, Birger P. (1998). Rationalität, Moral und Person. In: W. Gaertner (Hrsg.). Wirtschaftsethische Perspektiven IV. Methodische Grundsatzfragen, Unternehmensethik, Kooperations- und Verteilungsprobleme. Berlin: Duncker & Humblot. S. 123–148.
Rubinstein, Ariel (2005). Discussion of „Behavioral Economics", abgerufen am 07.05.2014 unter http://www.arielrubinstein.tau.ac.il/papers/behavioral-economics.pdf
Rushton, Michael (1999). Methodological individualism and cultural economics. Journal of Cultural Economics, 23(3), 137–147.
Samuelson, Paul A. und Nordhaus, William D. (2005). Volkswirtschaftslehre. Das internationale Standardwerk der Makro- und Mikroökonomie. Landsberg am Lech: mi-Fachverlag, Redline GmbH.
Scitovsky, Tibor (1989). Culture is a good thing: A welfare-economic judgment. Journal of Cultural Economics, 13(1), 1–16.
Tietzel, Manfred (1995). Literaturökonomik. Tübingen: Mohr.
Throsby, David (2001). Economics and culture. Cambridge: Cambridge University Press.
UNESCO (Hrsg) (2009). The 2009 UNESCO Framework for Cultural Statistics (FCS). Montral, Quebec, Canada: UNESCO Institute for Statistics, abgerufen am 07.05.2014 unter http://www.uis.unesco.org/Library/Documents/framework-cultural-statistics-culture-2009-en.pdf
Yudelson, Julian (1999). Adapting McCarthy's four p's for the twenty-first century. Journal of Marketing Education, 21(1), 60–67.

Märkte und Markteingriffe bei Kunstgütern 2

Zusammenfassung

Die von den amerikanischen Ökonomen William Baumol und William Bowen im Jahr 1966 publizierte Kostenkrankheit belegt, weshalb der Versorgung mit Kulturleistungen ein produktionsbedingtes Unterangebot droht. Die beiden Autoren zeigen in ihrem modelltheoretischen Vergleich zwischen der technischen Industrie der Automobilhersteller und den technikfernen Produzenten von Musik, dass kostenneutrale Lohnsteigerungen aufgrund fehlender Produktivitätszuwächse im Kultursektor nicht möglich sind. Sollen aber höhere Preise und der damit zu erwartende Nachfrageeinbruch mit der Folge einer Dezimierung des Kultursektors vermieden werden, bleibt für diese Modellvolkswirtschaft nur der Ausweg einer Defizitfinanzierung von dritter Seite. Ist dies der Staat, dann können die Kulturinstitutionen direkt durch öffentliche Zuwendungen bedacht werden oder indirekt durch Subvention der Nachfrager über Kulturgutscheine. Über diesen Umweg fließen die öffentlichen Gelder nur den Anbietern zu, die die Präferenzen der Kulturkonsumenten bestmöglich erfüllen.

2.1 Das Entstehen von Märkten

2.1.1 Die unsichtbare Hand

Dem klassischen Ökonomen Adam Smith, der mit seinem 1776 veröffentlichten Werk: *An inquiry into the nature and causes of the wealth of nations* ökonomische Geschichte geschrieben hat, verdanken wir, dass ein erstaunliches Phänomen einen

Namen bekommen hat: *The invisible hand of the marketplace* (Smith 1776/1974). Die unsichtbare Hand ist das zentrale Kennzeichen einer Marktwirtschaft geworden. Das Verblüffende ist, dass der einzelne Marktakteur weder die Allgemeinheit im Sinn hat, noch genau weiß, wie er positiv im Gemeinwohl wirken könnte, aber dennoch durch seine individuelle Entscheidung sich selbst und dem allgemeinen Interesse dient. Es ist, als würde der individuelle Entscheidungsträger wie mit einer unsichtbaren Hand zu einem Beitrag ökonomischer Wohlfahrt geführt, den er jedoch gar nicht ausdrücklich beabsichtigt hat (vgl. Mankiw 2006, S. 11).

▶ Die **unsichtbare Hand** bewirkt unter bestimmten Voraussetzungen, dass die individuelle Befriedigung der Bedürfnisse am Markt zur bestmöglichen Verteilung knapper volkswirtschaftlicher führt und nicht nur dem Einzelnen, sondern auch dem Gesamtwohl nützt.

Wie kommt es zu diesem Effekt, was steht hinter dem Wirksamwerden der unsichtbaren Hand mit der Folge, dass die knappen Ressourcen effizient, das heißt so verteilt werden, dass sie bestmöglich für die Erfüllung der Wünsche der Bevölkerung sorgen? Die wesentlichen Kriterien in diesem Prozess sind die Märkte mit freiem, ungehindertem Marktzugang, die Entscheidungs- und Handlungsfreiheit von Anbietern und Nachfragern, die im Wettbewerb untereinander stehen, sowie der Preismechanismus. Zusammen genommen bilden sie die Wirtschaftsordnung der freien Marktwirtschaft, die durch Einbau von sozial stützenden Elementen wie Arbeitslosengeld und Sozialhilfe zur sozialen Marktwirtschaft wird.

Märkte entstehen dort, wo Anbieter und Nachfrager aufeinander treffen. Das können reale, überschaubare Märkte sein, auf denen sich die beiden Parteien von Angesicht zu Angesicht gegenüberstehen und direkt verhandeln, zum Beispiel auf einem Wochenmarkt. Möglich ist aber auch die Koordination über fiktive, virtuelle Märkte, etwa bei der Börse, bei Telefonauktionen oder dem Interneteinkauf. Die geforderte Konsumfreiheit steht für die Möglichkeit, dass Verbraucher die ihnen zur Verfügung stehenden Mittel gemäß ihren Wünschen ausgeben können. Das Vorliegen von Konsumfreiheit ist eine Vorbedingung für die als ökonomisches Grundprinzip im ersten Kapitel schon angesprochene Konsumentensouveränität, das ist die Vorstellung, dass letztendlich die Produktion gemäß den Präferenzen der Konsumenten gestaltet sein soll. Der Konsumfreiheit steht ein vergleichbares Recht auf Seiten der Anbieter – die Angebotsfreiheit – gegenüber. Angebotsfreiheit bedeutet, dass die Anbieter gemäß ihren Ideen und erwarteten Absatzchancen Güter und Leistungen am Markt zur Disposition stellen dürfen.

Durch die Reaktionen der Nachfrager auf dem Markt entscheidet sich dann, ob das vorgeschlagene Angebot angenommen wird oder nicht und vielleicht eher der Vorschlag des konkurrierenden Mitbewerbers akzeptiert wird. Dass die Konkurrenz freien Zutritt auf dem Markt hat, ist dabei eine wesentliche Voraussetzung. Die letztendliche Abstimmung auf den Märkten, das heißt die Koordination der Einzelpläne, erfolgt qua Preismechanismus, mit dessen Hilfe Angebot und Nachfrage in ein Gleichgewicht gebracht werden. Der Preis gilt als Indikator für Knappheit und Begehrlichkeit. Der Preismechanismus steuert über die Höhe des Preises die Entscheidungen über Angebot und Nachfrage und bringt sie in ein Gleichgewicht. Wenn die genannten Bedingungen in der Volkswirtschaft herrschen und die knappen Produktionsmittel bzw. Ressourcen letztlich so aufgeteilt sind, dass eine Umverteilung bzw. Reallokation keine bessere Befriedigung der Wünsche der Bevölkerung mit sich brächte, dann spricht man davon, dass die gesamtwirtschaftliche Effizienzbedingung erfüllt ist (vgl. Mankiw 2006, S. 150 f.). Dies ist der Zustand der Allokationseffizienz.

Es versteht sich von selbst, dass durch die aufgeführten Kriterien Idealzustände umschrieben werden, die als Leitmotiv dienen können, aber eher selten in Reinform in der Wirklichkeit zu finden sind. Stattdessen kommt es zu Marktunvollkommenheiten, die, je nach Schwere ihrer negativen Wirkungen, auch der Korrektur bedürfen können. Die Frage ist, wann die sichtbare Hand des Staates eingreifen sollte und inwieweit die damit verbundenen Wirkungen ihrerseits geeignet sind, die Schwächen des Marktes auch wirklich zu beheben.

2.1.2 Güterkategorien und Marktversagen

Zu den verschiedenen Anlässen, die ein Versagen des Marktmechanismus auslösen können, gehört auch die öffentliche Güterproblematik. Die extremen Fälle öffentlicher und privater Güter unterscheiden sich durch die schon beschriebenen charakteristischen Merkmale der (Nicht-)Ausschließbarkeit und der (Nicht-)Rivalität. Kann niemand vom Konsum ausgeschlossen werden und beeinträchtigt die Nutznießung des einen die des anderen nicht, dann erwartet man ein Marktversagen. Hintergrund ist das aus individueller Sicht rationale Handeln des Einzelnen, das ihn als Schwarzfahrer agieren lässt, der das öffentliche Gut „heimlich" mitkonsumieren kann. Wenn aber viele so denken und handeln, dann kommt ein Angebot nicht zustande, zumindest nicht im wohlfahrtsökonomisch gewünschten Umfang, das heißt in dem Ausmaß, das den eigentlichen Konsumentenwünschen entspricht. Die Nicht-Rivalität bedeutet sogar, dass es unter dem Aspekt der Wohlfahrt auch ineffizient wäre, jemanden nicht mitprofitieren zu lassen, der dies ohne Einbuße für die anderen tun könnte. Unter wohlfahrtsökonomischen Aspekten ist ein individueller Nutzenzuwachs dann wohlfahrtssteigernd, wenn das eine Wirtschaftssubjekt besser, das andere aber nicht schlechter gestellt wird. Und dies wäre bei einem ansonsten folgenlosen Mitkonsumieren des öffentlichen Gutes nicht der Fall.

▶ Das **Wohlfahrtsoptimum** wird erreicht, wenn der Gesamtnutzen der Bevölkerung nicht mehr erhöht werden kann. Dieser Zustand ist gegeben, wenn durch Umverteilung der Ressourcen die Wohlfahrt eines Individuums nicht mehr gesteigert werden kann, ohne ein anderes Wirtschaftssubjekt schlechter zu stellen. In Ehrung des Wohlfahrtsökonomen Vilfredo Pareto (1848 bis 1923) spricht man auch von einem Pareto-Optimum.

Die politisch umsetzbaren Empfehlungen aus diesen grundsätzlichen Überlegungen sind jedoch weit weniger plakativ, als es den Anschein haben könnte. Es ist unter anderem zu fragen, wer denn beim Auftreten von öffentlichen Güterphänomenen den Markt ersetzen soll und wie bedeutsam die Extremsituation rein öffentlicher Güter überhaupt ist.

1. Wer soll die öffentlichen Güter bereitstellen?
   Die Assoziation, dass öffentlich gleich staatlich sei, scheint nahe zu liegen, aber sie wäre zu einseitig. Der Staat kann, aber er muss nicht der öffentliche Anbieter sein, zumindest nicht in allen Facetten bezüglich Produktion, Kontrolle, Verteilung. Richtig ist aber, dass die öffentlichen Gütermerkmale eine Gemeinschaftsaufgabe konstituieren. Eine staatliche Institution muss nicht in jedem Fall dieser Gemeinschaft vorstehen, es kann sich auch um eine private Initiative handeln.
2. Welcher Art ist die Mehrzahl öffentlicher Güter?
   Die meisten öffentlichen Güter sind nicht von extremem Charakter. Das fällt schon auf an dem Mangel an Beispielen, die in den finanzwissenschaftlichen Lehrbüchern zu finden sind. Die immer wieder zitierten Klassiker sind der Rechtsschutz und die nationale Verteidigung. Das Kunstklima wäre ein vergleichbares Beispiel aus dem Bereich Kunst und Kultur. Bei diesen spezifisch öffentlichen Gütern bzw. *pure public goods* herrschen vollständige Nicht-Ausschließbarkeit und Nicht-Rivalität, das heißt niemandem kann das Mitkonsumieren verweigert werden. Umgekehrt ist auch niemand in der Lage, sich selbst auszuschließen. Wäre ein Bürger nicht einverstanden mit der öffentlichen Güterbereitstellung, dann bliebe ihm nur die Unterstützung der Fundamentalopposition mit der Hoffnung auf einen Wechsel bei der nächsten Wahl, oder, als letzte Möglichkeit, das Auswandern.

Doch in der Wirklichkeit kommen diese rein öffentlichen Güter eher selten vor. Häufiger sind die zwischen privaten und öffentlichen Gütern angesiedelten Mischgüter, die *mixed goods*. Man kann sie sich auf einem Kontinuum zwischen den beiden Extrempolen privat und öffentlich vorstellen. Alle drei Güterkategorien,

2.1 Das Entstehen von Märkten

die privaten, die gemischten, die öffentlichen Güter lassen sich auch auf diesem Kontinuum mithilfe des Phänomens der externen Effekte darstellen. Externe Effekte sind positive oder negative Einflüsse, die durch die Produktion oder den Konsum eines Verursachers auf Dritte übergehen, ohne am Markt entgolten und in Rechnung gestellt zu werden.

► Vom Konsum eines **öffentlichen Gutes** kann niemand ausgeschlossen werden (Nicht-Ausschließbarkeit) und der Konsum des Einen behindert nicht den Konsum des Anderen (Nicht-Rivalität).

Ein **privates Gut** steht nur dem Besitzer zur Disposition (Ausschlussprinzip), die Konsumenten konkurrieren um die nur einmal verfügbare Konsummenge (Rivalitätsprinzip).

Ein **Mischgut** enthält Elemente eines öffentlichen und eines privaten Gutes, es ist nur partiell nicht-ausschließbar und nicht-rivalisierend.

Ein Beispiel für das Auftreten von externen Effekten bei Kulturgütern wäre ein Open-Air-Konzert. Es erfreut auch diejenigen, die in der Umgebung wohnen und nicht zu den Besuchern zählen – sofern sie tatsächlich über die ungeplante Beschallung erfreut sind. Für diejenigen, die das Konzert als Lärmbelästigung empfinden, wird aus dem positiven ein negativer externer Effekt, ein öffentliches Ärgernis. Ein anderes Beispiel bietet sich im Bereich von Architektur und Kunst am Bau bei öffentlichen oder privaten Gebäuden. Auch hier gilt, dass je nach Freude oder Ablehnung ein externer Effekt positiver oder negativer Ausprägung zu verbuchen ist, der nicht verrechnet wird.

Generell gilt, dass das Auftreten von externen Effekten bzw. Externalitäten Wirkungen nach sich zieht, die den für öffentliche Güter charakteristischen Merkmalen gleichen.

- Nicht-Ausschließbarkeit und Nicht-Rivalität sind kompatibel mit externen Effekten des Angebots. Ist das Angebot vorhanden, das den externen Effekt entfaltet, dann können auch Dritte davon profitieren, ohne dass es zu verhindern wäre, aber auch ohne dass es schadet. Diese Wirkung gilt beispielsweise, wenn auch nur lokal begrenzt, bei einem Feuerwerk. Auch die umliegenden Gemeinden können sich daran erfreuen, ohne den Genuss der Veranstalter zu schmälern.
- Auch in Folge von externen Effekten des Konsums können Nicht-Ausschließbarkeit und Nicht-Rivalität auftreten. Wenn sich zum Beispiel eine hinreichend große Anzahl von Personen impfen lässt und damit eine Epidemie verhindert, dann sind auch die geschützt, die sich nicht impfen ließen.

Der Grad an Öffentlichkeit, der einem Gut zugeschrieben wird, muss aber noch durch ein weiteres Kriterium bestimmt werden. Dabei handelt es sich um die soziale Relevanz des externen Effektes. Nur bei Vorliegen von sozialer Bedeutsamkeit ist eine öffentliche Aktivität überhaupt zu rechtfertigen. Bei rein privaten Gütern ist das nicht der Fall. Auch sie können externe Wirkungen nach sich ziehen, seien sie physischer oder psychischer Natur, materielle Vor- oder Nachteile oder innere Freude oder Ärger. Wir leben in einem „dichten Gestrüpp externer Effekte", doch bedeutet dies keinesfalls, dass wir alle Externalitäten übereinstimmend, das heißt in einem politischen Konsens, als gesellschaftlich relevant ansehen (vgl. Endres 1994, S. 14).

In Kombination der beiden Merkmale, dem Auftreten des externen Effektes und der politisch bestimmten sozialen Relevanz, zeigt sich deshalb das Güterkontinuum in Abb. 2.1. Die Eckpole sind angezeigt durch die rein privaten Güter, die keine sozial relevanten externen Effekte beinhalten, und die spezifisch öffentlichen Güter mit vollkommen sozial relevanten externen Effekten. Dazwischen liegen die Mischgüter mit partiellen Externalitäten. Sie tendieren entweder mehr zum spezifisch öffentlichen oder mehr zum rein privaten Gut oder nehmen tatsächlich eine Mittelposition ein.

Das gemeinsame Merkmal der drei Güterkategorien private, gemischte und öffentliche Güter liegt in ihrem Beitrag zur Erfüllung des Konsumentensouveränitätspostulats, das im Zentrum marktwirtschaftlicher Ordnungen steht. Je mehr aber Güter die Merkmale eines öffentlichen Gutes aufweisen, desto wahrscheinlicher ist, dass der Markt versagt. Er kann dann nicht mehr für das Angebot sorgen, dass die Verbraucher

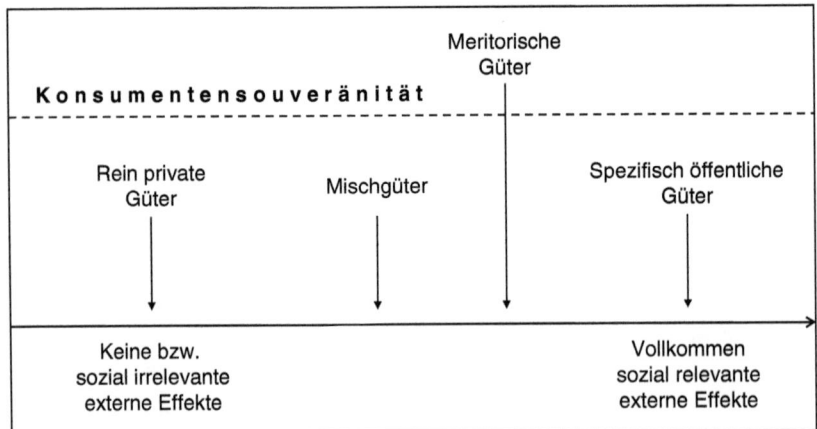

Abb. 2.1 Güterkategorien und externe Effekte. © Ingrid Gottschalk

eigentlich wünschen, Konsumentenpräferenzen würden sich nicht durchsetzen. Ersatzweise springt der Staat ein, unter Umständen auch eine private Initiative, um den Konsumentenpräferenzen eben doch Geltung durch ein adäquates Angebot zu verschaffen.

Bei Kunstgütern treten die Merkmale öffentlicher und privater Güter sehr häufig gemeinsam auf, sodass der typische Mischgutfall gegeben ist. Das gilt bei Kunstwerken, die einerseits dem privaten Käufer ausschließlich zur Verfügung stehen, aber andererseits allein dadurch, dass die Öffentlichkeit von ihnen Kenntnis bekommen hat, Inspiration und Kreativität in die Gesellschaft tragen. Davon profitieren dann alle, etwa im Bereich Design und Mode oder durch das Kunstklima insgesamt. Auch beim Konsum von Dienstleistungen der Kunst, beispielsweise bei einem Theater- oder Museumsbesuch, kommt es zu individuellem, ausschließbarem, und spätestens dann, wenn alle Plätze besetzt sind oder die Aussicht auf die Exponate durch Menschenandrang versperrt ist, auch zu rivalisierendem Konsum. Gleichzeitig entstehen in Folge der Präsenz der Kulturinstitution positive externe Nutzen, die sich in der kulturellen Infrastruktur widerspiegeln und über die individuelle Nutznießung hinausgehen.

Einen Spezialfall stellen die meritorischen Güter dar, die eine Sonderrolle bezüglich ihrer normativen Begründbarkeit spielen. Meritorische Güter sind „gute" Güter, ihr Gegenpart, die demeritorischen Güter, sind „schlechte" Güter. Die einen werden nach Meinung derjenigen, die es besser zu wissen glauben, zu wenig, die anderen zu viel konsumiert. Der Wissensvorsprung wird der öffentlichen Hand zugebilligt. Dort sitzt die besser informierte Gruppe, die beispielsweise weiß, dass es vorteilhaft für das Individuum und die Gemeinschaft ist, sich impfen zu lassen oder für das Alter vorzusorgen, dass es aber schädlich ist, Drogen zu nehmen, Alkohol zu trinken und zu rauchen. Kraft Amtes gelingt es den vermeintlich besser Informierten, den Mehr- oder den Minderkonsum durchzusetzen oder zumindest in die gewünschte Richtung zu lenken, und zwar durch Gebote oder Verbote oder auf dem Wege von Besteuerung oder Subventionierung.

▶ **Meritorische bzw. demeritorische Güter** sind durch bewussten Eingriff in die Wünsche der Konsumenten gekennzeichnet, ihre Bereitstellung verletzt das Postulat der Konsumentensouveränität.

- **Meritorische Güter** sollen nach Auffassung der besser Informierten mehr konsumiert werden.
- **Demeritorische Güter** sollen weniger konsumiert werden, als es der Nachfrage am Markt entsprechen würde.

Für den kulturellen Bereich könnte der Staat in seiner Rolle als Besserwisser beispielsweise verfügen, dass es für die Bevölkerung von Vorteil sei, mehr klassische Musik zu hören und stattdessen den Genuss von Pop-Musik einzuschränken und den öffentlich-rechtlichen Sendern entsprechende Auflagen machen. Die klassische Musik wäre in diesem Beispiel das meritorische Gut, die Pop-Musik das demeritorische Gut. Wie generell im Zuge von meritorisierenden oder demeritorisierenden Maßnahmen würden die staatlichen Planträgern dabei bewusst in Kauf nehmen, dass die Konsumenten selbst die ihnen verordneten Korrekturen ihres eigentlich beabsichtigten Handelns – nämlich vergleichsweise mehr U-Musik als E-Musik zu hören – nicht wünschen.

Als ein konkretes Beispiel können die Auflagen für Musikprogramme bei öffentlich-rechtlichen und privaten Radiosendern in Frankreich genannt werden. Sie sind als Medienrahmengesetz Nr. 94–88 verfasst (vgl. Brenner 2002, S. 275) und seit 1996 rechtskräftig. Hintergrund der Verfügung einer Radioquote war, dass das französische Musikprogramm sich zum Großteil aus englischsprachigen Interpreten zusammensetzte und die nationale Musik zu verdrängen schien. Dieser Entwicklung mochte das Kulturministerium nicht länger zuschauen und verpflichtete die Radiosender gesetzlich, 40 Prozent des Gesamtprogramms in Hauptsendezeiten französischsprachigen Interpreten zu widmen und deren Lieder zu spielen, darunter zur Hälfte von Nachwuchskünstlern. Die Einhaltung der Vorgaben wird durch den Aufsichtsrat von Radio und Fernsehen überprüft und bei Nicht-Einhalten sanktioniert. Trotz einiger Lockerungen bei der Quotenerfüllung bleibt die Diskussion, ob es zu rechtfertigen ist, dass der Staat Eingriffe in die Musikprogramme von Radiosendern nimmt und riskiert, Verbraucherwünsche zu ignorieren und die Finanzierung durch Werbung bei privaten Sendern zu gefährden. Die Verkaufszahlen der französischen Musikindustrie signalisieren zwar mit Umsatzsteigerungen eine positive Wirkung für die heimische Musikwirtschaft und lassen die Diskussion um eine Quotenregelung auch für Deutschland immer wieder aufflammen (vgl. Klingsieck 2002). Jedoch ist diese Erfolgsmeldung vor dem Hintergrund eines nicht marktkonformen staatlichen Eingreifens in individuelle Absichten zu sehen.

Aus diesen Gründen sind die meritorischen Güter, wie Abb. 2.1 auch zeigt, von den anderen Gütern durch die Barriere der Konsumentensouveränität abgegrenzt. Wie gerade beschrieben, liegt das in ihrer Natur: Meritorische Güter sollen in Konsumentenpräferenzen eingreifen, das Souveränitätspostulat bewusst außer Kraft setzen. Da dieser Ansatz sehr häufig als Beleg für das staatliche Eingreifen im Kulturbereich benutzt wird, soll er im Folgenden noch näher betrachtet werden. In der Gütermatrix von Abb. 2.2 haben die meritorischen Güter ihren Platz in der

2.1 Das Entstehen von Märkten

Konsumenten-souveränität \ Sozial relevante Effekte	Nicht gegeben	Partiell	Total
Angestrebt	Rein private Güter	Mischgüter	Spezifisch öffentliche Güter
Nicht angestrebt	✕	Meritorische Güter	Meritorisch öffentliche Güter

Abb. 2.2 Meritorische Güterarten. © Ingrid Gottschalk

zweiten Reihe, nämlich dort, wo Konsumentensouveränität von vornherein nicht angestrebt wird. Das setzt sie in Gegensatz zu den Kategorien privater, gemischter und öffentlicher Güter.

Meritorische Güter werden bereitgestellt, obwohl sie gerade nicht gewünscht werden. Ein derartiges Vorgehen stellt das Souveränitätspostulat auf den Kopf. Hintergrund ist die Vorstellung, dass die Menschen oft nicht wissen, was gut für sie ist. Das weiß in diesem Ansatz aber die besser informierte Gruppe: Meritorische Güter sind Güter mit verkannten Verdiensten, deren wahrer Wert nur den besser Informierten bekannt ist. Diese Diskussion hat eine lange Tradition und ist letztlich bis heute noch nicht abgeschlossen. Als Begriff erdacht und als Konzeption in den 50er-Jahren des letzten Jahrhunderts durch den deutschstämmigen Finanzwissenschaftler Richard Musgrave vorgestellt, wurde sie insbesondere von der deutschen Finanzwissenschaft aufgegriffen und sorgte für heftige Dispute (vgl. Musgrave 1956/57). Es wurde nicht im Grundsatz bestritten, dass es Situationen gibt, in denen der Einzelne damit überfordert sein kann, die Entscheidung zu treffen, die er eigentlich treffen möchte. Doch hieß das zentrale Gegenargument, dass Nichtwissen und Unsicherheit durch Information und Anleitung zu kurieren sei, nicht aber durch paternalistisches Aufoktroyieren. Es sei auch nicht hilfreich und letztlich nur als „Gehirnwäsche" zu brandmarken, wenn die Bevölkerung im Nachhinein diese dirigistischen staatlichen Eingriffe billige (vgl. Schmidt 1970, S. 17).

Die Verfasserin hat diese Diskussion aufgegriffen und unter Verarbeitung verschiedener Diskussionsbeiträge erweitert (vgl. Gottschalk 2001). Die zentralen Ergebnisse lauten:

- Nur bei Vorliegen von sozial relevanten externen Effekten ist ein staatliches Aktivwerden überhaupt gerechtfertigt. Aus diesem Grund bleibt die erste Zelle in der zweiten Zeile von Abb. 2.2 leer.
- Es kann Situationen geben, in denen die Verbraucher selbst eine Korrektur aktueller Präferenzen wünschen und bereit sind, ihre Kompetenz zur Konsumentscheidung zu delegieren. Die Gründe können in erkannter Unwissenheit und Willensschwäche oder im Wunsch nach einem gemeinschaftlichen Handeln in Form von kollektiver Selbstbindung liegen.
- Aufgrund dieses sehr eingegrenzten Spielraums ist das mögliche Spektrum meritorischer Güterbereitstellung nur begrenzt vorhanden.

Eine generelle Fehleinschätzung des Wertes kultureller Leistungen muss angesichts der hohen Priorität, die Befragte dem kulturellen Anliegen stets einräumen, von vornherein bezweifelt werden (vgl. Pommerehne und Frey 1993, S. 21). Wenn die individuelle Nachfrage nicht ausreichend artikuliert wird, dann nicht aufgrund von Ignoranz, sondern wegen der beschriebenen externen Effekte. Ein staatliches Eingreifen ist unter diesen Umständen durchaus kompatibel mit Konsumentensouveränität (vgl. Throsby 1994, S. 22). Aus diesem Grund sollte das Konzept der meritorischen Güter nur in besonderen, von den Konsumenten selbst gewünschten Fällen als Beleg für staatliches Handeln im Kulturbereich herangezogen werden.

2.2 Die Baumol'sche Kostenkrankheit

2.2.1 Kulturanbieter in der Produktivitätsfalle

Die Krise ist in der Kunst der Normalfall – mit diesem pessimistischen Urteil beginnen die beiden amerikanischen Ökonomen Baumol und Bowen ihre 1966 veröffentlichte Abhandlung über das Phänomen weltweit zu beobachtender, chronischer Defizite bei den Kunstanbietern (vgl. Baumol und Bowen 1966, S. 3). Das Untersuchungsziel der beiden Autoren besteht darin, die Gründe für diese finanziellen Engpässe herauszuarbeiten. Diese Analyse soll möglichst emotionslos, unter rein ökonomischen Kriterien durchgeführt werden, gerade so, als würde man irgend eine beliebige Industrie, die von Geldproblemen geplagt wird, unter die Lupe nehmen (vgl. Baumol und Bowen 1966, S. 4). Das Autorenteam deutet schon

2.2 Die Baumol'sche Kostenkrankheit

zu Beginn an, dass die grundsätzlichen Probleme im Kunstsektor nicht von hausgemachten Ursachen wie Verschwendungssucht und Missmanagement herrühren. Vielmehr sei die ökonomische Struktur derart beschaffen, dass ein permanenter ökonomischer Druck auf den schönen Künsten laste, der nicht nur temporär, sondern dauerhaft sei (Baumol und Bowen 1966, S. 10). Unter diesen Vorzeichen beschreiben die Autoren die „Anatomie der Einkommenslücke" im Kunstsektor am Beispiel der Darstellenden Kunst (vgl. Baumol und Bowen 1966, S. 161 ff.).

Das Hauptergebnis ihrer Analyse fand als Schlagwort von der *cost disease*, der Baumol'schen Kostenkrankheit, weite Verbreitung und wurde durch kulturpolitische Diskussionen in der Wissenschaft und in den Medien einem breiten Publikum vorgestellt (vgl. Heilbrun 2003, S. 91).

▶ Die **Baumol'sche Kostenkrankheit** beschreibt den Mangel an Produktivitätsfortschritt, der für personalintensive Branchen typisch ist. Lohnzuwächse können nicht durch mehr Produktivität aufgefangen werden und sind voll kostenwirksam. Einer der Betroffenen ist der Kunst- und Kultursektor.

Insbesondere die Kulturschaffenden griffen die Formulierung einer Kostenkrankheit gern auf, schien sie doch den Ausweg aus den Erklärungsnöten bei der wiederholten Anforderung öffentlicher Mittel zu bieten. Zum besseren Verständnis der im Kunstbereich vorherrschenden Produktionsstrukturen entwickelten die Autoren ein stark vereinfachendes Zwei-Sektorenmodell einer Volkswirtschaft, in der der eine Sektor Automobile, der andere Konzerte produziert (vgl. Abb. 2.3).

Im angenommenen Modell verhilft der Einsatz von technischem Fortschritt in der Autoindustrie, beispielsweise in Form von neuen Fertigungsverfahren, zu Produktivitätssteigerungen von vier Prozent pro Jahr. Als Folge dieser Erhöhung der Arbeitsproduktivität sinken die Lohnstückkosten bei den Automobilproduzenten. Das heißt, dass in einem gefertigten Automobil dann weniger an bezahlten Arbeitsstunden stecken als vor der Produktivitätserhöhung. Auf dieser Basis können höhere Löhne gezahlt werden, ohne dass – alles andere gleich bleibend – die Gesamtkosten der Produktion steigen. Man spricht dann von kostenneutralen Lohnsteigerungen in Höhe des Produktivitätszuwachses.

Bei den Musikern in der Kulturindustrie sehen die Verhältnisse ganz anders aus. Produktivitätssteigerungen sind bei der von ihnen erstellten Leistung nur schwer zu realisieren. Auf den Punkt gebracht: Man kann die Musiker ja nicht einfach schneller spielen lassen. Während bei den Mitarbeitern im Automobilsektor kostenneutrale Lohnzuwächse möglich sind, müssen die Musiker entweder bei gleichem Lohn relativ verarmen, oder in die Automobilindustrie abwandern – mit der Folge einer Einschränkung des Kulturangebots – oder drittens ebenfalls

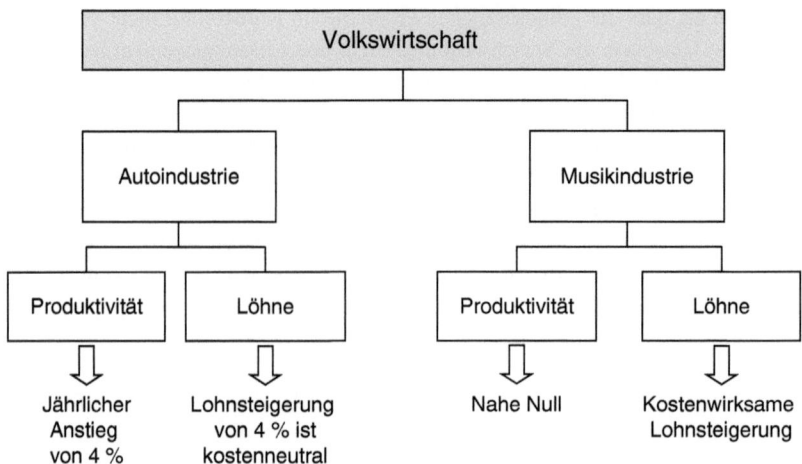

Abb. 2.3 Zwei-Sektoren-Modell der Baumol'schen Kostenkrankheit. © Ingrid Gottschalk

Lohnerhöhungen durchdrücken, die dann aber voll in die Kosten gehen. Als vermutlich realistischer Fall wird eine vergleichsweise geringere, durch die besseren Arbeitsbedingungen in ihrem niedrigeren Niveau auch zu rechtfertigende Anhebung der Musikerlöhne angenommen (vgl. Baumol und Bowen 1966, S. 167 ff.). Da aber ein Hereinholen der gestiegenen Kosten über entsprechend höhere Preise wegen zu befürchtender heftiger Nachfragereaktionen weder als möglich noch als gesellschaftlich sinnvoll angesehen wird, entsteht eine chronische Finanzierungsklemme. Der Kultursektor sitzt in der Produktivitätsfalle.

2.2.2 Konsequenzen der Kostenkrankheit

Die Autoren schlussfolgern schon zu Beginn ihrer Untersuchungen, dass die Defizite vermutlich wachsen werden, wenn man die Sache sich selbst überließe (Baumol und Bowen 1966, S. 10). Zwar werden im Rahmen der Diskussion über diese Studie auch Möglichkeiten erwähnt, wie man durch technischen und organisatorischen Wandel, etwa neu konzipierte Austragungsorte mit höherer Kapazität, bessere Verbreitungsmöglichkeiten und effizienteren Einsatz von Produktionsfaktoren, den negativen Trend zumindest eindämmen könnte. Im Grundsatz sei die Logik der Kostenkrankheit jedoch unantastbar (vgl. Throsby 1994, S. 15 f.).

2.2 Die Baumol'sche Kostenkrankheit

Im Wesentlichen sei der Aufführungsmodus über die Jahrhunderte hinweg gleich geblieben und es gäbe nur sporadische, aber keine grundlegenden Effekte hinsichtlich der Technologie der Aufführung. Durch die Vervielfachung des Publikums in Folge der Entwicklung von Film, Hörfunk und Fernsehen würden zwar die Kosten pro Teilnehmer erheblich gesenkt. Auf der anderen Seite könnte das mit dieser Verbreitung verbundene Produkt nicht mehr mit einer *life performing art* gleichgesetzt werden (Baumol und Bowen 1966, S. 163). Das besondere Charakteristikum der künstlerischen Leistung bestehe darin, dass die Arbeit des Aufführenden ein Ziel in sich selbst darstelle und das Endprodukt verkörpere, welches das Publikum kaufen möchte. Im industriellen Sektor herrschen dagegen andere Beziehungen. Wenn ein Konsument beispielsweise eine Schreibmaschine erwirbt, dann weiß er nicht, und es ist ihm auch ziemlich egal, wie viel Arbeitsstunden darin stecken (vgl. Baumol und Bowen 1966, S. 167).

Baumol und Bowen haben diese generelle Diagnose durch einen sehr eindringlichen Vergleich untermauert. Während die notwendige Menge an Arbeit, ein typisches Industrieprodukt herzustellen, seit Beginn der industriellen Revolution ständig gesunken sei, bräuchte Richard II immer noch dieselbe Anzahl an Minuten für seinen Monolog: *Sad stories of the death of kings* (Baumol und Bowen 1966, S. 164). Die Konzipierung der Kostenkrankheit hat den Baustein für alle weiteren kulturökonomischen Analysen gesetzt. Trotz oder vielleicht auch wegen dieser grundlegenden Bedeutung hat sie immer wieder auch Anlass für sehr kritische Auseinandersetzungen geboten. Zum einen wurde im Grundsatz angezweifelt, ob Baumol und Bowen denn wirklich als Begründer der Kulturökonomik anzusehen seien und nicht vielmehr früheren Wohlfahrtsökonomen diese Ehre zukäme (vgl. Besharov 2005). Zum anderen wurden mögliche Vergünstigungen und öffentliche Hilfen, die den schönen Künsten als Folge der *cost disease* zugebilligt werden könnten, hinterfragt (vgl. Van der Beek 2002, S. 67 f.).

Die **Hauptkritik** besteht darin, dass dem Kulturbereich ein Sonderstatus aufgrund technischer Strukturen zugeschrieben würde, der zwar nicht falsch, aber auch nicht einzigartig sei (Heilbrun 2003, S. 100). Baumol und Bowen hätten nur demonstriert, was alle personalintensiven Wirtschaftszweige, seien sie im Handwerk oder der Gastronomie, erdulden müssten. Dort würde aber auch niemandem so ohne Weiteres ein Krankenstatus mit der Möglichkeit staatlicher Heilung attestiert. Zudem fragt sich, warum den Nachfragern nach Kulturleistungen nicht höhere Preise zugemutet werden können. Bei ausreichendem Interesse für die Kultur dürfte die negative Reaktion aufgrund des Preisanstiegs weniger drastisch sein als die positive Anpassung wegen des erzielten höheren Einkommens. Unter dem Strich könnte deshalb das Nachfrageniveau trotz gestiegener Preise erhalten bleiben und damit auch der kulturpolitisch unerwünschte Effekt der Dezimierung des Kultursektors verhindert werden (vgl. Frey 1996, S. 173). Aber selbst wenn dies nicht der Fall sei, so argumentiert van der Beek, so sei es aus Gründen der Effizienz angezeigt, die Kostenkrankheit ihren Lauf nehmen zu lassen. Überzeichnend und sicher mit Galgenhumor fügt er hinzu, dass dann sinnvoll selektierende Marktkräfte Kunst und Kultur so lange ausblenden könnten, bis sie im „Off" verschwunden seien. Dieses Schicksal würden Friseure oder ambulante Schuhputzer bei nicht ausreichender Nachfrage genauso teilen (vgl. Van der Beek 2002, S. 67).

Andere Autoren haben sich zu Ergänzungen oder Modifikationen der Kostenkrankheit anregen lassen. Beispielsweise sieht Késenne noch eine zusätzliche Gefahr für den Konsum von Kunst und Kultur, die durch den Zeitfaktor ausgelöst würde (vgl. Késenne 1994). Auf der einen Seite bestünde ja schon die Gefahr, dass der Konsum von Kunst gedämpft würde, wenn die rapide ansteigenden Produktionskosten dem Publikum auferlegt würden. Auf der anderen Seite komme erschwerend hinzu, dass kulturelle Aktivitäten generell zeitintensiver als die meisten anderen Konsumaktivitäten wären. Da im ökonomischen Sinne auch die eingesetzte Zeit als Kosten zu betrachten sind, die man sonst anderweitig nutzen könnte, beispielsweise zur Erzielung weiteren Einkommens, muss auch die eingesetzte Zeit als kostenwirksam erfasst werden. Bei steigenden Reallöhnen bedeutet dies, dass der gesamte Preis für kulturelle Aktivitäten noch mehr steigt, als schon von der Produktionskostenseite her, und folglich die Nachfrage nach kulturellen Aktivitäten noch weiter sinken wird (vgl. Késenne 1994, S. 93). Vor diesem Hintergrund wird von Késenne als noch offensichtlicher dargestellt, dass es einer öffentlichen Förderung von Kunst und Kultur bedarf, die hier durch Subventionierung der Konsumenten vorgeschlagen wird (vgl. 2.4.2).

Baumol und Bowen, die Erfinder der Kostenkrankheit, haben zwar die Notwendigkeit einer ständig steigenden Unterstützung für den Kunstsektor angemahnt, sie halten sich jedoch in der Frage bedeckt, wer für die Defizite aufkommen soll. Hier kämen sowohl individuelle und institutionelle private als auch öffentliche Geldgeber in Betracht. Letzteren wird aufgrund der gesamtgesellschaftlichen Wirkungen kultureller Aktivitäten jedoch eine besondere Bedeutung beigemessen (vgl. Baumol und Bowen 1966, S. 382 ff.; Baumol und Baumol 1985).

2.3 Grundlagen und Wege staatlicher Kulturförderung

2.3.1 Das Pro und Contra staatlicher Interventionen

Es sind ganz unterschiedliche Gründe, die den Staat im Kulturbereich auf den Plan rufen. Generell geht es darum, Defizite des Marktes zu korrigieren. Überließe man das Kulturangebot dem Zusammenspiel von Angebot und Nachfrage, so würde es, so lautet die Argumentation der Befürworter staatlicher Eingriffe, nicht

2.3 Grundlagen und Wege staatlicher Kulturförderung

ausreichend die Präferenzen der Kulturkonsumenten widerspiegeln. Das Postulat der Konsumentensouveränität wäre nicht erfüllt. Die wesentlichen Gründe, die für das drohende Unterangebot verantwortlich gemacht werden, wurden genannt. Sie liegen in der Produktionsstruktur des Kultursektors, den besonderen Merkmalen von Kulturgütern sowie dem Wert von Kultur für die Gesellschaft insgesamt (vgl. Baumol 2003; Ridley 1983; Rushton 1999; Schwarz 1992; Heilbrun und Gray 1993, S. 199 ff.). Doch ebenso vehement wie die einen diese Faktoren als legitime Auslöser für Staatsaktivitäten in Anspruch nehmen, gehen die Vertreter des Marktes auf kritische Distanz. Sie setzen den Marktunvollkommenheiten die These vom Staatsversagen entgegen und favorisieren, wenn immer möglich, den Markt gegenüber dem Staat. Im Einzelnen werden die gängigen Argumente, die für das öffentliche Eingreifen beim Kulturangebot zu sprechen scheinen, wie folgt hinterfragt (vgl. Cwi 1980).

1. **Kritik am Argument der Kostenkrankheit**: Es geht nicht darum, das Auftreten der Kostenkrankheit selbst zu bezweifeln. Im Gegenteil, die weite Verbreitung dieser *cost disease* in arbeitsintensiven Bereichen wird anerkannt. Wohl aber handelt es sich darum, dem Kulturanbieter den „Persilschein" zu verweigern. Dieser könnte dazu dienen, jegliches Defizit als naturgegebenen Produktivitätsnachteil zu begründen und zu fordern, dass der Staat die Defizitfinanzierung übernehme. Diese Argumentation müsste dann allen lohnkostenbelasteten Anbietern zugestanden werden, den Manufakturen ebenso wie dem Spezialitätenrestaurant.
2. **Kritik an den Konsequenzen öffentlicher Gütereigenschaften**: Rein öffentliche Güter, bei denen der Markt vollständig versagt, sind die Ausnahme von der Regel. Es gibt sie, aber sie kommen selten vor. Beispiele sind das für alle stimulierende Kunstklima oder das der Gesamtbevölkerung zugutekommende Prestige des Kulturstaates. Häufiger sind Fälle gemischter Art, mit Individualnutzen auf der einen, Sozialnutzen auf der anderen Seite. Wie bei dem Theaterbesucher, der individuell genießt, aber gleichzeitig durch seinen Konsum den Nimbus der Theaterstadt erhalten hilft. Die Schlussfolgerung hieraus ist ein zweigleisiges Verfahren: Markt und Marktbedingungen für den Individualnutzen, Staatseingriffe und öffentliche Mittel zur Aufrechterhaltung des Gesamtnutzens.
3. **Kritik am Wert von Kultur als Interventionsbasis**: Es ist nicht das Ziel, den Wert von Kultur an sich zu bezweifeln. Doch wird angeführt, dass es auch andere Anbieter gibt, deren Arbeit als gesellschaftlich wertvoll angesehen wird, ohne dass nach öffentlichen Maßnahmen gerufen würde. Als Beispiele werden die Luft- und Raumfahrtindustrie (Concorde, Airbus A380), die Automobilindustrie (Mercedes, Porsche) oder Sportvereine genannt (Bayern München, Eisbären Berlin).

Die Frage ist, was aus der kritischen Diskussion der gängigen Argumente, die für staatliche Interventionen bei Kunst und Kultur sprechen, folgt. Soll der Staat nun eingreifen – und wenn ja, wie? Diese Frage hat die Kulturökonomik, insbesondere in ihrem volkswirtschaftlichen Schwerpunkt, über die Jahre hinweg begleitet (vgl. Frey und Pommerehne 1989; Heilbrun und Gray 1993, S. 227 ff.).

> **Ein vorläufiges Fazit könnte lauten**
> - Kultur muss wegen der nicht zu bestreitenden positiven externen Effekte staatlich abgefedert werden, sollen die Präferenzen der Kulturkonsumenten nicht leiden.
> - Das Ausmaß der Förderung ist aber einem ständigen politischen Willensbildungsprozess zu unterwerfen
> - Aufgrund der Parallelität von individuellem und sozialem Nutzen spricht viel für ein gemischtes Angebot aus Markt und Staat.
> - Entsprechend ist eine Mischfinanzierung in Ansatz zu bringen.
> - Zur Förderung einer maximalen Wirkung von Marktkräften sollten die indirekten vor den direkten staatlichen Maßnahmen den Vorzug genießen.

2.3.2 Anknüpfungspunkte staatlicher Maßnahmen

Die öffentliche Hand kann verschiedene Wege beschreiten, um den Kulturmarkt zu ergänzen bzw. bei vollständigem Marktversagen auch zu ersetzen. Im Grundsatz können direkte von indirekten Maßnahmen unterschieden werden, die sich entweder an die Kulturanbieter oder an die Kulturnachfrager richten.

Abbildung 2.4 zeigt beispielhaft auf, welche Möglichkeiten staatlicher Einflussnahme zur Kulturförderung gegeben sind. In der Regel handelt es sich um eine Kombination verschiedener Maßnahmen mit unterschiedlichen Schwerpunkten. Die öffentliche Hand greift direkt in das Angebot und die Nachfrage ein, indem sie entweder die Anbieter oder die Nachfrager von Kultur mit zusätzlichen Mitteln versorgt. Die Anbietersubvention ist der Regelfall, aber auch die noch weniger bekannte Subventionierung von Kulturkonsumenten, wie sie beispielsweise in Form von Kulturgutscheinen im anglo-amerikanischen Raum konzipiert und auch erprobt wurde, ist Bestandteil direkter staatlicher Einflussnahme.

Die indirekten Maßnahmen des Staates zur Kulturförderung umfassen auf der Anbieterseite die regulativen Eingriffe, etwa zur Wahrung von Urheberrechten, ebenso wie steuerliche und tarifliche Begünstigungen, beispielsweise bei der

2.3 Grundlagen und Wege staatlicher Kulturförderung

	Direkt	Indirekt
Kulturanbieter	Anbietersubventionen	Regulierung, Vorzugstarife
Kulturnachfrager	Konsumentensubventionen	Kulturbildung, Steuerermäßigung

Abb. 2.4 Anknüpfungspunkte staatlicher Maßnahmen. © Ingrid Gottschalk

Belastung von Kulturleistungen mit dem ermäßigten Mehrwertsteuersatz von 7 Prozent anstelle von 19 Prozent, wie es in Deutschland bis 2014 praktiziert wurde. Aufgrund von EU-rechtlichen Vorschriften wird der Verkauf von Kunstwerken im Kunsthandel jedoch ab Beginn 2014 in der Regel wieder mit dem vollen Mehrwertsteuersatz belastet (vgl. Fils 2014).

Die dem Staat bzw. der Staatengemeinschaft, etwa im Rahmen der Europäischen Union, obliegende Wahrung des Urheberrechts wird durch die bislang überwiegend freie Verfügbarkeit von geistigen Leistungen im Internet vor neue Aufgaben gestellt. Nach Vorschlag der Europäischen Kommission soll eine Urheberrechtsabgabe, verstanden als Kulturbeitrag für alle Online-Nutzer, dem „Diebstahl geistigen Eigentums" entgegenwirken (vgl. Krempl 2014). Indirekt werden auch die Aktivitäten der Kulturkonsumenten beflügelt, etwa wenn Spenden aus dem Privatvermögen an Kulturinstitutionen geleistet werden, die nach § 4a, Abs. 3–6 des EStG als spendenbegünstigt ausgewiesen sind, und unter dieser Maßgabe als Sonderausgaben abzugsfähig sind (vgl. Bundesministerium der Finanzen (BMF) 2014). Alle steuerlichen Erleichterungen sind Bestandteile von indirekten Kulturförderprogrammen *durch tax-based-incentives* (vgl. Schuster 1999). Die Grundlage dafür, dass überhaupt ein Interesse an Kunst und ein generelles Kulturbewusstsein vorhanden sind, wird jedoch in der kulturellen Bildung und Erziehung gelegt. Sie wird sich in der weiteren Diskussion als ein Grundpfeiler kulturpolitischer Maßnahmen herausstellen.

Der irische Ökonom O'Hagan hat aus dem historischen Zusammenhang heraus erläutert, weshalb es in einzelnen Ländern unterschiedliche Entwicklungen bei der Bevorzugung staatlicher Eingriffe der einen oder anderen Form gibt. Dies wird insbesondere im Vergleich des staatlichen Engagements zwischen Europa und den Vereinigten Staaten von Amerika deutlich (vgl. hier und im Folgenden O'Hagan 1998, S. 3 ff.). Das Kulturleben in Europa ist dem der Amerikaner nicht nur um Jahrhunderte voraus, es ist auch von Beginn an unter anderen Vorzeichen gestartet.

Der Staat und seine Repräsentanten haben immer eine dominante Rolle gespielt. Zur Förderung der schönen Künste, insbesondere des Dramas und Schauspiels, wurden in Athen Theaterfestivals abgehalten. Sie wurden öffentlich, aber auch von reichen privaten Bürgern gefördert und hatten im Wesentlichen einen Auftrag kultureller Erziehung zu erfüllen. Das Publikum sollte sich durch Kunst erbauen und bilden. Kunst galt aber auch stets der staatlichen Demonstration von Macht und Größe. Diese Repräsentationsfunktion erlangte ein besonderes Gewicht an den absolutistischen Höfen. Die Unterstützung von Künstlern, die Unterhaltung von Theatern und Opern und deren Kompanien war Teil des höfischen Prunks und diente der Erhöhung königlicher Pracht und Größe. Nach der französischen Revolution standen das Vermitteln von Werten und die Bürgerbildung wieder im Mittelpunkt. In der Zeit der Aufklärung wurde das Theater zur moralischen Anstalt. Auch die zu ihrer Zeit schon berühmten Dichterpersönlichkeiten wie Goethe und Lessing übernahmen Intendanzen in Weimar und Mannheim, um ihren Beitrag zur Weiterbildung und moralischen Erbauung des Volkes zu leisten. O'Hagan verweist auch darauf, dass unter diktatorischen Herrschern der staatliche Einfluss bis zur Vereinnahmung der Künste reichen konnte, etwa verdeutlicht an der Ausbeutung der Kunst für propagandistische Zwecke durch die Reichspropaganda des Dritten Reiches (vgl. O'Hagan 1998, S. 6). Zusammenfassend kann der Tatbestand, dass der Staat in Europa im Regelfall in hohem Maße im Kunstsektor involviert war und ist, auch als historisch bedingte Fortsetzung des einmal eingeschlagenen Weges verstanden werden.

Die Entwicklung in den Vereinigten Staaten sah ganz anders aus. Der Autor nennt mehrere Faktoren als Auslöser dafür, dass der amerikanische Staat eine vergleichsweise geringe direkte Beteiligung im Kunstbereich praktiziert (vgl. O'Hagan 1998, S. 8 ff.). Dazu gehören:

- Der Mangel an Tradition königlicher Fürsorge.
- Der Mangel an zu bewahrenden Kunstschätzen.
- Die stark individualisierte, liberale, marktbezogene Haltung.
- Die Vorbehalte von Teilen der Bevölkerung, darunter Calvinisten und Quäker, gegenüber Kunst generell.

Aus der Summe dieser Faktoren heraus wird erklärlich, warum in den USA der Staat mit einer vergleichsweise geringen direkten Beteiligung agiert und sich mehr auf die Stimulierung der Privaten, ihren Beitrag für Kunst und Kultur zu leisten, verlässt. In der Tat waren und sind private Personen und Institutionen in hohem Umfang für die Kunst tätig. Zusätzlich zu den steuerlichen Anreizen ist hier die Gabe der amerikanischen Gesellschaft von Vorteil, Sachverhalte und Personen beim Namen zu nennen und damit den Gönnern von Kunst und Wissenschaft

2.3 Grundlagen und Wege staatlicher Kulturförderung

Gelegenheit zu geben, der Allgemeinheit dienlich zu sein und sich selbst ein Denkmal zu setzen. O'Hagan verweist in diesem Zusammenhang auf das bereits 1835 durch den amerikanischen Industriellen James Smithonian in Washington, DC gegründete Smithonian Institute, das angetreten ist „... *for the increase and diffusion of knowledge among men*" (vgl. O'Hagan 1998, S. 9).

Ein anderes Beispiel bietet Hugo Reisinger als deutschstämmiger Mäzen in den Vereinigten Staaten von Amerika (vgl. im Folgenden Wiesbadener Kurier 2014).

> **Hugo Reisinger als deutschstämmiger Kunstmäzen in Amerika**
>
> Anlässlich seines 100-jährigen Todestags am 27. September 2014 erinnert die Kulturinitiative Wiesbaden an das Wirken des 1856 in Wiesbaden geborenen und von dort emigrierten Mäzens. Hugo Reisinger setzte seinen Reichtum, den er durch eigene unternehmerische Tätigkeit und das Erbe seiner aus der Brauereifamilie Adolph Busch (Brauerei Anheuser-Busch mit dem Budweiser Bier in St. Louis) stammenden Frau erworben hatte, großzügig für Kunstprojekte mit deutscher und zeitgenössischer amerikanischer Kunst ein. In New York wurde Hugo Reisinger zum lebenslangen Ehrenmitglied des Metropolitan Museum of Art erklärt, und im Busch-Reisinger-Museum in Boston, das bis heute besteht, werden deutsche Künstler ausgestellt und dem amerikanischen Publikum vermittelt. Seiner Heimatstadt Wiesbaden übermachte der Kunstgönner einen Teil seines Nachlasses zu kulturellen Zwecken, daraus entstanden die Reisinger-Anlagen, ein Park mit Brunnen gegenüber dem Bahnhof (aus: Wiesbadener Kurier 2014).

Dennoch macht O'Hagan zu recht dezidiert darauf aufmerksam, dass diese privaten Aktivitäten im Kulturbereich nicht gleichzeitig bedeuten, dass der amerikanische Staat die Kunst sich völlig selbst überlassen hätte. Vielmehr unterstützt er aktiv das gemeinnützige Handeln der Privaten, beispielsweise durch Steuerabzugsfähigkeit der Förderbeträge bei der Einkommen- und Erbschaftssteuer, und begünstigt damit indirekt das öffentliche Kulturangebot. Das wird zwar in Deutschland unter der Maßgabe von „Steuerbegünstigten Zwecken" ähnlich praktiziert: Zuwendungen, die einer Körperschaft im Bereich von Kunst und Kultur zukommen, können gemäß §§ 51ff. der Abgabenordnung als Sonderausgaben bei der Körperschafts- oder Einkommensteuer geltend gemacht werden (vgl. Bundesministerium der Justiz und für Verbraucherschutz 1976). Das Volumen ist aber aufgrund der unterschiedlichen Spendenmentalität anders dimensioniert.

Mit Blick auf die in den Vereinigten Staaten von Amerika gewährten Steuervergünstigungen schlussfolgert O'Hagan, dass die Stimulierung privater Geldgeber durch die öffentliche Hand nicht mit der Illusion einhergehen sollte, derartige Maßnahmen würden keine staatlichen Ausgaben beinhalten (vgl. O'Hagan 1998, S. 8 ff.). Vielmehr kann man den zugrunde liegenden Zusammenhang folgendermaßen zuspitzen. Durch Steuermäßigungen verursachte, nicht realisierte Staatseinnahmen können nicht für Zwecke der Staatsaufgaben, gleich welchen Ressorts, eingesetzt werden. Unter diesem Blickwinkel sind die aufgrund von Steuererleichterungen für Zuwendungen an kulturelle Zwecke entgangenen Staatseinnahmen nichts anderes als versteckte Subventionen für Kunst und Kultur.

Zusammenfassend lässt sich feststellen, dass die **unterschiedlichen Modelle staatlicher Kulturförderung**, die im Vergleich zwischen Europa und Amerika in Ansatz gebracht werden, auch als Ergebnisse historischer Entwicklungen und nicht unbedingt als vorsätzlich eingeschlagene Wege zu betrachten sind. Dies ist zu bedenken, wenn beispielsweise das amerikanische Modell von europäischer Seite propagiert wird. In dem einen wie im anderen Fall sind direkte oder indirekte Staatsausgaben involviert, die der prinzipiellen Rechtfertigung bedürfen.

2.4 Marktkorrekturen bei Anbietern und Nachfragern

2.4.1 Korrektur des Angebots: Subventionen als Zuwendungen

Wenn hier von Subventionen an Kulturanbieter gesprochen wird, später sogar davon die Rede ist, dass auch die Konsumenten subventioniert werden, dann geschieht dies im Sinne einer weiten, an den amerikanischen Gepflogenheiten orientierten Betrachtung. Dort stehen die *subsidies* für die Vergabe öffentlicher Mittel, die Unterstützung durch den Staat in Form von Beihilfen. In der deutschen finanzwirtschaftlichen Terminologie wird dieser Begriff enger gefasst. Subventionen umfassen das Gewähren von Finanzhilfen oder Steuervergünstigungen an Unternehmen. Unterstützungsleistungen an die privaten Haushalte werden als Transfers bzw. Transferzahlungen bezeichnet. Die für Kunst und Kultur eingesetzten staatlichen Mittel werden dagegen behandelt wie Geldausgaben für die allgemeine Staatsverwaltung, sie unterliegen dem Haushaltsgrundsätzegesetz und den Haushaltsordnungen von Bund und Ländern (vgl. Smekal 1992, S. 77). Aus haushaltsrechtlicher Sicht können Zuwendungen dieser Art nur unter den

2.4 Marktkorrekturen bei Anbietern und Nachfragern

Voraussetzungen von § 23 von Bundes-/oder Landeshaushaltsordnung bewilligt werden. Dieser Paragraph besagt, dass der Bund oder das Land an der Erfüllung der vorgeschlagenen Zwecke ein erhebliches Interesse haben muss, das ohne die Zuwendungen nicht oder nicht im notwendigen Umfang befriedigt werden kann (vgl. Heinrichs und Klein 1996, S. 318 f.).

▶ Kulturinstitutionen erhalten öffentliche Mittel in Form von **Zuwendungen**, sofern sie gemäß § 23 der Bundeshaushaltsordnung (BHO) und der Haushaltsordnung der Länder (HHO) den erforderlichen Verwendungszweck erfüllen und im jährlichen Haushaltsplan verankert sind.

Die öffentliche Verwaltung bzw. die mit ihr eng verbundenen öffentlichen Unternehmen, etwa Regiebetriebe, das sind rechtlich, rechnungsmäßig und organisatorisch an ein Amt oder die Abteilung eines Amtes angebundene Betriebsformen, waren bis 2003 (danach mit Übergangsfristen) strikt an die kameralistische Buchführung als ausschließlich gültiges Rechnungswesen der öffentlichen Hand gebunden (vgl. Heinrichs und Klein 1996, S. 266, Klein und Vermeulen 2011, S. 407 f.). Wichtigstes Ziel dieser Einnahmen-Ausgaben-Rechnung ist die Erfüllung der Haushaltssatzung und des Haushaltsplans mit Ausweis von Fehlbedarfs- oder Überschussermittlung (vgl. Heinrichs und Klein 1996, S. 109). Letzteres führt zu der bekannten Problematik, dass Ersparnisse der einzelnen Institution – wenn tatsächliche Ausgaben geringer ausfallen als die im Haushaltsplan ausgewiesenen Sollbeträge – wieder in den allgemeinen Topf fließen und nicht dem sparsam Wirtschaftenden zu Gute kommen, da eine Zweckbindung staatlicher Einnahmen grundsätzlich nicht gestattet ist. Einen Anreiz, mit weniger auszukommen als vorgesehen, kann es unter diesen Umständen aber wohl kaum geben.

Vor diesem Hintergrund wurden Alternativen erdacht, die in der neuen Form von Doppik auch schon in öffentlichen Einrichtungen praktiziert werden, etwa mit Beginn des Stichtags 01. Januar 2011 in der Ruhr-Universität Bochum (vgl. Ruhr-Universität Bochum 2011). Wie der Name schon signalisiert („doppelte Buchführung in Konten"), handelt es sich hierbei um eine Form der doppelten Buchführung, die in der Unternehmensbuchführung schon traditionell praktiziert wird. Durch Doppik werden nicht nur Eingänge und Ausgänge von Zahlungen erfasst, sondern auch die Ausstattung mit Gütern, Schuldenstände und ausstehende Forderungen. Jederzeit soll ein Überblick über Gewinn oder Verlust und über Vermögen oder Verbindlichkeiten möglich sein. Generell geht es darum, die Aussagekraft der Buchführung, etwa durch Ausweis des Ressourcenverbrauchs, besser zu dokumentieren (vgl. Ruhr-Universität Bochum 2011). In der Beurteilung beider Buchführungssysteme ist jedoch der Schlussstrich noch nicht gezogen, wie auch das ambivalente Ergebnis einer wissenschaftlicher Studie der Universität Hamburg zeigt, in der im Jahr 2012 Haushaltspolitiker und Kämmerer zur Doppik befragt wurden (vgl. Burth 2013).

Der Geltungsbereich der öffentlichen Finanzierung bezieht sich auf die Institution oder auf abgegrenzte Projekte, man spricht entsprechend von institutioneller Finanzierung oder von Projektfinanzierung (vgl. Heinrichs und Klein 1996). Wird die Institution finanziert, dann handelt es sich in der Regel um Vollfinanzierung. Modelle der Teilfinanzierung sind ihrerseits möglich in Form von unterschiedlichen Zuteilungsmodalitäten.

- **Anteilsfinanzierung** bedeutet, dass der Zuschussgeber einen bestimmten, in der Regel prozentualen Anteil festlegt, der dem Zuschussempfänger auf die Gesamtkosten des Projektes gewährt wird.
- **Fehlbedarfsfinanzierung** beinhaltet die Übernahme von Kosten, die vom Kulturanbieter nicht gedeckt werden können, durch den Zuwendungsgeber, bezogen auf bestimmte Kostenarten (z. B. Personal- oder Sachkosten) oder auf die Gesamtkosten.
- **Fehlbetragsfinanzierung** heißt, dass der Zuwendungsempfänger bestimmte festgesetzte Beträge in Ergänzung zu den Gesamtkosten oder zu bestimmten Einzelkostenarten erhält. Diese werden im Regelfall nach Vorlage eines Budgets gewährt, um bei geringen erwarteten Einnahmen die Finanzierungslücke zu schließen (vgl. Heinrichs und Klein 1996).

> Im Grundsatz herrscht im Rahmen kulturökonomischer und kulturpolitischer Erörterungen **Konsens darüber, dass die Kulturinstitutionen öffentliche Mittel beanspruchen können.** Zum einen gilt dies auf der Grundlage der positiven Externalitäten von Kunstgütern, denen ohne öffentliche Unterstützung der Mangel, das heißt eine Unterversorgung bis hin zum Nichtzustandekommen des Angebots drohen würde. Zum anderen gibt es eine nachweisliche Verflechtung zwischen dem Kunstsektor und den anderen Wirtschaftsbereichen, sodass Kunst und Wirtschaftsförderung unter Umständen zu einem gemeinsamen Weg gezwungen werden. Dieser Zusammenhang, kommt beispielsweise in der geläufigen Formulierung von der Kunst als Standortfaktor zum Ausdruck und wird im folgenden Kapitel noch näher betrachtet werden.

2.4 Marktkorrekturen bei Anbietern und Nachfragern

Trotz der grundsätzlichen Akzeptanz öffentlicher Fördermittel bei Kunst und Kultur bleiben noch weitere Fragen offen. Dazu gehört der Umfang der Förderung ebenso wie die Festlegung des Verteilerwegs. In diesem Abschnitt wurde der herkömmliche Weg beschrieben. Er gestaltet sich in seinem Kern in Form der Vergabe öffentlicher Mittel an die Kulturinstitutionen. Die Kulturanbieter werden subventioniert, um Kultur im öffentlich gewünschten Umfang sowie in der bevorzugten Vielfalt anbieten zu können. Eine bisher noch als unkonventionell erachtete Möglichkeit dreht diesen Verteilerweg um.

2.4.2 Korrektur der Nachfrage: Subventionen durch Gutscheine

Im nachfrageorientierten Ansatz werden nicht die Kulturinstitutionen, sondern stattdessen die **Kulturkonsumenten subventioniert** (vgl. Heilbrun und Gray 1993, S. 266 ff.). Sie werden auf diese Weise dazu angeregt und in die Lage versetzt, ein Mehr an Kulturnachfrage zu entfalten, das ohne Unterstützung nicht zustande käme. Die Kulturanbieter profitieren auch in diesem Ansatz von der Bereitstellung öffentlicher Mittel, allerdings müssen sie Umwege in Kauf nehmen. Die Kulturinstitutionen müssen sich ihr öffentliches Geld erst bei den Kunstkonsumenten verdienen. Verschiedene Möglichkeiten, diese Idee in die Tat umzusetzen, wurden im englischen Sprachraum unter der Überschrift von Kulturgutscheinen konzipiert und auch erfolgreich erprobt. Hintergrund für das Voucher-Modell ist der Wunsch, durch eine Umstellung der Art und Weise, wie öffentliche Gelder an die Kulturinstitutionen gelangen, sowohl deren Kundenorientierung zu beflügeln als auch eine Stärkung der Verantwortung für kulturelle Belange auf Seiten der Nachfrager zu induzieren. Im Modell der Kulturgutscheine bleibt die öffentliche Unterstützung von Kunst bestehen, was sich ändert, ist der Verteilerweg. Die staatlichen Behörden subventionieren die Kulturanbieter nicht mehr direkt, sondern indirekt über die Kulturnachfrager. Die Gutscheine werden an Konsumenten ausgegeben und können von den Berechtigten bei autorisierten Kulturinstitutionen eingelöst werden. Diese tauschen im Gegenzug die Gutscheine gegen Geld bei den staatlichen Behörden ein (vgl. Abb. 2.5).

▶ **Kulturgutscheine** stehen für die Vergabe öffentlicher Mittel an Kulturinstitutionen über den Umweg der Subventionierung der Kulturkonsumenten. Die Gutscheine werden zum ermäßigten Preis an die Nachfrager von Kulturangeboten abgegeben. Bei Einlösung durch die Kulturinstitution wird der volle Preis von der staatichen Stelle rückvergütet.

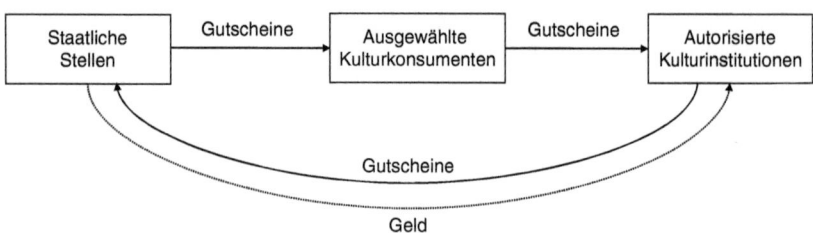

Abb. 2.5 Das Grundmodell der Kulturgutscheine. © Ingrid Gottschalk

Der Ansatz der Kulturgutscheine hat vielfältige Vorteile, darunter insbesondere den, dass sich Kulturinstitutionen stärker an Konsumentenpräferenzen orientieren müssen. Denn nur die Institution, der es gelingt, die Gutscheinbesitzer anzulocken, kommt in den Genuss der öffentlichen Finanzierung. Die Kunstkonsumenten werden ihrerseits durch verbilligte oder sogar kostenfreie Eintritte dazu animiert, am Kulturleben teilzunehmen.

Das Modell der Kulturgutscheine möchte deshalb mehrere Ziele umsetzen:

- Einen **allokativen Vorteil** realisieren. Die Kulturanbieter sind gehalten, mehr auf die Wünsche der Kulturnachfrager einzugehen, da sie nun im Wettbewerb um die öffentlichen Gelder stehen und durch entsprechendes Reagieren versuchen müssen, Kunden anzulocken (vgl. Bridge 1976, S. 21).
- Die **distributive Zielsetzung** vorantreiben, das heißt einen Beitrag zur Entzerrung der schiefen Einkommens- und Vermögensverteilung leisten. Durch entsprechende Auswahl der in den Genuss kommenden Gutscheinbesitzer ist es möglich, bestimmte Konsumentengruppen, die aufgrund eines Bildungs- und Einkommensdefizits derzeit noch weniger vom Kulturangebot profitieren, gezielt zu fördern (vgl. Peacock 1973, S. 333).
- Im Sinne eines **Aktivierungseffektes** die Kunstkonsumenten durch direkte Ansprache und verbilligte Eintritte dazu bewegen, am Kunstleben teilzuhaben.
- Einen die weitere Inanspruchnahme von Kulturleistungen fördernden **Lerneffekt** nutzen. Er liegt darin begründet, dass die Verarbeitungskosten bei stetiger Beschäftigung mit Kunst sinken und der Kunstkonsum steigen kann, ohne dass sich die Präferenzen geändert haben müssen.

Diesen Vorteilen stehen allerdings auch nicht zu vernachlässigende offene Fragen und ungelöste Probleme gegenüber. Dazu gehören insbesondere die Festlegung der berechtigten Kunstkonsumenten, die Frage, wie diese in den Besitz

2.4 Marktkorrekturen bei Anbietern und Nachfragern

der Wertscheine gelangen und wer auf der Kulturseite seinerseits autorisiert ist, Gutscheine in Empfang zu nehmen und umzutauschen. Täuschungsmanöver, etwa dergestalt, dass ein Schwarzmarkt für Kulturgutscheine entsteht, auf dem die Berechtigten anbieten und die eigentlich nicht Berechtigten zu für sie immer noch günstigen Konditionen einkaufen, sind zumindest nicht auszuschließen. Der Verwaltungsaufwand des Gutscheinmodells ist außerdem vermutlich recht hoch zu veranschlagen.

Die Bilanz des Gutscheinansatzes wurden nicht nur am Schreibtisch aufgestellt, sondern im New York der siebziger Jahre auch in die Praxis erprobt. Vor Ort mussten die anstehenden Probleme pragmatisch gelöst werden, darunter insbesondere Fragen des „wer ist wer":

- Welche staatlichen Behörden sind involviert,
- welche Konsumenten dürfen Gutscheine beziehen,
- wie bekommen die Konsumenten die Gutscheine,
- welchen eigenen Beitrag müssen die Konsumenten leisten,
- welche Kulturinstitutionen werden autorisiert, Gutscheine einzutauschen?

Beispielhaft sollen hier zwei New Yorker Wege der Umsetzung des Voucher-Modells skizziert werden. Der eine Versuch wurde 1972 gestartet und zielte auf kleine Bühnen und Experimentiertheater abseits der großen Broadway-Häuser, die sogenannten *Off-Off-Broadway-Theaters*. Organisator war der nicht-gewinnorientierte *Theater-Development-Fund*, der aus öffentlichen und privaten Mitteln gespeist wurde. Ausgewählten Konsumentengruppen – Studenten, Lehrern, Rentnern, Gewerkschaftsmitgliedern – wurden zum Preis von 1 Dollar Gutscheine im Wert von 2,50 Dollar angeboten. Das heißt, 40 Prozent des Eintrittsgeldes zahlte der Besucher, 60 Prozent wurden bezuschusst (vgl. Baumol 1979, S. 44). Das autorisierte Experimentiertheater nahm den Gutschein an und löste ihn beim Theaterentwicklungsfonds gegen 2,50 Dollar wieder ein. Als Erfolg dieses Modells wurde verbucht, dass kleine Bühnen profitierten und es gelang, mehr Leute und neue Gruppen in die Theater zu locken. Der Verwaltungsaufwand, der vordem als wesentliches Argument gegen Voucher ins Feld geführt wurde, wurde mit jährlichen Gesamtkosten von 50.000 bis 60.000 Dollar als relativ niedrig bezeichnet, zumal die meiste Verwaltungsarbeit zukünftig dem Computer überlassen werden könne (vgl. West 1986, S. 11).

Ein anderer New Yorker Modellversuch wurde 1975 begonnen und in der Hauptsache vom *US Department of Health, Education and Welfare* durch Mittel finanziert, die sonst in die kulturelle Erziehung geflossen wären (vgl. Bridge 1976, S. 24). Beteiligt waren zehn lokale Bevölkerungsgruppen und sieben kulturelle Institutionen verschiedener Art, Größe und geographischer Lage in der City, darunter das *Museum of Modern Art* als eines der bekanntesten Museen New Yorks, aber auch, in einem weiteren Verständnis von Kultur, eine zoologische Gesellschaft und ein botanischer Garten. Die beteiligten Bevölkerungsgruppen lesen sich wie ein Querschnitt durch Problemgruppen verschiedener Art, darunter mittellose Jugendliche, Strafgefangene, Familien mit verhaltensgestörten Kindern und Einwanderergruppen mit Integrationsproblemen. Die teilnehmenden Gruppen gaben selbst die Gutscheine an die einzelnen Mitglieder aus. Die Resonanz wurde als sehr positiv, aber durchaus unterschiedlich in der Aufteilung auf die beteiligten Kulturinstitutionen geschildert. Offenbar konnten die Kulturanbieter die Gutscheinbesitzer am ehesten dann anlocken, wenn sie spezielle Angebote wie Sondertouren, einen Blick hinter die Kulissen oder Kurse in Tanz, Musik oder moderner Kunst anboten. Die Konsumentenrandgruppen wurden stimuliert, ein kulturelles Angebot zu nutzen, das ihnen vorher oftmals fremd war (vgl. Bridge 1976, S. 26).

Die Gutscheinempfänger haben mit Stolz registriert, dass man ihnen, den angesichts ausgewählter Problemgruppen nun gerade nicht typischen Kunstbesuchern, die Entscheidung über die Wahl der zu besuchenden Kulturinstitution überließ. Das hat ihr Selbstbild und das Gefühl der Selbstbestimmung gestärkt und ihr intrinsisches Verantwortungsgefühl aufgebaut. Diesen Weg des Aufbauens von Kulturinteresse und der Schärfung des Kulturbewusstseins gehen die Kulturerziehung und Kulturbildung im Grundsatz. Wie im Weiteren noch näher auszuführen sein wird, könnte in dieser Form der Stärkung des Nachfragepotenzials ein wichtiger Ansatzpunkt gegeben sein, um den wachsenden Finanzierungsanforderungen im Bereich von Kunst und Kultur entgegenzutreten. Es hat verschiedene Versuche gegeben, die Idee eines Gutscheins, und seien es auch nur Teile davon, in den Kulturalltag auch außerhalb der Vereinigten Staaten einzubringen. Im Folgenden seien einige Beispiele herausgegriffen.

In Deutschland wird mit Kombi-Karten für den Besuch von Kulturinstitutionen geworben. So bietet die „StuttCard" ihren Erwerbern den reduzierten oder freien Eintritt in Stuttgarter Museen, Theater oder andere Freizeiteinrichtungen für wahlweise 1 bis 3 Tage, bei Preisaufschlag verbunden mit der freien Nutzung öffentlicher Verkehrsmittel (vgl. Region Stuttgart 2015). Ein ähnliches Modell bietet etwa das Berliner Modell der „Welcome Card" mit 25- bis 50-Prozent ermäßigtem Zugang zu rund 200 kulturellen und touristischen Angeboten in Berlin und Potsdam, inklusive Nahverkehrsnutzung (Visit Berlin 2015). Vergleichbare Formen der Anlockung von Besuchern durch reduzierte Pauschalpreise werden in nahezu allen 16 Landeshauptstädten (bzw. den größeren Wirtschaftsmetropolen, etwa in Frankfurt) praktiziert. Über den „Kulturpass Deutschland" lassen sich zudem deutschlandweite Kulturreisen auch in entferntere Winkel (etwa Schlösser und

Gärten in Baden-Württemberg), inklusive der Verbindungen mit der Fernbahn, buchen (vgl. Deutsche Zentrale für Tourismus e.V. 2015).

In den Niederlanden existiert seit Ende der neunziger Jahre das Schulfach „Kulturelle und musische Bildung", das den Besuch von kulturellen Institutionen und Veranstaltungen wie Theater, Museen, Konzerten und Denkmälern fördern möchte. Zur Finanzierung dieser Besuche erhalten die Schüler einen Gutschein sowie einen Pass, der Preisnachlässe bei den beteiligten Kulturinstitutionen ermöglicht (vgl. Enquetekommission Kultur in Deutschland 2007, S. 386). In ihren Handlungsempfehlungen greift die Enquetekommission dieses Modell für Deutschland auf und empfiehlt Ländern und Kommunen dafür Sorge zu tragen, dass Kinder und Jugendliche auch mit Kultureinrichtungen außerhalb der Schule in Berührung kommen und den Zugang zu den externen Kulturinstitutionen durch Ausgabe von Kulturgutscheinen zu fördern (vgl. Enquetekommission Kultur in Deutschland 2007, S. 398 f.). In einer diesbezüglichen Stellungnahme des Deutschen Kulturrates wird die Empfehlung zur Einführung von Kulturgutscheinen für die Jugend grundsätzlich begrüßt, allerdings unter der Einschränkung, dass eine begleitende Aufarbeitung im schulischen Kulturunterricht erfolgt und die Gutscheine nicht nur dem rein rezeptiven Moment des Kulturereignisses Vorschub leisten (vgl. Deutscher Kulturrat 2008).

In Brasilien wurde unter dem Blickwinkel, einkommensschwachen Arbeitern den Zugang zur Kultur zu ermöglichen, ein Kulturgutschein als *Vale-Cultura* geschaffen, ein entsprechendes Gesetz wurde im Dezember 2012 verabschiedet (vgl. Ministério da Cultura 2015). Der brasilianische Kulturgutschein beträgt monatlich 50 Reais (aktuell ca. 17 Euro), er hat nationale Gültigkeit und soll unter anderem für den Besuch von Theatern, Kinos, Museen, Ausstellungen und Konzerten genutzt werden können. Außerdem können damit CDs, DVDs, Zeitschriften, Zeitungen und andere Medien gekauft werden. Der *Vale-Cultura* kann auch eingesetzt werden, um Kurse in den Kategorien Kunst, audiovisuelle Medien, Tanz, Zirkus, Fotografie, Musik, Literatur und Theater zu besuchen. Die Berechtigungskarte wird von den Unternehmen vorfinanziert und den Mitarbeiten angeboten. In Abhängigkeit von dem Entgegenkommen des Unternehmens ist der Erwerb des Kulturgutscheins nicht prinzipiell kostenlos, der zu entrichtende Preis darf aber nur maximal 10 Prozent seines Wertes betragen. Zur Berechtigung der Ausgabe von Kulturgutscheinen müssen interessierte Unternehmen am Programm der Website des Ministeriums für Kultur teilnehmen. Sie können ihre Auslagen für die Kulturgutscheine von ihrer Einkommensteuer abziehen, sofern diese nicht mehr als 1 Prozent der Einkommensteuerschuld ausmachen (vgl. Ministério da Cultura 2015).

Literatur

Baumol, William J. (1979). On two experiments in the pricing of theater tickets. In: M. J. Boskin (Hrsg.). Economics and human welfare. New York: Academic Press. S. 41–57.

Baumol, William J. (2003). Applied welfare economics. In: R. Towse (Hrsg.). A handbook of cultural economics. Cheltenham, UK: Elgar. S. 20–31.

Baumol, William J. und Bowen, William G. (1966). Performing arts – the economic dilemma. A study of problems common to theater, opera, music and dance. New York: Twentieth Century Fund.

Baumol, Hilda und Baumol, William J. (1985). On the cost disease and its true policy implications for the arts. In: D. Greenaway und G. K. Shaw (Hrsg.). Public choice, public finance, public policy. Oxford: Blackwell. S. 67–77.

Besharov, Gregory (2005). The outbreak of the cost disease: Baumol and Bowen's founding of cultural economics. History of Political Economy, 37(3), 413-430.

Brenner, Christian (2002). Zur Gewährleistung des Funktionsauftrages durch den öffentlich-rechtlichen Rundfunk. Berlin: Tenea. Als online-Dokument veröffentlicht, abgerufen am 13.01.2015 unter http://www.jurawelt.com/sunrise/media/mediafiles/13820/tenea_juraweltbd17.pdf.

Bridge, Gary (1976). Cultural vouchers. Museum News, 54, 21–26.

Bundesministerium der Finanzen (BMF) (2014). Absetzbarkeit von Spenden. Abgerufen am 29.10.2014 unter https://www.bmf.gv.at/steuern/selbststaendige-unternehmer/einkommensteuer/absetzbarkeit-spenden.html.

Bundesminister der Justiz und für Verbraucherschutz (1976). Abgabenordnung (AO). Als Online-Dokument veröffentlicht, abgerufen am 16.01.2015 unter . http://www.gesetze-im-internet.de/ao_1977/BJNR006130976.html#BJNR006130976BJNG001001301.

Burth, Andreas (2013). Der Mehrwert der kommunalen Doppik aus Sicht von Politikern und Kämmerern. Als Online-Dokument veröffentlicht, abgerufen am 16.01.2015 unter http://www.haushaltssteuerung.de/dokumente/andreas-burth-doppik-studie-mehrwert-kaemmerer-politiker.pdf.

Cwi, David (1980). Public support of the arts: Three arguments examined. Journal of Cultural Economics, 4(2), 39–62.

Deutscher Kulturrat (2008). Kultur-Enquete: In Kulturelle Bildung investieren! Als Online-Dokument veröffentlicht, abgerufen am 18.02.2015 unter http://www.kulturrat.de/pdf/1303.pdf.

Deutsche Zentrale für Tourismus e.V. (Hrsg.) (2015). Kulturpass Deutschland. Als Online-Dokument veröffentlicht, abgerufen am 18.02.2015 unter http://www.sbb.ch/content/dam/sbb/de/pdf/abos-billette/billette-international/DZT_Kulturpass_DB-SBB_DE_web.pdf.

Enquetekommission Kultur in Deutschland (2007). Schlussbericht. Deutscher Bundestag, 16. Wahlperiode, Drucksache 16/7000 vom 11.12.2007. Als Online-Manuskript veröffentlicht, abgerufen am 15.12.2014 unter http://dip21.bundestag.de/dip21/btd/16/070/1607000.pdf.

Endres, Alfred (1994). Umweltökonomie. Darmstadt: Wissenschaftliche Buchgesellschaft.

Fils, Alexander (2014). Ab 2014 kein ermäßigter Mehrwertsteuersatz auf Kunst. Als Online-Dokument veröffentlicht, abgerufen am 29.10.2014 unter http://www.der-kunstverlag.de/Ab-2014-kein-ermaessigter-Mehrwertsteuersatz-auf-Kunst/.

Frey, Bruno S. (1996). Has Baumol's cost disease disappeared in the performing arts? Richerche Economiche, 50(2), 173-182.

Frey, Bruno S. und Pommerehne, Werner W. (1989). Staatliche Förderung von Kunst und Kultur: Eine ökonomische Betrachtung. In: V. Behr, F. Gnad und K. R. Kunzmann (Hrsg.). Kultur, Wirtschaft, Stadtentwicklung. Dortmunder Beiträge zur Raumplanung, Band 51. Dortmund: Institut für Raumplanung. S. 131–146.

Gottschalk, Ingrid (2001). Meritorische Güter und Konsumentensouveränität – Aktualität einer konfliktreichen Beziehung. Jahrbuch für Wirtschaftswissenschaften, 52(2), 152–170.

Heilbrun, James (2003). Baumol's cost disease. In: R. Towse (Hrsg.). A handbook of cultural economics. Cheltenham, UK: Elgar. S. 91–101.

Heilbrun, James und Gray, Charles M. (1993). The economics of art and culture. An American perspective. Cambridge: Cambridge University Press.

Heinrichs, Werner und Armin Klein (1996). Kulturmanagement von A–Z. Wegweiser für Kultur- und Medienberufe. München: Beck.

Késenne, Stefan (1994). Can a basic income cure Baumol's disease? Journal of Cultural Economics, 18(4), 93–100.

Klein, Armin und Vermeulen, Peter (2011). Öffentliche Rechnungslegung im Neuen Kommunalen Finanzmanagement (NKF). In: A. Klein (Hrsg.).Kompendium Kulturmanagement.Handbuch für Studium und Praxis, 3. Auflage. München: Vahlen. S. 407-439.

Klingsieck, Andrea (2002). Vorbild Frankreich? Hören nach Quoten. Erschienen in F.A.Z.NET, als Online-Dokument veröffentlicht, abgerufen am 13.01.2015 unter http://www.faz.net/aktuell/feuilleton/musik-vorbild-frankreich-hoeren-nach-quoten-172795.html.

Krempel, Stefan (2014). Oettinger befürwortet Urheberrechtsabgabe fürs Internet. heise online vom 01.11.2014, abgerufen am 03.11.2014 unter http://www.heise.de/newsticker/meldung/Oettinger-befuerwortet-Urheberrechtsabgabe-fuers-Internet-2440841.html.

Mankiw, N. Gregory (2006). Principles of economics. 6. Aufl. Fort Worth: The Dryden Press.

Ministério da Cultura (2015). Vale-Cultura. Als Online-Dokument veröffentlicht, abgerufen am 18.02.2015 unter http://www.cultura.gov.br/valecultura.

Musgrave, Richard A. (1956/57). A multiple theory of budget determination. Finanzarchiv, N. F.,17(3), 333–343.

O'Hagan, John W. (1998). The state and the arts. An analysis of key economic policy issues in Europe and the United States. Cheltenham, UK: Elgar.

Peacock, Alan (1973). Welfare economics and public subsidies to the arts. In: A. R. Prest (Hrsg.). The Manchester school of economics and social studies. Nendeln: Kraus Reprint. S. 323–335.

Pommerehne, Werner W. und Frey, Bruno S. (1993). Musen und Märkte. Ansätze zu einer Ökonomik der Kunst. München: Vahlen.

Region Stuttgart (2015). StuttCard. Welcome-Ticket. Als Online-Dokument veröffentlicht, abgerufen am 16.02.2015 unter http://www.stuttgart-tourist.de/o-citycard-stuttcard-stuttgart-erleben.

Ridley, Frederick F. (1983). Cultural economics and the culture of economists. Journal of Cultural Economics, 7(1), 1–18.

Ruhr-Universität Bochum (Hrsg.) (2011). Einführung der Doppik an der Ruhr-Universität Bochum. Als Onlinedokument veröffentlicht, abgerufen am 16.01.2015 unter http://www2.uv.ruhr-uni-bochum.de/doppik/index.html.de.

Rushton, Michael (1999). Methodological individualism and cultural economics. Journal of Cultural Economics, 23(1-2), 137–147.
Schmidt, Kurt (1970). Kollektivbedürfnisse und Staatstätigkeit. In: H. Haller, L. Kullmer, C. S. Shoup und H. Timm (Hrsg.). Theorie und Praxis des finanzpolitischen Interventionismus. Tübingen: Mohr. S. 3–27.
Schuster, Mark J. (1999). The other side of the subsidized muse: Indirect aid revisited. Journal of Cultural Economics, 23(1–2), 51–70.
Schwarz, Gerhard (1992). Ordnungspolitische Betrachtungen zur Kulturförderung. In: C. A. Andreae und C. Smekal (Hrsg.). Kulturförderung in den Alpenländern. Innsbruck: Universitätsverlag Wagner. S. 61–69.
Smekal, Christian (1992). Förderung von Kultur und Kunst aus der Sicht der neueren Subventionstheorie. In: C.-A. Andreae und C. Smekal (Hrsg.). Kulturförderung in den Alpenländern. Innsbruck: Universitätsverlag Wagner. S. 71–81.
Smith, Adam (1776/1974). Der Wohlstand der Nationen: Eine Untersuchung seiner Natur und Ursachen. Aus dem Englischen übertragen von Horst Claus Recktenwald. Nach der 5. Auflage. München: Beck.
Throsby, David (1994). The production and consumption of the arts: A view of cultural economics. Journal of Economic Literature, 32(1), 1–29.
Van der Beek, Gregor (2002). Kulturfinanzen. Ein volkswirtschaftlicher Beitrag zur Reform der öffentlichen Museen und Theater in Deutschland. Berlin: Duncker & Humblot.
Visit Berlin (2015). Die Berlin WelcomeCard auf einen Blick. Als Online-Dokument veröffentlicht, abgerufen am 16.02.2015 unter http://www.visitberlin.de/de/artikel/die-berlin-welcomecard-auf-einen-blick.
West, Edward G. (1986). Arts vouchers to replace grants. Economic Affairs, 6(3), S. 9–16.
Wiesbadener Kurier (2014). 100. Todestag des Kunstmäzens Hugo Reisinger. Als Online-Dokument veröffentlicht, abgerufen am 29.10.2014 unter http://www.wiesbadener-kurier.de/lokales/wiesbaden/nachrichten-wiesbaden/100-todestag-des-kunstmaezen-hugo-reisinger_14203881.htm.

Ökonomische Analyse des Kulturangebots 3

Zusammenfassung

Im Spiegel der Statistik internationaler und nationaler Kulturdaten zeigt sich, dass der Kultur- und Kreativsektor substanziell zur Wertschöpfung und zur Beschäftigungslage auf dem Arbeitsmarkt beiträgt. Auf lokaler und regionaler Ebene wird die Wirtschaft durch das Kulturangebot stimuliert und als Umwegrentabilität ausgewiesen. Die Finanzierung der Bereitstellung von Kunst und Kultur basiert auf den Säulen öffentlicher und privater Zuwendungen. Um mangelnde Steigerungen bei den öffentlichen Geldern auszugleichen, müssen sich die Kulturinstitutionen stärker um Zuflüsse aus privaten Quellen bemühen. Private Kulturförderung findet einerseits über Sponsoring und Spenden der Unternehmen oder Fördervereine und private Stiftungen statt. Die privaten Haushalte demonstrieren andererseits Zahlungsbereitschaft durch das Zahlen von Eintrittsgeldern und die Entrichtung von Spenden. Durch Kommunikation über das Internet können auch kleine Spendenbeiträge als Crowdfunding von vielen Beteiligten eingesammelt werden. Der von der Bevölkerung gewünschte Erhalt von Kulturgütern kann über die Zahlungsbereitschaft ermittelt werden.

3.1 Kulturfinanzierung im Spiegel der Statistik

3.1.1 Internationale Erhebung von Kulturdaten

Wie bereits im ersten Kapitel ausgeführt, existieren verschiedene Abgrenzungssysteme, um Kultur zu definieren und dementsprechend deren Angebot und Nachfrage zu messen. Aus diesem Grund kann nur im Rahmen eines gegebenen Abgrenzungsschemas über Entwicklungen, etwa einer bestimmten Ausgabenkategorie oder der Kulturausgaben verschiedener Länder, geurteilt werden. Der UNESCO Framework for Cultural Statistics (FCS) spezifiziert die Bedingungen, die für die Einbeziehung in die Kulturstatistik erfüllt sein müssen. Im Mittelpunkt stehen die Kulturbereiche und die mit ihnen verbundenen Bereiche (vgl. UNESCO 2009, S. 24). Sie sind mehr oder weniger institutionalisiert und können staatlich oder nicht-staatlich gelenkt sein (vgl. UNESCO 2009, S. 19). Im Kern findet sich unter den Kulturbereichen die um technische und kreative Industrien ergänzte klassische Sparteneinteilung mit insgesamt sechs Bereichen wieder. Das sind im Einzelnen:

- A. Kultur- und Naturerbe mit unter anderem Museen, historischen Bauten und Kulturlandschaften.
- B. Darbietungen und Veranstaltungen als Darstellende Kunst, Musik und Festivals.
- C. Bildende Künste und Kunsthandwerk, darunter Malerei, Fotografie und Handwerkskunst.
- D. Bücher und Presse mit Literatur, Zeitungen und Zeitschriften und Büchereien.
- E. Audio-visuelle und interaktive Medien, darunter Film, TV und Internet.
- F. Design und kreative Dienstleistungen, darunter Mode, Architektur und Werbung.

Diesem Kern von Kulturdomänen werden die Verbundenen Bereiche zugeordnet:

- G. Tourismus mit Reise- und Hotel-Dienstleistungen.
- H. Sport und Erholung, darunter Angebote zur sportlichen Betätigung ebenso wie für Wohlergehen und Vergnügen (vgl. UNESCO 2009, S. 24).

Dieser weit gefasste Rahmen schließt pro Bereich das immaterielle Kulturerbe als Querschnittsbereich ein, das als mündliche Überlieferungen, Rituale, Sprache und soziale Praktiken auftritt (UNESCO 2009, S. 23). Zusätzlich werden allen Domänen drei weitere Querschnittsbereiche zugeordnet, die allen Bereichen dienen können. Hierunter fallen im Einzelnen:

3.1 Kulturfinanzierung im Spiegel der Statistik

- Erziehung und Ausbildung, sofern es um die Vermittlung kultureller Werte oder Fähigkeiten geht.
- Archivierung und Bewahrung, darunter das Sammeln, Ablegen und Erhalten von materiellen und immateriellen Kulturgütern.
- Ausstattung und unterstützende Materialien, darunter Anlagen sowie Werkstoffe und Hilfsmittel, die der Schöpfung, Produktion und Verteilung von Kulturgütern dienen (vgl. UNESCO 2009, S. 28 ff.).

Alle aufgezählten Bereiche werden als Minimalansatz zur Erhebung von international vergleichbaren Kulturdaten angesehen, wozu die internationale Staatengemeinschaft ausdrücklich ermuntert wird (vgl. UNESCO 2009, S. 23). Die in zahlreichen Tabellenwerken aufgeschlüsselte Standardisierung des UNESCO *Framework for Cultural Statistics* wird als erster notwendiger Schritt, aber gleichermaßen auch als *work in progress* gesehen (vgl. UNESCO 2009, S. 82). Der erreichte Stand wird in Form einer zusammenfassenden Matrix der zu erhebenden Indikatoren vorgestellt. Dort tauchen neben den schon aufgeführten Kulturellen und Verbundenen Bereichen, die von A bis H die Spalten benennen, auch insgesamt fünf funktionale Einheiten auf, die die Zeilen markieren. Es wird hervorgehoben, dass es sich hierbei um einen pragmatischen und nicht um einen idealen Ansatz handle, der die grundsätzlichen Elemente des Kulturzyklus umfasse (vgl. UNESCO 2009, S. 85).

Die funktionalen Einheiten werden wie folgt abgegrenzt:

1. Kreation als Entwicklung und Begründung von künstlerischen Ideen und Inhalten.
2. Produktion als Schaffungsphase mit den dafür notwendigen Werkzeugen und Herstellungsprozessen.
3. Verbreitung/Übertragung als Weitergabe und Vermittlung der erschaffenen und produzierten Kulturprodukte an Kulturanbieter.
4. Darbietung/Rezeption als Bereitstellung und Entgegennahme von Kulturprodukten auf Festivals, in Theatern oder Museen.
5. Konsum/Beteiligung als Aufnahme der Kultur durch die Konsumenten, beispielsweise durch Kulturveranstaltungsbesuche und eigenes Lesen, Zuhören und Teilnehmen (vgl. UNESCO 2009, S. 19 f.) (vgl. Abb. 3.1).

Nimmt man diese Matrix als Grundlage, dann steht das Ausfüllen der einzelnen Matrixfelder mit vergleichbaren Daten unterschiedlicher Länder noch am Anfang. International verglichen werden Kernindikatoren für die Kultur- und Kreativbereiche insgesamt, beispielsweise innerhalb der Europäischen Gemeinschaft. Im Fokus steht dabei die Produktionsebene, manifestiert in Kennzahlen wie Anzahl der

Messung von Kulturindikatoren

	Kulturbereiche						Verbundene Bereiche	
	A. Kultur- und Naturebene	B. Darbietungen und Veranstaltungen	C. Bildende Kunst und Kunsthandwerk	D. Bücher und Presse	E. Audio-visuelle- und interaktive Medien	F. Design und kreative Dienstleitungen	G. Tourismus	H. Sport und Erholung
1. Schöpfung	1. A	1. B	1. C	1. D	1. E	1. F	1. G	1. H
2. Produktion	2. A	2. B	2. C	2. D	2. E	2. F	2. G	2. H
3. Verbreitung/ Übermittlung	3. A	3. B	3. C	3. D	3. E	3. F	3. G	3. H
4. Darbietung/ Rezeption	4. A	4. B	4. C	4. D	4. E	4. F	4. G	4. H
5. Konsum/ Beteiligung	5. A	5. B	5. C	5. D	5. E	5. F	5. G	5. H

Abb. 3.1 Matrix zur Messung von Kulturindikatoren. © Ingrid Gottschalk nach UNESCO 2009, S. 85, in eigener Übersetzung und Ergänzung

Unternehmen, Umsatz, Wertschöpfung, Investitionen oder Beschäftigtenzahl (vgl. Bundesministerium für Wirtschaft (BMWI) 2014, S. 27 f.).

Daten aus einer OECD-Statistik, die von den Verfassern als erster, mit Vorsicht zu behandelnder Versuch der internationalen Schätzung gesehen wird, zeigen detaillierter anhand von nationalen Beiträgen zum Bruttoinlandsprodukt (BIP) bzw. zur Bruttowertschöpfung (BWS) wie internationale Kulturstatistiken zukünftig aussehen können (vgl. Gordon und Beilby-Orrin 2006, S. 38 f.; UNESCO 2009, S. 31). Verglichen werden die Produktionsdaten unterschiedlicher kreativer Industrien aus Australien, Kanada, Frankreich, Großbritannien und den USA. Der UNESCO-Matrix entsprechend wurden Produktionsdaten bestimmter kreativer Bereiche, die von Werbung und Architektur über Video, Film und Fotografie bis zu Design reichen, analysiert (vgl. Gordon und Beilby-Orrin 2006, S. 39). Abb. 3.2 präsentiert einen Auszug aus diesen OECD-Daten. Als Einschränkung ist anzumerken, dass die Zeiträume in den betrachteten Ländern nicht vollständig übereistimmen. Wollte man dennoch eine erste Analyse wagen, so zeigt sich, dass etwa

Wertschöpfungsbeiträge der internationalen Kreativwirtschaft

Kreativwirtschaft Bereiche	Australien 1998–1999		Kanada 2002		Frankreich 2003		Großbritannien 2003		Vereinigte Staaten 2002	
	A$ Mio.	% BIP	C$ Mio.	% BIP	€ Mio.	% BWS	£ Mio.	% BWS	US$ Mio.	% BWS
Werbung	2.464	0,5	2.5856	0,3	11.858	0,8	5.000	0,7	20.835	0,2
Architektur	788	0,1	1.084	0,1	2.524	0,2	4.000	0,5	19.111	0,2
Video, Film und Fotografie	2.397	0,4	3.909	0,4	5.155	0,4	2.200	0,3	39.076	0,4
Musik, Bildende und Darstellende Künste	952	0,2	2.576	0,2	3.425	0,2	3.700	0,5	30.294	0,3
Verlags- und Printmedien	6.590	1,2	19.427	1,8	11.283	0,8	14.950	2,1	116.451	1,1
Radio und TV	3.747	0,6	5.305	0,5	4.878	0,3	6.200	0,9	101.713	1,0
Kunst- und Antiquitätenhandel	74	0,01	1.082	0,1	413	0,03	500	0,1	195	0,00
Design und Mode	313	0,1	1.226	0,1	363	0,03	5.630	0,7	13.463	0,1
Alle Bereiche	17.053	3,1	37.465	3,5	39.899	2,8	42.180	5,8	341.139	3,3

Abb. 3.2 Nationale Beiträge kreativer Industrien im Vergleich. © Ingrid Gottschalk, in Auszügen und eigener Übersetzung nach Gordon und Beilby-Orrin 2006, S. 39

der Bereich Werbung im Vergleich zu den anderen vier Ländern in Frankreich mit 0,8 Prozent den höchsten Beitrag zum BIP erbringt. Im Vergleich der nationalen Spitzenwerte wird deutlich, dass alle anglo-amerikanischen Länder in Verlagswesen und Printmedien vorne stehen, der Kunst- und Antiquitätenhandel aber insbesondere in den USA und Großbritannien hohe Werte erreicht.

3.1.2 Kulturausgaben in Deutschland

Zum sechsten Mal erschien im Dezember 2012 der Kulturfinanzbericht (KFB) der Statistischen Ämter des Bundes und der Länder, der kulturbezogene Daten über das Berichtsjahr 2009 enthält und zudem viele Verweise auf die Entwicklungen in der Vergangenheit bietet. Tabelle 3.1 erfasst die öffentlichen Kulturausgaben in Deutschland für die Berichtsjahre nach der Jahrtausendwende. Zu den Zahlungsempfängern gehören die Kulturbereiche Theater, Musikpflege, wissenschaftliche und nichtwissenschaftliche Bibliotheken und Museen, Denkmalschutz

Tab. 3.1 Entwicklung der Kulturausgaben in Deutschland (in Mrd. Euro). © Ingrid Gottschalk nach Kulturfinanzbericht 2012, S. 26 sowie KFB 2003, 2006, 2008, 2010

Berichtsjahr	2001	2003	2005	2007	2009
Kulturausgaben absolut in Mrd. Euro	8,35	8,07	8,00	8,46	9,13
Veränderung zum vorherigen Berichtsjahr in %		−3,35	−0,87	5,75	7,06
Ausgaben je Einwohner in Euro	101,50	97,82	97,06	102,83	111,48
Veränderung zum vorherigen Berichtsjahr in %		3,30	−0,78	5,94	8,41
Anteil am Gesamtetat in %	1,66	1,75	1,60	1,67	1,64
Anteil am BIP in %	0,40	0,37	0,36	0,35	0,38
Anteil der Gebietskörperschaften an den Kulturausgaben in %					
Bund	12,4	12,5	12,7	12,6	13,4
Länder	43,0	43,9	41,8	43,0	42,2
Gemeinden	44,6	43,6	45,5	44,4	44,4

und -pflege, Auswärtige Kulturpolitik und sonstige Kulturpflege, Kunsthochschulen sowie Verwaltung für kulturelle Angelegenheiten (vgl. Kulturfinanzbericht 2012, S. 26). Dargestellt werden Zahlenangaben, die den Kulturfinanzberichten des neuen Millenniums entnommen bzw. auf deren Grundlage errechnet werden konnten (Kulturfinanzberichte 2003, 2006, 2008, 2010, 2012). Ebenso wie in den Berichtsjahren zuvor profitiert in 2009 der Kulturbereich Theater und Musik mit 35,4 Prozent am meisten vom Gesamtvolumen der Kulturausgaben von Bund, Ländern und Gemeinden, gefolgt von den Museen (18,0 Prozent) und Bibliotheken (15,1 Prozent) (vgl. Kulturfinanzbericht 2012, S. 13).

In den Kulturfinanzberichten werden auch Einschränkungen formuliert, etwa bezüglich der Berücksichtigung von inflationären Effekten (unter anderem im Kulturfinanzbericht 2010, S. 28). Werden die Preissteigerungen herausgerechnet, dann lagen beispielsweise die Kulturausgaben pro Einwohner in 2007 um 12,5 Prozent unter dem Niveau von 2000 (vgl. Kulturfinanzbericht 2010) – und nicht, wie die nominale Steigerungsrate von 2001 auf 2007 in Tab. 3.1 signalisiert, um rund 1 Prozent darüber. Da aber Kulturinstitutionen genauso wie private Haushalte oder Unternehmen der Privatwirtschaft mit gestiegenen Kosten, etwa für Heizung und Energieversorgung, kämpfen müssen, haben die öffentlichen Zuwendungen in den ersten sieben Jahren nach der Jahrtausendwende mehr oder weniger stagniert.

Die Entwicklung der Kulturausgaben in Deutschland demonstriert auch die erklärliche Konjunkturabhängigkeit öffentlicher Kulturförderung. Als Folgen der Terroranschläge vom 11. September 2001 wurden unter anderem Verluste im

3.1 Kulturfinanzierung im Spiegel der Statistik

Verbrauchervertrauen und gestiegene Kosten für Sicherheitsmaßnahmen mit dem Resultat verminderter Wirtschaftstätigkeit registriert (vgl. Brück und Schuhmacher 2004). Die öffentlichen Haushalte, die mit sinkenden Steuereinnahmen zu kämpfen hatten, mussten sogar zu Kürzungen der Kulturausgaben greifen. Hierunter fiel ein Minus von rund 3,4 Prozent im Vergleich von 2001 auf 2003, und von knapp einem Prozent in Relation von 2003 zu 2005. Die relativ hohen Wachstumsraten der dann folgenden Berichtsjahre, nämlich rund 6 Prozent im Vergleich von 2005 auf 2007 und rund 7 Prozent in Relation von 2007 zu 2009 müssen deshalb durch die niedrigen Ausgangsniveaus relativiert werden

Ein Blick auf die Prognosewerte der Kulturausgaben des Bundes für die Haushaltsjahre 2011 und 2012 zeigt weitere Kürzungen. Der Vergleich von vorläufigen Ist-Zahlen aus 2011 mit den Soll-Zahlen von 2012 signalisiert ein Minus von 10,9 Prozent (vgl. Kulturfinanzbericht 2012, S. 46). Im gleichen Zeitraum sind jedoch die Steuereinnahmen gesprudelt, der Bund konnte ein Plus von 3,4 Prozent einfahren (Bundesministerium der Finanzen (BMF) 2013). Die Hoffnung auf den umgekehrten Effekt, dass bei steigenden Steuereinnahmen ein höherer Anstieg an öffentlichen Kulturausgaben zu verzeichnen ist, konnte sich zumindest in diesem Zeitraum nicht erfüllen. Die Konjunkturabhängigkeit öffentlicher Kulturzuwendungen scheint eher für den Abschwung als für den Aufschwung zuzutreffen (vgl. Abb. 3.3).

Auch im direkten Vergleich mit anderen Empfängern von Bundesmitteln scheint es, als würde die Kultur nur bescheiden von Zuwächsen öffentlicher Mittel profitieren. In Gegenüberstellung der Bundesausgaben für Kultur mit beispielsweise den Bildungsausgaben des Bundes wird deutlich, dass der Kultursektor vergleichsweise mehr Rückgänge im Zuwendungsvolumen hinnehmen musste und im ersten Dezennium des neuen Jahrtausends einen Anstieg von 19,88 Prozent erhielt,

	2011 in Mio. Euro	2012 in Mio. Euro
Steuereinnahmen des Bundes	247.983	256.303
		+3,4 Prozent
Kulturausgaben des Bundes	1.199 vorläufiges Ist	1.330 Soll
		−10,9 Prozent

Abb. 3.3 Steuereinnahmen und Kulturausgaben des Bundes 2011–2012. © Ingrid Gottschalk nach Kulturfinanzbericht 2012, S. 46 und Bundesministerium der Finanzen 2013

> Auf den Punkt gebracht müssen die Erwartungen, die Kulturinstitutionen gegenüber dem Zufluss öffentlicher Mittel hegen, eher niedriger als höher gehängt werden. Diese eher verhaltene Position resultiert aus vier Tendenzen:
> - Auf realer Basis stagnieren die Zuflüsse schon jetzt.
> - Aktuelle Notwendigkeiten in anderen Bereichen verdrängen Kulturansprüche.
> - Im Kanon öffentlicher Ausgabenzuwächse steht Kultur hintenan.
> - Kürzungen im Abschwung stehen keine proportionalen Zuwächse im Aufschwung gegenüber.

während sich der Bildungssektor eines mehr als doppelt so hohen Anstiegs von 40,12 Prozent erfreuen durfte (vgl. Tab. 3.2). Mit diesem Vergleich soll selbstverständlich weder „Futterneid" zum Ausdruck gebracht oder etwa die Notwendigkeit steigender Investitionen in die Bildung bestritten werden. Wohl aber geht es darum, Wegemarken über die Prioritäten von Bundesausgaben zu erspüren. In diesem Sinne signalisiert Tab. 3.2, dass der Kultursektor nicht oben in der Liste der Dringlichkeiten steht.

Der Kulturfinanzbericht 2012 macht auch deutlich, dass Kultur nicht nur öffentlich, sondern zu einem größeren Teil privat finanziert wird. Auf der Grundlage der in 2009 unmittelbar erzielten Einnahmen öffentlich finanzierter Kultureinrichtungen wird geschätzt, dass insgesamt 20,5 Prozent der Ausgaben der Kulturanbieter durch Einnahmen von privater Seite gedeckt wurden. Die vom privaten Bereich für die öffentlich bezuschussten Einrichtungen aufgewendeten Mittel wurden auf 1,2 Milliarden Euro, entsprechend 14,29 Euro je Einwohner, veranschlagt. In diesen Größen sind die vollständig privat finanzierten Kulturveranstaltungen wie Musicals oder Popkonzerte nicht enthalten, weswegen die private Finanzierung von Kultur eher „… unterschätzt als überschätzt …" sein dürfte (Kulturfinanzbericht 2012, S. 78). In diese Lücke stößt ein von der Bundesregierung in Auftrag gegebenes Forschungsgutachten zur Kultur- und Kreativwirtschaft in Deutschland (vgl. Söndermann et al. 2009).

▶ Die **Kultur- und Kreativwirtschaft** umfasst die überwiegend erwerbswirtschaftlich organisierten Kultur- und Kreativunternehmen, die sich mit der Schaffung, Produktion und Verteilung bzw. der medialen Verbreitung von Kultur- oder Kreativgütern oder -leistungen beschäftigen (vgl. Söndermann et al. 2009, S. 3).

3.1 Kulturfinanzierung im Spiegel der Statistik

Tab. 3.2 Entwicklung der Bundesausgaben für Kultur und Bildung (in Mio. Euro). © Ingrid Gottschalk nach Kulturfinanzbericht 2012, S. 46 und Bildungsfinanzberichte 2010 und 2013, S. 33 und 37

Die Bundesausgaben für Kultur und Bildung in Mio. Euro			
	Kultur	in v.H.	Bildung	in v.H.
1995	966		16.200	
2000	1.011	+4,66	16.700	+3,09
2005	1.018	+0,69	18.000	+7,78
2006	1.011	−0,69	18.700	+3,89
2007	1.066	+5,44	19.100	+2,14
2008	1.111	+4,22	20.000	+4,71
2009	1.225	+10,26	21.800	+9,00
2010	1.212	−1,06	23.400	+7,33
2011	1.199	−1,10	23.200	−0,85
2012	1.330	+10,93	23.600	+1,72
2000/2010	1.011/1.212	+19,88	16.700/23.400	+40,12

Unter die Kultur- und Kreativwirtschaft werden elf Bereiche aus Musik, Buchmarkt, Kunstmarkt, Film, Rundfunk, Darstellende Künste, Design, Architektur, Presse, Werbung sowie Software-/Games-Industrie subsumiert, die sich alle durch einen „schöpferischen Akt" auszeichnen (vgl. Söndermann et al. 2009, S. 3). Die gesamtwirtschaftliche Wertschöpfung der Kultur- und Kreativwirtschaft wird für 2006 mit 61 Milliarden Euro angegeben, das entspricht einem Anteil von 2,6 Prozent am Bruttoinlandsprodukt (BIP). Das ist mehr als das Siebenfache des Anteils der Kulturausgaben von Bund, Ländern und Gemeinden in 2007 (0,35 Prozent vom BIP, vgl. Tab. 3.1). Im Branchenvergleich liegt die Kultur- und Kreativindustrie nach der Maschinenbau- und Automobilindustrie an dritter Stelle in Deutschland, noch vor der Chemischen Industrie (vgl. Söndermann et al. 2009, S. 4).

Ein herausragendes Merkmal in der öffentlichen wie in der privaten Kulturwirtschaft ist neben dem Kreativitätspotenzial die **hohe Beschäftigungsintensität**. Die Zahl der Erwerbstätigen stieg für die Kultur- und Kreativwirtschaft von 938.000 selbstständig und abhängig Beschäftigten in 2006 auf über eine Million Erwerbstätige im Jahr 2008. Damit nimmt die Kultur- und Kreativwirtschaft einen Anteil von 3,3 Prozent an allen Beschäftigten in Deutschland ein (vgl. Söndermann et al. 2009, S. 4). Das heißt für den Arbeitsmarkt, dass der Kultursektor Arbeitsplätze schafft, insbesondere auch für Frauen. Das gilt besonders für das privatwirtschaftlich organisierte Kulturangebot, das in allen genannten Bereichen, mit Ausnahme der Games- und Software-Industrie, von Frauen dominiert wird, darunter bis zu einem Anteil von 44 Prozent in Form der Selbstständigkeit (vgl. Söndermann et al. 2009, S. 5). Die gemessene Beschäftigtenzahl in der Kulturindustrie vor Ort ist auch eines der wichtigen Kriterien, das im Kulturstädteranking 2014 Stuttgart mit 7,4 Prozent aller Beschäftigten wiederum den ersten Platz unter den 30 größten Städten Deutschlands einbrachte. Zusätzlich gingen in dieses Ranking auch weitere Aspekte von Kulturproduktion und Kulturaufnahme und Kulturnachfrage ein, darunter Investitionen in Bibliotheken oder Theater- und Opernbesuche (vgl. Hamburger Weltwirtschaftsinstitut und Berenberg Privatbank 2014).

Die Ausgaben der privaten Haushalte für Freizeit, Unterhaltung und Kultur (darunter sowohl Ausstattungsgüter wie Fernseh- und Videogeräte als auch Bücher, Zeitungen und Zeitschriften oder Dienstleistungen wie Theater-, Film-, Museums- oder Zirkusbesuche) werden für das Jahr 2009 mit 2.772 Euro pro Haushalt in Deutschland ermittelt, das sind bei einem durchschnittlich veranschlagten Zwei-Personen-Haushalt 1.386 Euro pro Person (vgl. Kulturfinanzbericht 2012, S. 80). Die Statistik des letzten Kulturfinanzberichts zeigt, dass diese Ausgaben stabil über die Jahre von 2003 bis 2009 einen Anteil von rund 11 Prozent an den gesamten privaten Konsumausgaben ausmachen, allerdings mit leicht sinkender Tendenz hinter dem Komma im Vergleich von 2005 auf 2009 (2001: 11,1 Prozent, 2005: 11,6 Prozent, 2007: 11,1 Prozent, 2009: 10,7 Prozent) (vgl. Kulturfinanzbericht 2012, S. 81). Diese Entwicklung wird von den Verfassern mit der Bemerkung kommentiert, die Kulturausgaben hätten ihren festen Platz im Budget der privaten Haushalte, allerdings mit eher geringem Anteil an den gesamten privaten Konsumausgaben (vgl. Kulturfinanzbericht 2012, S. 80).

In der Tat stellt sich die Frage, welchen **Stellenwert Kultur und Kreativität in Deutschland** haben. Zieht man die verschiedenen Perspektiven heran, zu denen statistische Daten vorliegen, so ist das Bild durchaus unterschiedlich. Einerseits zeigt sich der Wachstums- und Beschäftigungsmotor, den die Kultur- und Kreativwirtschaft verkörpert. Diese Entwicklung spricht für deren steigende Bedeutung auch in der Zukunft. Andererseits sind nominale Anstiege in öffentlichen Kulturausgaben oder ein in Relation zu allen privaten Konsumausgaben gleichbleibender Anteile privater Kulturausgaben kein Beleg dafür, dass die Kulturfinanzierung mit Priorität von öffentlicher und privater Seite bedacht würde. Dagegen sprechen reale und, im Kontrast mit anderen Förderbereichen des Bundes, relative Verluste an Fördermitteln ebenso wie der Stillstand bei dem Zufluss privater Mittel der Haushalte. In der Summe ist dies ein weiteres Indiz, das die Notwendigkeit zu größerer Eigenmittelbeschaffung der Kulturinstitutionen bekräftigt.

3.2 Private Kulturförderung

3.2.1 Kulturförderung der Wirtschaft

3.2.1.1 Förderdaten

Schon seit Jahrhunderten engagieren sich auch private Anbieter in der Verbreitung von Kunst und Kultur. Sie tun dies sowohl in gemeinnütziger Selbstlosigkeit als auch in eigennütziger Absicht. Schon aufgrund dieser Interessenkoppelung kann private Kunst- und Kulturförderung zwar Ergänzung im Speziellen, aber kein genereller Ersatz für die öffentlichen Kulturausgaben im Allgemeinen sein. In jedem Einzelfall bleibt zu prüfen, welche Wirkungen von der privaten Kulturförderung ausgehen und ob dem Allokationsziel, das heißt der bestmöglichen Verteilung der Ressourcen gemäß Verbraucherpräferenzen, Hilfe geleistet oder eher im Gegenteil Abbruch getan wird. Was aber veranlasst private Geldgeber, in die Verbreitung von Kunst zu investieren?

Auf Initiative des Kulturkreises im Bundesverband der Deutschen Industrie (BDI) wurde im Dezember 2006 eine Unternehmensbefragung über Anlass, Art, Umfang und geschätzte Wirkung der jeweiligen Kulturförderung durchgeführt (vgl. Kulturkreis der deutschen Wirtschaft 2010, S. 9). Innerhalb der Stichprobe (n = 256) machen die Finanzdienstleister mit 38 Prozent die größte Gruppe aus, ihnen folgt die Versorgungs- und Energiebranche mit 14 Prozent (vgl. Kulturkreis der deutschen Wirtschaft 2010, S. 11). Vor dem Hintergrund, dass beide Branchen immer wieder mit negativen Schlagzeilen zu Themen wie Finanzprodukten und Versorgungsengpässen zu kämpfen haben, ist diese Entwicklung besonders verständlich. Es scheint, als wollte man durch die Förderung von Kultur ein wenig Erdenschwere abschütteln und mit sozialer Verantwortung punkten. In der Tat wird bei fast allen befragten Unternehmen die Übernahme von gesellschaftlicher Verantwortung als Motiv für kulturelles Engagement genannt (92 Prozent), mit Abstand gefolgt von Funktionen im Eigeninteresse, darunter die Imagepflege (79 Prozent), die Motivation der Mitarbeiter (40 Prozent) und die Steigerung des Bekanntheitsgrades (38 Prozent) (vgl. Kulturkreis der deutschen Wirtschaft 2010, S. 12) (vgl. Abb. 3.4).

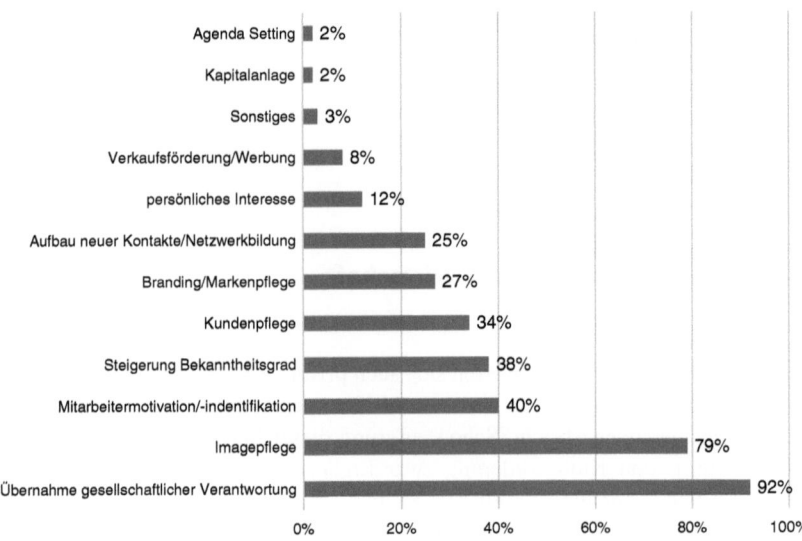

Abb. 3.4 Motivation für Kulturförderung in Unternehmen. Vgl. Kulturkreis der Deutschen Wirtschaft 2010, S. 12

Mit 72 Prozent der Nennungen dominiert die Förderung von Einzelevents, gefolgt von der Projektförderung mit 56 Prozent und der Institutionellen Förderung mit 51 Prozent (vgl. Kulturkreis der deutschen Wirtschaft 2010, S. 16). Unter den Kultursparten werden mit 71 Prozent der Nennungen die Kategorie Musik und Musiktheater am häufigsten von den Befragungsteilnehmern angeführt, gefolgt von Bildender Kunst und Fotografie (59 Prozent) und Theater (48 Prozent) (vgl. Kulturkreis der deutschen Wirtschaft 2010, S. 13) (vgl. Abb. 3.5)

In der Studie werden die unternehmerischen Ausgaben für Kulturförderung in die drei Gestaltungsmöglichkeiten Spenden, Sponsoring und Stiftungsmittel unterteilt (vgl. Kulturkreis der deutschen Wirtschaft 2010, S. 16).

- Die **Spenden** des Jahres 2008 wurden im Durchschnitt mit 308.809 Euro ermittelt, allerdings waren nur 188 Unternehmen zu einer Angabe bereit, der Rest spendet vermutlich nicht oder möchte zumindest seine Karten nicht offenlegen. Es kann nicht verwundern, dass sich signifikante Zusammenhänge zwischen Spendenhöhe und Unternehmensgröße zeigten. Nur unter den großen Unternehmen gab es Fälle, in denen über 5 Mio. Euro gespendet wurden (vgl. Kulturkreis der deutschen Wirtschaft 2010, S. 21).

3.2 Private Kulturförderung

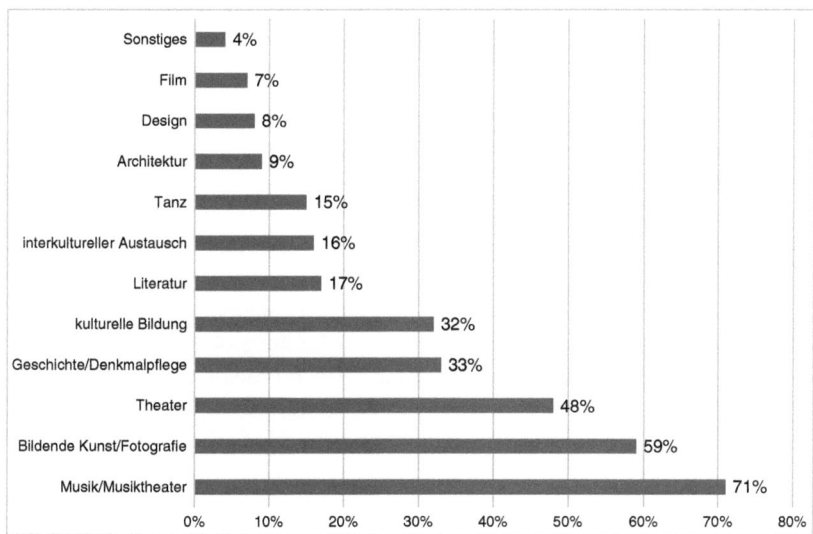

Abb. 3.5 Förderbereiche der Unternehmen. Vgl. Kulturkreis der Deutschen Wirtschaft 2010, S. 13

- Die durchschnittlichen Ausgaben für das **Sponsoring** entsprechen mit einem mittleren Wert von 305.794 Euro in etwa dem Spendenumfang, hier wie dort ist die Abhängigkeit von der Firmengröße signifikant (vgl. Kulturkreis der deutschen Wirtschaft 2010, S. 22).
- Kulturförderung über **Stiftungen** wurde von 88 befragten Unternehmen, also einem guten Drittel der Stichprobe, bestätigt (vgl. Kulturkreis der deutschen Wirtschaft 2010, S. 22). Mit einem durchschnittlichen Umfang von 322.134 Euro sind Stiftungsmittel die höchste Kategorie, an der auch kleine Unternehmen beteiligt sind, allerdings besteht auch hier ein signifikanter Zusammenhang zwischen aufgebrachten Mitteln und Unternehmensgröße (vgl. Kulturkreis der deutschen Wirtschaft 2010, S. 23).

3.2.1.2 Kultursponsoring

In der Öffentlichkeit wird unternehmerische Kulturförderung in Form des Sponsorings kontrovers diskutiert. Für den Begriff des Sponsorings gibt es keine eindeutig passende deutsche Übersetzung. Ein Sponsor ist ein Bürge und Pate, ein Förderer, Gönner und Schirmherr, ein Geld- und Auftraggeber. Aus dieser Reihe von Übersetzungsangeboten treffen die beiden letzten noch am ehesten den Kern: Der Sponsor gibt nicht nur, um zu geben, sondern auch, um zu nehmen.

▶ Zentrales Kriterium des **Sponsorings** ist die erwartete, auch vertraglich fixierte Gegenleistung. Demgegenüber wird der **Mäzen** nur um der Sache willen tätig, es handelt sich um eine Leistung ohne Gegenleistung.

In der Realität, und dies gilt auch für den historischen Rückblick, mischen sich diese beiden Idealformen. Zur besseren Einordnung gegebener Unterstützungen an Kunst und Kultur könnte ein Kontinuum mit den Polen Mäzen und Sponsor dienen. Zwischen beiden theoretischen Extremen – der Leistung ohne oder mit Gegenleistung – sind die tatsächlichen Zuwendungen der Privaten an den Kulturbereich angesiedelt. Je nachdem, welchem Pol sie mehr zuneigen, steht der Sponsoren- oder der mäzenatische Charakter im Vordergrund. Die ausschließliche Reinform taucht in der Wirklichkeit vermutlich gar nicht auf. Auch scheinbar selbstlose Förderer der schönen Künste waren und sind nicht abgeneigt, sich durch Ruhm der Nachwelt zu empfehlen. Schon mittelalterliche Gemälde von Gönnern, Seite an Seite mit biblischen Figuren, liefern ein beredtes Zeugnis für eine frühe Form der Gegenleistung. Umgekehrt verkörpert intelligentes Sponsoring eine sensible Mischung aus mäzenatischem und eigennützigem Denken. Dies gilt aus Gründen der beabsichtigten Wirkung, nicht unbedingt wegen altruistischer Überlegungen.

Kultursponsoring realisiert sich als Verflechtungsmodell von Leistungen und Gegenleistungen. Als Sponsoren fungieren Einzelpersonen, Organisationen oder Unternehmen. Die Gesponserten sind Kulturinstitutionen, Kulturschaffende und Künstler. Es fließen drei Arten von Strömen, auf finanzieller, materieller und ideeller Basis. Im Idealfall herrscht ein ausgeglichenes Verhältnis zwischen den Parteien: Die Ströme saldieren sich, und Sponsoring rechnet sich für beide Seiten. Die Vorteile der in Abb. 3.6 dargestellten, gleichgewichtigen Situation liegen auf der Hand. Konstellationen und Konsequenzen gegenseitiger Abhängigkeit werden verhindert oder zumindest stark erschwert. Jede Seite gibt, um im Gegenzug zu nehmen. In einer 2012 durchgeführten Onlinebefragung von 312 Unternehmen, die zu der umsatzstärksten Gruppe in Deutschland zählen, lag Kunst- und Kultursponsoring mit 60,4 Prozent der Nennungen bereits an zweiter Stelle vor dem nach wie vor dominierenden Sportsponsoring mit 78,8 Prozent (vgl. Bagusat 2012, S. 17).

Nach landläufiger Meinung kreist Sponsoring insbesondere um das Geld. Sponsoren überbrücken Finanzierungslücken, indem sie z. B. Ausstellungsetats bereitstellen oder gezielt Personal-, Transport- oder Versicherungskosten übernehmen. Aber auch materielle Unterstützungen sind keine Seltenheit, etwa wenn ein Unternehmen menschliche und technische Hilfe aus dem eigenen Bestand

3.2 Private Kulturförderung

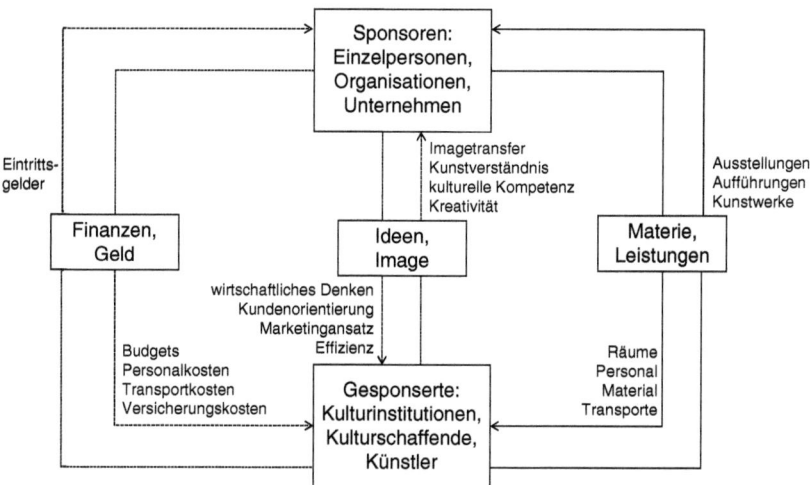

Abb. 3.6 Verflechtungsmodell des Kultursponsorings. © Ingrid Gottschalk

einbringt, z. B. Aufsichtspersonal stellt, Räume und Maschinen anbietet oder Transporte organisiert. Das Äquivalent der Kulturseite ist das Kulturangebot selbst, mit Ausstellungen, Aufführungen, Konzerten und Kunstwerken. Es beinhaltet Sonderkonditionen für die Sponsoren, deren Mitarbeiter sowie Kunden und gestattet gestattet ausdrücklich dessen werbliche Nutzung. In Einzelfällen fließen neben materiellen auch monetäre Ströme an die Sponsoren zurück, beispielsweise in Form von Eintrittsgeldern.

Doch Finanzen und Materie sind es nicht allein. Nicht ohne Absicht steht der **Austausch von Ideen und Image** im Zentrum des Verflechtungsmodells. Auch hier kommt es zu einem Geben und Nehmen. Die Sponsoren profitieren von der Beschäftigung mit Kunst und Kultur durch einen positiven Imagetransfer und den Ausbau von kultureller Kompetenz. Im Idealfall setzen die Auseinandersetzung mit Kunst und ein auf diesem Wege gestiegenes Kunstverständnis kreative Kräfte frei, die auch der eigenen unternehmerischen Zielsetzung dienen. In einer empirischen Untersuchung an der Universität München konnte in Form eines Experiments gezeigt werden, dass Kultursponsoring einen signifikanten Reputationsgewinn bei den eigenen Kunden und Mitarbeitern hervorruft (vgl. Schwaiger 2006). Vor diesem Hintergrund ist es verständlich, dass Unternehmen Kultursponsoring als Instrument der Unternehmenskommunikation und des Marketings einsetzen (vgl. Bruhn 1989; Kössner 1996). Auch die Gesponserten auf der Kulturseite können im umgekehrten Transfer von den Ideen und dem Image der Sponsoren profitieren. Dabei geht es etwa um die Übertragung von Wirtschaftlichkeitsdenken und die Umsetzung von Kundenorientierung. Diese besondere Sichtweise hat im Kulturleben noch keine längere Tradition.

Das Verflechtungsmodell aus Abb. 3.6 nimmt nicht explizit Bezug auf den Kulturkonsumenten. Hat man hier, so könnte man provozierend fragen, die Rechnung zwar mit dem Wirt, aber ohne den Gast gemacht? Diese kritische Vermutung wird durch Verbraucherakzeptanzuntersuchungen widerlegt. So konnte gezeigt werden, dass der Akzeptanzgrad von 13 gesponserten Kulturveranstaltungen sehr hoch ist und mit Zustimmungsraten zwischen 68 und 96 Prozent der insgesamt 1.826 befragten Besucher bedacht wird (vgl. Schwaiger 2001, S. 22).

Die Mehrzahl der Befragten aus einer repräsentativen Bevölkerungsumfrage des Sample Instituts erinnert sich daran, eine gesponserte Kulturveranstaltung besucht zu haben und bewertet diese Maßnahme mit gut oder sogar sehr gut. Die Unternehmen würden durch ihr Sponsoring von einem positiven Ausstrahlungseffekt profitieren, da sie von den Konsumenten als führende Unternehmen eingestuft würden. Die Befragten heben insbesondere hervor, dass das kulturelle Leben ohne Sponsoren ärmer wäre (vgl. Roth 1994, S. 50 f.).

Dieser spezielle Vorteil steht auch in einer Umfrage der Universität Hohenheim an der Spitze (vgl. Lehner 1996). Es wird von den 116 Befragten als insbesondere wahrscheinlich und begrüßenswert empfunden, dass Kultursponsoring aufwendige Projekte ermöglicht und die Vielfalt des Kulturangebots erhöht. Als kritisch wird dagegen eingestuft, dass die Kosten des Kultursponsoring auf die Produktpreise abgewälzt werden könnten und zudem eine Verflachung des Kulturangebots durch zu starke Orientierung an der Vermarktbarkeit möglich erscheint. Die einerseits als Vorteil genannte Überlegung, Sponsoring entlaste den öffentlichen Haushalt, findet andererseits ein negatives Pendant in der Befürchtung, das Sponsoring könne als Argument für eine weitere Kürzung öffentlicher Gelder im Kulturbereich dienen. Kritisch vermerkt wird auch, dass die Förderung der schönen Künste dazu herhalten könnte, Probleme der Produktion und des Produktes, etwa mit dem Umweltschutz, in den Hintergrund zu schieben (vgl. Lehner 1996).

Ähnliche Ansichten über das Kultursponsoring ergaben sich aus einer belgischen Studie mit 473 befragten Studenten (vgl. Vanhaverbeke 1992). Als besonders positiv wurde hervorgehoben, dass Sponsoring das Kulturangebot erhöht und zur größeren Beachtung des Geschmacks des Publikums führt. Kritisch wurde dagegen vermerkt, dass Sponsoring bestimmte Kunstformen, insbesondere Experimental- oder Avantgardekunst, an den Rand drängen könnte und die sponsernden Unternehmen sich möglicherweise mehr das Mäntelchen des guten Bürgers umhängen wollten, als altruistisch zu handeln (vgl. Vanhaverbeke 1992, S. 53 ff.).

3.2.2 Kulturförderung der privaten Akteure

Eine Entlastung öffentlicher Geldgeber bei der Finanzierung von Kultur kann auch aus privater Hand kommen. Im Folgenden stehen Zuwendungen bzw. Spenden, die von privaten Haushalten oder von privaten Stiftungen kommen, im Mittelpunkt der Betrachtung.

▶ Eine **Spende** ist eine Zuwendung von privater Seite, die einem wohltätigen Zweck dient. Sie kann als freiwilliger Beitrag unter bestimmten steuerrechtlichen Gegebenheiten als Sonderausgabe bei der Einkommensteuer geltend gemacht werden.

Spenden für Kunst und Kultur kennzeichnen die individuelle Bereitschaft, Kulturarbeit auch ohne direkte Gegenleistung, oder zumindest nur mit bescheidener Gegengabe, zu fördern. Doch wie kommt es zu der Bereitschaft, etwas abzugeben, inwieweit spielt neben dem sozialen auch der individuelle Nutzen des Spenders eine Rolle, kurz gesagt: Welche Motive steuern die Spendenbereitschaft?

Das **Volumen der Spendentätigkeit** in Deutschland schwankt nach verschiedenen Berechnungen zwischen rund 3 und 6 Milliarden Euro (vgl. TNS Infratest 2011, Urselmann und Schwabbacher 2013, GfK 2014, Kulturkreis der deutschen Wirtschaft 2015). Als Spendenzweck dominiert mit Abstand die humanitäre Zielsetzung. Im Jahr 2013 verbuchten die Spenden für Humanitäre Hilfe einen Anteil von fast 80 Prozent am gesamten Umfang privater Spenden in Deutschland (vgl. Deutscher Spendenrat 2013). Ganz offenbar geht es den Menschen darum, anderen, denen es schlechter geht, zu helfen, insbesondere in internationalen Katastrophenfällen, etwa nach der Tsunami Katastrophe als Folge des Erdbebens im Indischen Ozean von 2004, aber auch bei nationalen Unglücksfällen, beispielsweise bei der großen Überschwemmung von Donau und Elbe im Jahr 2013. Diese Ereignisse wurden medial mit großer Aufmerksamkeit bedacht und rückten tagtäglich in das Bewusstsein der Bürger. Andere Zwecke fallen demgegenüber weit ab und liegen in ihrem Anteil noch unter 5 Prozent des gesamten Volumens, darunter auch die Möglichkeiten der Spende für Kultur- und Denkmalpflege mit 3,1 Prozent (vgl. Deutscher Spendenrat 2013). Im deutschen Spendenmonitor von TNS Infratest des Jahres 2011, der auf einer Zufallsstichprobe von 4.000 Befragten beruht, wird dem prozentualen Anteil der Spenden für Kunst an den gesamten Spenden sogar der letzte Platz zugeschrieben (vgl. TNS Infratest 2011).

Über die Gründe dieses relativen Abfallens kann man spekulieren. Die mediale Präsenz ist naturgemäß bei dauerhaften Problemen, wie sie die Finanzierungslücke von öffentlichen Kunstgütern beschreibt, von anderer Intensität als bei situationsspezifischen Ereignissen im akuten Katastrophenfall. Zudem mag die in Kap. 2 schon angesprochene Historie ins Spiel kommen. Im Gegensatz zu den Verhältnissen in Amerika sind die Kulturkonsumenten in Deutschland damit aufgewachsen, dass Ihnen die öffentliche Hand den Kulturgenuss finanziert. Die Folge kann sein, dass individuelle Verantwortung für Kunst und Kultur gar nicht Platz greift, da sie ja bereits an den Staat delegiert zu sein scheint. Dieser Effekt wird in der Literatur als **Crowding out** diskutiert (vgl. Deci 1971; Deci und Ryan 1985; Frey und Jegen 2001). Die Verdrängungstheorie könnte einen interessanten Erklärungsansatz dafür liefern, dass das öffentliche Eingreifen im Kulturbereich auch unerwünschte Effekte wie den einer Verdrängung von privater Verantwortlichkeit gebracht hat (vgl. ausführlicher unter 8.3.1).

Um eine effektive individuelle Beteiligung an gemeinschaftlichen Aufgaben geht es bei dem relativ neuen Phänomen des **Crowdfunding** (vgl. Smith 2007; Hemer 2011; Kim und Van Ryzin 2014). Im Zentrum steht die Idee, Projekte über mitunter sehr geringe Zuwendungen von Menschen zu finanzieren, die über das Internet zu einer anonymen Gebergemeinschaft zusammenwachsen und sich der Sache wegen engagieren.

▶ **Crowdfunding** bedeutet, Mittel für die Realisierung eines Projektes aus der Summe auch kleiner Beträge aus einer großen Menge von Menschen zu schöpfen. Die wesentliche Basis der Ansprache ist das Internet. Als Motivation für die Finanzierungsbeteiligung kann der soziale Nutzen, aber auch die Einzigartigkeit des Projektes herausgestellt werden, das ohne breite Beteiligung nicht realisierbar wäre.

Im Februar 2015 wurde dem Phänomen des Crowdfunding ein Sonderheft des wissenschaftlichen Journals New Media & Society gewidmet (vgl. Bennett et al. 2015). Am Beispiel der Finanzierung von Künstlern beschäftigt sich einer der Beiträge auch mit der Übertragung des Konzeptes auf kulturelle Belange und stellt deren Chancen, aber auch Grenzen in Form von psychischen Hemmschwellen vor (vgl. Davidson und Poor 2015). Andere Artikel aus diesem Sonderheft zielen etwa auf die hinter Crowdfunding stehenden Fans oder auf Projekte wie Videoproduktionen (vgl. Scott 2015; Booth 2015; Smith 2015). Existierende Plattformen der Gruppenfinanzierung widmen sich sowohl allgemeinen Belangen aus Kunst und Kultur als auch speziellen Vorhaben im Kulturbereich, etwa der Filmfinanzierung (vgl. Crowdfunding Informationsportal 2015; Indiegogo 2015).

Die Staatsgalerie Stuttgart (2015) hat mit einem im Internet, im Fernsehen und Hörfunk sowie den Printmedien veröffentlichtem Spendenaufruf eine der letzten Arbeiten von Oskar Schlemmer, das 1940 entstandene Wandbild „Familie" für

3.2 Private Kulturförderung

Stuttgart zu retten, den Weg des Crowdfundings beschritten. Der für den Ankauf notwendige Betrag von 1,95 Mio. Euro soll mithilfe einer breiten Beteiligung aus der Bevölkerung aufgebracht werden. Mit einem Klick können bildhaft durch Geldscheine symbolisierte Spenden in Höhe von 5 bis 1.000 Euro in den Warenkorb des Museumsshops gelegt werden, die Spendenbescheinigung wird im Anschluss per E-Mail zugeschickt. Bis zu 200 Euro können auch an der Museumskasse gespendet werden, größere Beträge sollten mit der Museumsleitung abgestimmt werden (vgl. Staatsgalerie Stuttgart 2015). Es bleibt abzuwarten, wie dieser interessante Versuch von der Bevölkerung angenommen wird und ob und gegebenenfalls wie schnell das gewünschte Ziel erreicht wird. Die mediale Begleitung, aber auch der in die Spendenmaske integrierte Link zum Weiterverschicken des Aufrufs an einen Freund dürfte dabei eine maßgebliche Rolle spielen.

Mit dem englischen Ausdruck des **Fundraising** wird das professionelle, systematische, in ein Marketingkonzept eingebundene Einwerben von Spenden bezeichnet (vgl. Görsch 2001, S. 143; Haibach 1998, S. 21). Ganz im Sinne der Marketingphilosophie steht in diesem Konzept bei allen Schritten der Spendenbeschaffung der potenzielle Spender als Kunde im Mittelpunkt der Betrachtung. Kundenorientierung und Kundenpflege werden als wichtigste Prinzipien einer aktiven, langfristigen Unterstützung von Kulturinstitutionen durch private Spender verstanden (vgl. Toepler 1991, S. 53). Diese Strategie wird gezielt in den USA verfolgt. In Deutschland sind die Spendenbeschaffungsmaßnahmen für den Kulturbereich in ihrer Mehrheit historisch gewachsen, dennoch lassen sich auch hier stringente Strukturen ausmachen. Auf der Basis einer im Jahr 2003 an der Universität Hohenheim erhobenen, nicht repräsentativen Stichprobe von 30 Kultureinrichtungen wird deutlich, dass alle Institutionen um Spenden werben, dabei jedoch zwei unterschiedliche Modelle einsetzen (vgl. Nagel 2003).

1. **Modell Förderverein**: In der untersuchten Stichprobe arbeiten 19 Einrichtungen (63,3 Prozent) mit einem sie unterstützenden Förderverein. Die Aufgabe der Fördervereine besteht darin, eine Kultureinrichtung oder ein Kulturangebot zu unterstützen, ohne selbst als Träger oder Veranstalter aufzutreten (vgl. Heinrichs 1997, S. 175). Bei Dreiviertel der Fördervereine der Stichprobe ist eine Mitgliedschaft schon unter 100 Euro pro Jahr möglich. Das restliche Viertel setzt auf Exklusivität. Hier kann man nicht unterhalb der Grenze von mindestens 200 Euro Mitglied werden. Eine Beitragsstaffelung ist durch die Differenzierung in reguläre Mitglieder und Fördermitglieder möglich. Neben der finanziellen Unterstützung durch beispielsweise den Ankauf von Kunstwerken oder die Übernahme von Renovierungsarbeiten zeichnen sich die Fördervereine auch durch indirekte finanzielle Hilfen über ehrenamtliche

Aktivitäten aus. Dazu gehören etwa Informationsstände, die Übernahme von Führungen oder die Verkaufstätigkeit im Museumsshop.

2. **Modell Kunstverein**: Unter den Typus des Kunstvereins fällt mit 26,7 Prozent ein gutes Viertel der Stichprobe. Kunstvereine sind selbst Kulturveranstalter und Träger von Kultureinrichtungen. Sie unterstützen nicht bestimmte Kultureinrichtungen, sondern fördern selbstständig Kunst und Kultur (vgl. Heinrichs 1997, S. 174 f.). Die Kunstvereine sehen ihre Aufgabe primär darin, zeitgenössische Kunst zu unterstützen und Ausstellungen zu veranstalten. Ebenso wie bei den Fördervereinen bilden Mitgliedsbeiträge eine starke Säule der Finanzierung. Aber auch einmalige Spenden und Sponsorengelder sowie eventuelle Mieteinnahmen durch Vermietung der Räumlichkeiten spielen eine Rolle. Zudem können Kunstvereine auf Einnahmen aus Eintrittsgeldern zurückgreifen. Die Mehrheit in der Stichprobe verfügt über mehr als 1000 Mitglieder.

Private Stiftungen für Kunst und Kultur haben im Bundesverband Deutscher Stiftungen einen eigenen Arbeitskreis gebildet und melden sich beispielsweise in Form der „Schweriner Erklärung" vom Januar 2014, in der der Leitfaden der eigenen Arbeit beschrieben wird, zu Wort (vgl. Arbeitskreis Kunst und Kultur des Bundesverbandes Deutscher Stiftungen 2014). Es geht nicht darum, den Staat von seiner Verpflichtung zur Kulturförderung und Kulturfinanzierung zu entbinden, sondern um gezielte private Unterstützung insbesondere der Kreativen, die experimentell und innovativ arbeiten und es als sich erst entwickelnde Talente noch schwer haben (vgl. Arbeitskreis Kunst und Kultur des Bundesverbandes Deutscher Stiftungen 2014).

Eine Untersuchung der Universität Hohenheim hat durch Expertengespräche mit 10 Kunst- und Kulturstiftungen in Baden-Württemberg zusätzliche Einblicke in das Selbstverständnis der Stiftungen gewonnen (vgl. Sigloch 2010). Basis der qualitativen Studie sind persönlich geführte, leitfadengestützte Interviews mit den Stiftern selbst oder deren Geschäftsführern, die inhaltsanalytisch ausgewertet wurden. Als primäre Absicht der Stiftungen wurde deren „Leuchtturmwirkung" genannt, also ein Zeichen zu setzen und Vorbild zu sein. Zentrale Ziele sind die Vermittlung von Kunst, besonders an junge Menschen und bildungsferne Schichten, sowie die Auszeichnung von Verdiensten um Kunst und Kultur durch Preise. Von allen Gesprächspartnern werden Kunst und Kultur als identitätsstiftender, Werte schaffender, unabdingbarer Teil der Gesellschaft gewürdigt. Obwohl dem Staat die überragende Rolle bei der Kulturförderung zugeschrieben wird, erkennen die Stiftungen, dass die öffentliche Hand durch private Initiativen unterstützt werden muss. In ihrer Selbsteinschätzung sehen sich die Stiftungen aber nicht als Lückenbüßer, sondern betonen ihre Funktion der Bereicherung des

Kulturangebots. Ein in der Zukunft noch verstärktes Stiftungsengagement wird als notwendiger Ausgleich für zukünftig möglicherweise ausbleibende staatliche Mittel gesehen (vgl. Sigloch 2010).

3.3 Wirkungen des Kulturangebots

3.3.1 Volkswirtschaftlicher Beitrag

Die Kultur eines Landes wirkt auf die Wirtschaft und deren Entwicklung etwa so wie die Grundlagenforschung, die durch Basisinnovationen, die allen zugutekommen, Wirtschaftswachstum und Wohlstandssteigerungen nach sich zieht (Hummel und Berger 1988, S. 18). Bei den Wirkungen von Kunst und Kultur sieht es ähnlich aus. Doch geht es hier nicht um die technische, sondern gleichsam um die spirituelle Effizienz. Während es im ersten Fall dazu kommt, dass mehr Güter und Leistungen durch den Einsatz neuer Technologie produziert werden, gelingt dies durch Kreativitätsschub im zweiten Fall. Die Ergebnisse künstlerischer Schaffenskraft dienen als Quelle von Information und Inspiration mit positiven gesamtwirtschaftlichen Effekten auf die Qualität des Angebots.

Neben diesen Wirkungen, die man zum Teil zwar fühlen, aber nur schwer fassen und bewerten kann, stehen auch handfeste messbare Kennziffern, die den Beitrag von Kunst und Kultur für die Volkswirtschaft insgesamt messen. Das Ifo-Institut in München hat sich mit diesem Thema seit den 1980er-Jahren befasst, mit dem Ziel, empirisch gesicherte Ergebnisse über den Beitrag des Kultursektors zur Wertschöpfung in der Bundesrepublik Deutschland vorzulegen. Auf der Grundlage der erarbeiteten Datenbasis ging es im Besonderen um die Ermittlung der direkten und indirekten Wirkungen der öffentlichen Ausgaben für Kunst und Kultur auf das Sozialprodukt, die Beschäftigung und das Investitionsvolumen (Hummel und Berger 1988, S. 1). Diese Studie wurde auch durch nachfolgende und erweiternde Untersuchungen ergänzt (vgl. unter anderem Hummel und Brodbeck 1991; Hummel und Waldkirchner 1992; Hummel 2000).

Zunächst standen die Autoren vor dem Problem der hier im ersten Kapitel schon diskutierten Unschärfe der Abgrenzung und Vergleichbarkeit dessen, was als Kunst und Kultur verstanden werden soll. Sie einigten sich schließlich auf den pragmatischen Abgrenzungsvorschlag, als relevante Bereiche der Untersuchung alle Aktivitäten zu definieren, die sich mit der Schaffung, Verbreitung und Erhaltung von künstlerischen Werken beschäftigen. Dazu gehören ein Kernbereich von Kunst und Kultur sowie ihm vor- und nachgelagerte Bereiche (vgl. Hummel und Berger 1988, S. 9 f.).

- Zum **Kernbereich** gehören die Künstler und Kulturinstitutionen, darunter Theater, Museen und Orchester. Dazu gezählt werden auch Einrichtungen der Kulturpflege sowie die Medienindustrie, unter anderem Verlage, die Filmwirtschaft, die Hörfunk- und Fernsehsender.
- Der **vorgelagerte Bereich** umfasst die Wirtschaftssektoren, die die technischen Voraussetzungen für die Tätigkeit der Kernsektors schaffen. Dazu gehören etwa die Hersteller von Papier, Druckereien und Buchbindereien, filmtechnische Betriebe sowie die Hersteller von Musikinstrumenten.
- Der **nachgelagerte Bereich** rekrutiert sich aus dem Handel mit Erzeugnissen des Kunst- und Kultursektors sowie den Wirtschaftsbereichen, die die technischen Voraussetzungen für die Nutzung von Kulturleistungen bilden. Hierunter fallen der Vertrieb von Büchern, Zeitungen und Zeitschriften oder die Herstellung von Rundfunk- und Fernsehgeräten (vgl. Heinrichs und Klein 1996, S. 315).

Diese Konzeption ist auf der einen Seite inhaltlich nachvollziehbar, da Kunst und Kultur für ihre Existenz fraglos der Voraussetzungen, der Ausführung und der Verbreitungsmechanismen bedürfen. Der Maler benötigt Pinsel, Farben und Leinwand und ein Atelier, Zeit und kreative Unruhe zur Erstellung des Werkes sowie dessen Diskussion in den Medien. Auf der anderen Seite bedeutet die Einbeziehung der vor- und nachgelagerten Bereiche in Ergänzung zum künstlerischen Kernbereich auch eine Aufblähung und zahlenmäßige Bedeutsamkeit, die bei restriktiverer Betrachtung in dem Ausmaß nicht zutrifft. Diese Einschränkung muss bedacht werden, wenn die relativen ökonomischen Kenngrößen des gesamten Kunst- und Kulturbereichs in der Bundesrepublik Deutschland für das Jahr 1984 und in Fortsetzung dieser Berechnungen des Ifo-Instituts für die alten und neuen Bundesländer für das Jahr 1996 ausgewiesen werden. Im Vergleich zwischen erster und zweiter Erhebung im Abstand von zwölf Jahren zeigt sich, dass der Gesamtbereich Kunst, Kultur und Medien, bedingt durch die Verbreiterung der Basis im Zuge der deutschen Wiedervereinigung und die damit verbundenen Zusagen zum Erhalt der kulturellen Vielfalt sowie durch eine deutliche Zunahme der Bereitschaft von Ländern und Kommunen zu Investitionen in die Kultur, an Größe zugenommen hat und einen wichtigen Wirtschaftsfaktor darstellt (vgl. Hummel 2000, S. 14 ff.):

- Der Kunst- und Kulturbereich steuert 2,3 Prozent (1984) bzw. 2,5 Prozent (1996) zum Bruttosozialprodukt, das heißt zu der Summe aller produzierten Güter und Leistungen des entsprechenden Zeitraums bei.
- Der Kunst- und Kultursektor ist personalintensiv mit einem Anteil von 2,7 Prozent (1984) bzw. 3,0 Prozent (1996) an allen Erwerbstätigen.

3.3 Wirkungen des Kulturangebots

- Er ist vergleichsweise investitionsschwach mit einem Anteil von 1,4 Prozent (1984) bzw. 1,7 Prozent (1996) an den gesamtwirtschaftlichen Anlageinvestitionen (vgl. Hummel und Berger 1988, S. 107; Hummel 2000, S. 8).

Die Vergleichszahlen zeigen, dass ein Zuwachs in allen analysierten Bereichen zu verzeichnen ist. Die besondere Bedeutung des Kunst- und Kulturbereichs für den Arbeitsmarkt wurde zudem in einer Untersuchung des Ifo- Instituts für das Jahr 1988 bestätigt. Innerhalb von vier Jahren war der Anteil an allen Erwerbstätigen bereits um 0,2 Prozentpunkte auf 2,9 Prozent geklettert (Hummel und Waldkirchner 1992, S. 10). Unter diesem Blickwinkel könnte sich nach Heinrichs und Klein die Frage aufdrängen, ob staatliche Maßnahmen zur Kulturförderung auch unter arbeitsmarktpolitischen Gesichtspunkten zu treffen wären. Zumindest sei der umgekehrte Fall, der negative Arbeitsmarkteffekt bei der Schließung von Kulturstätten, etwa als Folge akuter Finanzzwänge, ins Kalkül zu ziehen (vgl. Heinrichs und Klein 1996, S. 10 f.).

Die Ifo-Forscher wollten aber nicht nur volkswirtschaftliche Kennziffern für Kultur und deren relative Anteile auflisten, sondern anhand einer Netto-Übertragungsbilanz auch finanzwirtschaftliche Wirkungen nachweisen. Zu diesem Zweck wurden die aus Steuern und Krediten finanzierten staatlichen Nettoausgaben für Kunst und Kultur von 6,1 Mrd. DM (1984) bzw. 17,9 Mrd. DM (1996) den Mittelrückflüssen aus Steuern und Sozialversicherungsbeiträgen gegenübergestellt (vgl. Hummel und Berger 1989, S. 19; Hummel 2000, S. 14). Die Autoren weisen nach, dass in der Summe die Mittelrückflüsse die empfangenen Zahlungen übersteigen. Unter saldenmechanischer Betrachtung würden sich folglich die öffentlichen Kulturausgaben rechnen, da die Nettoübertragungen positiv seien, das heißt mehr Geld vom Kultursektor an den Staat zurückflösse als in den Kunst- und Kulturbereich hineingepumpt würde. In beiden Jahren wird mit 9,55 Mrd. DM (1984) und 24,7 Mrd. DM (1996) ein positiver Saldo der Übertragungen ausgewiesen (vgl. Hummel und Berger 1988, S. 116; Hummel 2000, S. 16). Für beide Erhebungen gilt, dass im Kernbereich lediglich die Theater und Orchester, die Museen, die Denkmalpflege sowie die sonstige Kunst- und Kulturpflege (ergänzend in 1996: die Ausbildung) mehr staatliche Zuwendungen erhalten, als sie an Steuern und Sozialabgaben abführen. Dagegen würden alle anderen Vertreter dieses Bereichs, darunter die selbstständigen Künstler, die Verlage, die Filmwirtschaft sowie Hörfunk und Fernsehen Nettoübertragungen an den Staat leisten und wären im saldenmechanischen Sinne keine Kostgänger der öffentlichen Hand (vgl. Hummel und Berger 1989, S. 19; Hummel 2000, S. 14).

Allerdings warnen die Münchner Autoren vor eilfertigen Rückschlüssen: Nur eine Analyse, die den Übertragungssaldo einer alternativen Verwendung öffentlicher Mittel einbeziehe, könne als ökonomische Begründung für Kulturausgaben dienen (vgl. Hummel und Berger 1989, S. 18). Diese zurückgenommene Haltung wird auch an anderer Stelle formuliert. Die entscheidende Frage sei nämlich nicht, ob die Kunst das wirtschaftliche Geschehen überhaupt stimulieren könne, sondern ob ihr dies besser gelänge als alternativen Verwendungsmöglichkeiten öffentlicher Gelder, beispielsweise für die Subventionierung bestimmter Industriezweige oder die Förderung von Sportveranstaltungen (vgl. Pommerehne und Frey 1993, S. 30). Auch in den Ausführungen von Seaman (2003) werden Vorbehalte gegenüber einfachen Antworten auf Fragen nach der ökonomischen Wirkung von Kultur deutlich. Der Autor unterscheidet zwischen drei Arten von wirtschaftlichen Auswirkungen durch die Bereitstellung von Kulturgütern, und zwar in Form von Konsumentenwertschätzung, von langfristigen Wachstumseffekten und kurzfristigen Ausgabenwirkungen, die sich alle drei zur Gesamtwirkung addieren. Der häufig gemachte politische Fehler sei, nur auf eine der drei Wirkungsweisen zu setzen, im Regelfall die kurzfristig wirtschaftliche Komponente (vgl. Seaman 2003, S. 225). Das zeigt sich auch an der Diskussion im folgenden Abschnitt.

3.3.2 Regionale und lokale Wirkungen

Eine Möglichkeit der Evaluierung von Kultur vor Ort wird in sogenannten **Umwegrentabilitätsrechnungen** gesehen. Die Rentabilität gehört zu den relativen Kennzahlen der Betriebswirtschaftslehre. Der erwartete Gewinn einer Investition wird durch das eingesetzte Kapital dividiert und dann mit 100 multipliziert. Geht die Rentabilität jedoch „Umwege", dann landet der Gewinn nicht in der eigenen, sondern in fremden Taschen. Wenn jedoch Hoteliers und Restaurantbesitzer von den öffentlichen Kulturausgaben profitieren, dann freut sich die öffentliche Hand nicht nur uneigennützig. Sie tut dies auch in Erwartung von Rückflüssen der Mittel in Form von Steuern und Abgaben. Auf diese Weise findet der Einsatz von Steuergeldern die gewünschte Rechtfertigung, beispielsweise demonstriert anhand der Wirkungen der Messe Frankfurt als „Wirtschaftsmotor für Stadt und Region" (vgl. Ifo-Institut 2012).

▶ Die **Umwegsrentabilitätsrechnung** misst die durch öffentliche Mittel angestoßenen lokalen oder regionalen Ausgabenströme der privaten Akteure, die beispielsweise in Form von Einkäufen der Kulturanbieter oder Eintrittsgeldern und Restaurant- und Hotelkosten der Kulturkonsumenten auftreten, sowie die daraus resultierenden Steuern und Abgaben.

3.3 Wirkungen des Kulturangebots

Die Grundlagen für die Analyse gegenseitiger Wirkungszusammenhänge entstammen der Kreislauftheorie. Sie zeigt auf, welchen Anstoß die Kulturausgaben im Wirtschaftsgefüge geben, welche Kette von Reaktionen bei den anderen Wirtschaftsakteuren ausgelöst wird und inwieweit ein sich selbst beschleunigender Prozess in Gang kommt (vgl. Helmstädter 1992).

Abbildung 3.7 unterstellt den bisherigen Regelfall, in dem die Kulturbehörde der Kulturinstitution öffentliche Mittel zur Verfügung stellt, das heißt die Kulturanbieter subventioniert. Diese arbeiten mit dem Geld und erstellen die Kulturleistung. Zu diesem Zweck benötigen sie Mitarbeiter, die Einkommen erhalten, aus dem Steuern und Abgaben an den öffentlichen Haushalt zurückfließen, aber aus dem auch private Einkäufe getätigt werden, sei es ebenfalls im Kulturbereich, oder für andere Dinge des Lebens bei hier nicht näher spezifizierten anderen Anbietern. Bei diesen Anbietern tätigen aber auch die Kulturanbieter ihre Käufe, seien es Requisiten oder Stellwände, und sie schaffen wiederum neues, steuerpflichtiges Einkommen.

Das mithilfe der öffentlichen Mittel erstellte Kulturangebot wirkt nun seinerseits als Attraktion für Konsumenten von nah und fern, dem Ort der Kunstpräsentation einen Besuch abzustatten. Besonders die Besucher von außerhalb beleben die Wirtschaft vor Ort durch ihre zusätzliche, durch das Kunstereignis induzierte Nachfrage nach Hotels, Restaurants und sonstigen Spezialitäten der Region.

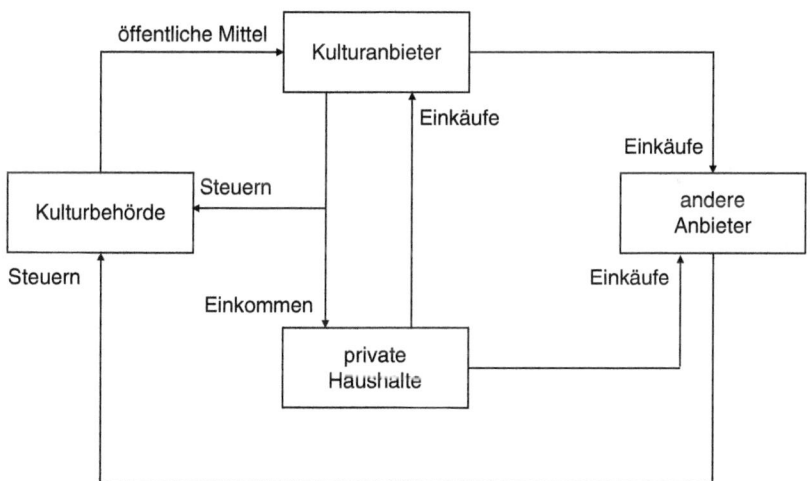

Abb. 3.7 Kulturausgaben in der Kreislaufbetrachtung. © Ingrid Gottschalk nach Helmstädter 1992, S. 118

Wie aus dem Kreislaufmodell hervorgeht, werden die öffentlichen Kulturmittel mehrfach wirksam. In der ersten Stufe als Primärausgaben der Kulturinstitutionen für Personal und Produktionsmittel. In der dadurch ausgelösten zweiten Stufe in Form von Sekundär- oder Komplementärausgaben, etwa der Kulturbesucher bei den anderen Anbietern. Eine Wirkung zieht die andere nach sich. Die sich selbst stimulierende Kette von Einkommens- und Beschäftigungswirkungen wird als Abfolge von Multiplikatoreffekten bezeichnet. Optimistische Kalkulationen dieser Art haben beispielsweise zu der Erwartung geführt, dass ein Franken an Kulturausgaben in der Stadt Zürich das örtliche Sozialprodukt um 2,92 Schweizer Franken erhöhen würde (vgl. Benkert 1989, S. 29). Steht aber die Kulturpolitik unter dem Druck ökonomischer Rechtfertigung, dann prognostiziert Benkert, dass zunehmend nur Bereiche mit hoher Umwegrentabilität gefördert würden und sich im Zuge dessen eine „Event-Kultur" ausbreiten müsste. Auf der Strecke blieben Kulturangebote, deren Wirkungen kurzfristig gering oder nur schwer messbar seien (vgl. Benkert 1989, S. 33 f.). Folgt man dieser Argumentation, dann würde man der Kunst, wenn auch in vermeintlich bester Absicht, in Wahrheit nur einen Bärendienst erweisen. Vor diesem Hintergrund können aus Umwegrentabilitätsrechnungen nur in speziellen Anwendungsfällen interessante und auch kulturpolitisch brauchbare Ergebnisse gewonnen werden.

Unter diesem eingeschränkten Blickwinkel wurde beispielsweise untersucht, welche ökonomischen Wirkungen vom Kulturangebot der Stadt Dresden ausgehen (vgl. Müller et al. 1997). Die Daten der Studie wurden aus verschiedenen Befragungen von Dresdner Bürgern, Touristen, Kultureinrichtungen, Unternehmen sowie Hotellerie und Gastronomie im Zeitraum von Juli 1995 bis Mai 1996 ermittelt (vgl. Müller et al. 1997, S. 53). Als zentrales Ergebnis wurden 710 Millionen DM an direkten und indirekten Ausgaben für Kultur errechnet. Dieser kulturinduzierte Umsatz kam mit 340 Mio. DM annähernd zur Hälfte dem Hotel- und Gastgewerbe zugute. Die Kulturbetriebe selbst profitierten durch Eintrittsgelder in Höhe von 225 Mio. DM. Zusätzlich löste das Dresdner Kulturangebot ein Umsatzplus bei Verkehrsbetrieben (35 Mio. DM) und bei Handel und Dienstleistungen (110 Mio. DM) aus (vgl. Müller et al. 1997, S. 63).

In einer jüngeren Studie für Dresden ging es ausschließlich um die lokale und regionale Bedeutung der Semperoper (vgl. Bönsel und Donsbach 2007). Die im Jahr 2006 bei 369 Befragten ermittelten Daten zeigen direkte wirtschaftliche Auswirkungen in Höhe von 65,3 Mio. Euro. Dazu werden indirekte wirtschaftliche Auswirkungen im Volumen von 55,7 Mio. Euro und zusätzlich Steuer- und Sozialversicherungseinnahmen im Umfang von 22,9 Mio. Euro berechnet. In der Summe werden 143,9 Mio. Euro an wirtschaftlichen Auswirkungen der Semperoper für die Stadt Dresden sowie die Region ermittelt (vgl. Bönsel und Donsbach 2007).

3.3 Wirkungen des Kulturangebots

Bei einem jährlichen öffentlichen Zuschuss von 37 Mio. Euro wird die Semperoper von der Presse als Wirtschaftsfaktor gefeiert, die der Region 3,90 Euro pro eingesetztem Euro staatlicher Förderung bringe (unter anderem Berliner Morgenpost 2007). Selbst bei Reduzierung um den Steuereffekt bleibt im Rahmen dieser Rechnung immer noch ein stolzer Wert von 3,27 Euro pro öffentlichem Fördereuro übrig.

Nicht ganz so herausragende, aber immer noch hinreichend positive Zahlen lassen sich einer Studie zur Umwegrentabilität der kulturellen Eigenbetriebe der Stadt Leipzig entnehmen (vgl. Wink et al. 2014). Bei der Sekundäranalyse der Wirkungen von Oper, Schauspiel und des Theaters der jungen Welt ergab sich nur in pessimistischen Szenarien eine Relation von im schlechtesten Fall 1,03 Euro pro 1 Euro Zuweisung. In den optimistischen Konstellationen kletterte dieser Wert auf bis zu 2,04 Euro pro 1 Euro staatlicher Mittel (vgl. Wink et al. 2014).

Wie schon in den 1980er-Jahren ermittelt (vgl. Schmidjell und Gaubinger 1980), setzt sich neben der künstlerischen auch die wirtschaftliche Erfolgsgeschichte der Salzburger Festspiele bis in die Gegenwart fort (vgl. Gaubinger 2011). Im Jahr 2011 wurde durch schriftliche Befragung das Ausgabeverhalten von 3.500 Festspielbesuchern analysiert. Außerdem wurden die durch Organisation und Durchführung der Festspiele induzierten direkten und indirekten Ausgaben erhoben. Die wirtschaftliche Bedeutung dieses Festivals der Hochkultur wird mit Primäreffekten von 275,5 Mio. Euro beschrieben, zusammengesetzt aus 102,5 Mio. an Besucherausgaben, darunter 73,6 Mio. Euro für Hotelbuchungen und Restaurantbesuche, 34,3 Mio. Euro an Einkäufen der Festspielleitung, darunter unter anderem Personalkosten, und 138,6 Mio. Euro an indirekten Ausgaben durch vorgelagerte Betriebe. Als Steuerrückflüsse an den Staat werden rund 36 Mio. Euro aus zusätzlichen Umsatzsteuererträgen und Lohn- und Einkommensteuereinnahmen der zusätzlichen Wertschöpfung geschätzt. Die Salzburger Festspiele werden mit 10,9 Mio. Euro an Subventionen aus öffentlicher Hand und 2,7 Mio. Euro aus dem Tourismusförderfonds unterstützt (vgl. Gaubinger 2011, S. 9). Auf dieser Basis lässt sich errechnen, dass 1 Euro an öffentlicher Förderung den Spitzenwert von 20,26 Euro an wirtschaftlicher Leistungskraft bringt.

Bei den Ergebnissen für Salzburg und den übrigen Studien handelt es sich um generierte Einnahmen und nicht um Überschüsse oder gar Gewinne, wie der Verweis auf die Rentabilität nahe legen könnte. Deshalb ist die Berechnung der inzwischen als Begriff verankerten Umwegrentabilität stets im Detail zu betrachten. Wenn in Dresden und Salzburg die Touristenströme und deren Ausgabeverhalten relativ eindeutig dem Faktor Kultur zugerechnet werden können, so ist dies bei anderen Kulturleistungen nicht unbedingt der Fall. Zudem muss einkalkuliert werden, dass Kunstfreunde den Beitrag von Kunst und Kultur vermutlich hoch ausweisen wollen – etwa wenn es darum geht, andere, nicht so kulturzugeneigte Entscheidungsträger für die Vergabe öffentlicher Mittel zu gewinnen.

Kultur schafft als Wirtschaftsfaktor nicht nur Einkommen und Beschäftigung, sondern sie trägt auch wesentlich zum **Image einer Region oder Stadt** bei. Dieses kulturelle Umfeld gehört neben den sozialen Einrichtungen und dem Angebot an Wohnraum zu den sogenannten weichen Standortfaktoren. Sie beeinflussen die Entscheidungen von Unternehmen ebenso wie die konventionellen Faktoren, darunter die Infrastruktur oder die Nähe zu Kunden und Zulieferern (vgl. Hummel 1992, S. 9). In der Standortentscheidung für Berlin sieht die große Mehrheit befragter Unternehmer (n = 90) in der Kultur einen entscheidenden Vorteil gegenüber anderen Regionen (vgl. Frank et al. 2002, S. 6). Es ist eine bekannte Tatsache, dass sich ein hochqualifiziertes Arbeitskräftepotenzial dorthin am ehesten locken lässt, wo das kulturelle Angebot zufrieden stellt. Dies könnte bei dem Wechsel in die Provinz jedoch schwierig sein. Aus diesem Grunde ist es so wichtig, dass auch kleinere Städte versuchen, ein für sie charakteristisches, für ihre Bürger identitätsstiftendes kulturelles Umfeld zu schaffen.

Der Erfolg derartiger Maßnahmen wurde in einem Forschungsprojekt über das Kultur- und Stadtmarketing in Mittelstädten analysiert (vgl. Heinrichs et al. 1997). Insgesamt wurden zwölf Städte mit 20.000 bis 100.000 Einwohnern, vornehmlich aus Baden-Württemberg, in die Untersuchung einbezogen. Neben Sekundärdatenanalysen ging es insbesondere auch um die Befragung der Einwohner. Die Ausgangshypothese, dass kulturelle Potenziale geeignet sind, Attraktivität und Image sowie Lebens- und Standortqualität einer Mittelstadt zu prägen und zu sichern, konnte nachhaltig bestätigt werden (vgl. Heinrichs et al. 1997, S. 136). Attraktiv, auch nach außen, werden die Städte durch herausgehobene kulturelle Ereignisse, die Kultur-Events (vgl. Heinrichs et al. 1997, S. 121). Aber es müssen nicht nur die großen Kunstereignisse sein, die die Bürger zusammenschweißen und sich in ihrer kulturellen Heimat wohl fühlen lassen. Das Image ihrer Stadt sehen die Befragten in erster Linie durch Stadtfeste und generell die Stadtkultur mit den speziellen Sitten und Gebräuchen ihrer Bürger geprägt (vgl. Heinrichs et al. 1997, S. 138).

Die Auswirkungen kultureller Aktivitäten auf den städtischen Raum wurden weltweit untersucht (vgl. Baumol und Baumol 1997; Shanahan 1980; Williams et al. 1995). Der Einfluss der Kultur auf die Stadtentwicklung wird in einer amerikanischen Untersuchung sogar als so stark angenommen, dass für die bislang geläufige Frage, was denn die Wirtschaft für die Kunst tun könne, eine 180 Grad Kehrtwendung vorgeschlagen wurde. Man sollte besser umgekehrt fragen: Was kann die Kunst für die Wirtschaft tun? (vgl. Shanahan 1980, S. 295). Der Autor benennt drei Bereiche, in denen die Beziehung zwischen Kunst und städtischer Entwicklung offensichtlich wären. Der positive Einfluss der Kunstindustrie auf die Wirtschaftssituation zeige sich unter anderem darin, dass es sich um eine arbeitsplatzschaffende, umwelt- und ressourcenschonende Industrie handele. Durch das Aufwachsen in einer ästhetischen Umgebung würde die körperliche und geistige Entwicklung der Bewohner positiv geprägt und vorangebracht. Außerdem könnten die schönen Künste den Leitfaden für das emotionale und mentale Wohlbefinden liefern. Durch Ausbildung von Geschmack können die Konsumenten weniger materialistische Konsummuster schätzen lernen und damit zu mehr Lebensqualität gelangen (vgl. Shanahan 1980, S. 296 ff.).

3.4 Förderung und Bewahrung von Kultur

3.4.1 Die Motivation der Künstler

Warum fühlen sich Menschen zum Künstler berufen? Häufig wird ein explosiver Gestaltungswille festgestellt, der diese Menschen drängt, ein Werk zu schaffen, das nach Fertigstellung und Präsentation von der Öffentlichkeit als Kunstwerk betrachtet werden mag oder nicht. Kreativität steht in diesem Prozess für die dynamische Kraft, die eine künstlerische Schöpfung hervorbringt. Doch ebenso wie die Entstehung und Veränderung von Präferenzen über lange Jahre als außerökonomisches Problem betrachtet wurde, schien auch das Phänomen der Kreativität ohne Interesse für die wirtschaftswissenschaftliche Betrachtung zu sein. Es wurde anderen Disziplinen zugeordnet, wie der Psychologie, der Soziologie und den Kunstwissenschaften (vgl. Throsby 2001, S. 93). Doch lässt sich diese Auslagerungstaktik unter einer kulturökonomischen Perspektive, in der es um die Beziehungen zwischen den Wirtschaftswissenschaften und der Kultur geht, nicht länger aufrechterhalten. Unter diesem Blickwinkel ist es von zentraler Bedeutung, auch den Auslöser kulturellen Schaffens, nämlich den kreativen Prozess selbst, zu analysieren (vgl. Throsby 2001). Kreativität wird mit der Innovationskraft gleichgesetzt, die ausschlaggebend für die qualitative Beurteilung eines Künstlers sei. Diejenigen, die nur reproduzierten, würden als Imitatoren herabgestuft und teilweise nicht einmal mehr als Künstler bezeichnet (vgl. Frey 2003, S. 141).

Als Beleg für die Angemessenheit, den kreativen Prozess der kulturökonomischen Analyse zu unterwerfen, stellt Throsby das folgende Beziehungsmuster zwischen Wirtschaft, Kultur und Kreativität auf. Wenn es richtig sei, dass die kreativen Werke sowohl ökonomische als auch kulturelle Werte hervorbringen, dann kann erwartet werden, dass beide Faktoren, ökonomische wie kulturelle Einflussgrößen gleichermaßen, die Art und Weise beeinflussen, in der kreative Ideen gebildet und ausgeführt werden (vgl. Throsby 2001, S. 93 ff.). Doch warum sind Menschen kreativ, welche Theorien stecken hinter diesem Ansatz? Im 17. und 18. Jahrhundert wurde die Befähigung zu künstlerischem Schaffen und Gestalten in der Regel mit dem Begriff des Genies verknüpft. Das Kunstwerk versinnbildlichte ein Stück göttlicher Schöpfung, man ging davon aus, dass im Künstler unbewusste Kräfte tätig seien, die ihn zu seiner Leistung antrieben. Der göttliche Funke der Inspiration war wie ein Geschenk anzusehen, von dem niemand wusste, wer es wie und warum bekam. Diesem Bild entspricht das des rastlosen Künstlers, der fortwährend von innen heraus angetrieben wird und nichts anderes im Sinn hat, als seiner Kreativität Ausdruck zu verleihen (vgl. Throsby 2001, S. 94 ff.). Diesem nicht beeinflussbaren Zufallsprozess wird aber auch eine andere Konzeption künstlerischer Tätigkeit gegenübergestellt, die gerade nicht als unsystematisch und chaotisch, sondern als geordnet und überlegt dargestellt wird. In dieser Betrachtung ist künstlerische Aktivität das Ergebnis rationaler Entscheidung, das heißt sie folgt einem Kosten-Nutzen-Vergleich und überlegtem Entscheidungskalkül (vgl. Throsby 2001, S. 95 ff.),

Die Analyse darüber, ob Kunst systematischen Kräften folgt oder das Ergebnis nicht kalkulierbarer Fügung ist, hat wichtige Konsequenzen für die Ansätze staatlicher Kulturförderung. Ist Kunst Schicksal? Das wäre der Fall, wenn die These unbestimmbarer Kräfte, die den Künstler wie in einem Schockerlebnis heimsuchen, die Oberhand gewinnt. Doch gibt es auch gegenteilige Auffassungen. Man könnte sie in die Frage stecken: Macht Geld kreativ? Die in dieser Plakativität sicherlich überspitzte Formulierung unterstellt in ihrem Kern, dass Anreize von außen geeignet sind, einen Kreativitätsschub auszulösen. Der Schweizer Ökonom Frey hat diese Argumentation einer kritischen Prüfung unterzogen (vgl. Frey 1999). Den komplexen Prozess, den die Intervention der öffentlichen Hand auf die künstlerische Kreativität nach sich ziehen kann, hat der Autor nach der institutionellen und der personellen Komponente differenziert (vgl. Frey 1999, S. 75 ff.). Beide bedingen unterschiedliche staatliche Maßnahmen, soll der kreative Prozess vorangetrieben und nicht behindert werden.

Institutionelle Kreativität resultiert aus den staatlich gesetzten Rahmenbedingungen. Diese können die schöpferische Kraft beflügeln, etwa durch das Preissystem generell oder mithilfe spezifischer Anreizsysteme wie beispielsweise dem Kulturgutschein. Dessen Einführung hatte, wie es an Pilotprojekten in New York gezeigt werden konnte, den Erfindungsgeist der beteiligten Kulturinstitutionen eindeutig angeregt (vgl. 2.4.2). Umgekehrt können fest zugesagte Subventionen, etwa auf dem Wege von Fehlbetragsdeckungen, die institutionelle Kreativität dezimieren. Erhält der Kulturanbieter Zuschüsse ohne Rückkoppelung zur Leistung, so macht dies das Leben angenehmer, aber es sorgt nicht für Kreativität, sondern für das Konservieren bestehender Strukturen (vgl. Frey 1999, S. 75).

3.4 Förderung und Bewahrung von Kultur

Persönliche Kreativität steht für die intrinsische Motivation, in einem gegebenen Rahmen künstlerisch innovativ zu sein. Dieses Konzept heißt aber nicht, dass Maßnahmen von außen, beispielsweise öffentliche Kunstförderung, ohne Einfluss auf die künstlerische Motivation wären. Sie können vielmehr in zwei Richtungen wirken, nämlich die persönliche Kreativität fördern oder untergraben. Aufgrund dieses zwiespältigen Ergebnisses schlussfolgert Frey, dass es für den Staat sicherer wäre, sich auf die Festlegung und Überwachung der Rahmenbedingungen für institutionelle Kreativität zu konzentrieren. Gleichzeitig sollte der Staat Anreize schaffen, die private Akteure zu Unterstützungsmaßnahmen anregen. Diese könnten eher auf die individuelle Situation des einzelnen Künstlers eingehen und seien daher besser geeignet, die innovative Kraft der Künstler zu stärken (vgl. Frey 1999, S. 80).

Zusammenfassend kann man feststellen, dass etliche Indizien dafür sprechen, dass auch der **Kunstanbieter dem Muster rationalen Handelns** folgt. Das heißt, er reagiert systematisch auf Anreize, die gegeben werden und versucht unter dem Strich, ein positives Nettoergebnis zu erlangen. Unter Rationalität wird verstanden, dass die im Kunstsektor handelnden Menschen danach streben, ihren Nutzen unter Beachtung von einschränkenden Nebenbedingungen zu maximieren (vgl. Frey und Busenhart 1997, S. 42). Dazu gehört die selbstverständliche Erkenntnis, dass Kunst auch eine wirtschaftliche Dimension hat, und dass Künstler ihre Werke verkaufen und daraus Einkommen erzielen wollen (vgl. Frey und Busenhart 1997, S. 41). Die Grundlegung künstlerischen Handelns als rationaler Ansatz ist jedoch nicht gleichbedeutend mit der Verengung auf monetäre Größen. Sie in den Vordergrund zu stellen wäre ebenso falsch wie deren vollständige Vernachlässigung. Der künstlerische Impuls, der zur Selbstverwirklichung durch kreatives Schaffen treibt, bleibt einer der wichtigsten Faktoren in der Kosten-Nutzen-Bilanz.

3.4.2 Der soziale Wert von Kultur

3.4.2.1 Kulturerbe

Das Bewahren, Erhalten und Pflegen des Kulturerbes wird traditionell als öffentliche Aufgabe verstanden. Das gilt im Grundsatz. Strittig bleibt, was und wie viel im konkreten Fall unternommen werden soll. Basis der öffentlichen Aktivitäten ist der Wunsch nach Fortbestand des Kulturgutes bzw. der Kultureinrichtung, der

Erhaltung deren gegenwärtigen Zustands sowie der Verhinderung von Abbau und Verschlechterung (vgl. Frey 1997, S. 31).

Wie schon im ersten Kapitel ausgeführt, ist der Erhaltungswert per se ein gesellschaftlich angestrebtes Ziel mit nicht-ausschließbarem sozialem Nutzen. Auch diejenigen, die ein Denkmal oder eine historische Staatsoper nicht besuchen wollen oder sich nicht einmal dafür interessieren, profitieren von der Substanzerhaltung an sich. Dahinter steht z. B. der Nutzen, in einer angesehenen Kulturgesellschaft zu leben oder sich und den Kindern die Option einer zukünftigen Nutzung offen halten zu können. Auch in der neueren ökonomischen Diskussion, insbesondere der Umweltökonomik, findet diese Idee mit dem Konzept der Nachhaltigkeit sein Pendant (vgl. Hutter 1997, S. 5). Aus einem Bestreben nach Fairness und Intergenerationengerechtigkeit, aber auch mit dem Ziel der Erhaltung effizienter Strukturen geht es darum, der nachfolgenden Generation dieselben Chancen zu belassen wie sie in der Gegenwart vorhanden sind.

Doch kann dieses Ziel nicht erreicht werden, ohne dass Ressourcen eingesetzt werden. Diese wiederum gehen, wie im Opportunitätskostenprinzip zu Beginn des ersten Kapitels schon dargelegt, anderen Verwendungsrichtungen verloren. Aus diesem Grunde muss das Ausmaß, in dem das Kulturerbe bewahrt werden soll, nach Art, Umfang und Intensität im Vergleich zwischen Alternativen abgewogen und bestimmt werden. Dazu bedarf es der Beantwortung grundlegender Untersuchungsfragen wie:

- Was gehört zum Kulturerbe?
- Wer hat Interesse am kulturellen Erbe?
- Wie hoch ist die Bereitschaft, für den Erhalt des Kulturgutes zu zahlen?

Im allgemeinen Sprachgebrauch und auch in vielen wissenschaftlichen Untersuchungen werden unter Kulturerbe die sogenannten tangiblen Kulturgüter verstanden, das sind historische Stadtansichten, Gebäude, Denkmäler und Gemälde. Doch sind mit diesen materiellen Objekten gleichzeitig auch intangible kulturelle Werte verbunden, die in gesellschaftlicher Übereinstimmung beispielsweise ein altes Gebäude zu einem Bestandteil des Kulturerbes werden lassen (vgl. Hutter 1997, S. 4). Klamer verwendet als Beispiel die holländischen Windmühlen, die für den einen ein schnell zu beseitigendes Fortschrittshindernis darstellen mögen, für den anderen dagegen ein Zeugnis holländischer Kultur, das unter allen Umständen erhalten werden muss. Ob die Windmühlen nun tatsächlich zum erhaltenswerten Kulturerbe erklärt werden, hängt davon ab, welche dominanten Werte die Bevölkerung in Übereinstimmung teilt, das heißt von ihrer gemeinsamen Kultur (vgl. Klamer 1997, S. 74 f.).

3.4 Förderung und Bewahrung von Kultur

Denkmalforscher konstatieren ein zunehmendes Interesse der globalisierten Gesellschaft am kulturellen Erbe (vgl. Bacher 1997, S. 8). Diese Entwicklung erscheint auch plausibel. Zum einen werden bei zunehmender weltweiter Vernetzung immer mehr Menschen das Weltkulturerbe als ihr eigenes Erbe ansehen, und sie werden reisen wollen, um es zu besichtigen (vgl. Cameron 1997, S. 24). Zum anderen stärkt die Internationalisierung der Beziehungen auch den Gegenpol, die Verankerung vor Ort und die Rückbesinnung auf die eigenen kulturellen Wurzeln. Doch wie bei vielen anderen Kulturgütern auch stehen sich beim Kulturerbe das Publikumsinteresse und das Forschungsinteresse gegenüber, und dies nicht nur im harmonischen Einvernehmen. Der latente Konflikt zwischen beiden Interessensphären wird beispielsweise an den gewünschten Konditionen öffentlicher Darbietung deutlich. Während das Publikum einen möglichst offenen Zugang möchte, plädiert die Forschung eher für Zurückhaltung. So wird als notwendige Strategie der Denkmalpflege die Erhaltung und Bewahrung durch Beschränkung gefordert. Diese Strategie sei notwendig, um das kulturelle Erbe vor der nivellierenden Oberflächlichkeit einer Tourismusindustrie und Sightseeing-Gesellschaft zu schützen (vgl. Bacher 1997, S. 8). Diese restriktive Haltung ist insoweit verständlich, als sich dem Forscher ein reiches Potenzial aus dem kulturellen Erbe erschließt. Neben dem geistig-kulturellen Kapital handelt es sich auch um nutzbar zu machendes technologisches Kapital: Beispielsweise müsse man sich fragen, weshalb Monumente über Jahrhunderte hinweg unversehrt geblieben seien und diesen handwerklich-gewerblichen Erfahrungsschatz für die Projekte der Gegenwart ergründen (vgl. Bacher 1997, S. 9).

3.4.2.2 Zahlungsbereitschaft

In Einklang mit dem Primat individueller Entscheidungen, verkörpert im Ansatz des methodologischen Individualismus und der Konsumentensouveränität, kann eine Antwort auf die monetäre Wertschätzung des Kulturerbes nur durch die Mitglieder der Kulturgesellschaft selbst beantwortet werden. Hierzu wurden verschiedene Verfahren entwickelt, die die latente Zahlungsbereitschaft in der Bevölkerung messen, die sogenannte *willingness-to-pay*, abgekürzt als WTP (vgl. Frey 1997, S. 32; Tohmo 2004, S. 230).

Die grundlegende Idee dieses Verfahrens ist einfach. Die Befragten müssen sich in die Situation hineindenken, die gegeben wäre, wenn das für den Erhalt zur Diskussion stehende Denkmal, das Gebäude, der Straßenzug, nicht mehr vorhanden wäre. In anderen Worten: Wie viel individuellen Nutzen bietet der Erhalt des Kulturobjektes, wie viel negativer Nutzen bzw. Schaden würde mit dessen Verfall oder Zerstörung aus Sicht des Einzelnen verbunden. Vor diesem Hintergrund gilt es zu ermitteln, wie viel es den Betreffenden wert wäre, ein bestimmtes Kulturgut zu erhalten, wie viel Geld sie für dessen Bewahrung und Pflege ausgeben würden.

▶ Durch Ermittlung der **Zahlungsbereitschaft** für nicht marktfähige, öffentliche Güter wie für das Kulturerbe oder für den Erhalt bestimmter Kulturinstitutionen soll die Wertschätzung der Bevölkerung offen gelegt werden und als Beleg für den Einsatz öffentlicher Mittel dienen können.

Es gibt verschiedene direkte und indirekte Möglichkeiten, die individuelle Zahlungswilligkeit abzuleiten und zu einem Gesamtbild der Bevölkerung zu verdichten. Die häufig präferierte Befragungstechnik ist die der *contingent valuation* (CV) (vgl. Throsby 2003). Mit ihrer Hilfe soll der empfundene Wert von Kultur in der Bevölkerung ermittelt werden (vgl. Bedate et al. 2004; Snowball 2008; Plaza 2010; Chang und Mahadevan 2014). Es geht um eine Befragung in der beschriebenen hypothetischen Situation, *contingent* steht für die Möglichkeit, das: „Was wäre, wenn" und bezieht sich auf den in der Studie konstruierten oder simulierten Markt (vgl. Frey 1997, S. 32). Es handelt sich um eine Methode zur Schätzung des Wertes, den Individuen nicht vermarktbaren Gütern bzw. deren nicht durch den Marktmechanismus enthüllten Eigenschaften zumessen (vgl. Cuccia 2003, S. 199). Bei den Befragungen werden in der Regel sehr bewusst nicht nur die tatsächlichen Nutzer der fraglichen Kultureinrichtungen erfasst, sondern auch die Nichtnutzer und Nichtbesucher, die aber dennoch, in Folge des dargestellten überdauernden sozialen Nutzens, ein Interesse am Erhalt des Kulturgutes haben können.

So wurde bei einer viel zitierten australischen Untersuchung aus dem Jahr 1982 ein Querschnitt aus der Bevölkerung, insgesamt 827 Personen, in persönlichen Interviews über die individuelle Wertschätzung des gesamten Kulturangebots ihres Landes befragt (vgl. Throsby und Withers 1983, S. 183). Bei der Konzeption des Fragebogens wurde bewusst darauf geachtet, dass die Befragten nicht nur vorgegebene Antwortmöglichkeiten ankreuzen mussten, sondern auch freie Meinungsäußerungen möglich waren. Außerdem wurden positive und negative Nutzenkonsequenzen abgefragt, sodass die Interviewten nicht den Eindruck bekommen konnten, sie sollten in eine gewünschte Richtung antworten. Zusätzlich wurden Kontrollfragen eingebaut, beispielsweise durch alternative Formulierungen der Zahlungsbereitschaft (vgl. Throsby und Withers 1983, S. 181 f.). Die Ergebnisse der australischen Studie zeigen, dass die gesamtgesellschaftlichen Werte des Kulturangebots von der Bevölkerung gesehen werden und es auch eine Bereitschaft gibt, diese zu honorieren. Die Individuen sind offenbar in der Lage, die öffentliche Güter-Komponenten der Kunst anerkennen. So stimmen zwar 3 Prozent der Befragten in starkem Maße und 31,9 Prozent generell damit überein, dass Kunst nur den Nutzern bzw. Teilnehmern einen Nutzen schafft. Das heißt aber im Umkehrschluss, dass fast zwei Drittel der Befragten die Meinung vertreten, dass

3.4 Förderung und Bewahrung von Kultur

Kunst auch dem einen Nutzen verschafft, der kein direkter Teilnehmer ist. Der Frage nach dem Existenzwert: „Kunst darf nicht aussterben", stimmen sogar 53,9 Prozent stark, 43 Prozent generell zu, das ist in der Summe ein zustimmender Anteil der Bevölkerung von 96,9 Prozent. Der Prestigewert: „Der Erfolg australischer Maler, Sänger, Schauspieler etc. vermittelt den Bürgern ein Gefühl des Stolzes auf die Leistungen Australiens" wird von 94,8 Prozent, der Bildungswert: „Es ist für Schüler wichtig, Musik, Malerei, Schauspiel usw. als Teil ihrer Ausbildung zu erfahren" von 96,5 Prozent der Befragten bejaht (vgl. Throsby und Withers 1983, S. 184).

Entscheidend für die Wertschätzung und die Zahlungsbereitschaft, die einem Kulturgut entgegengebracht wird, ist die Intensität des empfundenen Nutzens. Dahinter muss nicht in jedem Fall eine große Zahl von Menschen mit derselben Leidenschaft stehen. Es genügt auch, wenn nur wenige Personen so viel Vorteile empfinden, dass sie die zur Bereitstellung notwendigen Mittel aufbringen (Frey 2001, S. 227). In einer 1993 durchgeführten telefonischen Befragung von 1.843 Dänen wurde die aggregierte Zahlungsbereitschaft für das Königliche Theater in Kopenhagen ermittelt (vgl. Bille Hansen 1997). Im Durchschnitt wollen die Dänen mindestens so viel aus eigenem Antrieb zahlen, wie das Theater tatsächlich an öffentlichen Mitteln erhält. Da die Zufallsstichprobe aus der gesamten dänischen Bevölkerung gezogen wurde enthält sie auch einen hohen Anteil an Befragten, die das Königliche Theater noch nie besucht hat. Die Ergebnisse zeigen daher, dass die Option eines zukünftigen Besuches von Wert für jeden Einzelnen ist und die Bereitschaft nach sich zieht, einen Optionspreis zu zahlen. Aber auch die übrigen sozialen Nutzenkomponenten werden gesehen und geschätzt, etwa der Bildungs- und Prestigewert (vgl. Bille Hansen 1997, S. 22).

Diese eindeutige Tendenz wird auch in neueren Untersuchungen bestätigt. Befragungen in der Schweiz haben ergeben, dass die Finanzierung des Opernhauses in Zürich von einer überwiegenden Mehrheit der Bevölkerung getragen wird, obwohl etwa nur 5 Prozent der Befragten jemals eine Oper besuchen würden. Die Unterstützung der vielen Nichtnutzer kann den verschiedenen *nonuser benefits* zugeschrieben werden (vgl. Frey 2001, S. 227; Anderson und Armbrecht 2014).

Besucher und Nicht-Besucher der zum UNESCO Weltkulturerbe gehörenden historischen Tempelanlage „My Son" in Vietnam wurden gefragt, in welchem Umfang sie bereit seien, einen individuellen Beitrag zum Erhalt der historischen Stätte zu zahlen (vgl. Tuan und Navrud 2008). Die Tempelstadt hat massiven touristischen Zulauf, im Jahr 2005 wurden 116.988 Besucher gezählt (vgl. Tuan und Navrud 2008, S. 334). Vor diesem Hintergrund sind Befürchtungen vor Beeinträchtigungen durch zu viele Personen vor Ort nachvollziehbar, zusätzliches Geld wird zur Erhaltung der Stätte und zur Behebung entstehender Schäden gebraucht. Bei insgesamt 967 Personen aus dem In- und Ausland wurde unter anderem die Mehrzahlungsbereitschaft anhand vorgegebener Werte zwischen 1 Dollar und 15 Dollar in persönlichen Interviews im Sommer 2005 erfragt und mit demonstrierten Instandsetzungsplanungen begründet (vgl. Tuan und Navrud 2008, S. 328f). Ausländische Besucher von My Son haben eine mehr als dreifach höhere Mehrzahlungsbereitschaft als vietnamesische Besucher (8,76 Dollar zu 2,27 Dollar) (vgl. Tuan und Navrud 2008, S. 333). Dieser Unterschied ist zum einen erklärlich durch das höhere externe Einkommensniveau, er resultiert aber auch aus der fast unelastischen Preisreagibilität fremder Besucher: Wer einmal vor Ort ist, wird sich auch durch hohe Preise nicht abschrecken lassen. Interessant ist, dass auch in dieser Untersuchung die Mehrzahlungsbereitschaft der lokalen Nichtbesucher mit 2,17 Dollar nur wenig unter derjenigen der Besucher liegt (vgl. Tuan und Navrud 2008). Offenbar sind die positiven Ausstrahlungseffekte der kulturellen Anlage groß genug, um auch die Zahlungswilligkeit bei den Nichtnutzern zu heben.

Literatur

Andersson, Tommy D. und Armbrecht, John (2014). Use-value of music event experiences: A „triple ex" model explaining direct and indirect use-value of events. Scandinavian Journal of Hospitality and Tourism, 14(3), 255–274.

Arbeitskreis Kunst und Kultur des Bundesverbandes Deutscher Stiftungen (2014). Schweriner Erklärung vom 20./21. Januar 2014. Als Online-Dokument veröffentlicht, abgerufen am 23.03.2015. unter http://www.stiftungen.org/fileadmin/bvds/de/Termine_und_Vernetzung/Arbeitskreise/AK_Kunst_und_Kultur/Schwerin_2014/AK_Kunst_und_Kultur_Schweriner_Erklaerung_Februar2014.pdf.

Bacher, Ernst (1997). Anmerkungen zu einer Denkmalpflege in einer globalisierten Welt. In: W. Kippes (Hrsg). Erhaltung des kulturellen Erbes und Zugang zum kulturellen Erbe in einer globalisierten Gesellschaft. Wissenschaftliche Reihe Schönbrunn, Band 4. Wien: Schloss Schönbrunn. S. 8–9.

Bagusat, Ariane (2012). Sponsoring Trends 2012. Eine Onlinebefragung der umsatzstärksten Unternehmen in Deutschland. Als online-Dokument veröffentlicht, abgerufen am 16.03.2015 unter http://www.ostfalia.de/export/sites/default/de/ispm/Blickpunkt_Sportmanagement/Sponsoring_Trends_2012.pdf.

Baumol, Hilda und Baumol, William J. (1997). The impact of the Broadway theatre on the economy of New York City. In: T. Towse (Hrsg.). Baumol's cost disease. The arts and other victims. Cheltenham, UK: Elgar. S. 338–363.

Bedate, Ana, Herrero, Luis C. und Sanz, José A. (2004). Economic valuation of the cultural heritage: Application to four case studies in Spain. Journal of Cultural Heritage, 5(1), 101–111.

Literatur

Benkert, Wolfgang (1989). Zur Kritik von Umwegrentabilitätsrechnungen im Kulturbereich. In: V. Behr, F. Gnad und K. R. Kunzmann (Hrsg.). Kultur, Wirtschaft, Stadtentwicklung. Dortmunder Beiträge zur Raumplanung, Band 51. Dortmund: Institut für Raumplanung. S. 29–36.

Bennett, Lucy, Chin, Bertha und Jones, Bethan (2015). Crowdfunding: A new media & society special issue. New Media & Society, 17(2), 141–148.

Berliner Morgenpost (2007). Semperoper ist wichtig für die Wirtschaft. Als Online-Dokument veröffentlicht, am 24.03.2015 abgerufen unter http://www.abendblatt.de/kultur-live/article107234628/Semperoper-ist-grosser-Wirtschaftsfaktor.html.

Bille Hansen, Trine (1997). The willingness-to-pay for the Royal Theatre in Copenhagen as a public good. Journal of Cultural Economics, 21(4), 1–28.

Bönsel, Matthias und Donsbach, Wolfgang (2007). Zusammenfassung der Studie zur Bedeutung der Semperoper für die Wirtschaft in Dresden sowie der Region. Als Online-Dokument veröffentlicht, abgerufen am 24.03.2015 unter http://www.miz.org/dokumente/studie_dresden.pdf.

Booth, Paul (2015). Crowdfunding: A spimatic application of digital fandom. New Media & Society, 17(2), 149–166.

Brück, Tillmann und Schuhmacher, Dieter (2004). Die wirtschaftlichen Folgen des internationalen Terrorismus. Bundeszentrale für politische Aufklärung (Hrsg.). Aus Politik und Zeitgeschichte. Als Online-Dokument veröffentlicht, abgerufen am 10.04.2015 unter http://www.bpb.de/apuz/28562/die-wirtschaftlichen-folgen-des-internationalen-terrorismus?p=all.

Bruhn, Manfred (1989). Unternehmenskommunikation und Kulturförderung. In: M. Bruhn und D. H. Dahlhoff (Hrsg.). Kulturförderung – Kultursponsoring. Wiesbaden: Gabler. S. 15–33.

Bundesministerium der Finanzen (BMF) (2013). Die Steuereinnahmen von Bund, Ländern und Gemeinden im Haushaltsjahr 2012. Monatsbericht vom 22.07.3013. Als Online-Dokument veröffentlicht abgerufen am 10.04.2015 unter https://www.bundesfinanzministerium.de/Content/DE/Monatsberichte/2013/07/Inhalte/Kapitel-3-Analysen/3-2-steuereinnahmen-von-bund-laendern-gemeinden-haushaltsjahr-2012.html#doc300880bodyText3.

Bundesministerium für Wirtschaft und Energie (BMWi) (Hrsg.) (2014). Monitoring zu ausgewählten wirtschaftlichen Eckdaten der Kultur- und Kreativwirtschaft 2012. Langfassung. Als Online-Dokument veröffentlicht, abgerufen am 14.09.2014 unter http://www.kultur-kreativ-wirtschaft.de/KuK/Redaktion/PDF/monitoring-wirtschaftliche-eckdaten-kuk-2012-langfassung,property=pdf,bereich=kuk,sprache =de,rwb=true.pdf.

Cameron, Andrew (1997). Zugang zum kulturellen Erbe – einige Grundsätze. In: W. Kippes (Hrsg). Erhaltung des kulturellen Erbes und Zugang zum kulturellen Erbe in einer globalisierten Gesellschaft. Wissenschaftliche Reihe Schönbrunn, Band 4. Wien: Schloss Schönbrunn. S. 21–30.

Chang, Sharon and Mahadevan, Renuka (2014). Fad, fetish or fixture: contingent valuation of performing and visual arts festivals in Singapore. International Journal of Cultural Policy, 20(3), 318–340.

Crowdfunding Informationsportal (2015). Als Online-Dokument veröffentlicht, abgerufen am 23.03.2015 unter http://www.crowdfunding.de/plattformen/.

Cuccia, Tiziana (2003). Contingent valuation. In: R. Towse (Hrsg.). A handbook of cultural economics. Cheltenham, UK: Elgar. S. 119–131.

Davidson, Roei und Poor, Nathaniel (2015). The barriers facing artists' use of crowdfunding platforms: Personality, emotional labor, and going to the well one too many times. New Media & Society, 17(2), 289–307.

Deci, Edward L. (1971). Effects of externally mediated rewards on intrinsic motivation. Journal of Personality and Social Psychology, 18(1), 105–115.

Deci, Edward L. und Ryan, Richard M. (1985). Intrinsic motivation and selfdetermination in human behavior. New York: Plenum Press.

Deutscher Spendenrat (2013). Anteil verschiedener Zwecke am gesamten privaten Geldspendevolumen in Deutschland. Als Online-Dokument veröffentlicht, abgerufen am 18.03.2015 unter http://de.statista.com/statistik/daten/studie/181996/umfrage/spendenzwecke-in-deutschland/.

Frank, Björn, Geppert, Kurt und Versper, Dieter (2002). Kultur als Wirtschaftsfaktor in Berlin. Kurzfassung. Berlin: DIW. Als Online-Dokument veröffentlicht, abgerufen am 25.03.2015 unter http://www.diw.de/sixcms/detail.php/38792.

Frey, Bruno S. (1997). The evaluation of cultural heritage: Some critical issues. In: M. Hutter und I. Rizzo (Hrsg.). Economic perspectives on cultural heritage. Houndsmill, GB: Mac Millan Press Ltd. S. 31–49.

Frey, Bruno S. (1999). State support and creativity in the arts: Some new considerations. Journal of Cultural Economics, 23(1/2), 71–85.

Frey, Bruno S. (2001). What is the economic approach to aesthetics? In: N. S. Baer und F. Snickars (Hrsg.). Rational decision-making in the preservation of cultural property. Berlin: Dahlem University Press. S. 225–234.

Frey, Bruno S. (2003). Arts and economics. Analysis and cultural policy. Second Edition. Berlin: Springer.

Frey, Bruno S. und Busenhart, Isabelle (1997). Kunst aus der Sicht rationalen Handelns. In: J. Gerhards (Hrsg.). Soziologie der Kunst: Produzenten, Vermittler und Rezipienten. Opladen: Westdeutscher Verlag. S. 41–53.

Frey, Bruno S. und Jegen, Reto (2001). Motivation crowding theory. Journal of Economic Surveys, 15(5), 589–611.

Gaubinger, Bernd (2011). Die wirtschaftliche Bedeutung der Salzburger Festspiele. Als Online-Doklument veröffentlicht, abgerufen am 13.03.2015 unter http://www.salzburgerfestspiele.at/Portals/0/D%20Studie%202011.pdf.

GfK (Hrsg.) (2014). Spendenvolumen im Jahr 2013 auf Rekordniveau. Pressemitteilung, als Onlin-Dokument veröffentlicht, abgerufen am 18.03.2015 unter http://www.gfk.com/de/documents/pressemitteilungen /2014/20140305_bilanz-des-helfens_dfin.pdf.

Görsch, Markus (2001). Komplementäre Kulturfinanzierung: Das Zusammenwirken von staatlichen und privaten Zuwendungen bei der Finanzierung von Kunst und Kultur. Berlin: dissertation.de.

Gordon, John C. und Beilby-Orrin, Helen (2006). International measurement oft the economic and social importance of culture. Statistics Directorate, Organisation for Economic Co-Operation and Development, Paris. Als Online-Dokument veröffentlicht, abgerufen am 17.09.2014 unter http://www.oecd.org/std/na/37257281.pdf.

Haibach, Marita (1998). Handbuch Fundraising: Spenden, Sponsoring, Stiftungen in der Praxis. Frankfurt/New York: Campus.

Hamburger Weltwirtschaftsinstitut (HWWI) und Berenberg Privatbank (Hrsg.) (2014). HWWI/Berenberg Kultur-Städteranking 2014. Die 30 größten Städte Deutschlands im

Vergleich. Als Online-Dokument veröffentlicht, abgerufen am 03.07.2014 unter http://www.berenberg.de/fileadmin/user_upload/berenberg2013/Publikationen/HWWI_Staedteranking/2014_Berenberg_HWWI_Kulturstaedteranking_final_20140623.pdf.

Heinrichs, Werner (1997). Kulturpolitik und Kulturfinanzierung: Strategien und Modelle für eine politische Neuorientierung der Kulturfinanzierung. München: Beck.

Heinrichs, Werner und Armin Klein (1996). Kulturmanagement von A–Z. Wegweiser für Kultur- und Medienberufe. München: Beck.

Heinrichs, Werner, Klein, Armin und Hellmig, Peter (1997). Kultur und Stadtmarketing in Mittelstädten. Teilergebnisse eines Forschungsprojekts der Wüstenrot-Stiftung. In: W. Heinrichs und A. Klein (Hrsg.). Deutsches Jahrbuch für Kulturmanagement. Baden-Baden: Nomos-Verlagsgesellschaft. S. 113–140.

Helmstädter, Ernst (1992). Die Wirkungen der Ausgaben für Kunst und Kultur auf den Wirtschaftskreislauf. In: C.-A. Andreae und C. Smekal (Hrsg.). Kunstförderung in den Alpenländern: Theorie und Praxis. Innsbruck: Universitätsverlag Wagner. S. 117–125.

Hemer, Joachim (2011). A snapshot on crowdfunding. Fraunhofer Institute for Systems and Innovation Research ISI Karsruhe. Als Online-Dokument veröffentlicht, abgerufen am 18.03.2015 unter http://www.isi.fraunhofer.de/isi-wAssets/docs/p/de/arbpap_unternehmen_region/ap_r2_2011.pdf.

Hummel, Marlies (1992). Kultur – Ein Standortfaktor in Problemregionen? IFOSchnelldienst, Band 30. S. 8–11.

Hummel, Marlies (2000). Die volkswirtschaftliche Bedeutung von Kunst, Kultur und Medien in der Bundesrepublik Deutschland. Gutachten im Auftrag des Bundesministeriums des Inneren. Kurzfassung. Ifo-Institut für Wirtschaftsforschung (Hrsg.)., Abteilung Strukturanalysen und Kulturökonomie, München.

Hummel, Marlies und Berger, Manfred (1988). Die volkswirtschaftliche Bedeutung von Kunst und Kultur. Schriftenreihe des Ifo-Instituts für Wirtschaftsforschung, Band 122. Berlin: Duncker & Humblot.

Hummel, Marlies und Berger, Manfred (1989). Die volkswirtschaftliche Bedeutung von Kunst und Kultur. In: V. Behr, F. Gnad und K. R. Kunzmann (Hrsg.). Kultur, Wirtschaft, Stadtentwicklung. Dortmunder Beiträge zur Raumplanung, Band 51. Dortmund: Institut für Raumplanung. S. 13–27.

Hummel, Marlies und Brodbeck, Karl-Heinz (1991). Längerfristige Wechselwirkungen zwischen kultureller und wirtschaftlicher Entwicklung. Schriftenreihe des Ifo-Instituts für Wirtschaftsforschung, Band 128. Berlin: Duncker & Humblot.

Hummel, Marlies und Waldkirchner, Cornelia (1992). Wirtschaftliche Entwicklungstrends von Kunst und Kultur. Schriftenreihe des Ifo-Instituts für Wirtschaftsforschung, Band 132. Berlin: Duncker & Humblot.

Hutter, Michael (1997). Economic perspectives on cultural heritage: An introduction. In: M. Hutter und I. Rizzo (Hrsg.). Economic perspectives on cultural heritage. Houndsmill, GB: Mac Millan Press Ltd. S. 3–10.

Ifo Institut (Hrsg.) (2012). Die Messe Frankfurt als Wirtschaftsmotor für Stadt und Region: Ergebnisse einer Untersuchung des ifo Instituts zum Thema Umwegrentabilität. Als Online-Dokument veröffentlicht. abgerufen am 13.03.2015 unter http://www.messe-frankfurt.com/content/dam/corporate/messe/publikationen/MF-broschuere-umwegrentabilitaet-2012.pdf.

Indiegogo (2015). Als Online-Dokument veröffentlicht, abgerufen am 23.03.2015 unter https://www.indiegogo.com/.
Kim, Mirae und Van Ryzin, Gregg G. (2014). Impact of government funding on donations to arts organizations: A survey experiment. Nonprofit and Voluntary Sector Quarterly, 43(5), 910–925.
Klamer, Arjo (1997). The value of cultural heritage. In: M. Hutter und I. Rizzo (Hrsg.). Economic perspectives on cultural heritage. Houndsmill, GB: Mac Millan Press Ltd. S. 74–87.
Kössner, Brigitte (1996). Kunstsponsoring. Ein neues Marketing- und Kommunikationsinstrument. In: H. Zollinger (Hrsg.). Wieviel Kultur braucht der Mensch? Zürich: Schulthess Poligraphischer Verlag. S. 55–74.
Kulturfinanzbericht (2003). Statistische Ämter des Bundes und der Länder (Hrsg.) Als Online-Dokument veröffentlicht, abgerufen am 21.05.2014 unter http://www.miz.org/dokumente/Kulturfinanzbericht_2003.pdf.
Kulturfinanzbericht (2006). Statistische Ämter des Bundes und der Länder (Hrsg.) Als Online-Dokument veröffentlicht, abgerufen am 21.05.2014 unter https://www.destatis. de/GPStatistik/servlets/MCRFileNodeServlet/DEHeft_derivate_00003632/B509_200651.pdf;jsessionid=4CBE66E7E03A157268004CF39269703B
Kulturfinanzbericht (2008). Statistische Ämter des Bundes und der Länder (Hrsg.) Als Online-Dokument veröffentlicht, abgerufen am 21.05.2014 unter http://www.miz.org/dokumente/MF_020_Statistisches_Bundesamt_Kulturfinanzbericht_2008.pdf.
Kulturfinanzbericht (2010). Statistische Ämter des Bundes und der Länder (Hrsg.) Als Online-Dokument veröffentlicht, abgerufen am 21.05.2014 unter https://www.destatis. de/DE/Publikationen/Thematisch/BildungForschungKultur/Kultur/Kulturfinanzbericht1023002109004.pdf?__blob=publicationFile.
Kulturfinanzbericht (2012). Statistische Ämter des Bundes und der Länder (Hrsg.) Als Online-Dokument veröffentlicht, abgerufen am 21.05.2014 unter https://www.destatis. de/DE/Publikationen/Thematisch/BildungForschungKultur/Kultur/Kulturfinanzbericht 1023002129004.pdf;jsessionid=8C2277E6F6BA053B2351A61E9E825E8B. cae1?__blob=publicationFile.
Kulturkreis der deutschen Wirtschaft (2010). Unternehmerische Kulturförderung in Deutschland. Als PDF online veröffentlicht,abgerufen am 31.10.2014 unter http://www.miz.org/dokumente/studie_unternehmerische_kulturfoerderung.pdf
Kulturkreis der deutschen Wirtschaft (2015). Kulturfinanzierung in Deutschland. Als Online-Dokument veröffentlicht, abgerufen am 15.03.2015 unter http://www.kulturkreis.eu/index.php?option=com_content&task=blogcategory&id=44&Itemid=177.
Lehner, Dirk H. (1996). Kultursponsoring. Unveröffentlichte Seminararbeit am Lehrstuhl für Konsumtheorie und Verbraucherpolitik. Stuttgart: Universität Hohenheim.
Müller, Stefan, Martin, Uta und Böse, Falk (1997). Kultur als Wirtschaftsfaktor. Das Beispiel Dresden. In: U. Blum, S. Müller und M. Th. Vogt (Hrsg.). Kultur und Wirtschaft in Dresden. Leipzig: Leipziger Universitätsverlag. S. 53–197.
Nagel, Sylvia (2003). Neue Wege der Kulturfinanzierung – private Spendenmodelle als Alternative zu öffentlicher Kulturförderung? Unveröffentlichte Diplomarbeit am Institut für Haushalts- und Konsumökonomik der Universität Hohenheim. Stuttgart: Universität Hohenheim.

Literatur

Pommerehne, Werner W. und Frey, Bruno S. (1993). Musen und Märkte. Ansätze zu einer Ökonomik der Kunst. München: Vahlen.
Plaza, Beatriz (2010). Valuing museums as economic engines: Willingness to pay or discounting cash-flows? Journal of Cultural Heritage, 11(2), 155–162.
Roth, Peter (1994). Theorie. In: C. Graf Douglas (Hrsg.). Corporate collecting and corporate sponsoring. Regensburg: Lindinger & Schmid. S. 35–52.
Schmidjell, Richard und Gaubinger, Bernd (1980). Quantifizierung der externen Effekte des Kunstsektors am Beispiel der Salzburger Festspiele. Wirtschaftspolitische Blätter, Heft 27. S. 89–97.
Schwaiger, Manfred (2001). Messung der Wirkung von Sponsoringaktivitäten im Kulturbereich. Heft 3/2001 des Instituts für Organisation der Ludwig-Maximilians-Universität München. Als Online-Dokument veröffentlicht, abgerufen am 16.03.2015 unter http://www.imm.bwl.uni-muenchen.de/forschung/schriftenefo/ap_efoplan_03.pdf.
Schwaiger, Manfred (2006). Die Wirkung des Kultursponsorings auf die Unternehmensreputation der Sponsoren. Heft 1/2006 des Instituts für Organisation der Ludwig-Maximilians-Universität München. Als Online-Dokument veröffentlicht, abgerufen am 16.03.2015 unter http://www.imm.bwl.uni-muenchen.de/schriftenimm/ap_imm_01.pdf.
Scott, Suzanne (2015). The moral economy of crowdfunding and the transformative capacity of fan-ancing. New Media & Society, 17(2), 167–182.
Seaman, Bruce A. (2003). Economic impacts of the arts. In: R. Towse (Ed.). A handbook of cultural economics. Cheltenham, UK: Elgar. S. 224–231.
Shanahan, James L. (1980). The arts and urban development. In: W. S. Hendon und J. L. Shanahan (Hrsg.). Economic policy for the arts. Cambridge, Mass.: Abt Books. S. 295–307.
Sigloch, Tabea (2010). Der Stellenwert von Kunst- und Kulturstiftungen in der Kulturökonomik. Theoretische Analyse und empirische Untersuchungen. Unveröffentlichte Diplomarbeit am Institut für Haushalts- und Konsumökonomik der Universität Hohenheim. Stuttgart: Universität Hohenheim.
Smith, Thomas M. (2007).The impact of government funding on private contributions to non-profit performing arts organizations. Annals of Public and Cooperative Economics, 78(1), 137–160.
Smith, Anthony N. (2015). The backer-developer connection: Exproring crowdfunding's influence on video game production. New Media & Society, 17(2), 196–214.
Snowball, Jeanette D. (2008). Measuring the value of culture. Methods and examples in cultural economics. Berlin: Springer.
Söndermann, Michael, Backes, Christoph und Arndt, Olaf (2009). Gesamtwirtschaftliche Perspektiven der Kultur- und Kreativwirtschaft in Deutschland. Kurzfassung eines Forschungsgutachtens im Auftrag des Bundesministeriums für Wirtschaft und Technologie. Forschungsbericht Nr. 577. Als Online-Dokument veröffentlicht, abgerufen am 12.09.2014 unter https://www.kultur-kreativ-wirtschaft.de/Dateien/KuK/PDF/doku-577-gesamtwirtschaftliche-perspektiven-kultur-und-kreativwirtschaft-kurzfassung,property=pdf,bereich=kuk,sprache=de,rwb=true.pdf.
Staatsgalerie Stuttgart (2015). Schlemmers „Familie" muss in Stuttgart bleiben: Helfen Sie mit Ihrer Spende! Als Online-Dokument veröffentlicht, abgerufen am 06.05.2015 unter https://shop.staatsgalerie.de/spendenaufruf.

Throsby, David (2001). Economics and culture. Daraus insbesondere Kap. 6. The economics of creativity, S. 93–109. Cambridge: Cambridge University Press.
Throsby, David (2003). Determining the value of cultural goods. How much (or how little) does contingent valuation tell us? Journal of Cultural Economics, 27(3/4), 275–285.
Throsby, C. David und Withers, Glenn A. (1983). Measuring the demand for the art as a public good: Theory and empirical results. In: W. S. Hendon und J. L. Shanahan (Hrsg.). Economics of cultural decisions. Cambridge, Mass.: Abt. S. 177–191.
Toepler, Stefan (1991). Kulturfinanzierung: Ein Vergleich USA – Deutschland. Wiesbaden: Gabler.
TNS Infratest (Hrsg.) (2011). 17 Jahre deutscher Spendenmonitor. Fakten und Trends im Zeitverlauf. Als Online-Dokument veröffentlicht, abgerufen am 18.03.2015 unter http://www.tns-infratest.com/presse/pdf/Presse/TNS_Infratest_Deutscher_ Spendenmonitor_2011.pdf.
Tohmo, Timo (2004). Economic value of a local museum factors of willingness-to-pay. The Journal of Socio-Economics, 33(2), 229–240.
Tuan, Tran Huu und Navrud, Stale (2008). Capturing the benefits of preserving cultural heritage. Journal of Cultural Heritage, 9(3), 326–337.
UNESCO (2009). The 2009 UNESCO Framework for Cultural Statistics (FCS). Montral, Quebec, Canada: UNESCO Institute for Statistics. Als Online-Dokument veröffentlicht, abgerufen am 07.05.2014 unter http://www.uis.unesco.org/Library/Documents/framework-cultural-statistics-culture-2009-en.pdf.
Urselmann, Michael und Schwabbacher, Wolfram (2013). Deutscher Spendenmarkt wächst auf Rekordergebnis. Fundraiser-Magazin vom 09.12.2014. Als Online-Dokument veröffentlicht. abgerufen am 18.03.2015 unter http://www.fundraiser-magazin.de/index.php/ szene-news-archiv/deutscher-spendenmarkt-waechst-auf-rekordergebnis-699.html.
Vanhaverbeke, Wim (1992). How students evaluate business sponsorship to the arts in Flanders. Journal of Cultural Economics, 16(1), 53–66.
Williams, Allan, Shore, Gareth und Huber, Martin (1995). The arts and economic development: Regional and urban–rural contrasts in UK local authority policies for the arts. Regional Studies, 29(1), 73–100.
Wink, Rüdiger, Kirchner, Laura, Koch, Florian und Speda, Daniel (2014). Studie zur Umwegrentabilität der kulturellen Eigenbetriebe der Stadt Leipzig. Kurzfassung. Als Online-Dokument veröffentlicht, abgerufen am 13.03.2015 unter http://www.miz.org/ dokumente/2014_HTWK_Studie_Umwegrentabilitaet_Kurzfassung.pdf.

Ökonomische Analyse der Kulturnachfrage 4

Zusammenfassung

Der Kulturkonsument tritt als Rezipient oder Sammler in Erscheinung. Bei der immateriellen Bedürfnisbefriedigung durch Kunst geht es um Emotionen, Neugierde und soziales Miteinander, und in der höchsten Stufe um Selbstverwirklichung. Die Modelle der Konsumentscheidung zeigen, dass unter dem Strich, ob bewusst oder unbewusst, ein Nettowert angestrebt wird, bei dem die erwarteten Vorteile die befürchteten Nachteile übersteigen und das soziale Umfeld mit der eigenen Entscheidung konform geht. Externe oder interne Barrieren können sich dem beabsichtigten Handeln allerdings noch in den Weg stellen. Neben den individuellen Bedürfnissen werden auch soziale Werte des Kunstkonsums wie etwa die Erhaltung von Kulturgütern für nachkommende Generationen angestrebt und durch Bereitschaft zur Unterstützung bekundet.

4.1 Kunst und Kultur als Konsumentscheidung

4.1.1 Kunst konsumieren

Die kritische Haltung, die die Öffentlichkeit zum Konsum und zur Konsumgesellschaft einnimmt, rührt her von Übersteigerungen auf der Seite materiellen Konsums und deren negativen Folgen. Sie werden als volkswirtschaftliche Schäden für Umwelt, Gesundheit und soziales Miteinander bilanziert, unter anderem in Form von Ressourcenvernichtung, Energieverschwendung, Zivilisationskrankheiten und sozialer Isolierung. Angeprangert werden auch Entwicklungen, bei denen der Konsumtionsvorgang selbst den eigentlichen Zweck dominiert, etwa wenn der Akt des Kaufens, aber nicht die Befriedigung der Bedürfnisse im Vordergrund steht und die Verbraucher in sich beschleunigendem Tempo zu stets neuen materiellen Anregungen anstachelt.

In dieses negative Bild scheinen Kunst und Kultur so wenig zu passen, dass einige Autoren sogar Versuche machen, den Terminus zu umgehen oder sich für dessen Verwendung entschuldigen. So spricht Toffler, der mit seinem bereits 1973 veröffentlichten Buch über die *culture consumers* als einer der ersten die Nachfrageseite bei Kunst und Kultur in den Vordergrund gerückt hat, von der Notwendigkeit, den Begriff des Kulturkonsumenten zu kommentieren (vgl. Toffler 1973). Das sei schon deswegen angebracht, da der Terminus per se so viel Beigeschmack mit sich brächte. In keinem Fall aber gehe es darum, den Kulturkonsumenten in simplifizierender Weise mit dem Konsumenten von Reifen, Zahnpasta oder Tabak gleichzusetzen (vgl. Toffler 1973, S. 9). So viel Distanz zum Begriff des Konsumenten und zur Konsumtätigkeit ist aber gar nicht nötig. Konsum ist nicht ausschließlich gleichzusetzen mit dem Streben nach Materiellem, ebenso wie Wirtschaft nicht nur für den Komplex materieller Versorgung steht (vgl. Helmstädter 1992, S. 117). Es ist das ungerechtfertigt mit Alleinherrschaftsanspruch in den Vordergrund gerückte materialistische Modell des Menschen, das diesen verkürzten Blickwinkel suggeriert (vgl. Scherhorn 1992).

▶ **Konsum** umfasst den Verbrauch und den Gebrauch von Gütern ebenso wie die Nutzung oder Inanspruchnahme von Leistungen, die knapp und nützlich im Hinblick auf die Befriedigung von individuellen materiellen und immateriellen Bedürfnissen sind. Aufgrund ihrer nutzenstiftenden Eigenschaften werden die Güter und Leistungen vom Letztverbraucher begehrt und ist dieser bereit, Nachfrage zu entfalten, die ihm Kosten in Form von Geldausgaben, Zeiteinsatz und Aufbringung physischer und psychischer Energie abverlangen.

Zum materiellen Konsum gehören der Verzehr und die Nutzung von greifbaren Dingen, von Wirtschaftsgütern zum Essen und Trinken, Kleiden und Wohnen, zur Fortbewegung. In diesen Funktionen, manchmal aber auch durch ihre Existenz an sich, aus Gründen der Vorsorge, des Besitzerstolzes, werden sie zu Gütern mit Konsumnutzen. Zur Abgrenzung von immateriellem Konsum kann nun nicht einfach der Umkehrschluss gezogen werden – schon deswegen nicht, weil auf materielle Güter, wenn auch in mittelbarem Einsatz, nicht verzichtet werden kann. Auf diesen Zusammenhang verweist Scherhorn bei der Abgrenzung von immateriellen Befriedigungen. Sie seien in der Regel nicht ohne materielle Ausstattungsgüter zu

4.1 Kunst und Kultur als Konsumentscheidung

erzielen (vgl. Scherhorn 1994, S. 232). Zum Betrachten eines Bildes oder Anhören einer Konzertübertragung bedarf es einer Leinwand oder eines Übertragungsgeräts. Diese materiellen Grundlagen sowie das Arrangement, die Organisation des Kunstgenusses, sind aber nur der Auslöser für den Konsum. Der immaterielle Konsum selbst steht für den aktiven, kreativen, intellektuellen Verarbeitungsprozess. Er umfasst im kulturellen Bereich das Einlesen und Einhören, die Durchdringung der Thematik, die Speicherung und Vernetzung des Kunsterlebnisses mit vergleichbarem Wissen.

Kulturgüter implizieren in ihrer Doppelnatur immer zwei Aspekte, die Materie und die Idee (vgl. 1.3.1). Der Kulturkonsument ist der Nutznießer von beidem. In der Regel werden sich auch beide Aspekte mischen. Man kann den Kunstkonsumenten in zwei Ausprägungen betrachten, unterschieden danach, ob bei dem angestrebten Konsum mehr die Materie bzw. das Werk oder mehr die Idee bzw. die Aussage im Vordergrund stehen. Im ersten Fall ist der Kunstkonsument der Sammler von Kunstwerken. Im zweiten Fall ist er der Rezipient der künstlerischen Aussage.

4.1.1.1 Der Kunstkonsument als Sammler

Hier geht es um die käuflichen Kunstobjekte und deren Erwerb am Kunstmarkt. Der Sammler will sie, zumindest zunächst, für sich allein kaufen, für die Komplettierung seiner Sammlung, und er konkurriert dabei mit anderen Kunstliebhabern derselben Richtung (vgl. Bianchi 1997, S. 277). Auf dem Markt der Originale gilt das strikte Ausschlussprinzip: Was der eine ersteht, ist für den anderen nicht mehr verfügbar. In dieser Dimension ist das Kunstgut rein privat, sein Konsum ist ausschließlich und rival. Dem steht nicht entgegen, dass die künstlerische Idee, sofern sie einer Öffentlichkeit bekannt ist und nicht etwa als individuell abgewickelter Auftrag zwischen Künstler und Käufer gar nicht erst publik wurde, öffentliche Wirkungen entfaltet, die nicht-ausschließbar sind und allen zugutekommen. Auch ist es ja vielfach so, dass die Sammlung letztlich öffentlich gemacht wird, beispielsweise als Abteilung eines allen zugänglichen Museums. Doch zuvor geht es um den individuellen, ausschließlichen Nutzen des Konsumenten, der als Kunstsammler in sein Realkapital investiert (vgl. Andreae und Wilflingseder 1980, S. 52).

Einschlägige Untersuchungen über die Realkapitalverzinsung derartiger Investitionen hatten zunächst allerdings nur wenig befriedigende Renditen ausgemacht (vgl. Pommerehne und Frey 1993, S. 110 ff.; Pesando 1993). Die in den 1990er-Jahren ausgerufene Devise hieß folglich sinngemäß: Wer auf Kapitalvermehrung Wert legt, sollte besser das Kunstgut meiden und sein Geld an anderen Stellen auf dem Kapitalmarkt anlegen. Diese Empfehlung kann so pauschal nicht mehr gegeben werden. Auf dem globalen Kunstmarkt werden Rekordumsätze realisiert, sie haben laut Marktbericht der European Fine Art Foundation (2015) im Jahr 2014 einen nie dagewesenen Höchststand von 51 Milliarden Euro erreicht (mit einem Anstieg von 7 Prozent gegenüber 2013) (vgl. European Fine Art Foundation 2015).

Doch profitiert auch der Durchschnittsanleger von diesem *art boom*? Man müsse, so argumentiert die Frankfurter Allgemeine Zeitung, kein Millionär sein, um sein Geld in Kunst anzulegen (vgl. Kremer 2013). Allerdings könne man mit keinem Automatismus der Wertsteigerung rechnen, da der Einsteiger, schon wegen eines noch bezahlbaren Kaufpreises, auf junge, unbekannte Künstler setzen muss, deren Entwicklung noch aussteht (vgl. Kremer 2013). Der als Preisbarometer eingesetzte Mei/Moses Fine Art Index, ermittelt aus den Wiederverkaufswerten von mehrmals versteigerten Kunstwerken, spiegelt den durchschnittlichen Wert unter Einbeziehung von hoch und höchst gehandelten Werken wider und ist nicht flächendeckend repräsentativ (vgl. ArtAssure 2013). Schon deshalb weist Die Zeit dezidiert auf die Widersprüche am Kunstmarkt hin und warnt vor der irrigen Annahme, es gäbe „den" Kunstmarkt mit zweistelligen Gewinnsteigerungen (13,8 Prozent nach Mei/Moses Fine Art Index zwischen 2007 und 2012, vgl. Reichert 2013). In dieselbe Richtung argumentiert die New York Times und betont, dass es an der Zeit sei, sich wieder mit der Idee anzufreunden, „… *that art is a commodity that generates something more than mere financial returns* " (Reyburn 2014).

4.1.1.2 Der Kunstkonsument als Rezipient

Genau im Sinne dieser Mahnung vor einer unguten Verquickung mit dem Streben nach Dividende geht es bei der Rezeption von Kunst um immateriellen, psychischen Nutzen (vgl. Frey und Eichenberger 1995, S. 534 ff.). Der Einzelne muss nicht der private Alleinbesitzer sein, er kann seinen Genuß mit anderen teilen, etwa gemeinsam ein Kunstwerk betrachten oder Musik hören. Der Nutznießer der künstlerischen Leistung erschöpft im Regelfall nicht, was er konsumiert: *The culture consumer does not necessarily use up* (Toffler 1973, S. 9). Er zieht vielmehr Nutzen als Hörer oder Zuschauer eines Kulturangebots ohne, bis zur Kapazitätsgrenze, den Nutzen anderer zu beeinträchtigen. Im Gegenteil entsteht vielfach erst durch Anwesenheit und Reaktion eines Publikums, beispielsweise im Theater, das eigentliche Produkt, die Aufführung in Form einer *living partnership* mit den Darstellern (vgl. Toffler 1973, S. 10). Der Einzelne aber, der das Kulturerlebnis direkt selbst oder indirekt durch die Teilnahme und den Nutzen Dritter, beispielsweise den Kunstkonsum der Eltern, aufnimmt, investiert als Kunstrezipient in sein Humankapital (vgl. Andreae und Wilflingseder 1980, S. 52).

4.1.1.3 Die Vielfalt der Märkte

Der Kunstmarkt umfasst eine Vielzahl unterschiedlicher Facetten von Teil- und Submärkten. Angeboten und nachgefragt werden Kunst als Materie und Kunst als Idee, wobei sich das eine aus dem anderen ableitet oder es nachzieht. Beide Kategorien werden einerseits als Original oder Unikat gehandelt, andererseits als vervielfältigte Kunst auf den Markt gebracht. Jeder Teilmarkt hat sein besonderes Anspruchsniveau mit eigenen Gesetzen und einem speziellen Publikum. Der Übergang von dem einen zum anderen Markt, von der Idee zur Materie, von der Vervielfältigung zum Original ist auch eine Frage der individuellen finanziellen Möglichkeiten und des Anspruchsniveaus.

Abbildung 4.1 zeigt Beispiele für die den einzelnen Kategorien zugeordneten Kunstgüter. Es hat den Anschein, als müsste sich der Kunstkonsument im Laufe seiner Entwicklung in der Reihe der Beispiele „von rechts nach links durcharbeiten". Beginnend mit einem Ausstellungskatalog, vielleicht sogar nur mit einer Kunstpostkarte, wächst der Wunsch, die schönen Bilder im Original zu sehen, aber nicht nur das, eines Tages kommt die Sehnsucht nach dem eigenen Besitz, wenn möglich als alleiniger Inhaber. In diesem Prozess ist der Betrachter, Zuschauer, Hörer oder Leser nicht nur der Nutznießer von Kunst für den Augenblick. Er investiert auch in die Zukunft, nämlich in seine kulturelle Erziehung, sein Denken und Können. Je mehr er davon besitzt, um so eher ist er bereit und fähig für neuen Kunstkonsum, auch in der nächst höheren Kategorie.

4.1.2 Konsumkonzepte

Dem Psychologen Maslow verdanken wir die zu Beginn der fünfziger Jahre entwickelte Vorstellung einer Abfolge von Bedürfnisebenen, die von der verhaltenswissenschaftlich orientierten Konsumtheorie gern aufgegriffen wurde (vgl. Maslow

Kunstgüter			
Materie		Idee	
Original	Vervielfältigung	Original	Vervielfältigung
- Gemälde	- Lithographie	- Ausstellung	- Kataloge
- Urtext	- Textbuch	- Theateraufführung	- Videos
- Musikmanuskript	- Faksimile	- Konzertaufführung	- Aufnahmen
- Autograph	- Buch	- Dichterlesung	- Besprechung

Abb. 4.1 Kunstgüter in verschiedenen Dimensionen. © Ingrid Gottschalk

1954; Schnabel 1979, S. 41 ff.). Nach Maslow können die Motive menschlichen Handelns in fünf unterschiedliche, hierarchisch angeordnete Kategorien eingeteilt werden. Der Ansatz von Maslow wird zumeist in Form einer Bedürfnispyramide verdeutlicht, obwohl der Autor selbst diese Darstellungsform nicht gewählt hatte. Den Sockel der Pyramide bilden die am dringlichsten zu erfüllenden Bedürfnisse, zur Spitze hin nimmt der Grad der Dringlichkeit ab. Im untersten Bereich befinden sich die physiologischen Bedürfnisse wie essen, trinken und schlafen. Sie müssen zwangsnotwendig befriedigt werden, um überhaupt weiterleben zu können. Von existenziellem Charakter sind aber auch die drei darüber gelagerten Stufen. Es schließen sich zunächst die Sicherheitsbedürfnisse an, die unter anderem den Schutz vor Bedrohung der eigenen Person und der Familie, aber auch die finanzielle Vorsorge im Krankheitsfall und im Alter umfassen. Darüber angeordnet sind die sozialen Bedürfnisse. Sie beinhalten die Beziehungen zur Umwelt und die Bedürfnisse nach Gruppenzugehörigkeit, Zuneigung und Liebe. Auf der nächst höheren Pyramidenetage stehen die Bedürfnisse nach Wertschätzung als Positionierung der eigenen Person im Verhältnis zu den anderen. Dazu gehören das Streben nach Respekt und Anerkennung, nach einem angesehenen Platz in der Gesellschaft.

Diese vier Bedürfniskategorien bilden zusammen die Defizitmotive. Sie haben Vorrang vor allem anderen. Wer seine Defizitmotive nicht erfüllt, so die Hypothese, wird krank (vgl. Schnabel 1979, S. 41). Die darüber liegenden Bedürfnisse werden zusammenfassend als Selbstverwirklichungsbedürfnisse bezeichnet. Sie sind Wachstumsmotive, deren Befriedigung dazu geeignet ist, die Person selbst in ihren Fähigkeiten und in ihrer Persönlichkeit voranzubringen. Alle Spielarten des immateriellen Konsums gehören in diese Kategorie, die körperliche Betätigung im Sport ebenso wie das Erleben in der Natur oder in der Kunst (vgl. Abb. 4.2). Die Bedürfnistheorie von Maslow ist vielfach kritisiert, in Teilen auch modifiziert und erweitert worden. Hauptpunkt der Kritik ist das Schubladendenken, das im Modell zu stecken scheint und durch die Darstellungsform als Pyramide auch unzulässig betont wird. Erst wenn eine Hierarchieebene nach der anderen abgearbeitet zu sein scheint, die unteren Schubladen gleichsam gefüllt und geschlossen sind, kommt es zu den Bestrebungen nach Selbstverwirklichung. In Wirklichkeit sind die Verknüpfungen viel komplexer und nicht stromlinienförmig hierarchisch. Dennoch können aus der Kategorisierung und der generellen Zielrichtung interessante Hinweise entnommen werden.

Die Priorität der ersten Stufe, die Befriedigung von menschlichen Grundbedürfnissen, ist im Grundsatz nicht zu bezweifeln. Ohne Sicherstellung eines zumindest befriedigenden Existenzminimums kann es nicht gelingen, das Interesse an Kunstgütern zu wecken. Jenseits von dieser Ebene aber bleiben Spielräume. Der

4.1 Kunst und Kultur als Konsumentscheidung

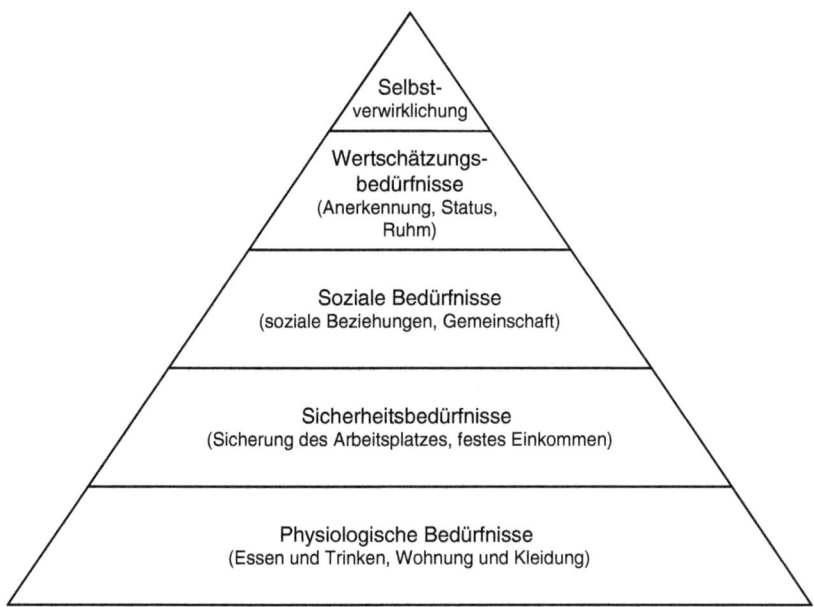

Abb. 4.2 Bedürfnispyramide. © Ingrid Gottschalk nach Maslow 1954

Vergleich zwischen Bedürfniskategorie vier und fünf, die beide von Bedeutung für den Kunstkonsum sind, zeigt substanzielle Unterschiede. Der gesellschaftliche Aspekt beim Besuch einer Kulturveranstaltung, die Möglichkeit des „Sehens und Gesehen Werdens" ist nicht zu leugnen und mag Anreiz gemäß dem Streben nach Wertschätzung sein. Doch sind diese Bedürfnisse, im Gegensatz zu denen der Selbstverwirklichungsstufe, zu sättigen. Erst der erarbeitete Kunstgenuss bringt den Schub für die Persönlichkeit und die Verwirklichung der eigenen Person und mündet in ein unerschöpfliches Reservoir sich selbst stimulierender Nachfrage. Auf diesem Prozess der Kultivierung des Geschmacks basiert die Förderung von Kunstkonsum (vgl. McCain 2003).

Die Theorie der Konsumwerte (*Theory of consumption values*, vgl. Sheth et al. 1991) spezifiziert Werte oder Nutzen der Konsumentscheidung, die für den Kunstkonsum von zusätzlicher Erklärungskraft sein können. Im Rahmen dieses Ansatzes werden fünf Wertedimensionen voneinander abgegrenzt, die der Konsument als Ergebnis seiner Konsumentscheidung anstreben kann (vgl. Sheth et al. 1991, S. 160). Die Gültigkeit dieser Werte wird nicht in gleichem Ausmaß für jede Konsumkonstellation angenommen, sie sei vielmehr, je nach Art der Entscheidung, kleiner oder größer (vgl. Sheth et al. 1991, S. 161). Außerdem kann der Entscheidungsträger im Sinne eines *trade-offs* bereit sein, mehr von dem einen Wert im Austausch für einen anderen Wert aufzugeben (vgl. Sheth et al. 1991, S. 163). Abbildung 4.3 demonstriert, welche Konsumwerte als Antriebsfedern des Konsumwahlverhaltens angesehen werden (vgl. Sheth et al. 1991, S. 161):

1. **Funktionaler Wert**: Diesem Wert wird in der traditionellen Nutzentheorie die größte Bedeutung zugesprochen. Ein Fahrzeug soll für Transport sorgen, ein Kleidungsstück wärmen, eine Mahlzeit sättigen. Diese Ausrichtung auf zu erfüllende Aufgaben entspricht der Idee vom Grundnutzen, den ein Gut hervorbringen soll. Bei der Inspruchnahme einer kulturellen Leistung, etwa dem Besuch einer Kulturveranstaltung wie einer Theateraufführung oder eines Konzerts, können in Einklang mit deren historischer Bedeutung zwei grundlegende Funktionen unterstellt werden, nämlich Bildung und Unterhaltung. Schon in den Amphitheatern der Antike ging es um Aufklärung und Belustigung des Volkes.
2. **Sozialer Wert**: Im Sinne von Sheth et al. wird dieser Wert als gruppenkonformes Verhalten gedeutet, in dem Sinne, dass man sich mit dem Konsum eines Gutes oder einer Leistung in Einklang mit spezifischen sozialen Gruppierungen fühlen, sich aber auch von anderen Gruppen abheben kann (vgl. Sheth et al. 1991, S. 161), beispielsweise durch den Konsum bestimmter Markenprodukte. Diese Auslegung erinnert an die Wertschätzungsbedürfnisse der Maslow'schen Bedürfnispyramide und kann auch bei Kunstkonsum, z. B. im Rahmen von Festspielen, von Bedeutung sein. Es ist aber zu vermuten, dass der soziale

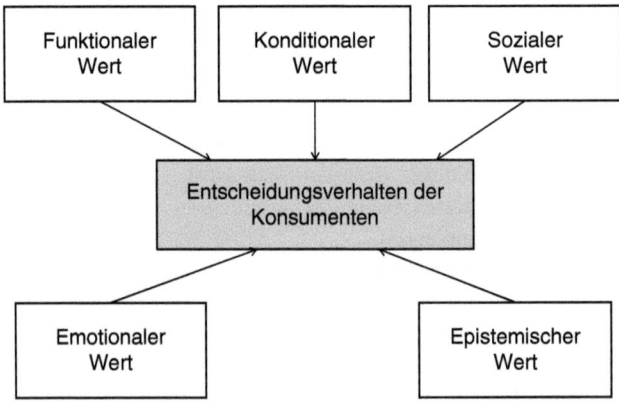

Abb. 4.3 Fünf Werte der Konsumentscheidung. © Ingrid Gottschalk nach Sheth et al. 1991, S. 160, in deutscher Übersetzung

4.1 Kunst und Kultur als Konsumentscheidung

Faktor stärker im Sinne eines Gemeinschaftserlebnisses, als gemeinsamer Konsum von Kulturangeboten, im Vordergrund steht und soll im Folgenden auch so verstanden werden.

3. **Emotionaler Wert**: Bei diesem Wert unterstellen die Autoren die Abhängigkeit von dem vom Konsum erzeugten Gemütszustand in Form von Gefühlen oder affektiven Reaktionen (vgl. Sheth et al. 1991, S. 161). Es ist plausibel anzunehmen, dass Kunstkonsum durch die Ansprache verschiedener Sinne die emotionale Funktion im Regelfall immer erfüllt.
4. **Epistemischer Wert**: Hier geht es um die Weckung und Befriedigung von Wissensdurst und Neugier, generell um die Suche nach Neuem (vgl. Sheth et al. 1991, S. 162). Ebenso wie für den emotionalen Wert angenommen scheint dieser Wert einen Kernfaktor für Kunstkonsum zu verkörpern.
5. **Konditionaler Wert**: Dieser Wert ist ein Ausdruck einer situationsspezifischen, mittelbaren Funktion (vgl. Sheth et al. 1991, S. 162). Die besondere Bedeutung dieses Wertes kann beispielsweise durch einen Konzert- oder Theaterbesuch in der Weihnachtszeit verdeutlicht werden.

Losgelöst von der Vorstellung, Konsum habe bestimmte Funktionen zu erfüllen, wurde mit dem ausgehenden letzten Jahrhundert das Konzept des Erlebniskonsums als Form des postmodernen Konsums entwickelt, der auf wachsendem Wohlstand und technischer Revolution wie dem Internet gründet und den Konsumenten maximale Freiheit und Selbstbestimmung erlaubt.

Erlebniskonsum ist gekennzeichnet durch diese Situation ausreichender materieller Versorgung, in der die Konsumenten den Wunsch nach stärkerer Individualisierung verspüren und deshalb den Massenartikeln zunehmend kritisch gegenüber stehen. Sie suchen stattdessen verstärkt nach Bedürfnisbefriedigung in immateriellen Konsumwerten mit hohem Symbolgehalt. Erlebniskonsum entführt den Konsumenten in eine eigene Konsumwelt, die von den Anbietern, die sich auf Märkten mit nahezu homogenen Gütern Wettbewerbsvorteile erhoffen, durch erlebnisbezogenes Marketing aufgebaut wird (vgl. Weinberg 1986). Es handelt sich um den Versuch, Tagträume in einem kompletten Paket anzubieten und Fantasien verwirklichen zu helfen. Diese Form des Konsums hat keine grundsätzlich lebensnotwendige Aufgabe zu erfüllen, sie wird getätigt, weil sie Spaß macht, Freude schafft, Genuss bietet.

▶ **Erlebniskonsum** umfasst den Verbrauch oder Gebrauch, die Nutzung oder Inanspruchnahme von Gütern und Leistungen mit dem Ziel, neue, gefühlsbetonte, die Notwendigkeiten des Lebens hinter sich lassende, den Persönlichkeitsspielraum erweiternde Erfahrungen zu machen (vgl. Gottschalk 2001a).

In Fortführung der Diskussion über die fünf Nutzendimensionen der Konsumwertetheorie kann der Wert von Erlebniskunstkonsum als die Zuspitzung von Emotion, Lust an der Gemeinschaft und am Neuen bezeichnet werden, die – ganz im Sinne der Maslow'schen Bedürfnishierarchie (vgl. Abb. 4.2) – in Selbstverwirklichung mündet Zur näheren Kennzeichnung dieses Phänomens hat die Autorengruppe um Sheth den Erfahrungsraum für das Erlebnis in vier Dimensionen dargestellt und ihn als emotionales, ästhetisches, sensorisches und spielerisches Erlebnis abgegrenzt (vgl. Sheth et al. 1999, S. 360).

Abbildung 4.4 zeigt beispielhaft, bei welcher kulturellen Aktivität die eine oder andere Erlebnisdimension im Vordergrund stehen kann, ohne hierbei die fraglos vorhandenen Verknüpfungen untereinander zu kennzeichnen.

Das ästhetische Erlebnis mag bei dem Besuch einer Theatervorführung oder der Teilnahme an einer Konzertveranstaltung dominieren. Zum sinnlichen Genuss addiert sich das intellektuelle Vergnügen. Die sensorische Komponente kann zu bestimmten Zeiten oder an speziellen Orten besonders bedient werden, als Beispiele werden in Abb. 4.4 der Einkauf in einer Markthalle oder das Schlendern über den Weihnachtsmarkt genannt. Dort geht es primär um die Freude am Sehen und Hören, Riechen und Fühlen und damit das Abtauchen aus dem Alltag. Das spielerische Erlebnis ist immer dann stark ausgeprägt, wenn der Kulturkonsument selbst aktiv wird oder als Zuschauer oder Besucher zum Mitmachen angehalten wird. So dürfen im Tinguely-Museum in Basel die Skulpturen angefasst und bewegt werden, und in

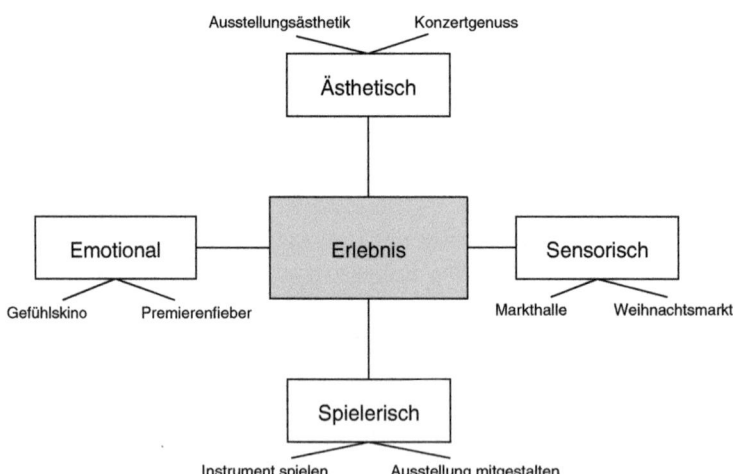

Abb. 4.4 Dimensionen des Erlebnisses. © Ingrid Gottschalk nach Sheth et al. 1999, S. 360 in deutscher Übersetzung

4.1 Kunst und Kultur als Konsumentscheidung

der Oskar Schlemmer-Retrospektive der Staatsgalerie Stuttgart im Jahr 2015 wird der Besucher durch Aufforderung zum Mittanzen durch die Eric Gauthier Tanzgruppe selbst bewegt. Dem seelischen Auftanken gilt dagegen das emotionale Erlebnis, etwa durch das Mitfiebern in einer Premiere, aber auch durch das Mitfühlen vorgelebter Emotionen in Film und Fernsehen.

Durch Erlebniskonsum können Investitionen in das Humankapital getätigt werden. Sie treten dann ein, wenn durch den Konsum, über einen Zuwachs an erfahrenem Wissen, an Verständnis und Einfühlungsvermögen sich die Sicht der Dinge ändert, Kunst und Kultur, die Menschen, die Natur und unser Lebensraum anders wahrgenommen werden als vorher. Doch dieses positive Ergebnis erfordert Mitdenken, Mitfühlen und Mitmachen, den aktiven Konsumenten.

Eine andere Form des Erlebniskonsums bleibt passiv, ist ein momentan ablenkender Kitzel ohne nachhaltige Wirkung. Doch kann auch er die Vorstufe zu aktivem Erleben darstellen. Von außen kann über die Art des empfundenen Erlebnisses nur schwer geurteilt werden. Ein Naturerlebnis, ein Kunsterlebnis, ein zwischenmenschlich aufrüttelndes Erlebnis kann von Bestand sein. Es kann in den individuellen Wissens- und Erfahrungsschatz dauerhaft eingehen, die Persönlichkeit, das zukünftige Denken, Fühlen und Handeln ändern. Ein derartiges Erlebnis kann aber auch als momentanes Ereignis, als vorüber gehende Zerstreuung angestrebt werden und im Weiteren ohne Bedeutung verpuffen. In jedem Fall ist Erlebniskonsum verbunden mit einer Ablenkung vom Herkömmlichen. Es ist das Versprechen des Neuen, das Eindringen in andere Welten, das die Menschen anlockt.

Erlebniskonsum wird aus drei Richtungen bestärkt

1. Aus der wachsenden Disposition über Zeit und Geld,
2. aus dem Mangel an Aktivierung und
3. aus dem Wertewandel mit dem Abbau puritanischer Werte.

In ihrem Zusammenspiel charakterisieren diese Faktoren, dass Erlebniskonsum als Wohlstandsphänomen entwickelter Volkswirtschaften angesehen werden kann.

Die Kulturanbieter sind richtigerweise dabei, über den Erlebnisfaktor neue Konsumentengruppen anzusprechen und die bestehende Klientel zu bestärken. In der Museumspraxis ist dieser Weg schon mit Erfolg eingeschlagen worden und findet in vielfältigen Aktionen, die über die gesamte Bundesrepublik verteilt sind, seinen Niederschlag (vgl. Schäfer 1997).

Herausragend ist die Lange Nacht der Museen, in der Kulturinstitutionen der Bildenden Kunst zu ungewohnten Zeiten vom frühen Abend bis teilweise zum Morgen ihre Türen öffnen und einem breiten Publikum zu einem Pauschalpreis Eintritt gewähren. Es können sowohl Dauerausstellungen als auch verschiedene Begleitprogramme, Sonderausstellungen und Performances besucht werden. Nachdem die Idee im Jahr 1997 in Berlin geboren wurde (Lange Nacht der Museen Berlin 2014), hat sie seitdem in vielen Städten in Deutschland, aber auch europaweit, Nachahmung gefunden. In Stuttgart nahmen im Jahr 2014 rund 26.000 Besucher an der Langen Nacht teil, der Eintrittspreis von 17 Euro verschaffte den Zugang zu insgesamt 96 teilnehmenden Einrichtungen, darunter neben Museen auch Galerien, Atelierhäuser, historische Gebäude und Industriedenkmäler (Lange Nacht der Museen Stuttgart 2014). Bestandteil des Pauschalpreises ist auch der Transport mit Shuttlebussen, die die Kulturstätten in verschiedenen Routen abfahren. Die Lange Nacht der Museen kann insbesondere für die Menschen ein Türöffner sein, die den gemeinsamen Kulturkonsum im Verbund der eigenen Gruppe bevorzugen. So konnte eine Befragung der Veranstalter in Stuttgart von 707 zufällig ausgewählten Besuchern im Jahr 2014 die Vermutung bestätigen, dass insbesondere junge Leute angelockt werden konnten (vgl. umbra Markt- und Sozialforschung 2014). Unter allen Teilnehmern stellte die Gruppe der 20- bis 39-Jährigen mehr als die Hälfte der Besucher (vgl. umbra Markt- und Sozialforschung 2014, S.5), mit 46 Prozent war knapp die Hälfte der Befragten erstmals Teilnehmer bei der langen Nacht (56 Prozent bei der Gruppe bis 29 Jahre alt; vgl. umbra Markt- und Sozialforschung 2014, S.7).

Es ist nicht allein bei Events und Langen Nächten der Bildenden Kunst geblieben, inzwischen haben auch Musik, Darstellende Kunst und Literatur nachgezogen mit unter anderem einer Langen Nacht der Musik in München mit über 100 Spielorten (Lange Nacht der Musik München 2014), der Langen Nacht der Opern und Theater in Berlin, in der dem Publikum ein Blick hinter die Kulissen oder eine Kurzvorstellung geboten werden (Lange Nacht der Opern und Theater Berlin 2014) oder der in Hamburg im Jahr 2014 zum ersten Mal veranstalteten Langen Nacht der Literatur mit mehr als 20 Lesungen überall in Hamburg (Lange Nacht der Literatur Hamburg 2014).

Der Ansturm der Besucher auf diese neuen Formen des Kulturangebots zeigt beispielhaft, dass **Kulturkonsum als Gesamtpaket aus Kunst, Unterhaltung und sozialem Zusammentreffen** hohe Wertschätzung genießt, die es auch zukünftig zu nutzen gilt. Den Befragungsergebnissen aus Stuttgart zufolge trifft die Erwartung zu, dass die Teilnahme an der Langen Nacht der Museen das Interesse nach einem zukünftig häufigeren Museumsbesuch weckt. Diese Konsequenz wurde von insgesamt 71 Prozent der Befragten bekundet, darunter aus der Gruppe der Mehrfachbesucher von 61 Prozent, aus der Gruppe der Erstbesucher sogar von 78 Prozent (vgl. umbra Markt- und Sozialforschung 2014, S. 10). Diesen Erfolgsmeldungen steht nicht entgegen, dass es auch kritische Stimmen gibt. So wird auf der Homepage der Langen Nacht der Museen Berlin der „Kulturverführer Berlin" zitiert, der dieses Event einerseits als „Loveparade der schönen Künste" feiert, aber auch die Kritiker mit Ihren Kommentaren über den „Ausverkauf" der schönen Künste auf dem „Grabbeltisch" des Kulturkonsums" zu Wort kommen lässt (vgl. Lange Nacht der Museen Berlin 2014).

4.2 Der Konsumentscheidungsprozess

4.2.1 Modelle der Konsumentscheidung

4.2.1.1 Der Konsumprozess

Hinter der Konsumentscheidung stehen komplexe Abläufe. In verhaltenswissenschaftlicher Betrachtung ist Konsum ein prozessorientiertes Konzept, das sämtliche Verhaltensweisen bezeichnet, die auf die Erlangung und private Nutzung von Gütern und Dienstleistungen gerichtet sind (vgl. Wiswede 2000, S. 24). Der eigentliche Kaufakt mag insbesondere im täglichen Sprachgebrauch als Kern des Konsumierens betrachtet werden, aber er ist doch nur eine Phase neben anderen, nicht weniger wichtigen, die der Kaufhandlung vor- oder nachgelagert sind. Dazu gehören beispielsweise die Bedarfsfeststellung und Informationssuche am Anfang des Konsumvorgangs oder die Entsorgung bzw. Weiterverwertung am Ende des Produktlebens, aber auch die Weichenstellung für zukünftigen Bedarf.

Der Konsument bzw. Verbraucher ist derjenige, der für eigene Zwecke die Phasen der Bedarfsbildung und Information, der Kaufentscheidung, der Nutzung und gegebenenfalls der Entsorgung und Neubeschaffung durchläuft. Er ist oft Informationsverarbeiter, Entscheidungsträger, Nutznießer und Verwerter in einer Person.

Die für den Konsum relevanten Einflussfaktoren können aus der Person selbst kommen, beim Auftreten von Hunger geschieht dies in der Regel automatisch. Bewusst und durchdacht sind die Entscheidungen, wenn sie strategischer Art sind und Risiken beinhalten, etwa finanzielle, gesundheitliche oder persönlichkeitsbezogene Risikoaspekte. So wird, im Sinne der Bedürfnispyramide, der Wunsch nach Kunstkonsum auch gezielt als Form der Persönlichkeitserweiterung bzw. als

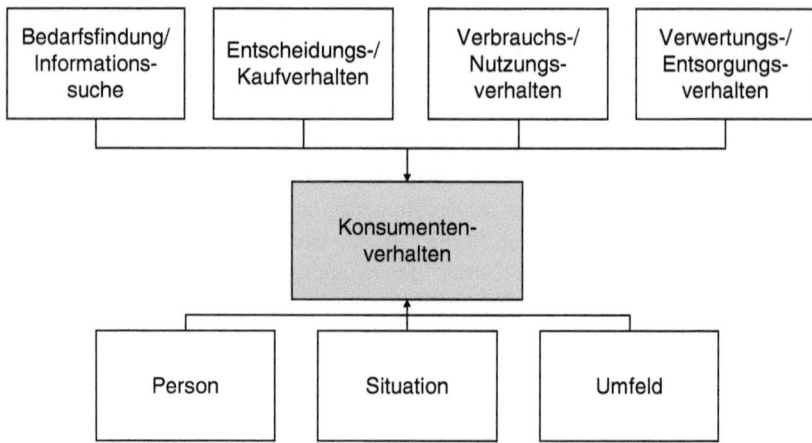

Abb. 4.5 Konsumieren als Prozess. © Ingrid Gottschalk

Investition in das Humankapital gewählt. Diese Entscheidung trifft der Einzelne für sich selbst und für andere, z. B. die Kinder. Oft kommen die Anstöße für den Konsum aber nicht nur aus der Person selbst, sondern sie ergeben sich aus der konkreten Situation, etwa als spontane Reaktionen oder als erzwungenes Handeln in Notfällen, oder aber sie resultieren aus dem Zusammenspiel zwischen Individuum und sozialer Umwelt. Man konsumiert nicht nur, was man konsumieren will, sondern auch, wozu man sich verpflichtet fühlt. Diese Verknüpfung ist aber nicht nur kritisch als Abhängigkeit von anderen zu betrachten, sondern sie kann ebenso eine willkommene Entscheidungshilfe für den Einzelnen darstellen (vgl. Abb. 4.5).

> Der Vorgang der **Konsumtion kann als Problemlösungsprozess** verstanden werden, der dann in Gang kommt, wenn es zu einem Auseinanderklaffen von tatsächlicher und idealer Situation kommt. Der Verbraucher empfindet diesen Zustand als ein unangenehmes Defizit, als Ungleichgewichtssituation, die es zu beheben gilt, auch wenn Defizitempfinden und Reaktion oft unbewusst und schematisch ablaufen, etwa Hunger zu fühlen und sich etwas zum Essen zu nehmen.

4.2.1.2 Theory of Reasoned Action (TRA)

Die amerikanischen Sozialpsychologen Martin Fishbein und Icek Ajzen haben Modelle entwickelt, in denen die Einflussfaktoren zusammenfassend dargestellt werden, die die Intention bzw. Planung eines bestimmten Verhaltens beeinflussen (vgl. Ajzen und Fishbein 1980). Sie verdeutlichen den oftmals nur latent und unbewusst ablaufenden Prozess, der der Konsumentscheidung vorausgeht (vgl. Gottschalk 2001b, S. 109 ff.). In den Abb. 4.6 und 4.7 werden diese Modelle in schematisierender Form dargestellt. Sie waren die Grundlage verschiedener eigener empirischer Untersuchungen im Kulturbereich, deren Ergebnisse den Anwendungsnutzen dieser Modelle verdeutlichen (vgl. insbesondere Kap. 6 und 7).

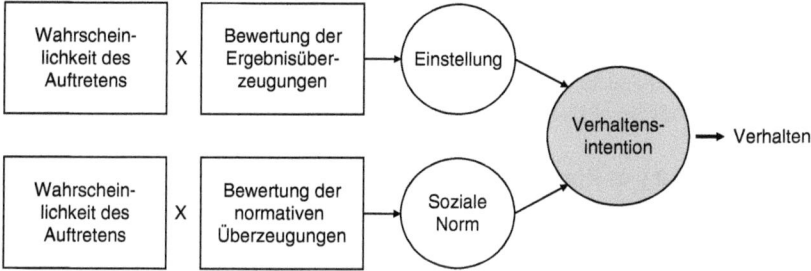

Abb. 4.6 Verhaltensintentionsansatz. © Ingrid Gottschalk nach Ajzen und Fishbein 1980

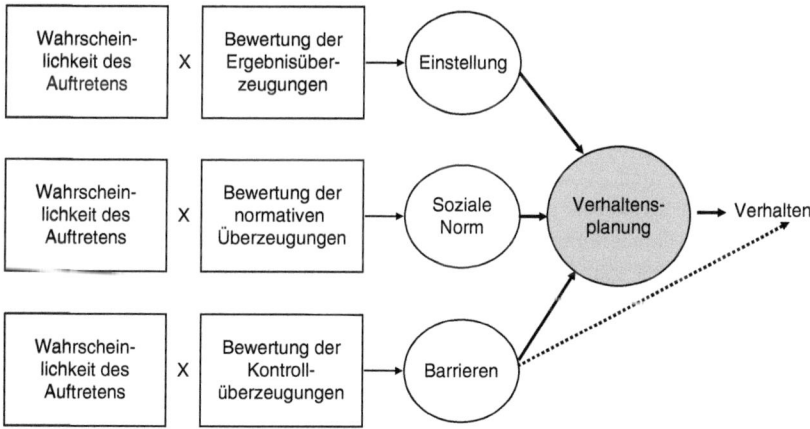

Abb. 4.7 Verhaltensplanungsansatz. © Ingrid Gottschalk nach Ajzen 1991, S. 182

Grundlage des Fishbein und Ajzen-Ansatzes ist die Theorie des durchdachten Handelns, *theory of reasoned action* (TRA), die unterstellt, dass Entscheidungen unter Abwägung ihrer Vor- und Nachteile getroffen werden, auch wenn dies den Entscheidungsträgern nicht immer bewusst ist.

Die zentralen Größen in dem zuerst entwickelten Verhaltenintentionsmodell sind die Einstellung zum Verhalten und die Subjektive Norm. Beide spiegeln die Erwartungen und Bewertungen des Individuums wider: Die Einstellung bilanziert die positiven und negativen Konsequenzen, die mit dem intendierten Tun verknüpft werden. Die Subjektive Norm bündelt den empfundenen gesellschaftlichen Druck sowohl aus dem nahen als auch aus dem weiten Umfeld und die Bereitschaft, sich danach zu richten. Das beabsichtigte Verhalten kommt dann zum Tragen, wenn die individuelle Einstellung positiv ist und das soziale Umfeld nicht substanziell dagegen ist oder aber dessen Haltung für das Individuum keine Rolle spielt. Das Verhaltenintentionsmodell impliziert, dass der Einzelne es selbst in der Hand hat, über sein Handeln zu bestimmen. Es können allenfalls unvorhergesehene, situative Bedingungen ins Spiel kommen, die noch zwischen Intention und Handeln treten.

4.2.1.3 Theory of Planned Behavior (TPB)

Die von Ajzen vorgenommene Weiterentwicklung der TRA zur Theorie des geplanten Verhaltens, *theory of planned behavior* (TPB) beinhaltet weitere mögliche Störfaktoren zwischen Verhaltensabsicht bzw. Verhaltensplanung und tatsächlichem Handeln (vgl. Ajzen 1991, S. 179 ff.; Ajzen 2011). Es handelt sich um die befürchteten Barrieren, die sich der Verhaltensplanung in den Weg stellen könnten. Ihre Bedeutung entfalten sie im Zusammenspiel mit den anderen Faktoren, je nach Art des Verhaltens mit unterschiedlichem Gewicht. Die Kraft der Barrieren kann unter Umständen so stark sein, dass diese alle Vorüberlegungen ausschalten und ein Verhalten von vornherein torpedieren (entsprechend der gestrichelten Linie in Abb. 4.7).

Die Überzeugungen des Einzelnen werden damit zu zentralen Variablen bei der Beeinflussung von Konsumentenverhalten (vgl. Gottschalk 2001b, S. 104 ff.). Im Grundsatz geht es darum, die Menge und Art der Überzeugungen sowie deren Gewichtung zu verändern und auf diese Weise den geplanten Kulturkonsum zu stärken. Das Spektrum der Möglichkeiten ist groß und vielfach anwendbar. Der Verhaltensplanungsansatz bietet den besonderen Vorteil, die möglichen Anknüpfungspunkte zur Veränderung individuellen Handelns inhaltlich zu kennzeichnen.

Im Beispiel eines Museumsbesuchs geht es nicht nur darum, dass die persönlich empfundenen Vorteile die Nachteile überwiegen, sodass der Kulturbesuch unter dem Strich Positives verspricht (Ergebnisüberzeugungen). Ebenso wichtig ist es,

4.2 Der Konsumentscheidungsprozess

dass das soziale Umfeld dem eigenen Verhalten zustimmt – dass beispielsweise die jugendlichen Besucher es gemeinsam „angesagt" finden, in der Ausstellung zu sein (normative Überzeugungen). Von Bedeutung sind schließlich die empfundenen Barrieren. Es ist bekannt, dass insbesondere bei etablierten Kulturinstitutionen die Überwindung von Schwellenangst für einen Teil des Publikums ein großes Problem darstellt. Sie basiert auf dem Gefühl, nicht zu den üblichen Museumsbesuchern, den Insidern, zu gehören und womöglich noch von der eigenen sozialen Gruppe schief angesehen zu werden. Neben diesen inneren gibt es aber auch die äußeren Hemmnisse, etwa wenn die Kulturinstitution zu weit entfernt liegt, in nur ungenügendem Umfang sicheren Parkraum bietet oder über ungünstige Öffnungszeiten verfügt (Kontrollüberzeugungen).

Zusammenfassend ist hervorzuheben, dass die Faktoren Einstellung zum Verhalten, Subjektive Norm und Barrieren des Handelns, die die Absicht oder Planung für eine bestimmte Verhaltensweise begründen, ihrerseits von Überzeugungen und deren subjektiven Einschätzungen abhängen.

- **Ergebnisüberzeugungen** umfassen die erwarteten Vor- und Nachteile eines geplanten Handelns, etwa eine Kulturveranstaltung zu besuchen, nach der Stärke ihrer Eintretenswahrscheinlichkeit sowie deren Bewertung: Wie gut oder schlecht ist das vermutlich für mich?
- **Normative Überzeugungen** stehen für die sozialen Einflüsse und Vorgaben, beispielsweise die Erwartungen des nahen und weiten sozialen Umfeldes, sich kulturell zu betätigen, sowie die Bereitschaft, diesen Erwartungen zu folgen: Was meinen die anderen, höre ich darauf?
- **Kontrollüberzeugungen** kennzeichnen die Auftretenswahrscheinlichkeit und die Bedeutungsschwere interner und externer Hemmnisse eines geplanten Verhaltens. Sie stehen für die innere Überzeugung, dass man über die Fähigkeiten und die Möglichkeiten verfügt, das angepeilte Verhalten auch durchzuführen: Bin ich dazu selbst in der Lage, erlauben es die Umstände?

4.2.2 Die Souveränität des Kunstkonsumenten

Das Postulat der Konsumentensouveränität ist eines der Kernprinzipien wettbewerblicher marktwirtschaftlicher Ordnungen (vgl. Binder 1996). Es schreibt die Freiheit der Wahl des Einzelnen als zentrales Ordnungskriterium fest. Am Ende aller Anpassungsprozesse soll nicht eine planende Macht von außen bestimmen, was und wie viel mit den knappen Ressourcen einer Volkswirtschaft produziert wird, sondern dies sollen die Konsumenten selbst tun. Ihre Präferenzen sollen sich letztlich in der Angebotsstruktur widerspiegeln. Konsumentensouveränität ist als normativer Ansatz zu werten und nicht als allzeit gültiges Faktum. Ein souveräner Konsument zu sein heißt auch, Verantwortung für die anderen, die soziale und natürliche Mitwelt und sich selbst zu übernehmen (vgl. Scherhorn 1993). Sie fordert den aktiven, nicht den passiven Konsumenten. Dazu bedarf es allerdings einer Reihe von Voraussetzungen. Neben dem Ausschluss von Markteintrittsbeschränkungen geht es insbesondere um das Vorliegen von Konsumkompetenz. Sie ergibt sich nicht automatisch, sondern ist das Ergebnis von Erziehung und Bildung, Information und Aufklärung, Erfahrung und Vergleich. Soll das System funktionieren, muss der Konsument seine Rolle des aktiven Gegensteuerns auch wahrnehmen und mit den dafür nötigen Hilfsmitteln ausgestattet werden.

Doch gibt es Bereiche, in denen die Konsumenten von sich aus ihre mangelnde Zuständigkeit konstatieren und die Lenkung freiwillig in andere, wissendere Hände übertragen möchten. Entsprechende Konstellationen sind hier mit Verweis auf die meritorischen Kompetenzgüter schon angesprochen worden (vgl. 2.1.2). Passende Beispiele können beispielsweise aus der Medizin, der Technik und der Forschung gewonnen werden. Wer würde schon, trotz generellen Souveränitätsanspruchs, auf Einflussnahme bei einer bevorstehenden Operation bestehen wollen? Mit Respekt vor dem Expertenwissen und nicht zuletzt im Vertrauen in die kompetentere Entscheidungsfähigkeit würde das Recht auf Einflussnahme freiwillig zugunsten des besser Befähigten zurückgestellt werden. Im Bereich von Kunst und Kultur offenbart sich an verschiedenen Stellen ein ähnliches Entscheidungsdilemma. Die amerikanische Autorin Sonia Gold, die sich der Problematik von Konsumentensouveränität bei kulturellen Leistungen schon sehr früh angenommen hat, macht hier den Vorschlag, eine geteilte Souveränität zuzulassen (vgl. Gold 1983). Zu Spannungen und Konflikten zwischen den Marktteilnehmern käme es nur dann, wenn jede Seite auf ihre Autonomie pochen würde und sich nur zögernd den Interdependenzen stellen wollte.

In der Tat kommt es hier auf die genaue Begründung an. Es macht einen Unterschied, ob ein Konsument freiwillig und in bestem Vertrauen auf die herausragende Kompetenz eines anderen seine Rechte zurücksteckt. Oder aber ihm, als Mitglied einer Gruppe, als Teil der Konsumentenschaft insgesamt, generelle Inkompetenz unterstellt wird (vgl. Prosi 1996). Nicht ohne Grund wird das von Musgrave (1956/57) in die Diskussion gebrachte Konzept der besser informierten Gruppe, zu dem hier Parallelen gezogen werden können, sehr kritisch debattiert.

Diese Gruppe hat es sich zum Ziel gesetzt, meritorische, gute Güter anzubieten und demeritorische, schlechte Güter zu bekämpfen, obwohl sie damit bewusst den Eingriff in die Präferenzen der anderen, schlechter Informierten, riskiert, die angeblich nicht wissen, was gut für sie wäre. Trotz wohlmeinendster Intention bleibt das Problem, das eine Minderheit, wie und wodurch auch immer sie sich auszeichnen kann, einer Mehrheit ihren Willen aufdrücken möchte. Nicht von ungefähr stellen sich hier Assoziationen zur selbst ernannten Elite der Kunstszene ein, die gern darüber bestimmen möchte, was Kunst ist und was nicht. Trotz möglicher benevolenter Absicht bleiben fundamentale konzeptionelle Zweifel. Auch Diktatoren haben stets das Wohl des Volkes für sich reklamiert. Über eine eventuell notwenige Delegation von Entscheidungsmacht müssen die Bürger selbst entscheiden, nicht die Experten (vgl. Frey 2001, S. 231) (vgl. 2.1.2).

Mangelnde Kompetenz rechtfertigt Maßnahmen zum Aufbau von Konsumentenwissen, aber keinesfalls die Aufhebung der souveränen Entscheidung. Der **Konsument hat Anspruch auf Souveränität** und die dafür notwendigen Voraussetzungen, unabhängig davon, ob es sich um materielle oder immaterielle Leistungen handelt. In diesem Sinne hat der britische Ökonom Sir Alan Peacock mit Nachdruck für Maßnahmen plädiert, die die Konsumentensouveränität fördern helfen, darunter insbesondere für den Ansatz der Kulturgutscheine (Peacock 1993, S. 122 ff., vgl. 2.4.2).

4.3 Nachfrage nach Kunst und Kultur

4.3.1 Rationalität als Verhaltensprinzip

Was für den Anbieter von Kunst und Kultur gilt, trifft ebenso auf den Konsumenten der Kunstgüter und Kulturleistungen zu. Es geht darum, unter dem Strich, in der Bilanz zwischen Nutzenzugang und Nutzenentgang einen Nettonutzen zu realisieren. Rationalität wirkt als Verhaltensprinzip, das den Menschen steuert, ohne dass es ihm in jedem Fall, wahrscheinlich noch nicht einmal in der Mehrzahl der Fälle bewusst ist. Ökonomie und Psychologie unterstreichen diese Sichtweise gleichermaßen in der ihnen eigenen Terminologie und mit Verweis auf die ihrem jeweiligen Untersuchungsspektrum zugehörigen Anwendungsbeispiele.

▶ **Rationalität** bedeutet, dass die Wirtschaftssubjekte in ihren Entscheidungen danach trachten, bei gegenen knappen Mitteln ihren Nettonutzen zu maximieren.

Die kognitive Psychologie erläutert im Rahmen dieser Rationalitätsbetrachtung, weshalb es individuell sinnvoll sein kann, aufwendige Informationssuchverfahren zugunsten der Aufnahme kompakter Schlüsselinformationen aufzugeben. Diese Konstellation trifft etwa zu, wenn sich der Informationssuchende vor einer Kaufentscheidung auf das Warentesturteil in seiner Gesamtheit verlässt und die Details erst gar nicht aufnimmt, sondern den Experten glaubt. Man spricht hier vom Streben nach kognitiver Entlastung oder dem Wunsch nach Erreichung kognitiver Effizienz, das heißt, dass man ebenso wie im ökonomischen Wirtschaftlichkeitsprinzip versucht, ein gegebenes Informationsziel mit möglichst geringem informativem Aufwand zu erreichen (vgl. 1.1.2).

Gemäß der im Rahmen eines gedächtnispsychologischen Ansatzes begründeten *given-new*-Strategie nimmt das Individuum nur das auf, was neu ist und vernetzt es mit dem bereits gespeicherten Wissen (vgl. Grunert 1982, S. 82). Diese Vorstellung findet ihre theoretische Grundlage in der *spreading activation network theory*, der Aktivierungsverbreitungstheorie, verkörpert in semantischen Netzwerkmodellen (vgl. Anderson 1981; Grunert 1990). Beispielsweise werden eine neue Marke oder ein neues Modell mit deren speziell neuen Eigenschaften abgespeichert, aber nicht die bereits bekannten substanziellen Merkmale, etwa was Waschpulver ist oder wie ein Auto funktioniert. Lernt ein Kunstkonsument einen Maler mit einem speziellen Stil kennen, den er vorher noch nicht kannte, so wird er ihn in Anlehnung oder Abweichung von bereits bekannten Künstlern und Ausdrucksformen klassifizieren, etwa: Elvira Bach erinnert mich an Ernst Ludwig Kirchner. Die sich anschließende Verkettung von Gedanken, die in Form der Netzwerkmodelle dargestellt werden kann, geben demjenigen, der in das Gedankengebäude des Einzelnen eindringen, es vielleicht im Sinne kulturpädagogischer Maßnahmen anreichern und verändern möchte, den entscheidenden Hinweis, an welchen Punkten er ansetzen muss, um überhaupt wahrgenommen zu werden.

Die ökonomische Betrachtung von Rationalität zeigt dieselbe Struktur. Der hier vorgenommene Kosten-Nutzen-Vergleich präsentiert sich vergleichsweise handfester, weil er in der Regel mit monetären Einheiten argumentiert. Dennoch sind es nicht die leicht messbaren Größen allein, die den Gesamtwert einer Konsumentscheidung, und damit die Annahme oder Ablehnung des geplanten Verhaltens, bestimmen. Die wenig fassbaren psychischen Kosten und Nutzen, etwa die benötigte Verarbeitungsenergie sowie Image- und Servicewerte gehören ebenso dazu, wie aus der anwendungsorientierten Sicht des Value Marketing gezeigt werden kann. Hier wird der Konsument als Kunde in dem ihm eigenen umfangreichen Prozess der Wertebilanzierung dargestellt (vgl. 5.2.1).

4.3.2 Determinanten der Nachfrage

Die Struktur der Nachfrage nach Kunst und Kultur zeigt ein facettenreiches Bild (vgl. Heilbrun und Gray 1993, S. 55 ff.). Auf der einen Seite lassen sich funktionale Beziehungen, beispielsweise zwischen Preis und Nachfrage darstellen, die keine Besonderheiten im Vergleich zur Nachfrage nach anderen Gütern und Leistungen aufweisen. Auf der anderen Seite scheint der ansonsten charakteristische Grenznutzenbefund, der im Gesetz vom abnehmenden Grenznutzen verankert ist, beim Kunstkonsum auf den Kopf gestellt zu sein. Während im Normalfall der zusätzliche Nutzen bei dem Konsum weiterer Einheiten zu sinken beginnt – das dritte Eis schmeckt nicht mehr so gut wie das erste – scheinen die Kunstkonsumenten nimmersatt zu sein. Ihr Grenznutzen sinkt nicht, sondern er steigt.

Als Determinanten der Kunstnachfrage kommen neben Preis und Qualität des Kunstgutes selbst auch die Preise und Qualitäten möglicher Konsumalternativen sowie das verfügbare Einkommen und der Wert des für den Konsum notwendigen Einsatzes von Zeit ins Spiel (vgl. Throsby 1994, S. 7; Felton 1989, S. 54). Diese Auflistung relevanter Einflussfaktoren bietet aus Sicht der Ökonomen wenig Erstaunliches. Aus dem Blickwinkel der Kulturanbieter mag das anders sein. Insbesondere diejenigen, die Kunstgüter auf eine konkurrenzlos höhere Ebene katapultieren wollen, können mit der Idee wenig anfangen, dass möglicherweise ein Fußballspiel eine Alternative zu einem Theaterbesuch sein soll. Bei realistischer Betrachtung wird man sich jedoch derartigen Überlegungen nicht verschließen dürfen. Kulturkonsum ist eine Form der Freizeitbeschäftigung im Rahmen einer vorgegebenen Menge an verfügbaren freien Stunden. Das gilt für jeden Menschen, unabhängig davon, ob er vertraglich fixiert für andere oder für sich selbst arbeitet. Gemäß dem Rationalitätsansatz muss diese begrenzte Zeit aber sinnvoll eingesetzt werden, das heißt im umfassenden Sinne wertmaximierend. Das Opportunitätskostenprinzip besagt, dass der Nutzen der entgangenen Alternative als Kosten des gewählten Verhaltens zu werten ist. Dies gilt desto stärker, je mehr Anbieter um das knappe Freizeitbudget der Bevölkerung konkurrieren. Die für den einzelnen Kulturanbieter konsequente Schlussfolgerung kann allein darin liegen, den notwendigen Einsatz des Konsumenten an Zeit, Geld und persönlicher Energie zu verringern bzw. mit nutzenerweiternden Maßnahmen den *net surplus* der Konsumentscheidung zu erhöhen.

▶ **Preiselastizität der Nachfrage µ:** stellt den relativen Rückgang der Nachfrage Q ins Verhältnis zu einer relativen Änderung des Preises P, $\mu = \Delta Q/Q \,/\, \Delta P/P$

Der Faktor Preis zeichnet im Normalfall ein typisches Verhaltensmuster in der Beziehung von Angebot und Nachfrage: Je höher der Preis, desto niedriger die Nachfrage und umgekehrt für das Angebot. Die Reaktion der Nachfrager auf eine Veränderung der Preise, beispielsweise eine Verteuerung des Eintritts in Kulturveranstaltungen, wird durch die Nachfrageelastizität gemessen. Bei normaler negativer Neigung der Nachfragefunktion ist die Elastizität negativ. Der Normalfall sieht damit so aus, dass bei einer Preisanhebung um beispielsweise 10 Prozent auch ein Nachfragerückgang um einen bestimmten Prozentsatz zu erwarten ist. Die Frage ist aber, wie stark die Konsumenten reagieren. Schränken sie ihre Nachfrage im selben Ausmaß, im Beispiel also auch um 10 Prozent ein, oder reduzieren sie ihre Nachfrage prozentual weniger oder mit einem höheren Prozentsatz? Alle Konstellationen sind möglich, sie hängen unter anderem davon ab, wie begehrt das nachgefragte Gut ist und inwieweit es auch entbehrlich wäre, weil es noch die Ausweichmöglichkeit auf gute Alternativen gibt.

Diese grundlegenden Beziehungen gelten auch für den Bereich von Kunst und Kultur (vgl. Felton 1992). Angesichts dessen, dass ein Kulturangebot in Konkurrenz zu anderen Kulturveranstaltungen, im weiteren Sinne auch im Wettbewerb zu alternativen Freizeitbeschäftigungen steht, ist zu erwarten, dass die Konsumenten auf Preisanhebungen mit spürbaren Nachfrageeinschränkungen reagieren. Auch hier gilt: Je stärker die mögliche Substituierbarkeit durch andere Konsumaktivitäten, desto elastischer dürften sich die Nachfrager verhalten, und umgekehrt. Je einmaliger, konkurrenzloser, also weniger substituierbar das Kunsterlebnis ist, desto weniger elastisch werden die Konsumenten auf veränderte Preise reagieren (vgl. Heilbrun und Gray 1993, S. 79 f.; Felton 1992, S. 10).

Es wird vermutet, dass die Konsumenten bei den Formen künstlerischer Darbietung, bei denen der Unterhaltungscharakter stark betont wird, etwa Pop-Musik und Musicals, sensibler auf Preisveränderungen reagieren als bei der hohen Kunst bzw. E-Musik wie Oper und klassische Musik. Deren Verarbeitung setzt das erworbene Humankapital voraus, also bereits beträchtliche Investitionen in die eigene Person, sodass auf diesen Konsum nicht ohne weiteres zu Gunsten anderer Alternativen verzichtet werden kann (vgl. Throsby 1994, S. 7).

Allerdings tun auch die Anbieter von Unterhaltungsmusik ihr Mögliches, um sich Preiserhöhungsspielräume zu verschaffen. Beispielsweise bilden der Starkult und die gezielte Verknappung des Angebots durch stark begrenzte Konzerttourneen auch im U-Bereich die Grundlage für verminderte Elastizitäten. Der Trend der vorliegenden Erhebungen weist Preiselastizitäten der Nachfrage bei Darstellender Kunst und bei Konzerten aus, die allesamt relativ wenig elastisch sind. So wurden in einer Zeitreihenstudie über Aufführungen am Broadway Elastizitäten zwischen −0,48 und −0,64 ermittelt, das heißt bei Anhebung der Eintrittspreise um 10 Prozent wurde ein unterproportionaler Rückgang der Nachfrage um rund 5 Prozent

4.3 Nachfrage nach Kunst und Kultur

bzw. 6,5 Prozent errechnet (vgl. Heilbrun und Gray 1993, S. 90 f.). Die Preiselastizität einzelner kultureller Veranstaltungen ist in der Regel größer als die Elastizität nach der Kategorie insgesamt, etwa im Vergleich einer einzelnen Theateraufführung zur Nachfragereagibilität nach Theater im Allgemeinen (vgl. Throsby 1994, S. 7).

Die Besonderheiten der Nachfrage nach Kunst und Kultur liegen mithin weniger in ihren Bestimmungsfaktoren. Unter dem Aspekt müsste man dem Kunstkonsum eigentlich keine spezielle Aufmerksamkeit zuteilwerden lassen. Er sei, so provoziert Holbrook bewusst seine Leser zu Beginn seines Beitrags, auch nicht viel anders als der Konsum von Dosenerbsen und Pelzmänteln (vgl. Holbrook 1987, S. 133).

Doch gibt es andere Unterscheidungskriterien, die daran anknüpfen, dass Kunstkonsum in der Regel immaterieller Natur ist und der Kunstgenuss erst erarbeitet sein will. Im Haushaltsproduktionsmodell der neueren Konsumtheorie stellen Güter und Leistungen, auch aus dem Kunstbereich, Inputfaktoren in den Produktionsprozess dar. Die Schattenpreise für die Verarbeitung von Kunst fallen in dem Maße, wie Erfahrung und Verstehen und andere Attribute des Humankapitals mit Bezug auf Kunst erworben werden (vgl. Throsby 1994, S. 3). Durch sein sukzessiv aufgebautes Kunstwissen wird es dem Konsumenten immer leichter, zu dem ihn befriedigenden Kunstgenuss zu gelangen, dessen Produktion wird kostengünstiger und der relative Konsum von Kunst steigt im Zeitablauf. Der Erwerb und Aufbau von *human capital* ist eine essentielle Voraussetzung dafür, dass das Individuum zu Kunstgenuss überhaupt in der Lage ist. Der Nachfrager muss den Konsum von Kulturgütern erst erlernen (vgl. Brito und Barros 2005, S. 84).

Vor diesem Hintergrund erscheint es deshalb plausibel, dass entgegen der sonst üblichen ökonomischen Annahme des abnehmenden Grenznutzens durch vermehrte Beschäftigung mit Kunst **der Grenznutzen von Kunstgütern steigt** (vgl. Vautravers-Busenhart 1998, S. 51 f.). Letztlich ist es das im Humankapital abgespeicherte Kunstverständnis, das die Freude am Kunstkonsum erst ermöglicht. Diesen Bezug hat vor mehr als 120 Jahren auch schon Alfred Marshall hergestellt. Es sei kein Widerspruch zum Gesetz vom abnehmenden Grenznutzen, dass der Wunsch, gute Musik zu hören, vermutlich um so stärker würde, je mehr das Individuum schon davon genossen habe, da die Vorliebe für gute Musik ein *acquired taste* sei (vgl. Marshall 1891, S. 151). In Fortführung dieser Argumentation schlägt Throsby sogar den Bogen zum Suchtverhalten: Der sich selbst anheizende Konsum der schönen Künste wird zu einem (im Gegensatz zu z. B. der Drogensucht) gesellschaftlich erwünschten rationalen Suchtverhalten (vgl. Throsby 1994, S. 3).

4.4 Wirkungen des Kulturkonsums

4.4.1 Individuelle und soziale Funktionen

Wie bei jeder anderen Konsumentscheidung auch wird Kunstkonsum als Mittel zur Erfüllung angestrebter Funktionen getätigt und als Beitrag zur Problemlösung verstanden. Nach dem schon bekannten Einteilungsschema zwischen internen und externen Beweggründen können das Streben nach Erfüllung personenbezogener Bedürfnisse auf der einen Seite, der Wunsch nach Durchsetzung gemeinschaftsbezogener Belange auf der anderen Seite unterschieden werden.

Die Wirkungen bzw. den Nutzen des Kunstkonsums messen die individuellen Planträger zunächst nur an ihren eigenen Zielsetzungen, so wie sie auch als theoretisches Werteschema von Sheth et al. (1991) formuliert wurden. Für den Kunstkonsum sind dies die klassischen Erwartungen, die schon seit der Antike als Leitmotiv der Teilnahme an künstlerischen Ereignissen in den Vordergrund gestellt wurden. In Einklang mit dem historischen Vorbild wird unterstellt, dass Kunstkonsum in erster Linie der Bildung und Erbauung dient. Der Umgang mit den schönen Künsten, die Erfahrung von Kreativität und Ästhetik erweitern den Blickwinkel und formen das eigene Denken und Empfinden. Als Folge der Persönlichkeitsbildung durch die Kunst ergibt sich bestmöglich ein Handeln, das sich idealerweise dem Guten, dem Schönen und Wahren verpflichtet fühlt.

Neben dieser klassischen Bildungsfunktion haben Kunst und Kultur aber auch schon seit jeher die Aufgabe der Unterhaltung, der Zerstreuung und Belustigung übernommen. Diese Funktion ist deshalb keine Erfindung der modernen Spaßgesellschaft. Kunstkonsum tritt vielmehr in Konkurrenz zu anderen Freizeitbeschäftigungen mit Unterhaltungswert. Die individuellen Bedürfnisse, die durch den Kulturkonsum als Freizeitverhalten gedeckt werden sollen, richten sich daher auch auf das Streben nach Ablenkung und Entspannung und Loslösung vom Alltag.

Im kulturgeschichtlichen Rückblick hat stets noch ein dritter Komplex bei den Aufgaben des Kunstkonsums eine nicht unbedeutende Rolle gespielt. Es handelt sich um die soziale Funktion, die mit der Teilnahme an Kulturveranstaltungen zwangsläufig verbunden ist. Die kulturellen Anlässe bieten die Möglichkeit sich zu verabreden, mit der Familie und mit Freunden zusammenzutreffen und gleichzeitig diese Bande durch das gemeinsame Erlebnis, den zusammen mit den anderen erworbenen Gesprächsstoff zu festigen.

Die soziale Dimension existiert aber nicht nur als vereinheitlichende Größe. Die Abgrenzung und Positionierung gegenüber anderen gehört ebenfalls dazu (vgl.

4.4 Wirkungen des Kulturkonsums

Cooper und Tower 1992, S. 305; Hendon 1979, S. 11 f.). Unter diesem Gesichtspunkt dient Kunstkonsum auch der sozialen Differenzierung. Dies gilt insbesondere in heutiger Zeit, in der es als Folge eines allgemein verbreiteten Wohlstands schwierig ist, sich über die materielle Güterausstattung sichtbar von anderen abzuheben. Die Teilnahme an Kulturveranstaltungen, die Praktizierung des Kunstkonsums generell, ist eine Möglichkeit, sich vom Durchschnittsgeschmack zu lösen und das Besondere durch die Anhäufung von kulturellem Kapital zu demonstrieren.

Konsum bedeutet auch, Sehnsüchte zu verfolgen. Im Kunstkonsum mag dies das Sehnen nach einer anderen Welt, nach Neuem, einer anderen Sicht auf die Dinge und sich selbst sein. Gesucht werden vielleicht spirituelle Hochgefühle wie die, selbst eine erhabene Prinzessin zu sein, wie es eine Theaterbesucherin nach der Vorstellung zu Protokoll gab (vgl. Cooper und Tower 1992, S. 306). Diese Ziele, die in ähnlicher Form auch von der Theorie der Konsumwerte und in der Theorie der Bedürfnishierarchie formuliert wurden (vgl. Sheth et al. 1991; Maslow 1954) wurden in Abb. 4.3 unter die Funktionen Neuigkeitswert und Selbstverwirklichung subsumiert.

Aber auch die gesamtgesellschaftlichen Wirkungen des Kulturangebots werden von der Bevölkerung gesehen und honoriert, allerdings nicht aktiv artikuliert. Sie bilden eine Form der latenten Nachfrage. Dass es sie gibt zeigen die schon zitierten Befragungen, die unter anderem in Australien und Dänemark durchgeführt wurden, in denen die Individuen die öffentliche Güter-Komponenten der Kunst anerkennen und auch bereit sind, einen entsprechenden Finanzierungsanteil zu tragen (vgl. 3.4.2). Der individuell empfundene Nutzen des Kunstkonsums setzt sich daher aus den zurechenbaren, ausschließlichen und den allen zugutekommenden, nicht-ausschließbaren Werten zusammen. Aber nicht nur die privaten Nutzenkomponenten werden als erwartete Wirkungen angestrebt. Gewünscht und in der individuellen Nutzenbilanz verbucht werden auch die sozialen Wirkungen. Das Individuum möchte offensichtlich nicht darauf verzichten, in einer kultivierten Gesellschaft zu leben, in der Kunst und Kultur einen hohen und bleibenden Stellenwert haben (vgl. Abb. 4.8).

4.4.2 Distributive Effekte

Was geschieht nun mit dem Kulturangebot, wer profitiert davon in welchem Ausmaß, wo befinden sich die Nutznießer, etwa von subventionierten Theater- und Opernkarten, von kostenfreien öffentlichen Bibliotheken oder von freiem Zutritt ins Museum?

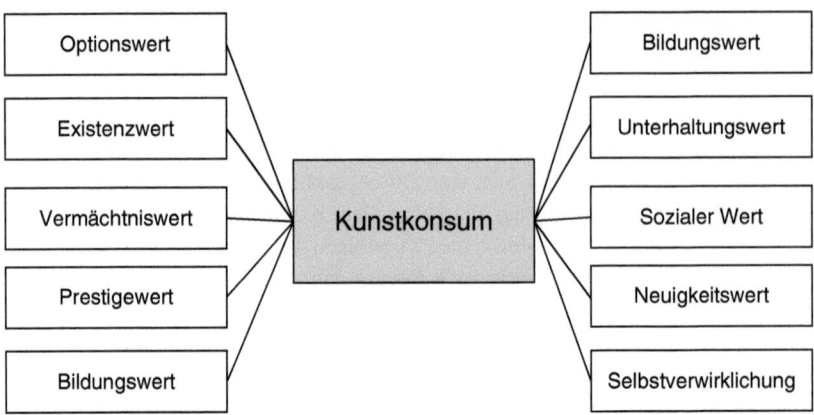

Abb. 4.8 Sozialer und individueller Nutzen des Kunstkonsums. © Ingrid Gottschalk

▶ Unter den **distributiven Wirkungen** von Staatsaugaben, im Betrachtungsfall für Kultur, versteht man die Umverteilungswirkungen der staatlichen Maßnahmen auf die Einkommens- und Vermögensverteilung.

Generell wird mit der Distribution als öffentliche Aufgabe beabsichtigt, die Schiefe der Verteilung von Einkommen und Vermögen zu Lasten der Begüterten und zu Gunsten der minder Bemittelten zu korrigieren. Im Bereich von Kunst und Kultur geht es darum, den Beziehern niedriger Einkommen, den Mittellosen und Bedürftigen, den kinderreichen Familien, Senioren, Schülern und Studenten den Zugang zur Kultur durch Subventionspreise oder sogar freie Eintritte zu ermöglichen. Mit hohen, womöglich kostendeckenden Preisen wäre die Teilnahme am Kulturleben für diese Gruppen unerschwinglich. Um den Ausschluss dieser Gruppen vom Kulturleben zu verhindern, wird deshalb die Chancengleichheit im Zugang zu den Kulturereignissen angestrebt. Gäfgen spricht in diesem Sinne von dem Ziel der spezifischen Egalität. Es gelte Kunst nicht nur allgemein zu fördern, sondern neue Formen der Kunsterziehung und der Diffusion von Kunstdarbietungen zu schaffen (vgl. Gäfgen 1992, S. 186 f.). Vor diesem Hintergrund geht es bei den staatlichen Kulturmaßnahmen nicht nur um die Verbesserung der Allokation, sondern auch um die der Distribution (vgl. O'Hagan 1998, S. 48 ff.). Doch wie realistisch ist dieses Ziel, und inwieweit wird es tatsächlich erreicht? Profitieren die Einkommensschwachen überhaupt von der Kultursubvention, und dies sogar, wie am liebsten von den staatlichen Kulturträgern gesehen, in besonderem Maße?

4.4 Wirkungen des Kulturkonsums

Die Zweifel, die am Erreichen der distributiven Zielsetzung bei den Kulturausgaben laut werden, sind erheblich. Ein Blick in die Besucherstatistiken kultureller Veranstaltungen untermauert, weshalb es zu den kritischen Rückfragen kommt. Schon in der empirisch fundierten amerikanischen Pionierstudie von Baumol und Bowen aus dem Bereich der Darstellenden Kunst hatte die Befragung von fast 25.000 Veranstaltungsbesuchern im Zeitraum von 1963 bis 1965 ergeben, dass der typische Besucher der gehobenen sozialen Schicht angehört, den im Vergleich zum Durchschnitt der Bevölkerung besser Ausgebildeten und Verdienenden. Nur weniger als drei Prozent der Befragten hatten keinen Highschool-Abschluss. Das mittlere Einkommen des befragten Publikums war etwa doppelt so hoch wie das mittlere Einkommen im Durchschnitt der Bevölkerung (vgl. Baumol und Bowen 1966, S. 77 ff.). Als Fazit ihrer Erhebung konstatieren die Autoren: *It should be clear by now that the „common man" is fairly uncommon among those who attend live professional performances* (Baumol und Bowen 1966, S. 93).

Dieses Bild scheint bis heute nahezu unverändert geblieben zu sein. Die ungleiche Nutzerstruktur bei der Inanspruchnahme von Kulturleistungen hat Anlass zu bösartigen Kommentaren geboten. So wurde im Extrem sogar unterstellt, dass sich die Reichen ihren Kunstgenuss von den Armen finanzieren lassen würden. Diese Unterstellung kann man in dieser Form natürlich nicht stehen lassen. Schon deswegen nicht, weil es einer Budgetinzidenzanalyse bedürfte, das heißt einer finanzwissenschaftlichen Wirkungsuntersuchung der ausgaben- und einnahmenwirksamen kulturpolitischen Aktivität des Staates, um den tatsächlichen Nettoeffekt der öffentlichen Kulturfinanzierung festzustellen (vgl. Van der Beek 2002, S. 94). Mit anderen Worten: Selbst wenn wohlhabendere Leute öfter in die Oper gehen als Ärmere, so zahlen diese ja auch im überproportionalen Umfang Steuern und finanzieren deshalb vermutlich ihr subventioniertes Kunsterlebnis selbst. Dennoch bliebe die Frage, warum Kulturnutzer dieser Struktur ihren Eintritt nicht in stärkerem Maße allein bezahlen können.

Van der Beek, der eine Budgetinzidenzanalyse für den deutschen Kulturhaushalt skizziert, kommt zu dem Ergebnis, dass der Befund zumindest ambivalent sei. Einerseits sei dem Ziel der egalitären Offenhaltung der Kulturbetriebe durch die Erhebung nicht kostendeckender Preise Genüge getan, unabhängig davon, ob die ärmeren Schichten dieses Angebot auch tatsächlich nutzten. Andererseits sei eine Regressionswirkung durch die staatliche Intervention in den Kulturbereich zu konstatieren. Das bedeutet, dass die Bezieher höherer Einkommen nach Gegenrechnung der genutzten Kulturleistungen nur unterdurchschnittlich anstelle von überdurchschnittlich steuerlich belastet werden (der Effekt ist regressiv und nicht progressiv) (vgl. Van der Beek 2002, S. 98).

Erwartete, aber nicht gewünschte Verteilungswirkungen dieser Art haben im Übrigen die an anderer Stelle schon diskutierten Vorschläge begünstigt, nicht die Anbieter von Kulturleistungen zu subventionieren, sondern die Nachfrager, beispielsweise speziell Bedürftige in Form von Kulturgutscheinen (vgl. 2.4.2). Auf diesen Zusammenhang hat neben anderen Peacock mit großem Nachdruck hingewiesen. Durch Verteilung der öffentlichen Unterstützung über die Konsumenten anstelle der Institutionen würde das Problem der Begünstigung der Etablierten umgangen. Die geförderten Kulturkonsumenten würden ermutigt, mehr über Kunst und Kultur zu erfahren und ihren Geschmack zu entwickeln. Sehr optimistisch hat Peacock die Hoffnung zum Ausdruck gebracht, dass auf diese Weise die öffentliche Unterstützung sogar eines Tages überflüssig werden würde (vgl. Peacock 1992, S. 15 ff.).

Anlass für das Eingreifen des Staates bei Kunst und Kultur ist die allokative Ineffizienz. Wegen der im zweiten Kapitel beschriebenen öffentliche Güter-Eigenschaften und aufgrund von produktionstechnischen Defiziten, die in der Baumol'schen Kostenkrankheit zum Ausdruck kommen, kann der Markt allein keine ausreichende Befriedigung der Konsumentenpräferenzen leisten. Eine Unterversorgung mit Kulturgütern drohte, das Postulat der Konsumentensouveränität wäre nicht erfüllt. Die knappen Ressourcen der Volkswirtschaft würden nicht korrekt in die Richtung gelenkt, die den meisten Konsumnutzen verspricht. Die öffentliche Hand greift deshalb gegensteuernd in die Allokation der Ressourcen ein und sorgt dafür, dass qua öffentlicher Finanzierung Mittel für die Produktion von Kulturleistungen zur Verfügung stehen. Die distributive Funktion kann dabei nicht automatisch bedient werden. Hilfreich könnten Ansätze der Subventionierung der Kulturkonsumenten sein.

Literatur

Ajzen, Icek (1991). The theory of planned behavior. Organizational Behavior and Human Decision Processes, 50(2), 179–211.

Ajzen, Icek (2011). The theory of planned behaviour: Reactions and reflections. Psychology and Health, 26(9), 1113–1127.

Ajzen, Icek und Fishbein, Martin (1980). Understanding attitudes and predicting social behavior. Englewood Cliffs: Prentice Hall.

Anderson, John R. (1981). Effects of prior knowledge on memory for new information. Memory & Cognition, 9(3), 237–246.

Literatur

Andreae, Clemens-A. und Wilflingseder, Cornelia (1980). Der Einfluß des öffentlichen Sektors auf die Kunst. Wirtschaftspolitische Blätter, Band 27, S. 48.

ArtAssure (2013). Art market analysis 2013. Als Online-Dokument veröffentlicht, abgerufen am 13.04.2015 unter http://www.artassure.com/art-market-analysis-2013/.

Baumol, William J. und Bowen, William G. (1966). Performing arts – the economic dilemma. A study of problems common to theater, opera, music and dance. New York: Twentieth Century Fund.

Bianchi, Marina (1997). Collecting as a paradigm of consumption. Journal of Cultural Economics, 21(4), 275–289.

Binder, Steffen (1996). Die Idee der Konsumentensouveränität in der Wettbewerbstheorie. Teleokratische versus nomokratische Auffassung. Frankfurt/Main: Lang.

Brito, Paul und Barros, Carlos (2005). Learning-by-consuming and the dynamics of the demand and prices of cultural goods. Journal of Cultural Economics, 29(2), 83–106.

Cooper, Peter und Tower, Rupert (1992). Inside the consumer mind: Consumer attitudes to the arts. Journal of the Market Research Society, 34(4), 299–311

European Fine Art Foundation (2015). Global art sales in 2014 break all known records. Als Online-Dokument veröffentlicht, abgerufen am 13.04.2015 unter http://www.tefaf.com/media/tefafmedia/TEFAF%202015%20-%20PB%208%20-%20Global%20art%20sales%20in%202014%20break%20all%20known%20records%20EN.pdf.

Felton, Marianne V. (1989). Major influences on the demand for opera tickets. Journal of Cultural Economics, 13(1), 53–64.

Felton, Marianne V. (1992). On the assumed inelasticity of demand for the performing arts. Journal of Cultural Economics, 16(1), 1–12.

Frey, Bruno S. (2001). What is the economic approach to aesthetics? In: N. S. Baer und F. Snickars (Hrsg.). Rational decision-making in the preservation of cultural property. Berlin: Dahlem University Press. S. 225–234.

Frey, Bruno S. und Eichenberger, Reiner (1995). On the rate of return in the art market: Survey and evaluation. European Economic Review, 39(3/4), 528–537.

Gäfgen, Gerard (1992). Die Kunst der Ökonomie am Beispiel der Ökonomie der Kunst. Homo oeconomicus, 9(2), 171–193.

Gold, Sonia S. (1983). Consumer sovereignty and the performing arts. In: J L. Shanahan et al. (Hrsg.). Markets for the arts. Akron, Ohio: Akron University Press. S. 99–106.

Gottschalk, Ingrid (2001a). Erlebniskonsum als Herausforderung an die Verbraucherbildung. Haushalt und Bildung, 78(4), 29–40.

Gottschalk, Ingrid (2001b). Ökologische Verbraucherinformation. Grundlagen, Methoden und Wirkungschancen. Berlin: Duncker & Humblot.

Grunert, Klaus G. (1982). Informationsverarbeitungsprozesse bei der Kaufentscheidung: Ein gedächtnispsychologischer Ansatz. Frankfurt/Main: Lang.

Grunert, Klaus G. (1990). Kognitive Strukturen in der Konsumforschung. Heidelberg: Physica.

Helmstädter, Ernst (1992). Die Wirkungen der Ausgaben für Kunst und Kultur auf den Wirtschaftskreislauf. In: C.-A. Andreae und C. Smekal (Hrsg.). Kunstförderung in den Alpenländern: Theorie und Praxis. Innsbruck: Universitätsverlag Wagner. S. 117–125.

Heilbrun, James und Gray, Charles M. (1993). The economics of art and culture. An American perspective. Cambridge: Cambridge University Press.

Hendon, William S. (1979). Analyzing an art museum. New York: Praeger.

Holbrook, Morris B. (1987). Progress and problems on consumer aesthetics. In: D. V. Shaw, W. S. Hendon und C. R. Waits (Hrsg.). Artists and cultural consumers. Akron/Ohio: Akron University Press. S. 133–146.
Kremer, Dennis (2013). Jedermann kann sein Geld in Kunst anlegen. Frankfurter Allgemeine Zeitung, FAZ.NET. Als Online-Dokument veröffentlicht, abgerufen am 13.04.2015 unter http://www.faz.net/aktuell/finanzen/meine-finanzen/sparen-und-geld-anlegen/kapitalanlage-jedermann-kann-sein-geld-in-kunst-anlegen-12635485.html?printPagedArticle=true#pageIndex_2.
Lange Nacht der Literatur Hamburg (2014). Homepage, abgerufen am 17.12.2014 unter http://www.langenachtderliteratur.de/.
Lange Nacht der Museen Berlin (2014). Homepage, abgerufen am 17.12.2014 unter http://www.berlin.de/events/2091757-2229501-lange-nacht-der-museen.html.
Lange Nacht der Museen Stuttgart (2014). Homepage, abgerufen am 17.12.2014 unter http://www.lange-nacht.de/.
Lange Nacht der Musik München (2014). Homepage, abgerufen am 17.12.2014 unter http://www.muenchner.de/musiknacht/.
Lange Nacht der Opern und Theater Berlin (2014). Homepage, abgerufen am 17.12.2014 unter http://www.berlin.de/tickets/theater/archiv/2116677-3238896-lange-nacht-der-opern-und-theater.html.
Marshall, Alfred (1891). Principles of economics. London: Macmillan.
Maslow, Abraham H. (1954). Motivation and personality. New York: Harper & Row.
McCain, Roger A. (2003). Taste formation. In: R. Towse (Hrsg.). A handbook of cultural economics. Cheltenham, UK: Elgar. S. 445–450.
Musgrave, Richard A. (1956/57). A multiple theory of budget determination. Finanzarchiv, N. F.,17(3), 333–343.
O'Hagan, John W. (1998). The state and the arts. An analysis of key economic policy issues in Europe and the United States. Cheltenham, UK: Elgar.
Peacock, Alan (1992). Economics, cultural values, and cultural policies. In: R. Towse und A. Khakee (Hrsg.). Cultural economics. Berlin: Springer. S. 9–20.
Peacock, Alan (1993). Paying the piper. Culture, music and money. Edinburgh: Edinburgh University Press.
Pesando, James (1993). Art as an investment: The market for modern prints. The American Economic Review, 83(5), 1075–1089.
Pommerehne, Werner W. und Frey, Bruno S. (1993). Musen und Märkte. Ansätze zu einer Ökonomik der Kunst. München: Vahlen
Prosi, Gerhard (1996). Der Kulturbürger und seine Wahlfreiheit: Wer und was bestimmen Vielfalt und „Qualität" der Kultur? In: Hanns-Martin-Schleyer- Stiftung (Hrsg.) Medienentwicklung: Von der Selektion der Anbieter zur Selektion der Bürger – Individualisierung der Nachfrage als Gefährdung der kulturellen Integration? Veröffentlichungen der Hanns-Martin-Schleyer-Stiftung, Band 46. Köln: Bachem. S. 21–26.
Schäfer, Hermann (1997). Museen als Erlebnisraum. In: W. Heinrichs (Hrsg.). Macht Kultur Gewinn? Kulturbetrieb zwischen Nutzen und Gewinn. Baden-Baden: Nomos Verlagsgesellschaft. S. 82–93.
Reichert, Kolja (2013). Das fiese Geld. ZEIT ONLINE, Jahrgang 2013, Ausgabe 49. Als Online-Doklument veröffentlicht, abgerufen am 13.04.2015 unter http://www.zeit.de/2013/49/kunstmarkt-strukturvergleich-deutsch-international/komplettansicht.

Reyburn, Scott (2014). The great divide in the art market. The New York Times. Als Online-Dokument veröffentlicht, abgerufen am 13.04.2015 unter http://www.nytimes.com/2014/04/28/arts/international/the-great-divide-in-the-art-market.html?_r=0.
Scherhorn, Gerhard (1992). Kritik des Zusatznutzens. Thexis, Heft 2. S. 24–28.
Scherhorn, Gerhard (1993). Konsumverhalten. In: G. Enderle (Hrsg.). Lexikon der Wirtschaftsethik. Freiburg: Herder. Sp. 545–551.
Scherhorn, Gerhard (1994). Die Unersättlichkeit der Bedürfnisse und der kalte Stern der Knappheit. In: B. Biervert und M. Held (Hrsg.). Das Naturverständnis der Ökonomik. Frankfurt/Main: Campus. S. 224–240.
Schnabel, Hermann (1979). Verhaltenswissenschaftliche Konsumtheorie. Stuttgart: Kohlhammer.
Sheth, Jagdish N., Newman, Bruce I. und Gross, Barbara L. (1991). Why we buy what we buy: A theory of consumption values. Journal of Business Research, 22(2), 159–170.
Sheth, Jagdish N., Banwari Mittal und Bruce I. Newman (1999). Customer behavior and beyond. Fort Worth: The Dryden Press.
The European Fine Art Foundation (2015). Global art sales in 2014 break all known records. Als Online-Dokument veröffentlicht, abgerufen am 13.04.2015 unter http://www.tefaf.com/media/tefafmedia/TEFAF%202015%20-%20PB%208%20-%20Global%20art%20sales%20in%202014%20break%20all%20known%20records%20EN.pdf.
Throsby, David (1994). The production and consumption of the arts: A view of cultural economics. Journal of Economic Literature, 32(1), 1–29.
Toffler, Alvin (1973). The culture consumers. New York: Random House.
umbra Markt- und Sozialforschung (2014). Lange Nacht der Museen in Stuttgart, 15. März 2014, Befragung von 707 zufällig ausgewählten Besucherinnen und Besuchern. Unveröffentlichtes Manuskript. Landau: umbra Markt- und Sozialforschung.
Van der Beek, Gregor (2002). Kulturfinanzen. Ein volkswirtschaftlicher Beitrag zur Reform der öffentlichen Museen und Theater in Deutschland. Berlin: Duncker & Humblot.
Vautravers-Busenhart, Isabelle (1998). Kultur- oder Sparpolitik? Eine ökonomische und institutionelle Analyse für die Schweiz. Chur: Rüegger.
Weinberg, Peter (1986). Vom Preis- zum Erlebniswettbewerb. Absatzwirtschaft, 29(3), 87–91.
Wiswede, Günter (2000) Konsumsoziologie – Eine vergessene Disziplin. In: D. Rosenkranz und N. F. Schneider (Hrsg.). Konsum. Soziologische, ökonomische und psychologische Perspektiven. Opladen: Leske & Budrich. S. 23–72.

Strategien der Bereitstellung von Kulturgütern

5

Zusammenfassung

Die öffentliche und private Finanzierung von Kulturprojekten in Form der Public Private Partnership (PPP) ist im Vergleich zu Gemeinschaftsprojekten in anderen Bereichen in Deutschland noch wenig verbreitet. Die von der Verfasserin entwickelte Kulturkarte (Gottschalk 1998) wird als Beispiel gemeinschaftlicher Beteiligung in ihrer Konzeption und möglichen Akzeptanz vorgestellt. Als alternatives Preismodell wird der von Frey und Steiner (2012) konzipierte Museumseintrittspreis des „pay as you go" skizziert und anhand erster Reaktionen von Konsumentenseite illustriert. Im Modell des Value Marketing von Kotler et al. (2009) entscheidet der realisierte Konsumentenwert über den Erfolg der angebotenen Leistung. Diesem Modell folgend ergeben sich durch Konsumentenbefragung Hinweise für ein verbrauchergerechtes, den Nettowert eines Museumsbesuchs maximierendes Angebot. Durch den Einsatz von Technik werden zudem neue Wege der Vermittlung von Kunst erprobt. Der virtuelle Kunstbesuch bietet die Möglichkeit, neue Interessenten spielerisch an die Kulturinstitution heranzuführen und dem Stammpublikum bei der Planung zu helfen.

5.1 Privat-öffentliche Angebote

5.1.1 Das Konzept der Public Private Partnership

Die Zukunft der Kulturfinanzierung wird vermutlich in einer bestmöglich miteinander verzahnten Kombination unterschiedlicher Finanzierungsquellen liegen. Die Finanzierung öffentlicher oder gemeinnütziger Kulturaufgaben durch nur einen Geldgeber wird nach Heinrichs bald endgültig der Vergangenheit angehören (vgl. Heinrichs 1997, S. 216). Wichtig sei, dass eine neue Finanzierungsstruktur erschlossen würde, die übergreifende partnerschaftliche Absprachen beinhaltet und nicht nur Arrangements für den Einzelfall vorsieht (vgl. Heinrichs 1997). Die privaten Financiers sollen nicht länger die Rolle des Feuerwehrmanns spielen, der in akuter Not gern gerufen, bei entspannter Lage aber wieder geschmäht wird. Auf der anderen Seite sollten die privaten Geldgeber auch nicht ungebührlich viel Lob einheimsen, etwa als Alleinsponsor einer Ausstellung. Diese wäre in vielen Fällen zwar tatsächlich ohne die privaten Mittel nicht zustande gekommen. Ohne das öffentliche Gebäude, die im öffentlichen Dienst beschäftigten Kunstkuratoren, kurz: ohne Übernahme des Fixkostenblocks durch die öffentliche Hand hätte es die Ausstellung aber auch nicht gegeben. Hutter veranlasst derartige Überlegungen zu der Bemerkung, dass Sponsoring zu billig sei (vgl. Hutter 1995, S. 78). Wenn eine Veranstaltung zu 95 Prozent aus öffentlichem Etat, aber nur zu 5 Prozent auf privater Basis bestritten sei, sie sich aber nach außen hin als privat gefördert darstellen dürfe, dann sei dies unangemessen – eben zu billig (vgl. Hutter 1995).

Als systematische, ex ante konzipierte, partnerschaftliche Kombination von privaten und öffentlichen Mitteln ist das Modell der Public Private Partnership (PPP), die Öffentlich Private Partnerschaft (ÖPP) in den Vordergrund gerückt. Es handelt sich um eine Konzeption, die in den USA schon seit langem entwickelt und praktiziert wurde, dort insbesondere als privat-öffentliche Aufgabenteilung in Problemzonen von Ballungszentren (Budäus et al. 1997, S. 25). Im Rahmen eines Forschungsprojekts zu kommunalen Straßennetzen in der Schweiz wurden die strukturellen Merkmale von PPP durch Analyse einer Vielzahl internationaler Definitionen erarbeitet (Girmscheid und Dreyer 2006, S. 100).

▶ Die Hauptmerkmale von **Public Private Partnership** bestehen aus der Erfüllung einer öffentlichen Aufgabe mit mindestens einem privaten und einem öffentlichen Partner, der Langfristigkeit der vertraglich fixierten Kooperation unter der Zielsetzung der Effizienzsteigerung bei geteilten, der jeweiligen Kompetenz entsprechenden Verantwortlichkeiten (vgl. Girmscheid und Dreyer 2006, S. 100). Unabhängig vom Grad der Kooperation müssen stets gemeinsame Ziele verfolgt

5.1 Privat-öffentliche Angebote

werden, die Maßnahmen sollen sich ergänzen und dürfen nicht im Konflikt zueinander stehen (vgl. Budäus und Grüning 1997, S. 50 ff.).

Der Kulturkreis der deutschen Wirtschaft (2010) hat untersucht, welche Formen unternehmerischer Kulturförderung praktiziert werden. Die drei großen Säulen der Förderung betreffen Einzelevents (72 Prozent von 265 befragten Unternehmen) und Projektförderung (56 Prozent) (Kulturkreis der deutschen Wirtschaft 2010, S. 16 f.). Public Private Partnership ist offenbar noch so wenig verbreitet, dass es mit 10 Prozent an den Schluss rückt (vgl. Abb. 5.1).

Möglicherweise trifft PPP bei Kunst und Kultur deshalb noch auf eher zögerliche Resonanz, da die konstitutive Langfristigkeit der Partnerschaft abschreckt und der Nutzen einer derartigen Verbindung von beiden Seiten in Frage gestellt wird. Unternehmervertreter könnten ein „Fass ohne Boden" befürchten, Anhänger der öffentlichen Finanzierung von Kultur könnten annehmen, dass der etwas schwammig bleibende Begriff der Public Private Partnership dazu herhalten müsse, Modernität und eine reformierte Staatsverwaltung zu suggerieren, obwohl in Wirklichkeit nur Privatisierungsanstrengungen verschleiert werden sollen (vgl. Budäus und Grüning Budäus et al. 1997, S. 47). Es hätte ganz allgemein den Anschein, als würde die permanente Zitierung des Schlagworts der PPP nur

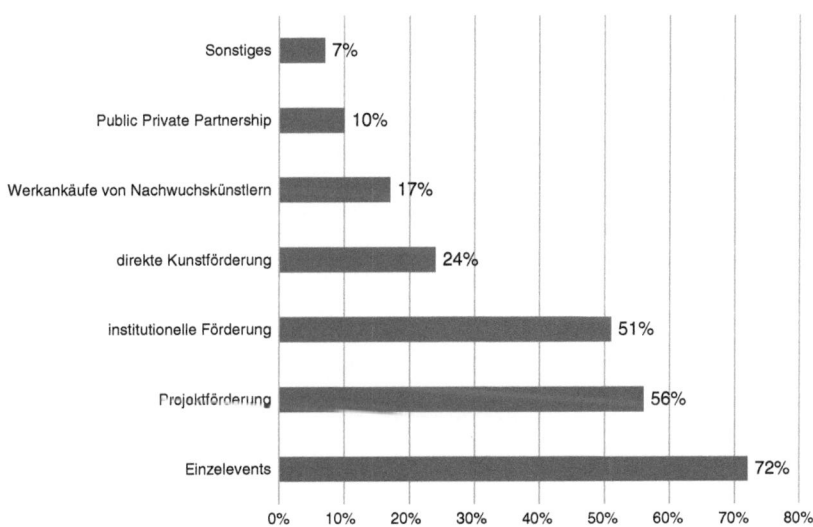

Abb. 5.1 Förderformen unternehmerischer Kulturförderung. Vgl. Kulturkreis der Deutschen Wirtschaft 2010, S. 13

ausdrücken wollen, dass sich ein neuer, revolutionärer Prozess der Zusammenarbeit gleichsam von allein einstellte (vgl. Wettenhall 2003, S. 91). Die einschlägigen Experten versichern allerdings, dass dies eine Fehlinterpretation des Konzeptes sei. Es ginge nicht um eine ideologisch motivierte Zurückdrängung des vermeintlich unfähigen Staates, denn die öffentliche Hand solle zukünftig nicht einfach weniger, sondern vor allem anders agieren, um für das Gemeinwohl gestaltend zu wirken (vgl. Mirow 1997, S. 13). Ansätze zu Public Private Partnership können deshalb verstanden werden als Teil der Modernisierung des öffentlichen Sektors, mit mehr erkennbarer Bürgernähe und einer Effizienzsteigerung des Dienstleisters Staat (vgl. Mirow 1997, S. 22). Im engeren Sinne beinhaltet dieses Vorgehen eine formelle Kooperation zwischen öffentlicher Hand und Akteuren aus dem privaten Sektor, bei der komplementäre Ziele verfolgt und Synergiepotenziale bei der Zusammenarbeit genutzt werden. Das von Budäus und Grüning (1997) entworfene Struktur-Modell der Public Private Partnership (Abb. 5.2) weist den Zusammenhang zwischen Zielen, Ressourcen, Synergieeffekten und Ergebnissen im Zusammenspiel zwischen öffentlichen und privaten Partnern aus (Budäus und Grüning 1997, S. 64).

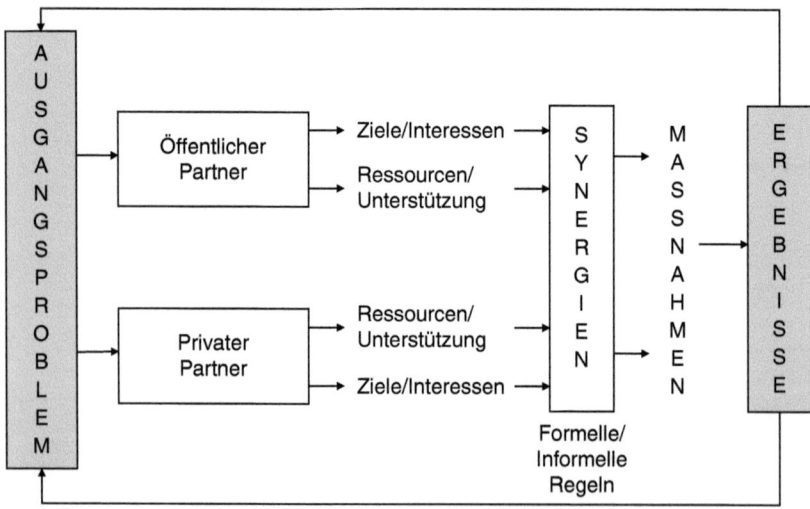

Abb. 5.2 Public Private Partnership als Struktur-Modell. Vgl. Budäus und Grüning 1997, S. 64

5.1.2 Public Private Partnership in der Praxis

Die Entwicklungen der Vergangenheit zeigen, dass die privat-öffentlichen Kooperationen in Deutschland zugenommen haben und vermutlich auch in Zukunft weiter an Bedeutung gewinnen werden (vgl. Budäus und Grüb 2007). Im Vergleich zu 2004 hat sich im Jahr 2005 die Zahl gemeinsamer Projekte einschließlich gemeinschaftlicher Finanzierungsvorhaben in Bund, Ländern und Gemeinden auf rund 600 verdoppelt (vgl. Institut der deutschen Wirtschaft Köln 2006, S. 8). Das dabei eingesetzte Investitionsvolumen von etwa 3 Milliarden Euro wurde allerdings sehr unterschiedlich aufgeteilt. Am meisten bedacht wurden die Schulen mit einem Anteil von 29,5 Prozent. Es folgten Kooperationsprojekte im Verkehr (19,2 Prozent) und Sonstige Bereiche (5,6 Prozent). Dem schon aus der Überschrift deutlich werdenden Fazit des Instituts der deutschen Wirtschaft, dass Public Private Partnership „noch viel Potenzial habe", ist nicht nur generell, sondern speziell für den Bereich der Kultur zuzustimmen. Mit einem Anteil von 2,6 Prozent am Investitionsvolumen der PPP-Projekte war er im betrachteten Zeitraum der mit Abstand geringste Nutznießer privat-öffentlicher Kooperationen (vgl. Institut der deutschen Wirtschaft Köln 2006, S. 8).

Dasselbe Bild zeigt eine Studie des Deutschen Instituts für Urbanistik, das aus einer Befragung mit 120 Kommunen im Jahr 2006 den Prozentsatz kommunaler Gemeinschaftsprojekte als hoch für Schule und Sport (35 Prozent) und Freizeit und Touristik (28 Prozent) auswies, aber angesichts des schmalen Stücks im Tortendiagramm für Kulturprojekte zwischen öffentlichen und privaten Trägern keinen Prozentsatz mehr nennen mochte (vgl. Grabow 2006).

In einer vom Bundesministerium der Finanzen (2015) unterhaltenen PPP-Projektdatenbank können Interessierte die aktuellen Entwicklungen Öffentlich Privater Partnerschaften in Deutschland abrufen. Die Suchergebnisse für die Rubrik „Kultur- und Sportstätten" signalisieren jedoch eine klare Dominanz des Sportbereichs: Von insgesamt 56 genannten Projekten sind 44 (78,6 Prozent) mit den Stichworten Schwimmbad, Stadion oder Sporthalle eindeutig sportbezogen gekennzeichnet, dagegen fallen die rein kulturbezogenen Stichworte Theater oder Konzertsaal nur in 3 Fällen (5,4 Prozent). Die übrigen 9 gemeinschaftlichen Projekte (16,1 Prozent) dienen nicht genau zuordenbaren Vorhaben wie Kongresszentren oder Verwaltungsgebäuden (vgl. Bundesministerium der Finanzen 2015).

Es gibt jedoch positive Vorbilder für gelungene Privat-Öffentliche-Partnerschaften im Kulturbereich, die andere als Blaupause verwenden könnten. Unter Bezugnahme auf das *National Theatre* in London wird berichtet, dass dort unter der neuen Leitung seit 2003 eine fruchtbare Zusammenarbeit mit privaten Firmen erfolgt, die etwa zu ermäßigten Eintrittspreisen, Sonntagsvorstellungen und Unterhaltung im Theaterfoyer geführt und damit ein neues Publikum angelockt hat (vgl. Editorial The Guardian/The Observer 2013). Auch für Deutschland werden in der Studie von Ellenrieder und Kiel (2006) gelungene Beispiele für öffentlich-private Kulturprojekte genannt, darunter das Literaturhaus München als Stiftungsmodell und die Bremer Philharmoniker als GmbH (Ellenrieder und Kiel 2006, S. 24 ff.).

Das **Literaturhaus München** wurde im Jahr 1997 gegründet und hat seinen Sitz in einem historischen Gebäude am Salvatorplatz. Das Literaturhaus steht allen Kunst- und Literaturinteressierten offen und macht mit jährlich etwa fünf Ausstellungen und 150 Lesungen von sich reden (vgl. Münchner Literaturhaus 2015). Im Jahr 1993 gründete die Stadt, gemeinsam mit Münchner Verlegern, die Stiftung Buch-, Medien- und Literaturhaus München. Die selbstständige Stiftung ist Träger und Betreiber des Literaturhauses, sie verfügt über ein Vermögen von 50.000 Euro von Seiten der privaten Verlage und über das Nutzungsrecht für das Haus und den Platz von Seiten der Stadt. Beide Partner sind paritätisch in allen Entscheidungsgremien vertreten. Laufende Einnahmen entstehen unter anderem aus dem Betrieb des Cafés, aus den Mieten von Veranstaltern oder Einnahmen aus eigenen Veranstaltungen. Ein Förderverein kümmert sich um zusätzliche Spenden und Sponsorengelder.

Die **Bremer Philharmoniker GmbH** weist auf ihrer Internetseite rund 60 Förderer und Partner aus, darunter das Hilton Bremen und die Sparkasse Bremen aus Wirtschaft und Finanzen, das Deutschlandradio Kultur oder die Kunsthalle Bremen als Vertreter anderer Kulturinstitutionen, die Hochschule und die Musikhochschule Bremen aus der Wissenschaft sowie Repräsentanten des bürgerschaftlichen Engagements wie den Rotary Club oder Einzelpersonen (vgl. Bremer Philharmoniker 2014). Inklusive Abonnement- und Sonderkonzerten gibt es pro Saison an die 70 Konzerte, hinzukommen 150 Opernvorstellungen im Theater Bremen und eine eigene Kammermusikreihe.

5.2 Wertorientiertes Marketing von Kulturleistungen

5.2.1 Das Konzept des Value Marketing

Kulturanbieter der Gegenwart stehen vor neuen, sich gegenseitig verstärkenden Herausforderungen. Dazu gehören die gekappten oder sogar gestrichenen öffentlichen Mittel auf der einen Seite, der sich verschärfende Wettbewerb um Zeit, Geld

5.2 Wertorientiertes Marketing von Kulturleistungen

und Aufmerksamkeit anspruchsvoller Nachfrager von Kulturleistungen auf der anderen Seite. Die Folge ist, dass sich die Kulturinstitutionen öffnen und beginnen, marktorientiert und besucherbezogen zu planen, sei dies nun willentlich strategisch angelegt oder von den Gegebenheiten erzwungen. Die Richtschnur für eine derartige Neuausrichtung liefert das Kulturmarketing als eine Form des Marketings für nicht-erwerbswirtschaftliche Bereiche, so wie sie von dem amerikanischen Marketingwissenschaftler Philip Kotler vorgestellt wurde (vgl. Kotler 1972; Kotler et al. 2009). Im Grundsatz geht es darum, durch Eingehen auf die Wünsche der Kunden nicht nur den Anbietern, sondern ebenso den Nachfragern Vorteile zu verschaffen. Beide Seiten sollen davon profitieren, dass Austauschprozesse im gegenseitigen Einvernehmen und wechselseitig nutzenstiftend erklärt, herbeigeführt und gestaltet werden (vgl. Terlutter 1999, S. 11).

▶ **Marketing** steht für den Prozess, der die Kundenwünsche effizient und gewinnbringend identifiziert, antizipiert und befriedigt (vgl. Yorke und Jones 1987, S. 25). Damit geht einher, dass der Konsument einen herausragenden Stellenwert erhält.

Mit dem Konzept des Value Marketing wird die *win-win*-Situation für beide Seiten verdeutlicht. Durch maximale Ausrichtung an den von den Konsumenten gewünschten Werten gelingt es, das Angebot von anderen abzuheben und gegenüber der Konkurrenz vorne zu liegen. In der Summe soll dem Kunden das Gefühl gegeben werden, mehr Nutzen zu erhalten als er an Kosten einsetzt, das heißt unter dem Strich einen Nettowert mit nach Hause zu nehmen, den *customer perceived value* (CPV) (vgl. Kotler et al. 2009, S. 381 ff.). Der Kundenwert, der die Grundlage für die Kaufentscheidung bildet, muss in der subjektiven Einschätzung des Kunden höher sein als der des Wettbewerbers. Den Zuschlag bekommt derjenige, der beim *value for money* am besten abschneidet, also ein herausragendes Verhältnis von Kosten und Leistungen insgesamt bietet. In diesem Ansatz werden die Kunden als Wertmaximierer ausgewiesen. Sie bilden eine Werterwartung und handeln danach, sofern es ihnen im Rahmen der durch Suchkosten, begrenztes Wissen, Mobilität und Einkommen gesetzten Grenzen möglich ist (vgl. Kotler et al. 2009, S. 381).

Abbildung 5.3 zeigt, mit welcher Differenziertheit das Wertesystem des Konsumenten aus Sicht der Anbieter angenommen wird. Auf den Seiten von Gesamtkosten und Gesamtnutzen stehen sich auch, aber eben nicht nur, die „typischen" Größen wie der Preis (enthalten in den monetären Kosten) und die Qualität

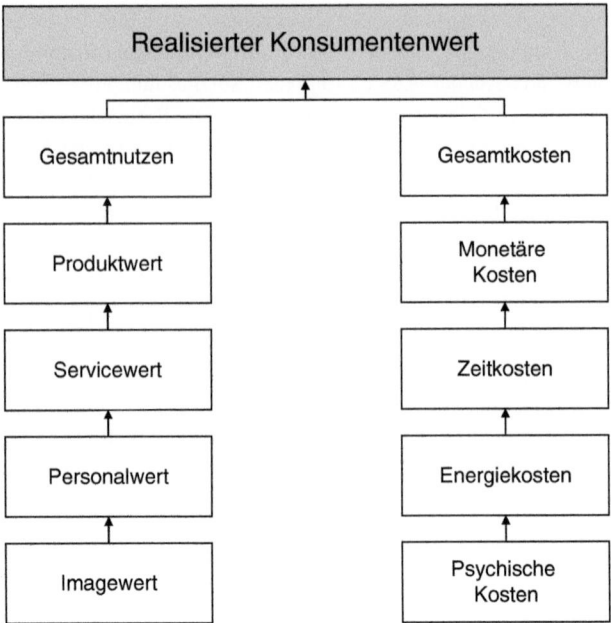

Abb. 5.3 Determinanten des realisierten Konsumentenwerts. Vgl. Kotler et al. 2009, S. 381, in deutscher Übersetzung

(im Produktwert) gegenüber. Hinzu kommen die weniger sichtbaren, aber nicht minder wichtigen Elemente:

- **Auf der Kostenseite**: Der für die Erlangung und Nutzung des Gutes oder der Leistung notwendige Einsatz von Zeit und Energie (auch als Wegekosten) sowie die damit verbundene Mühe bzw. der Verarbeitungsaufwand.
- **Auf der Nutzenseite**: Der zum Produkt oder zur Leistung zusätzlich gebotene Service, etwa die begleitende Information, die Freundlichkeit und Kompetenz des Verkaufspersonals, das Image des zu erwerbenden Gegenstands oder der zu nutzenden Leistung.

Erst die Differenz aus beidem, den Gesamtkosten und den Gesamtnutzen, ergibt den für die Konsumentscheidung relevanten, zu realisierenden Nettowert (vgl. Kotler et al. 2009, S. 381).

5.2 Wertorientiertes Marketing von Kulturleistungen

Aus der Werteanalyse oder auch Kosten-Nutzen-Bilanz des Individuums kann der Anbieter konstruktive Hinweise für die eigene Angebotsgestaltung ableiten. Ausgedrückt in dem vereinfachenden Schema der „vier P" des Marketinginstrumentariums geht es darum, dem Kunden hinsichtlich des Produktes, dessen Preis, Promotion und Platzierung das Gefühl zu geben, mehr zu bekommen, als er dafür aufgibt. Neben den bekannten Einflussfaktoren gewinnt auch scheinbar Nebensächliches an Bedeutung. So kann die Qualität der Ausstellungsexponate (das Produkt) unangefochten, der Eintrittspreis akzeptabel sein. Aber möglicherweise sind das negative Image der Institution an sich, die mangelnde Auskunftsfreudigkeit des Personals sowie die Anstrengung der Verarbeitung bei nur wenig verständlicher Information die Bremser im System. Die Kulturleistung kann aber nur dann sinnvoll erbracht werden, wenn der Konsument auch gewillt ist, sie anzunehmen. Das ist dann der Fall, wenn nach der Nettowertanalyse der zu erwartende realisierte Konsumentenwert positiv ist.

Da aus dem Ansatz des Value Marketing Anbieter und Nachfrager gleichermaßen Vorteile schöpfen können, scheint er gut geeignet zu sein, noch bestehende Vorbehalte zu relativieren und den Kulturinstitutionen die Angst vor marktorientiertem Denken zu nehmen. Doch welche Vorschläge sind damit konkret verbunden, welche praktische Bedeutung hat dieses Konzept für die Kulturarbeit vor Ort? Diese Frage wurde im Rahmen einer empirischen Studie an der Universität Hohenheim für das Beispiel des Museumsmarketing geprüft.

5.2.2 Value Marketing in der Praxis

Die Museen wurden als Untersuchungsbereich ausgewählt, da sie, zumindest in der Vergangenheit, auf eine bestimmte Klientel, nämlich den interessierten, bildungsbeflissenen Besucher ausgerichtet schienen und weniger darauf geeicht, neue Besuchergruppen zu erschließen (vgl. hier und im Folgenden Ammann 2001). Das Anlocken neuer Besucher gelingt aber nur, wenn man weiß, weshalb die Nichtbesucher bisher fern blieben und welche Komponenten im Kosten-Nutzen-Vergleich den Ausschlag gegeben haben. In der Logik des Wertmarketings gesprochen: Offenbar waren die erwarteten Nutzen der Nichtbesucher zu gering und die empfundenen Kosten zu hoch, sodass ein negativer Nettowert vom Museumsbesuch abhielt. Als Konsequenz entsteht für das Museumsmarketing die Aufgabe, das Produkt Museumsbesuch in seiner ganzen Bandbreite auszuloten, um einerseits den unterschiedlichen Bedürfnissen des Publikums gerecht zu werden und andererseits die empfundenen Kosten zu relativieren.

Aber wie groß ist das Interesse schon vorhandener und potenzieller neuer Besucher an Maßnahmen, die das Value Marketing vorschlägt? Können daraus zielgruppenspezifische Strategien mit einem Leitfaden für die Stärke- und Schwächeanalyse von Museen entwickelt werden? Diese Fragen standen im Mittelpunkt der schriftlichen Befragung von 82 Probanden im März 2001. Anlage und Umfang der nach den Kriterien Geschlecht, Alter und Bildung strukturierten Quotenstichprobe lassen keine Generalisierungen zu, dennoch können einige wertvolle Hinweise gewonnen werden. Unabhängig von der Häufigkeit, mit der Museen frequentiert werden, konstatieren die Befragten, dass sie gern dorthin gehen. Auf der Beliebtheitsskala von 1 = gar nicht bis 6 = sehr liegt der durchschnittliche Wert bei 4,6. Die am häufigsten genannten Anlässe, die für einen Gang ins Museum sprechen, sind das Interesse an bestimmten Ausstellungen, der Urlaub oder der gemeinsame Besuch mit Gästen.

Für alle Befragten gilt, dass auf der negativen Seite Zeit- und Geldkosten im Vordergrund stehen, auch wenn sie nicht immer gleich stark ins Gewicht fallen. Auf der sechsstufigen Skala schlagen der Zeitmangel mit 3,5 und die monetäre Belastung mit 2,2 zu Buche. Aber auch Kostenfaktoren aus den Kategorien Einsatz-/ Energiekosten und psychische Kosten werden genannt, etwa die schlechte Verkehrsanbindung (2,0), die Überfüllung (2,7), dass man sich fehl am Platz fühle (1,8) oder dass Freunde und Bekannte nicht hingingen (1,6). Der empfundene Nutzen bzw. die Gründe, die für einen Museumsbesuch sprechen, spiegeln zunächst die klassischen Erwartungswerte wider, die im Durchschnitt auch als zutreffend empfunden werden. Der Aufenthalt im Museum wird mit Information (4,9), Bildung (4,4) und innerer Befriedigung (3,1) untermauert, aber auch mit Unterhaltung (3,4) und Erholung (3,0) assoziiert. Diese Nutzenarten entsprechen dem typischen Produktwert der Museumsleistung. Darüber hinaus werden aber auch die Imagewerte der touristischen Attraktion mit 3,4 und das „Mitreden können" mit 2,7 veranschlagt. Das sind die Pro und Contra des aktuell erlebten Kosten-Nutzen-Vergleichs. Die Vorschläge der Befragten zur Verbesserung dieser Bilanz sind noch weitreichender und bestätigen das differenzierte Vorgehen im Ansatz des Value Marketing.

Die Befragungsteilnehmer befürworten eine Aufwertung der ihnen gebotenen Leistung und plädieren für ein angemessenes Preis-Leistungs-Verhältnis. Oftmals sind es scheinbare Kleinigkeiten, die Bedingungen am Rande, die das Erlebnis und den Kunstgenuss erst komplett machen. Eine den Probanden vorgelegte Liste von 24 Verbesserungsvorschlägen wurde in ihrer Gesamtheit stark befürwortet. Dezidiert sprechen sich die Befragten gegen die puristische Auffassung aus, dass bei einem Museumsbesuch ausschließlich die ausgestellten Werke interessierten, aber das „Drumherum" egal sei. Auf der Skala von 1 = stimme gar nicht zu bis 6 = stimme voll zu wurde diese Ansicht mit 2,2 gewichtet, also tendenziell abgelehnt. Andere Punkte fanden dagegen breite Zustimmung mit durchschnittlichen Gewichtungen von rund 4 und mehr Skalierungswerten.

5.2 Wertorientiertes Marketing von Kulturleistungen

Nutzenerhöhung		Kostenminderung	
Bildungs- und Informationswert: - Schwerpunktführungen - Vorträge, Diskussionsrunden	5,2 4,3	Geldkosten: - dem Angebot angemessener Eintrittspreis - Preisdifferenzierung	4,6 3,9
Erlebniswert: - Live-Darbietungen - Zusätzliches Kulturangebot	4,4 4,4	Zeitkosten: - großzügige Öffnungszeiten - individuelle Routenpläne	5,0 4,7
Erholungswert: - Sitzgruppen - Museumscafé und -restaurant	4,7 4,0	Psychische Kosten: - Kinderbetreuung	4,4

Abb. 5.4 Aufwertung des Museumsbesuchs. (Befragung 2001, n = 82) © Ingrid Gottschalk

Abbildung 5.4 zeigt, wie sich der Wert eines Museumsbesuchs steigern ließe. Nutzenaufwertungen sind speziell in den Kategorien Bildung und Information, Erlebnis und Erholung möglich. Nach Meinung der Befragten ist es insbesondere wichtig, dass die Museen verschiedene Führungen anbieten. Sie sollten unterschiedliche Schwerpunkte setzen und eine differenzierte Informationstiefe anstreben, also beispielsweise auch für Kinder zugeschnitten sein (5,2 auf der Skala von 1 = gar nicht bis 6 = sehr). Passende Vorträge und Diskussionsforen sollten die Ausstellungsthematik vertiefen (4,3). Als das Gesamterlebnis steigernde Maßnahmen werden Live-Darbietungen, etwa über das Entstehen eines Kunstwerkes, oder ergänzende, zur Ausstellung passende Musik- oder Theatervorführungen gewünscht (jeweils 4,4). Dem Erholungs- und Unterhaltungswert dienten Sitzgruppen in den Museen (4,7) sowie die Möglichkeit, ein Museumscafé oder Museumsrestaurant aufzusuchen (4,0).

Für die Kostenseite werden ähnlich dezidierte Vorschläge gemacht. Eintrittspreise würden dann besser akzeptiert, wenn sie als angemessen im Verhältnis zum Angebot empfunden werden (4,6). Die Idee der Preisdifferenzierung wird begrüßt, beispielsweise dass der Eintritt morgens und an Werktagen günstiger ist als abends und an Sonn- und Feiertagen (3,9). Außerdem wünschen sich die Museumsbesucher großzügigere Öffnungszeiten, vor allem abends und am Wochenende (5,0), sowie die Möglichkeit für einen eigenen, zum individuellen Zeitrahmen passenden Routenplan durch das Museum (4,7). Sie möchten damit selbst entscheiden, auf welche Art und Weise und wie detailliert sie sich im Museum informieren wollen. Schließlich würden es die Besucher als psychische

Entlastung schätzen, wenn die Kinder während des Museumsbesuchs der Eltern beschäftigt und beaufsichtigt werden (4,4).

In der Summe erstaunt, wie pragmatisch und konstruktiv die Befragten an die Leistung Museumsbesuch herangehen. In ihren Skalierungen leben sie vor, was der Ansatz des Value Marketing bezweckt: In einem differenzierten Leistungsgefüge dem Kunden einen Nettowert zu geben, der ihn an das Angebot des eigenen Hauses bindet. Im Wesentlichen geht es den Befragten um Vertiefung und Ergänzung des Museumsangebots durch künstlerische und organisatorische Zusatzangebote. Auf der Kostenseite wünschen sie besonders die Differenzierung von Eintrittspreisen und bessere Öffnungszeiten.

5.3 Neue Wege für die Finanzierung

5.3.1 Die Kulturkarte als modernes Gutscheinmodell

5.3.1.1 Konzeption

Die von der Verfasserin in Zusammenarbeit mit ihren Studenten neu entwickelte Kulturkarte – *Culture Card* – wurde durch drei unterschiedliche Modelle inspiriert. Es handelt sich um die Kulturgutscheine, den Kunstpass und das Kultursponsoring. Das Ziel der Konzeption der Kulturkarte besteht darin, die Vorteile dieser drei Ansätze möglichst umfassend in sich zu vereinen, deren Nachteile aber zu umgehen (vgl. hier und im Folgenden Gottschalk 1998).

1. **Kulturgutscheine**: Die Kulturgutscheine verkörpern eine andere Form der Verteilung öffentlicher Gelder an Kulturinstitutionen (vgl. 2.4.2). Die staatlichen Behörden subventionieren die Kulturanbieter nicht mehr direkt, sondern indirekt über die Kulturnachfrager. Die Gutscheine werden an Konsumenten ausgegeben und können von den Berechtigten bei autorisierten Kulturinstitutionen eingelöst werden. Werden besonders bedürftige Konsumentengruppen mit den Kulturgutscheinen bedacht, ist neben dem positiven Allokationseffekt der Ausrichtung des Angebots an den Präferenzen der Konsumenten auch ein korrigierender Distributionseffekt durch Begünstigung sozial schwacher Schichten zu verzeichnen. Fraglich bleibt aber, wer auf Konsumentenseite in den Genuss der Gutscheine kommt und wer auf Anbieterseite am Modell beteiligt ist.
2. **Kunstpass**: Beim Erwerb eines Kunstpasses zahlen die Konsumenten eine größere Summe im Voraus, sind dann aber auch zu einer pauschalen Nutzung

5.3 Neue Wege für die Finanzierung

berechtigt. Ähnliche Modelle werden in anderen Teilen des Freizeitbereichs schon eingesetzt, beispielsweise als Dauerkarten für Sportereignisse. Die Vorteile liegen in der Vereinfachung der Zahlungsweise an sich, zusätzlich aber auch in der Anreizfunktion, Kulturveranstaltungen mit Preisnachlass zu besuchen, deren Vorfinanzierung wiederum zur Ausnutzung der schon bezahlten Veranstaltungen reizt.

3. **Kultursponsoring**: Ein wichtiger Aspekt des Kultursponsorings liegt in dem Erhalt der kulturellen Vielfalt. Kulturveranstaltungen, die aufgrund fehlender Mittel und/oder zu großer Risiken nicht zustande kämen, werden realisiert, weil Unternehmen in die Bresche springen und in Gut oder Geld helfen. Das ist ein unbestreitbarer, von Kunstanbietern wie Kunstnachfragern gleichermaßen gesehener Vorteil. Dem steht allerdings die weit verbreitete Befürchtung einer möglichen Einflussnahme der Wirtschaft auf die Inhalte und Präsentationsformen der Kulturleistungen gegenüber.

Das Modell der Kulturkarte möchte aus den Fehlern der anderen lernen, deren Erfolge aber möglichst erhalten. Es beinhaltet wichtige Elemente aus Kulturgutscheinen, Kunstpass und Sponsoring, ist in dieser Mischung aber ein neuer, eigenständiger Ansatz. Durch die bargeldlose Abbuchung beim Bezahlen mit der Kulturkarte werden der beteiligten Kulturinstitution sofort die Mittel aus dem Kulturkartenfonds gutgeschrieben (vgl. Abb. 5.5).

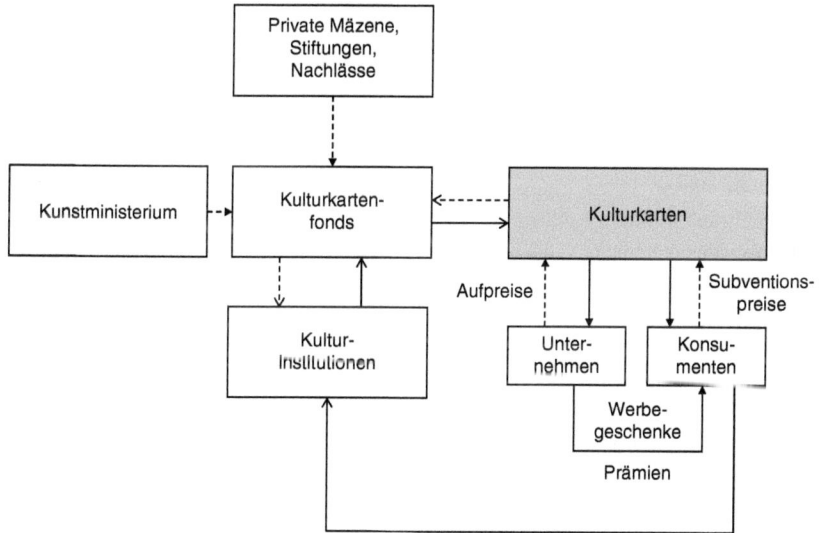

Abb. 5.5 Grundstruktur des Modells der Kulturkarte. © Ingrid Gottschalk

> **Merkmale der Kulturkarte**
>
> Berechtigte: Keine Beschränkungen auf bestimmte Konsumentengruppierungen.
> Übertragbarkeit: Die Karte ist übertragbar.
> Nennwert: Unterschiedliche Werte sind möglich.
> Verteilerweg: Erwerb bei den Kartenvorverkaufsstellen oder über das Internet.
> Anreiz: Die Karte ist mehr wert als sie kostet, die Differenz ist die Konsumenten-/Kultursubventionierung.
> Beteiligte Kulturinstitutionen: Nach dem Kriterium öffentlicher Förderungswürdigkeit.
> Verwaltung: Unter öffentlicher Aufsicht, z. B. des Kunstministeriums.

Die Frage ist, wie der Fonds gefüllt werden soll, aus dem die Kulturkarten zu finanzieren sind. Da die Entwicklung zeigt, dass kaum mit zusätzlichen öffentlichen Mitteln zu rechnen ist (vgl. 3.1.2), wird eine kostenneutrale Umschichtung der Kulturgelder vorgeschlagen. Die beteiligten Kulturinstitutionen müssten sich bereit erklären, auf einen Teil ihrer direkten Zuwendungen zu verzichten – mit der Chance, durch Anlockung zusätzlicher Nachfrager nachher mehr Geld in der Kasse zu haben als vorher.

Der Fonds soll aber nicht nur aus öffentlichen Geldern gespeist werden. Es fließen auch die Summen ein, die die Konsumenten für den Erwerb der Karten entrichten sowie Zuwendungen durch private Mäzene, Stiftungen und Nachlässe. Ein weiterer wichtiger Bestandteil wird durch Einlagen von Unternehmen konstituiert. In dieser Form eines intelligenten Sponsorings entfällt das Problem, Unternehmen könnten Einfluss auf das Kulturangebot nehmen wollen. Nicht sie, sondern die Nachfrager bestimmen, welches Angebot in welchem Ausmaß honoriert wird. Die Gegenleistung erfolgt dadurch, dass die Unternehmen Kulturkarten werblich nutzen können – z. B. *Culture Card sponsored by ...* Dafür müssen die Unternehmen allerdings nicht weniger, sondern mehr als den Nennwert bezahlen. Im Gegensatz zum Subventionspreis der Konsumenten zahlen sie einen Aufpreis. Dafür dürfen sie die Karten frei vergeben, z. B. als Werbegeschenke in der Weihnachtszeit oder als Prämien an Jubilare und verdiente Mitarbeiter.

Im Modell gibt es noch andere Details, die der Klärung bedürfen. Dazu zählt die Frage nach der Höhe des Subventionierungsanteils. Er muss hoch genug sein, um einen Anlockungseffekt für die Konsumenten in sich zu bergen. Auf der anderen Seite muss er moderat genug sein, um den Kulturfonds nicht zu sprengen und den normalen Kartenmarkt nicht zum Erliegen zu bringen. Unser Vorschlag beinhaltet eine Ermäßigung von 15 bis 20 Prozent. Das wäre genug, um den Zugriff der Verbraucher zu stimulieren, aber immer noch genügend Eigenanteil, um die Wertigkeit der Karte hoch zu halten.

> Das **Modell der Kulturkarte** vereint öffentliche und private Geldgeber zu gemeinsamer Sache im Dienste der Kultur. Allerdings müssen alle Akteure gewisse Vorbedingungen erfüllen:
> - Die Kulturkonsumenten müssen bereit sein, erwartete Kulturgenüsse durch den Kauf der Kulturkarte vorzufinanzieren.
> - Die mitfinanzierenden Unternehmen müssen Aufpreise akzeptieren und dadurch den Kulturkartenfonds sponsern.
> - Die teilnehmenden Kulturinstitutionen müssen zu Kürzungen ihrer direkten öffentlichen Zuwendungen bereit sein.
> - Die öffentlichen Finanzgeber müssen dem Urteilsvermögen der Kulturnachfrager vertrauen und der Umschichtung der Mittel zustimmen.

5.3.1.2 Akzeptanzanalyse

Es ist zweifellos eine besondere Schwierigkeit, Menschen über Präferenzen nach Dingen befragen zu wollen, die es noch gar nicht gibt. Dass diese Aufgabe jedoch nicht unlösbar ist, zeigen andere Markteinführungserhebungen. Bei dieser Art von Konsumforschung ist die Phantasie des Verbrauchers gefragt und offenbar auch nicht überfordert. Unsere Pretests zeigten, dass der für das Verständnis der Kulturkarte entwickelte, zur Vermeidung von Ermüdungserscheinungen bewusst knapp gehaltene Text keine Schwierigkeiten bereitete.

Die Verbraucherakzeptanz zur Kulturkarte wurde 1996 im Großraum Stuttgart erhoben (vgl. hier und im Folgenden Brodbeck 1996). In einer nach Geschlecht, Alter und Bildung quotierten Stichprobe wurden insgesamt 96 Befragungen durchgeführt. Es wurden „normale" Bürger, nicht spezielle Kulturfreunde befragt. Dies zeigt sich auch an der Antwort auf die Frage nach dem eigenen Kulturinteresse. Es konnte auf einer Skala von 0 = gar nicht bis 6 = sehr eingestuft werden und liegt im arithmetischen Mittel (M) über alle Befragten bei 3,4 (Standardabweichung SD = 1,47).

Gemäß dem als theoretische Grundlage eingesetzten Verhaltensintentionsansatz (vgl. Ajzen und Fishbein Ajzen and Fishbein 1980, vgl. Kap. 4) werden empfundene Vor- und Nachteile der Kulturkarte auf der Wahrscheinlichkeitsskala von

0 = gar nicht bis 6 = sehr gemessen und auf der Bewertungsskala von −3 = sehr schlecht bis +3 = sehr gut eingestuft und das Produkt aus beiden Skalenwerten errechnet.

Bei den Vorteilen stehen die Überzeugungen vorn, die die Hoffnung auf Gewinne an Effizienz, Attraktivität und Kundenorientierung ausdrücken. Die Befragten erwarten und empfinden es als deutlich positiv, dass durch die Kürzung der direkten Zuwendungen die Kunstproduzenten aufgefordert würden, vorhandene Gelder sinnvoller zu nutzen (7,6). Im Zuge des notwendig werdenden größeren Eingehens auf die Konsumentenwünsche wird ein Attraktivitätsgewinn für die Gestaltung der Institution selbst, etwa in Form von Ausstellungen im Foyer, intensivierter Besucherinformation und einer Cafeteria (6,2) sowie des Kulturprogramms selbst erhofft und für gut befunden (5,7) (vgl. Tab. 5.1).

Unter den Nachteilen sticht insbesondere die Sorge um die kulturelle Vielfalt hervor. Es wird befürchtet, dass durch die Subventionskürzungen kleine und unbekannte Veranstaltungen nicht mehr durchführbar sein könnten (−8,1) und dass durch die notwendigen Einsparungen das kulturelle Angebot dezimiert würde (−7,1). Es wird weiterhin als nachteilig angesehen, dass nur noch bekannte Künstler ausgestellt werden könnten (−6,9). Der Zwang der Kulturinstitutionen, Besucher anzulocken, wird sogar mit der Befürchtung auf ein „kulturelles Disneyland" quittiert (−5,0) (vgl. Tab. 5.2).

Tab. 5.1 Vorteile der Kulturkarte. (Befragung 1996, n = 96) © Ingrid Gottschalk

Vorteile der Kulturkarte aus Sicht der Konsumenten	M
1. Sinnvollere Nutzung öffentlicher Gelder	7,6
2. Attraktivere Gestaltung der Institutionen	6,2
3. Vereinfachter Eintritt durch bargeldlose Zahlung	6,0
4. Attraktivere Gestaltung des Kulturprogramms gemäß Konsumentenwünschen	5,7
5. Einkommensschwächeren Bevölkerungsteilen kann der Kunstgenuss näher gebracht werden	5,6
6. Weitere Kulturbesucher werden angelockt	5,0

Tab. 5.2 Nachteile der Kulturkarte. (Befragung 1996, n = 96) © Ingrid Gottschalk

Nachteile der Kulturkarte aus Sicht der Konsumenten	M
1. Verlust an kultureller Vielfalt	−8,1
2. Einsparungen auf Kosten des kulturellen Angebots	−7,1
3. Es werden nur noch bekannte Künstler ausgestellt und gespielt	−6,9
4. Es werden nur diejenigen begünstigt, die sowieso häufig eine Kulturveranstaltung besuchen	−5,8
5. Kulturinstitutionen werden zum „kulturellen Disneyland", um die Besucherzahl zu erhöhen	−5,0
6. Erhöhung der Planungsunsicherheit	−5,0

5.3 Neue Wege für die Finanzierung

Die Ergebnisse der Konsumentenbefragung zeigen, dass das Modell der Kulturkarte aus Sicht der Kulturkonsumenten Erfolg haben kann. Doch wie steht es um die Akzeptanz der Kulturanbieter, würden sie die Kulturkarte konstruktiv annehmen, sie als Herausforderung mit dem Potenzial zur Verbesserung der eigenen finanziellen Lage verstehen? Diese Fragen standen im Mittelpunkt einer Exploration, die im Sommer 1998 an der Universität Hohenheim durchgeführt wurde (vgl. hier und im Folgenden Rangel 1999). Die Stichprobe von n = 13 ist zu klein, um zu generalisieren. Dennoch konnten interessante Hinweise gewonnen werden. Es kamen Anbieter aus den Kulturbereichen Theater, Oper, Tanz- und Musikveranstaltungen, Museen und Ausstellungen, aber auch Kulturbeauftragte in Unternehmen zu Wort. Jedes Interview dauerte zwischen 30 und 60 Minuten.

Die Ergebnisse zeigen, dass die Kulturanbieter gegenüber dem Modell der Kulturkarte mehr Skepsis empfinden als die Nachfrager. Insbesondere die ins Spiel gebrachte mögliche Kürzung direkter Subventionen wurde erwartungsgemäß sehr kritisch gesehen. Weniger verständlich erscheinen die zum Teil massiv vorgebrachten Bedenken gegenüber einer möglichen Steigerung der Wirtschaftlichkeit und der Orientierung an Verbraucherwünschen. Abbildung 5.6 zeigt die Vor- und Nachteile, bei denen die Bewertungen beider Parteien besonders stark auseinanderklaffen.

Vorteile und Nachteile der Kulturkarte	Mittelwerte aus Wahrscheinlichkeit x Bewertung	
	Konsumenten*	Anbieter**
1. Sinnvollere Nutzung öffentlicher Gelder	7,6	−6,3
2. Mehr Orientierung an Besucherwünschen	3,0	−4,1
3. Planungsunsicherheit durch gekürzte Mittel	−5,0	−11,7
4. Verpflichtung zum Kulturveranstaltungsbesuch	−2,6	2,6
5. Kunstinteressierte begünstigt	−5,8	−1,8
6. Nur noch Werke bekannter Künstler	−6,9	−8,9

* Befragung 1996, n = 96
** Befragung 1998, n = 13

Abb. 5.6 Vor- und Nachteile der Kulturkarte: Diskrepanzen zwischen Anbietern und Konsumenten. © Ingrid Gottschalk

Der Vorstellung der Konsumenten, dass sich die Kunstproduzenten durch Kürzung der direkten Zuwendungen veranlasst sehen könnten, das verfügbare öffentliche Geld sinnvoller zu nutzen (7,6) können die Kulturanbieter gar nichts abgewinnen (−6,3). Und auch die erwartete Mehrorientierung an Besucherwünschen, die bei den Nachfragern positiv zu Buche schlägt (3,0) wird von den Anbietern negativ gewichtet (−4,1). Eine Umkehr der Vorzeichen zeigt dagegen das von den Konsumenten bemängelte Gefühl, eine Kulturkarte, die Mittel bindet, könnte den Kulturbesuch als verpflichtend erscheinen lassen (−2,6). Diese mögliche Verpflichtung sehen die Anbieter positiv (2,6). Weniger schlimm wäre es ihrer Meinung nach auch, dass Kunstinteressierte begünstigt würden (Anbieter: −1,8, Konsumenten: −5,8). Stärker negativ sehen die Kulturanbieter dagegen die Planungsunsicherheit durch gekürzte Mittel (Anbieter: −11,7, Konsumenten: −5,0) und die Möglichkeit, dass nur noch Werke bekannter Künstler ausgestellt würden (Anbieter: −8,9, Konsumenten: −6,9) (vgl. Abb. 5.6).

Die Kulturkarte ist ein Denkmodell. Es impliziert ein neuartiges Zusammenspiel zwischen Kulturkonsumenten und Kulturanbietern, Wirtschaft und Staat. Ebenso wie bei den Kulturgutscheinen sollen die öffentlichen Mittel in einem ersten Schritt an die Nachfrager, nicht an die Anbieter von Kulturleistungen gehen. Die Kulturinstitutionen müssen sich die staatlichen Zuwendungen bei ihrem Publikum verdienen. Damit werden Kundenorientierung und Effizienz des Mitteleinsatzes gefördert. Die Kulturkonsumenten profitieren außerdem von der Preisermäßigung. Die subventionierte Kulturkarte ist mehr wert, als sie kostet. In der Folge wird mehr Kultur nachgefragt, als es bei höheren Preisen der Fall wäre. Dieser positive Effekt hat das Potenzial zur Selbstbeschleunigung. Wie in Kap. 4 schon ausgeführt, sinken mit zunehmendem Kulturkonsum die Verarbeitungskosten bei gleichzeitig steigendem Grenznutzen. Im Idealfall begründet die Kulturkarte den Einstieg in eine gesellschaftlich erwünschte Suchtkarriere bei Kunst und Kultur.

Kommerzialisierung der Kulturkarte auf leisen Sohlen

Modelle, die an Universitäten erdacht und zur Publikation gebracht werden, sind öffentliche Güter. Von ihrer Nutzung kann niemand ausgeschlossen werden. Wenn Sie Nachahmer finden, kann das die Forscher nur freuen. Die unter dem Namen Kulturgutschein („KUGU") nahezu 1:1 umgesetzte **Hamburger Kulturkarte** ist diesen Weg gegangen, allerdings auf leisen Sohlen. Alle technischen Merkmale des Vorlagemodells wurden realisiert, inklusive der aufgeführten Werbemöglichkeiten und Geschenkideen für Private und Unternehmen (vgl. Kultur schenken 2015).

Ein entscheidender Punkt ist allerdings anders. In Hamburg zahlt der Kulturkonsument mehr und nicht weniger. Auf den Nennwert der Karte wird ein 10-prozentiger Aufschlag erhoben. Ein Gegenwert von maximal 100 Euro wird vom Käufer zum Preis von 110,00 Euro erworben. Dieser zusätzliche Obolus wird mit anfallenden Gebühren für Vorverkauf und Service sowie Verpackungs- und Versandkosten begründet und fließt in die Tasche der Betreiberin, einer haftungsbeschränkten Unternehmergesellschaft (UG) (vgl. Kultur schenken 2015).

Profitiert auch die Kultur durch mehr Nachfrage? Das wäre zu begrüßen. Ein ähnlicher **Stuttgarter** Versuch der stillen Adaptierung des Modells der Kulturkarte unter dem Namen **Kunstkarte** wurde in seiner ersten Version offenbar abgebrochen, zumindest ist er so nicht mehr auffindbar; wohl aber als modifizierter Ansatz als Kunstkarte D.A.C.H, zum Pauschalpreis und ausschließlich an Unternehmen gerichtet (vgl. Kunstkarte D.A.C.H. 2015).

5.3.2 *Pay as you go* als alternativer Eintrittspreis

Die Möglichkeiten, die sich der Kulturfinanzierung im Grundsatz bieten, basieren auf drei Säulen: Dem von den Kulturinstitutionen selbst erwirtschafteten Einkommen, den Zuflüssen von privater Seite und der Finanzierung mit öffentlichen Mitteln. In diesem Dreiklang scheinen die Chancen zur Ausweitung der Eigenfinanzierung nicht schlecht zu stehen. Wie die Ergebnisse einer eigenen Online-Befragung mit 96 Teilnehmern aus dem Jahr 2009[1] signalisieren, werden Eintrittspreise in Kulturinstitutionen auch auf der Nutzerseite als wichtiges Instrument der Finanzierung angesehen. Auf die Frage, wie sich Museen idealerweise finanzieren sollten, wurden die Eigeneinnahmen durch z. B. Ticketverkauf unter den fünf vorgegebenen Möglichkeiten mit einem Anteil von 33,3 Prozent am höchsten gewichtet. Allerdings kann aus den relativ hohen Streuungen und dem Tatbestand, dass jede Finanzierungsmöglichkeit für zumindest einen Befragten gar nicht (0 Prozent) in Frage kam, auf die Heterogenität der Meinungen schließen (vgl. Abb. 5.7).

Am Beispiel der Eintrittspreise in Museen soll im Folgenden geprüft werden, ob alternative Preismodelle auf die Akzeptanz der Kulturkonsumenten stoßen und deshalb mit Aussicht auf finanziellen Erfolg in den Kulturalltag integriert werden könnten. Grundlage ist das von Frey und Steiner entwickelte *pay as you go-Verfahren*, das im Preis, der nicht wie üblich bei Betreten, sondern bei Verlassen

---

[1] Als Gemeinschaftswerk im Seminar Grundlagen der Kulturökonomik des Studiengangs Kulturmanagement im Wintersemester 2009/2010 an der PH Ludwigsburg, der herzliche Dank gilt allen Teilnehmerinnen und Teilnehmern!

Wie sollten sich Museen idealerweise finanzieren?
(Bitte verteilen Sie 100% auf die angegebenen Gruppen)

	M	SD
Eigeneinnahmen des Museums (z.B. Ticketverkauf, Merchandisingverkauf)	33,3	21,5
Zuschüsse vom Staat (z.B. institutionelle Förderung)	25,3	17,6
Unternehmen (z.B. durch Sponsoring)	10,3	8,3
Zuschüsse von Stiftungen (z.B. durch Projektförderung)	12,4	9,0
Private Förderer (z.B. durch Spenden)	8,8	6,7

Abb. 5.7 Finanzierung von Museen. (Befragung 2009, n = 96) © Ingrid Gottschalk

des Museums zu entrichten ist, die tatsächliche Nutzungsdauer reflektiert (vgl. Frey und Steiner 2012). Die hier vorgeschlagene Lösung bedeutet den Bruch mit allen zuvor bekannten Preistraditionen, die sich zwischen Null-Preis-Optionen, wie sie beispielsweise in den staatlichen Londoner Museen wie British Museum oder Tate Modern gepflegt werden, und Pauschalpreisen, die vor dem Betreten des Museums zu entrichten sind, bewegen.

Das Spektrum der Eintrittspreise für deutsche Museen wurde in einer Untersuchung des Instituts für Museumsforschung (2013) für das Jahr 2012 erhoben. Die Ergebnisse basieren auf den Antworten von 4.613 angeschriebenen Museen, die zu Angaben über ihre Preisgestaltung bereit waren. Es zeigte sich, dass ein gutes Drittel der Stichprobe (34,9 Prozent) kostenfrei besucht werden kann (vgl. Institut für Museumsforschung 2013, S. 37). Darunter fallen in erster Linie die kleineren Museen mit einer Besucherzahl von bis zu 5.000 Personen pro Jahr. Werden Eintrittspreise erhoben, dann betragen sie in der Mehrzahl (55,5 Prozent) bis einschließlich 5,00 Euro, in 8,1 Prozent der Fälle bis zu 10,00 Euro und nur bei 1,5 Prozent der Museen (unter Einbezug der 0,9 Prozent derjenigen, die keine Angaben zum Preis machen wollten) darüber (vgl. Institut für Museumsforschung 2013, S. 37). Damit zeigt sich, insbesondere im Vergleich zu kostenpflichtigen Museen im anglo-amerikanischen Raum, ein sehr moderates Preisniveau deutscher Museen.

Das Modell der *exit prices* will nun die bekannten Formen der Preisgestaltung neu aufmischen. Es folgt dem Vorbild von Parkhaus-Gebühren, ohne es allerdings völlig zu kopieren (vgl. Frey und Steiner 2012, S. 230). Hier wie dort bestimmt die Dauer des Aufenthalts den zu entrichtenden Betrag, mit dem Unterschied, dass „Reinschnuppern" und lange Verweildauer für ein Museum gewünschte Wirkungen

5.3 Neue Wege für die Finanzierung

sind, die etwa durch den kostenlosen Eintritt für die ersten zwanzig Minuten oder durch degressive Tarife mit fixer Grenze für einen Maximalbetrag eingeplant und gefördert werden können (vgl. Frey und Steiner 2012, S. 231). Die Erwartungen gehen dahin, dass dieses Modell als fair empfunden wird und Besucher geneigt sein können, in Museumsshops und Museumscafés zu verweilen und dort Geld auszugeben. Außerdem kann eine durch den Preis bedingte Regulierung des Besucherandrangs erhofft werden. Unter dem Strich erwarten die Autoren, dass ihr Modell der am Museumsausgang zu entrichtenden Preise den Besuchern hilft, eine nach Einsatz von Zeit und Geld effizientere Konsumentscheidung zu treffen, die ihren Bedürfnissen entspricht. Gleichzeitig sehen sie, dass Eintrittsbarrieren, die durch das sonst übliche Abkassieren beim Eintritt entstehen, abgebaut werden (vgl. Frey und Steiner 2012, S. 232).

In einer eigenen explorativen Studie sollte getestet werden, inwieweit die Idee der *pay as you go* Preisgestaltung auf Widerhall bei den möglichen Nachfragern trifft (vgl. hier und im Folgenden Götz und Schmidtke 2014). Im Jahr 2014 wurden überwiegend junge, weibliche Akademikerinnen schriftlich nach dem Modell der Ausgangspreise in Museen befragt (n = 42). Die Befragten können als regelmäßige Museumsbesucher charakterisiert werden, die fast zu Hälfte (46,3 Prozent) fünfmal und öfter pro Jahr ins Museum gehen. Der Eintrittspreis stellt für 26,8 Prozent der Befragten gar keine Barriere dar. Allerdings verfügen mehr als 80 Prozent der Befragten aufgrund eines Zweitstudiums über einen Studentenausweis mit Sonderkonditionen für den Eintrittspreis. Vor diesem Hintergrund ist es bemerkenswert, dass 41,5 Prozent der Befragten den zu entrichtenden Preis zumindest „ein wenig" als Barriere empfinden. Das zeigt, dass von Seiten der Kulturinstitutionen über Preise und deren Differenzierung auch dann nachgedacht werden muss, wenn sie bereits für bestimmte Gruppen angepasst wurden. Die Höhe der geäußerten Zahlungsbereitschaft signalisiert, dass die Probanden vermutlich große, hochrangige Museen vor Augen hatten. Es werden Preise in einer Bandbreite zwischen 5 und 20 Euro genannt, der durchschnittliche Maximalpreis, den die Befragten bereit wären, zu zahlen, liegt bei M = 10,44 Euro (mit einer Standardabweichung SD von 3,84 Euro).

Auf die Frage, wie die Idee des Modells intuitiv gefällt, zeigt sich mit 12,2 Prozent der Befragten nur wenig dezidierte Ablehnung („gar nicht gut"). Die große Mehrheit findet die Idee „relativ gut" (39,0 Prozent) oder sogar „sehr gut" (22,0 Prozent). Allerdings signalisieren die Antworten auf die Fragen nach der Fairness, dass Teilaspekte eine unterschiedliche Rolle spielen. Die jeweilige Verteilung der Stimmen an den Endpolen der vierstufigen Skala gibt näheren Aufschluss. Rund ein Viertel der Befragten findet es gar nicht fair, wenn sich die Höhe des Eintrittspreises an der Dauer des Besuchs ausrichtet, 7,3 Prozent findet das jedoch sehr fair. Dagegen stufen nur 4,9 Prozent der Befragungsteilnehmer es als gar nicht fair ein, dass man etwa bei Nichtgefallen einer Ausstellung nach kurzer Zeit wieder gehen kann, 34,1 Prozent sehen diese Lösung als sehr fair an. Der Ansicht, dass man das vorgestellte Preismodell nicht gut findet, weil Kunstkonsum nicht nach dem Stoppuhrenprinzip stattfinden darf, schließt sich ein Befragungsteilnehmer gar nicht an (2,4 Prozent), dagegen stimmen 41,5 Prozent sehr zu. Aus der Verteilung dieser Antworten lässt sich eine gewisse, auch verständliche Unsicherheit herauslesen. Der Ansatz ist so neu, dass die Meinungen darüber noch nicht fixiert sein können.

Exit-Preise für Museumsbesuche sind ein interessanter Denkanstoß. Je nach Ausgestaltung können sie die Vorteile des freien Eintritts mit der Notwendigkeit der Einnahmenerzielung und der Möglichkeit zur Kanalisierung von Besucherströmen verbinden. Kostenfreier Zugang für eine begrenzte Anfangszeit kann wie eine Probepackung wirken und die Lust auf mehr Konsum stimulieren. Dieser würde modellgemäß zwar höhere Kosten nach sich ziehen, der Tarif kann jedoch degressiv gestaffelt sein, also mit längerer Dauer weniger ansteigen. Mit dieser Maßnahme könnte die zum Kulturgenuss konträre Hetze, das Durcheilen der Ausstellung mit Blick auf die Uhr, zumindest eingegrenzt werden.

Tatsächlich gibt es schon Versuche mit Eintrittspreisen nach Dauer des Aufenthalts in der Praxis. So werden in Barcelona, im Museu d'Idees i Invents (vgl. MIBA 2015) sowohl normale Eintrittspreise als auch ein Zeitticket angeboten. Hierbei sind die ersten 5 Minuten frei und jede weitere kostet dann 0,20 Cents (vgl. MIBA 2015). Wirkungsanalysen stehen noch aus, die möglichen Effekte von Exit Preisen auf das Verbraucherverhalten sollten in einem kontrollierten Experiment überprüft werden.

5.4 Neue Wege für die Vermittlung

5.4.1 Technik in der Kulturinstitution

Kunstvermittlung ist Teil der originären Aufgaben einer Kulturinstitution, beispielsweise eines Museums. Zum Kanon von Sammeln, Aufbewahren und Forschen gehört auch die Präsentation der Exponate, das Ausstellen und Vermitteln (vgl. Deutscher Museumsbund 2015). Spätestens seitdem die großen deutschen Dichter wie Lessing und Schiller das Theater als „Lehranstalt" oder „moralische

5.4 Neue Wege für die Vermittlung

Anstalt" charakterisierten liegt es auf der Hand, dass Theaterstücke beim Publikum ankommen müssen, wenn sie Wirkung im Sinne von Wissensvermittlung und Charakterstärkung erzeugen wollen. Also ist auch in Theatern, aber ebenso bei historischen Anlagen, in Literaturlesungen oder Konzerthallen die Vermittlung der Kunst ein zentrales Anliegen, dessen Gelingen über die beabsichtigte Wirkung entscheidet.

In den Museen klassischer Ausrichtung sind die Kunstobjekte der Stimulus, der dem Betrachter präsentiert wird und auf den er reagieren kann. Die Botschaft, die in Form des Kunstwerks übermittelt wird, trifft auf den Empfänger, den Museumsbesucher. Der Kommunikationsfluss ist einseitig, er kann nur dann erfolgreich im Sinne der gewünschten Intention des Senders sein, wenn der Empfänger die Botschaft über einen identischen Code entschlüsseln kann. Als Hilfe bei der Interpretation des Kunstwerks wird mit ergänzender Information gearbeitet, etwa mit Erläuterungen am Exponat oder mit Programmheften in der Theateraufführung. Dieses traditionelle Vorgehen hat jedoch mit der Entwicklung von technischen Hilfsmitteln und nicht zuletzt durch das Internet eine andere Dimension erfahren. Technische Medien machen es möglich, dass eine Vielzahl an Begleitinformation zielgerichtet übermittelt werden kann und sogar Rücksprache möglich wird, der Empfänger in einen Dialog mit dem Sender treten kann. Doch was bringen diese technischen Hilfsmittel im Kulturbetrieb, sind sie eine sinnvolle Ergänzung, mit deren Hilfe die Vermittlung verbessert und sogar der Kunstgenuss gesteigert werden kann?

In der Studie von Karg und Gretzel (2012) wird die Einführung technischer Hilfsmittel in den Museumsbetrieb vorgestellt und es werden deren Wirkungen, insbesondere im Hinblick auf die Anlockung eines jungen Publikums, diskutiert. Als theoretische Basis für die Annahme dieser technischen Neuerungen durch die Besucher wird das *technology acceptance model* (TAM) nach Davis (1989) gewählt. Dieses Modell ist ähnlich strukturiert wie die hier schon vorgestellte *theory of reasoned action* (TRA, vgl. 4.2.1). Das Technologieakzeptanzmodell arbeitet auch mit individuellen Überzeugungen und deren Erhebung, Wahrscheinlichkeitseinstufung und Gewichtung, aber primär in Bezug auf technische Einrichtungen. Im Kern wird das TAM durch zwei Faktoren bestimmt, nämlich die wahrgenommene Benutzerfreundlichkeit (*perceived ease of use*) und die wahrgenommene Nützlichkeit (*perceived utility*). In der Untersuchung von Karg und Gretzel (2012) wird nur die erste Determinante untersucht, und dies bezogen auf die Wirkung von Podcasts im Museum.

▶ Ein **Podcast** ist dadurch gekennzeichnet, dass der individuelle Nutzer Audio- oder Video-Dateien des Anbieters, im vorliegenden Fall eines Museums, herunterladen und zur eigenen Information beliebig oft und an jedem Ort mithilfe eines MP3-fähigen Geräts abspielen kann.

Diese informationstechnische Novität ist eine Steigerung der bis dahin üblichen und zumindest in großen Häusern auch stark verbreiteten Möglichkeit, Information direkt vor den Exponaten mithilfe eines **Audioguides** abzuspielen (vgl. z. B. Deutsches Museum 2015; Jüdisches Museum Berlin 2015; MoMA 2015; Louvre 2015a). Diese elektronischen Führer, die im Regelfall gegen Entgelt vom Museum ausgeliehen werden können und nach Besichtigung auch wieder zurückgegeben werden müssen, können auch speziellen Effekten wie der Untermalung mit Geräuschen (z. B. Stadtmuseum Tübingen 2015) oder der gezielten Ansprache von Besuchergruppen, etwa Kindern, dienen (vgl. Museum Frieder Burda 2015). Den Vorteilen der akustischen Touren mit dem Audioguide wie Individualität bezüglich Länge der Betrachtung und ggfs. auch Wiederholung gewünschter Information stehen aber auch mögliche Nachteile gegenüber (vgl. Menden 2011). Eigentlich sind es die Probleme, die allen neuen Medien anhaften können und oft mit den Stichworten Vereinzelung und Isolierung gekennzeichnet werden. Es müsse natürlich aufgepasst werden, dass die Besucher im Museum „… nicht nur noch auf kleine Bildschirme starren" (Menden 2011) und dabei unter Umständen das Original aus den Augen verlieren und die Aussprache mit anderen Besuchern vernachlässigen. Die zunehmende Nutzung von akustischen Führern lässt jedoch vermuten, dass das Publikum diese Bedenken nicht teilt. In speziellen Ausstellungen, etwa „Die schönsten Franzosen kommen aus New York" in der Neuen Nationalgalerie in Berlin im Jahr 2007, nutzte ein Anteil von 37 Prozent an der Gesamtzahl der Besucher die technischen Hilfsmittel (vgl. Voss 2009). Offenbar, so das Fazit der Autorin, sei der Museumsbesucher von heute nicht mehr nur überwältigt von der Kunst, sondern „informationsbedürftig und neugierig".

Vor diesem Hintergrund ist der Podcast möglicherweise die gelungene Mischung aus Fakten und Emotion, etwa in Vorbereitung des Besuchs der Dinosaurier-Abteilung des Naturkundemuseums Berlin. Das Herunterladen der Dateien hilft, die Dinosaurier wieder zum Leben zu erwecken. Ähnliche Effekte bieten unter anderem das Deutsche Museum in München mit Themen wie Schifffahrt und Luftfahrt oder das Mercedes Benz Museum in Stuttgart zur Autopionierin Berta Benz und zu den Silberpfeilen. Die Frage ist jedoch, wie das Publikum mit diesen technischen Neuerungen umgeht. Werden Podcasts im Museum angenommen, und wenn ja, von welchen Besuchergruppen, mit welcher Tendenz? Die Studie von Karg und Gretzel (2012) untersucht, ob Besucher aufgrund ihrer Persönlichkeitsstruktur, Vorerfahrung und Technikaffinität besonderen Zugang zu den Neuen Medien im Museum haben und sich einen größeren Nutzen versprechen (vgl. Karg und Gretzel 2012, S. 156). Die Erhebung wurde als schriftliche Befragung im Jahr 2008 mit n = 797 zufällig ausgewählten Besuchern der *Presidential Library and Museum* durchgeführt (vgl. Karg und Gretzel 2012, S. 158). Die Ergebnisse können die Erwartungen im Wesentlichen bestätigen. Die Befragten, die über viel Erfahrung im Umgang mit dem Internet verfügen und allgemein mit den Neuen Medien vertraut sind haben auch eine positive Einstellung zu Podcasts. Sie erwarten, dass die eigene Nutzung von Podcasts das Museumserlebnis erhöht und die Aufnahme von Information vertieft. Wie nicht anders vermutet werden konnte, zeigten die jüngeren Besucher eine höhere Affinität zu den Neuen Medien im Museumsalltag als die ältere Klientel (vgl. Karg und Gretzel 2012, S. 161). Bei dieser Gruppe kann in der Tat mit höherem Interesse und der Steigerung des Kunsterlebnisses gerechnet werden. Im Umkehrschluss heißt das aber auch, dass sich ältere Besucher mit der Technik eher schwer tun. Die Kulturinstitution sollte daher zweigleisig fahren, auf der einen Seite den Zug für die technische Modernisierung nicht verpassen, auf der anderen Seite auch die gemeinhin ältere Stammkundschaft mit ausreicher Information in traditionellem Druck bedienen.

5.4.2 Virtuelle Kulturbesuche

Eine andere Möglichkeit, Kulturgenuss mithilfe der Technik zu erleben, ihn zumindest vorzubereiten, liegt in den virtuellen Präsentationen. Dabei ist nicht neu, dass Konzerte, Oper- und Theateraufführungen direkt übertragen oder aufgezeichnet werden können und auf diese Weise einem Millionenpublikum zur Verfügung stehen. Bedenken, dass auf diese Weise das Live-Erlebnis verloren gehe, kann man nicht vom Tisch wischen. Richtig ist aber auch, dass ein „Hereinschnuppern" wie ein Türöffner funktionieren und den Wunsch wecken kann, das Original zu sehen und zu hören. Unter diesem Blickwinkel sind alle Projekte, in denen Kulturveranstaltungen in den Medien übertragen werden, sehr wertvoll. Die *Royal Opera* in London wird in der Saison 2015/16 sechs Opern und sechs Ballettaufführungen live in internationale Kinos bringen, nach eigenen Angaben handelt es sich um knapp 2.000 Kinos in 60 Ländern weltweit (Musik Heute 2015). In der Staatsoper Stuttgart wurde in der Saison 2012 eine multimediale Übertragung von Don Giovanni praktiziert: im Internet, im Fernsehen und als *Public Viewing* im Schlossgarten (vgl. Musik Heute 2012). Hier konnte sich der Nutzer das Medium aussuchen, das seinen Vorstellungen einer Kulturübertragung am besten entsprach, klassisch im Fernsehen oder bei der Außenübertragung, mit wechselnd aufrufbaren Kameras im Internet Live-Stream oder mit Moderation von Harald Schmidt im dritten Fernsehprogramm. Im Kern war beabsichtigt, Kulturprogramme für größere Zuschauerschichten zu öffnen (vgl. Schleider 2012).

Die Museen beschreiten den Weg der Virtualisierung mit *online tours* (z. B. Louvre 2015b, The British Museum 2015). Sie können in zwei Richtungen zielen. Zum einen ist das Werben um neue Besucherschichten bei Museen natürlich ebenfalls ein Punkt. Die Surfer im Internet kommen vielleicht zufällig auf die Museums-Homepage und ihre Neugier könnte bei einem virtuellen Besuchsangebot geweckt werden. Das wäre das *foot-in-the-door-principle* in moderner Form, bei dem ein erster Klick den nächsten nach sich zieht. Zum anderen ist den Museen an Kundenpflege gelegen. Das betrifft neue Besucher, denen eine zeitsparende Vorbereitung angeboten wird. Der virtuelle Rundgang dient der effizienten Planung, zeigt, welche Abteilungen gemäß eigener Präferenzen mit Priorität angeschaut werden sollen. Im Fokus ist aber auch das Stammpublikum, das beispielsweise bequem von neuen Hängungen erfahren kann und die Möglichkeit geboten bekommt, eine Ausstellung nicht zu verpassen, obwohl man aus Gründen wie Zeitmangel oder Krankheit nicht vor Ort sein kann. Im Google Art Projekt, das im Jahr 2011 mit 17 international hochrangigen Museen online ging, stehen die Exponate für den virtuellen Rundgang bereit (vgl. Vielmeier 2011). Das Google Art Project hat sich zu einem gigantischen weltweiten virtuellen Museum entwickelt, das die Street View Technologie benutzt und damit einen „echten" Rundgang möglich macht (vgl. Cultural Institute 2015)

Literatur

Ajzen, Icek und Fishbein, Martin (1980). Understanding attitudes and predicting social behavior. Englewood Cliffs: Prentice Hall.
Ammann, Verena (2001). Value Marketing im Kulturbereich. Empirisch gestützte Vorschläge für die Umsetzung in Museen. Unveröffentlichte Diplomarbeit am Lehrstuhl für Konsumtheorie und Verbraucherpolitik. Stuttgart: Universität Hohenheim.
Bremer Philharmoniker GmbH (2014). Homepage, abgerufen am 15.12.2014 unter http://www.bremerphilmoniker.de/.
Brodbeck, Jürgen (1996). Verbrauchergerechte Finanzierung von Kunst und Kultur: Diskussion und Akzeptanz des Modells der Kulturkarte. Unveröffentlichte Diplomarbeit am Lehrstuhl für Konsumtheorie und Verbraucherpolitik. Stuttgart: Universität Hohenheim.
Budäus, Dietrich und Grüning, Gernod (1997). Public Private Partnership – Konzeption und Probleme eines Instruments zur Verwaltungsreform aus Sicht der Public Choice-Theorie. In: D. Budäus und P. Eichhorn (Hrsg.). Public Private Partnership. Neue Formen öffentlicher Aufgabenerfüllung. Baden-Baden: Nomos-Verlagsgesellschaft. S. 25–66.
Budäus, Dietrich und Grüb, Birgit (2007). Public Private Partnership: Theoretische Bezüge und praktische Strukturierung. ZögUJg.3/2007, S. 245–272, am 05.11.2014 abgerufen unter http://www.zoegu.nomos.de/fileadmin/zoegu/doc/Aufsatz_07_03.pdf.

Literatur

Bundesministerium der Finanzen (Hrsg.) (2015). Öffentlich private Partnerschaften, PPP-Projektdatenbank. Als Online-Dokument veröffentlicht, abgerufen am 23.02.2015 unter http://www.ppp-projektdatenbank.de/index.php?id=9.

Cultural Institute (2015). Art Project. Kunstwerke weltweit auf einen Blick. Als Online-Dokument veröffentlicht, abgerufen am 21.04.2015 unter http://www.google.com/culturalinstitute/about/artproject/.

Davis, Fred D. (1989). Perceived usefulness, perceived ease of use, and user acceptance of information technology. MIS Quarterly 13(3), 319–340.

Deutsches Museum (2015). Audioguide. Als Online-Dokument veröffentlicht., abgerufen am 20.04.2015 unter http://www.deutsches-museum.de/information/fuehrungen/audioguide/.

Deutscher Museumsbund (2015). Das Museum. Geschichte und Definition. Als Online-Dokument veröffentlicht, abgerufen am 21.04.2015 unter http://www.museumsbund.de/de/das_museum/geschichte_definition/aufgaben_des_museums/.

Editorial The Guardian / The Oberver (2013). Arts funding: The national theatre is the very model of public-private partnership. Als Online-Dokument veröffentlicht, abgerufen am 15.12.2014 unter http://www.theguardian.com/commentisfree/2013/apr/07/national-theatre-funding-model.

Ellenrieder, Kerstin und Kiel, Hermann-Josef (2006). Public Private Partnership im Kulturbereich. Gestaltungsmöglichkeiten für Akteure. Schriftenreihe für angewandte Betriebswirtschaft der Reinhold-Würth-Hochschule der Hochschule Heilbronn, Künzelsau: Swiridoff.

Frey, Bruno S. und Steiner, Lasse (2012). Pay as you go: A new proposal for museum pricing. Museum Management and Curatorship, 27(3), 223–235. Als Online-Dokument veröffentlicht, abgerufen am 02.03.2015 unter http://www.econ.uzh.ch/faculty/steiner/Pay_as_you_go.pdf.

Girmscheid, Gerhard und Dreyer, Jennifer (2006). Public Private Partnership – Begriffliche Strukturierung und Modellbildung. Bauingenieur, 81 (März 2006). S. 99–109, abgerufen am 05.11.2014 unter http://www.ppp.ethz.ch/documents/publications/paper/begriffe_modell.

Gottschalk, Ingrid (1998). Kulturfinanzierung zwischen Markt und Staat. Der neue Ansatz der Kulturkarte. In: M. Neuner und L. A. Reisch (Hrsg.). Konsumperspektiven. Verhaltensaspekte und Infrastruktur. Berlin: Duncker & Humblot. S. 209–227.

Götz, Franziska und Schmidke, Nina (2014). „Pay as you go" als neuer Museumseintrittspreis? Unveröffentlichte Seminararbeit im Seminar Kulturökonomik des Masterstudiengangs Kulturmanagement. Ludwigsburg: Pädagogische Hochschule Ludwigsburg.

Grabow, Busso (2006). Was sind PPP und welche PPP-Projekte gibt es in Deutschland? Ein Überblick. Als Online-Dokument veröffentlicht, http://www.petrakellystiftung.de/fileadmin/user_upload/newsartikel/PDF_Dokus/PPP_Grabow.pdf.

Heinrichs, Werner (1997). Kulturpolitik und Kulturfinanzierung: Strategien und Modelle für eine politische Neuorientierung der Kulturfinanzierung. München: Beck.

Hutter, Michael (1995). Die Bürgergesellschaft und der Staat: Bereitstellung und Förderung von Kultur als öffentliche Aufgabe – aber wie? Symposium: Medienentwicklung: Von der Selektion der Anbieter zur Selektion der Bürger – Individualisierung der Nachfrage als Gefährdung der kulturellen Integration. Unveröffentlichtes Manuskript. Berlin: Hanns-Martin-Schleyer-Stiftung.

Institut der deutschen Wirtschaft Köln (Hrsg.) (2006). Public Private Partnership. Noch viel Potenzial. Informationsdienst des Instituts der deutschen Wirtschaft Köln (IWD), Jahrgang 32, Nr. 17 vom 27. April 2006. S. 8. Als Online-Dokument veröffentlicht, abgerufen am 23.02.2015 unter http://www.iwkoeln.de/de/infodienste/iwd/archiv/beitrag/68818?highlight=Public%2520Private%2520Partnership.

Institut für Museumsforschung (2013). Statistische Gesamterhebung an den Museen der Bundesrepublik Deutschland für das Jahr 2012. Heft 67. Als Online-Dokument veröffentlicht, abgerufen am 24.05.2015 unter www.smb.museum/.../Institute/Institut...Museumsforschung/Heft67.pdf.

Jüdisches Museum Berlin (2015). Audioguide. Als Online-Dokument veröffentlicht, abgerufen am 20.04.2015 unter http://www.jmberlin.de/main/DE/00-Besucherinfo/01-fuehrungen/04-audioguide.php.

Kang, Myunghwa und Gretzel, Ulrike (2012). Perceptions of museum podcast tours: Effects of consumer innovativeness, Internet familiarity and podcasting affinity on performance expectations. Tourism Management Perspectives, 4 (October 2012), 155–163.

Kotler, Philip (1972). A generic concept of Marketing. Journal of Marketing, 36(2), 46–54.

Kotler, Philip, Keller, Kevin L., Brady, Mairead, Goodman, Malcolm und Hansen, Torben (2009). Marketing Management. Edinburgh Gate: Pearson Education Ltd.

Kulturkreis der deutschen Wirtschaft (2010). Unternehmerische Kulturförderung in Deutschland. Als PDF online veröffentlicht, abgerufen am 31.10.2014 unter http://www.miz.org/dokumente/studie_unternehmerische_kulturfoerderung.pdf.

Kultur schenken. Als Online-Dokument veröffentlicht, abgerufen am 24.02.2015 unter https://www.kulturschenken.de/de/cms/hamburg/gutschein.html.

Kunstkarte D.A.C.H., als Online-Dokument veröffentlicht, abgerufen am 24.02.2015 unter http://www.kunstkarte-dach.org/.

Louvre (2015a). Audioguide. Als Online-Dokument veröffentlicht, abgerufen am 20.04.2025 unter http://www.louvre.fr/en/audio-guide.

Louvre (2015b). Online tours. Als Online-Dokument veröffentlicht, abgerufen am 20.04.2015 unter http://www.louvre.fr/en/visites-en-ligne.

Menden, Alexander (2011). Audioguides in Museen. Welterklärer im Taschenformat. Süddeutsche.de Kultur vom 27. 12. 2011. Als Online-Dokument veröffentlicht, abgerufen am 20.04.2015 unter http://www.sueddeutsche.de/kultur/2.220/audioguides-in-museen-weltenerklaerer-im-taschenformat-1.1244273.

MIBA (Museu d'Idees i Invents de Barcelona) (2015). Homepage, abgerufen am 21.04.2015 unter http://www.mibamuseum.com/en/informacio.

Mirow, Thomas (1997). Public Private Partnership – Eine notwendige Strategie zur Entlastung des Staates. Beispiele aus der Freien und Hansestadt Hamburg. In: D. Budäus und P. Eichhorn (Hrsg.). Public Private Partnership. Neue Formen öffentlicher Aufgabenerfüllung. Baden-Baden: Nomos-Verlagsgesellschaft. S. 13–23.

MoMA (2015). MoMA Audio+. Als Online-Dokument veröffentlicht, abgerufen am 20.04.2015 unter http://www.moma.org/visit/plan/atthemuseum/momaaudio.

Museum Frieder Burda (2015). Neuer Kinder-Audioguide im Museum Frieder Burda. Als Online-Dokument veröffentlicht, abgerufen am 20.04.2015 unter http://www.baden-baden.de/fileadmin/user_upload/pdf/2015_03_23_Kinder_Audioguide.pdf.

Musik Heute (2012). Don Giovanni in Stuttgart – ein Live-Projekt mit der Oper Stuttgart. Als Online-Dokument veröffentlicht, abgerufen am 21.04.2015 unter http://www.musikheute.de/2729/don-giovanni-in-stuttgart-ein-live-projekt-mit-der-oper-stuttgart/.

Musik Heute (2015). Royal Opera 2015/16 mit zwölf Kino-Liveübertragungen. Als Online-Dokument veröffentlicht, abgerufen am 21.04.2015 unter http://www.musik-heute. de/9973/royal-opera-201516-mit-zwoelf-kino-liveuebertragungen/.

Münchner Literaturhaus (2015). Homepage, abgerufen am 01.04.2015 unter http://www. literaturhaus-muenchen.de/ueber-uns.html.

Rangel, Anja (1999). Die Kulturkarte – eine alternative Finanzierungsform von Kunst und Kultur. Akzeptanz des Modells durch die Kulturanbieter. Unveröffentlichte Diplomarbeit am Lehrstuhl für Konsumtheorie und Verbraucherpolitik. Stuttgart: Universität Hohenheim.

Schleider, Tim (2012). „Don Giovanni" aus allen Blickwinkeln. Stuttgarter Zeitung vom 21. Juli 2012. Als Online-Doklument veröffentlicht, abgerufen am 21.04.2015 unter http://www.stuttgarter-zeitung.de/inhalt.print.48791ddd-2733-4fdc-acb0-7391cbb8f4fe.presentation.print.v2.html.

Stadtmuseum Tübingen (2015). Audioguide und Geräuscharchiv. Als Online-Dokument veröffentlicht, abgerufen am 20.04.2015 unter https://www.tuebingen.de/stadtmuseum/1389.html.

Terlutter, Ralf (1999). Lebensstilorientiertes Kulturmarketing. Wiesbaden: Gabler.

The British Museum (2015). Online tours. Als Online-Dokument veröffentlicht, abgerufen am 21.04.2015 unter https://www.britishmuseum.org/explore/online_tours.aspx.

Vielmeier, Jürgen (2011). Google Art Project: Virtueller Rundgang durch Museen für alle. Als Online-Dokument veröffentlicht, abgerufen am 20. 04.2015 unter https://www.basicthinking.de/blog/2011/02/01/google-art-project-virtueller-rundgang-durch-museen-fuer-alle/.

Voss, Julia (2009). Der Betrachter ist im Ohr. Frankfurter Allgemeine Feuilleton vom 24.08.2009. Als Online-Dokument veröffentlicht, abgerufen am 20.04.2015 unter http://www.faz.net/aktuell/feuilleton/kunst/audioguides-der-betrachter-ist-im-ohr-1635067.html.

Wettenhall, Roger (2003). The rhetoric and reality of Public-Private Partnerships. Public Organization Review: A Global Journal, 3(1), 77–107.

Yorke, David und Jones, P. R. (1987). Museums and marketing techniques. Management Decisions, 25(1), 25–32.

Der Kulturkonsument im Fokus 6

Zusammenfassung

Im Zentrum stehen aktuelle eigene Erhebungen zur Ermittlung von Konsumentenvorstellungen beim Besuch von Kulturveranstaltungen. Basierend auf dem Modell des geplanten Verhaltens (TPB) und der Theorie der Konsumentenwerte wurden ergebnisbezogene, normative und kontrollorientierte Überzeugungen im Hinblick auf einen Kulturbesuch in einer Vorbefragung ermittelt (n = 20) und im Rahmen der Hauptbefragung gewichtet (n = 120). Als positive Einflussgröße für den Kulturbesuch steht an erster Stelle die soziale Komponente eines gemeinsamen Erlebnisses mit Familie und Freunden. Es folgen die erwarteten und für gut befundenen emotionalen und kognitiven Wirkungen, nämlich in gute Stimmung zu kommen und den eigenen Wissens- und Erfahrungshorizont zu erweitern. Unter den insgesamt deutlich schwächer gewichteten Nachteilen dominiert der Kostenaspekt. Auch bei den bewerteten Hemmnissen steht der Eintrittspreis an vorderster Stelle, er wird allerdings sehr heterogen von der Stichprobe eingeschätzt und erwartungsgemäß von den jungen Befragten signifikant stärker gewichtet als von den älteren Teilnehmern. Die an Kultur wenig Interessierten stufen die mögliche Barriere, auf eine „verstaubte Atmosphäre" zu treffen, signifikant höher ein als die an Kultur interessierten Befragten.

6.1 Auszüge aus vorhandenen Statistiken

Die amtliche Statistik bietet die Möglichkeit, sich dem Kulturkonsumenten über die Ausgabenseite zu nähern. Das ist aber nur ein Teil des Konsumprozesses. Die Kaufhandlung, beispielsweise der Erwerb von Büchern oder Theaterkarten, steht lediglich für die Konsumphase der Marktentnahme. Der eigentliche Nutzungsprozess sowie die vorgelagerte Phase der Informationsbeschaffung und die nachgelagerte Phase der Auseinandersetzung mit dem Kulturgut bleiben bei der reinen Ausgabenbetrachtung ausgeblendet. Dennoch ist es interessant zu wissen, welchen Stellenplatz **private Kulturausgaben** im Budget der Bundesbürger haben. Die Erhebungen der „Laufenden Wirtschaftsrechnungen" des Statistischen Bundesamtes, die durch die Befragung von Haushalten unterschiedlicher sozialer Gruppierungen annähernd repräsentativ sind, können näherungsweise Auskunft geben (vgl. Statistisches Bundesamt 2014). Im Durchschnitt je Haushalt und Monat wurden im Berichtsjahr 2012 2.310 Euro für den privaten Konsum ausgegeben. An diesem Konsumbudget haben die Ausgaben für Freizeit, Unterhaltung und Kultur mit durchschnittlich 245 Euro, entsprechend 10,6 Prozent, einen vergleichsweise geringen Anteil, am meisten geht mit 34,5 Prozent in den Bereich Wohnen, Energie und Wohnungsinstandhaltung (vgl. Statistisches Bundesamt 2014, S. 24) (vgl. Abb. 6.1).

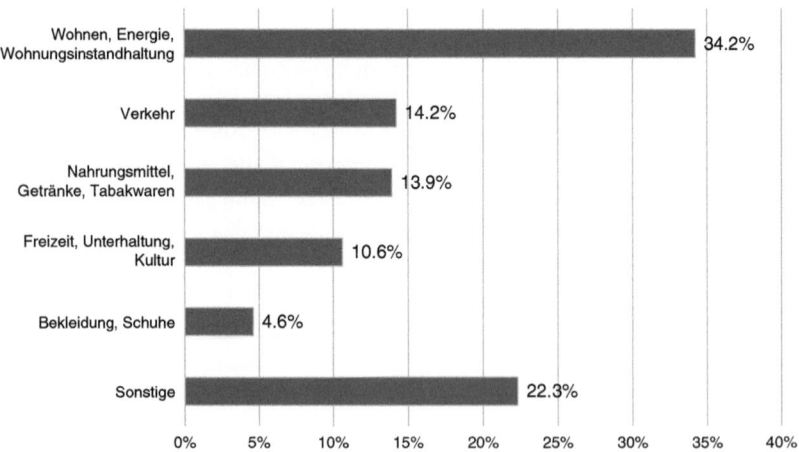

Abb. 6.1 Struktur der monatlichen Konsumausgaben privater Haushalte 2012. Vgl. Statistisches Bundesamt 2014, S. 24

6.1 Auszüge aus vorhandenen Statistiken

Innerhalb der Freizeit-, Unterhaltungs- und Kulturausgabenkategorie befinden sich heterogene Ausgabeposten, darunter beispielsweise auch private Mittel, die für die Ausstattung mit Unterhaltungselektronik und Datenverarbeitungsgeräten sowie für Blumen und Haustiere eingesetzt wurden. Die Ausgaben für Freizeit- und Kulturdienstleistungen werden mit 58 Euro veranschlagt, das entspricht stabil seit 2009 einem Anteil von 2,5 Prozent an allen Konsumausgaben (vgl. Statistisches Bundesamt 2014, S. 19). Es wird allerdings nicht danach unterschieden, ob diese Kategorie von Ausgaben mehr von Kulturdienstleistungen (etwa dem Kinobesuch) oder Freizeitangeboten (beispielsweise der Eintrittskarte für das Bundesligaspiel) bestimmt ist. Der Kulturkonsument sollte jedoch nicht nur durch Marktdaten gekennzeichnet werden. Wie steht es um das Interesse an Kultur, wie entwickeln sich Kulturbesuche, diese und andere Fragen standen im Mittelpunkt verschiedener, auch europaweiter Erhebungen.

Einer Studie des Instituts für Demoskopie Allensbach zufolge ist der Anteil der besonders Kunst- und Kulturinteressierten an der deutschen Bevölkerung im Zeitraum von 2012 bis 2014 zwar relativ stabil geblieben, er verharrt aber auch auf einem niedrigen Niveau. Im Jahr 2013 zeigten rund 6,9 Prozent der deutschsprachigen, über 14 Jahre alten Bevölkerung ein besonderes Interesse an Kunst und Kultur, indem sie von sich aus konstatierten dass sie das Thema „Kunst- und Kulturszene" interessiert (vgl. IfD Allensbach 2014). In Relation zur erwachsenen Gesamtbevölkerung von rund 80,76 Millionen Personen in 2013 sind dies rund 5,6 Millionen Bürger (vgl. Statistisches Bundesamt 2015). Die mäßig Kulturinteressierten machen rund 21 Prozent aus, die kaum oder gar nicht Interessierten stellen mit Anteilen um die 43 Prozent den höchsten Anteil (vgl. IfD Allensbach 2014).

Bei der Beliebtheit von Kulturveranstaltungen dominieren nach einer Studie des Hamburger Weltwirtschaftsarchivs und der Berenberg Bank die unterhaltungsorientierten Veranstaltungen, wobei Musicals, Rock- und Popkonzerte und große Volksfeste mit jeweils 37,7 Prozent, 37,1 Prozent und 26,0 Prozent an der Spitze der Nennungen stehen (vgl. HWWI und Berenberg Bank 2013). Dieser Trend passt auch zu den Ergebnissen anderer Erhebungen. So geht aus der gemeinsamen Studie der Deutschen Orchestervereinigung und des Zentrums für Kulturforschung hervor, dass die an einen Kulturbesuch geknüpfte Erwartung nach „guter Unterhaltung" im Vergleich der Jahre 2004/05 und 2010/11 noch gestiegen ist, und zwar von 57 Prozent der Bevölkerung, die diesen Wunsch nannten, auf 65 Prozent (vgl. DOV und ZfKf 2011, S. 6). Ebenso werden das „Live-Erlebnis" und die „gute Atmosphäre" vermehrt erwähnt. Der Bildungsfaktor bleibt als Erwartung, dass der Kulturbesuch zur Verbesserung der Allgemeinbildung beitrage, mit 20 Prozent (19 Prozent in 2004/05) auf mittlerem Niveau (vgl. DOV und ZfKf 2011).

In einem Eurobarometer der Europäischen Kommission aus dem Jahr 2007 wurden auch Gründe erhoben, weshalb Menschen keinen Zugang zur Kultur und zu kulturellen Aktivitäten finden, und welcher Art diese empfundenen Barrieren sind (Befragung 2007 in 27 Mitgliedsländern, n = 26.755, vgl. European Commission 2007, S. 3). Aus einer vorgegebenen Liste möglicher Hemmnisse sollte gekennzeichnet werden, worum es sich im Einzelfall handelt, Mehrfachantworten waren möglich. Es zeigte sich, dass als am häufigsten genannter Hinderungsgrund mit 42 Prozent der Zeitmangel genannt wurde, gefolgt von dem Kostengrund (29 Prozent), einem Mangel an Interesse (27 Prozent) und der fehlenden Information (17 Prozent) (European Commission 2007, S. 31). In der im Folgenden dargestellten eigenen Umfrage zu Kulturbesuchen werden unter anderem auch Barrieren des Kulturbesuchs erfragt, allerdings mit anderen Fallzahlen. Während die Europäische Kommission über Mittel und Möglichkeiten verfügt, repräsentative Umfragen großen Umfangs in Auftrag zu geben, ist dies bei Universitätsumfragen in der Regel nicht möglich. Diese Einschränkung muss bei der Interpretation der folgenden, selbst erhobenen Daten berücksichtigt werden.

6.2 Konzeption und Methodik der eigenen Konsumentenbefragung

Im Dezember 2013 begann mit einer Vorerhebung der erste empirische Schritt zur Ermittlung von Konsumentenvorstellungen im Zusammenhang mit dem Besuch von Kulturveranstaltungen. Zwanzig Befragte nahmen an dieser ersten Befragungsrunde teil, darunter im Wesentlichen Studierende und Universitätsmitarbeiter an südwestdeutschen Hochschulen. Im Zentrum dieser ersten Befragungsrunde stand die Erkenntnissuche darüber, was oder wer Konsumenten in Kulturveranstaltungen treibt bzw. sie auch eher davon abhält, und inwieweit sich Pro- und Contra-Gründe für den Kulturbesuch herausfinden lassen, die entweder verstärkt oder abgebaut werden könnten.

Konzeptioneller Hintergrund für dieses Vorgehen ist zum einen die **Theorie des geplanten Verhaltens** (TPB) nach Icek Ajzen (2011), die im ersten Schritt die Hervorlockung von Beliefs erfordert, das sind die Überzeugungen, die für oder gegen eine Verhaltensplanung sprechen, ebenso wie die ins individuelle Kalkül gezogenen Erwartungen relevanter Bezugspersonen und die als möglich und bedeutsam empfundenen Hemmnisse (vgl. 4.2.1). Eine Rolle spielen zum anderen die Theorien der Konsumwerte, beschrieben unter anderem in der Theory of Consumption Values (vgl. Sheth et al. 1991), und die theoretische Konzeption der Bedürfnispyramide (vgl. Maslow 1954). Beide Ansätze klassifizieren

6.2 Konzeption und Methodik der eigenen Konsumentenbefragung

Konsumentscheidungen als Streben nach wünschenswerten Nutzenkategorien, darunter werden neben funktionalen Zielen auch Werte des sozialen Miteinanders und der persönlichen Selbstverwirklichung aufgeführt (vgl. 4.1.2).

Der Vorerhebungsfragebogen bestand aus 10 offenen Fragen sowie der skalierten Frage nach dem Kulturinteresse und drei demografischen Fragen zu Geschlecht, Alter und Bildungsstand. Alle Teilnehmer konstatierten ein hohes Interesse an Kultur mit einem durchschnittlichen Wert von 6 auf einer Likert-Skala von 1 = gar nicht bis 7 = sehr. Alle Befragten verfügten über einen Hochschulabschluss und waren, mit einer Ausnahme, bis 30 Jahre alt und zu 70 Prozent weiblich. Es handelte sich also um eine junge, gebildete und in der Überzahl weibliche Stichprobe. Sie konnte nach einer Fallzahl von n = 20 geschlossen werden, da die zusätzlichen Befragungen keine neuen Aspekte auftauchen ließen.

Zum Auftakt der Befragung wurde um Spontanität der Assoziationen mit dem individuellen Besuch einer Kulturveranstaltung gebeten und mit konkreten Beispielen illustriert. Die offenen Fragen lauteten unter anderem: Aus welchen Gründen besuchen Sie eine derartige Kulturveranstaltung … Was empfinden Sie persönlich als Vorteile dieses Besuchs … Gibt es Hemmnisse, die sich Ihrem Besuch einer Kulturveranstaltung in den Weg stellen …? Die Auswertung der Vorerhebung zeigte, dass erwartungsgemäß die assoziierten Vorteile die möglichen Nachteile bei weitem überwiegen, und zwar im Verhältnis von 7:3. Alle insgesamt 113 Nennungen von Vor- und Nachteilen wurden mithilfe einer Inhaltsanalyse einer jeweiligen Kategorie gleicher Aussage zugeordnet.

Am Ende dieses Revisionsprozesses stand eine Liste mit insgesamt 17 Überzeugungen bzw. Beliefs hinsichtlich der Konsequenzen eines Kulturbesuchs. Sie wurden den Befragten der Haupterhebung in zufälliger Reihenfolge zur Bewertung vorgelegt (vgl. Abb. 6.2).

Die Frage danach, welche Personen oder Personengruppen Interesse daran haben könnten, dass der Befragte einen Kulturbesuch macht, wurde in einem sehr engen Spektrum beantwortet. Im Grundsatz waren es drei Kategorien, die einem persönlichen oder einem berufsbezogenen Umfeld zugerechnet werden konnten. In der Hauptbefragung wurden deshalb die Familie, die Freunde und die Kollegen als für den Kulturbesuch relevante Gruppen von Bezugspersonen zur Bewertung vorgelegt.

Bei der Formulierung von Verhaltensabsichten geht es aber nicht nur um die Frage von Pro und Contra des erwarteten Ergebnisses oder darum, ob andere es denn gern sähen, wenn man selbst Kulturbesuche machte. Von unter Umständen ausschlaggebender Bedeutung sind auch die als möglich und entscheidend bewerteten Barrieren oder Hemmnisse (beide Begriffe werden synonym gebraucht), die sich dem Kulturbesuch in den Weg stellen könnten. Sie erwachsen aus

Mein Besuch von Kulturveranstaltungen
1. … erweitert den eigenen Wissens- und Erfahrungshorizont.
2. … trägt zum Erhalt des Kulturangebots bei.
3. … ist oft kostspielig.
4. … bietet wertvolle Unterhaltung.
5. … lässt einen in eine andere Welt eintauchen.
6. … beansprucht viel Zeit.
7. … bietet die Möglichkeit, sich mit anderen Menschen auszutauschen.
8. … fördert die kulturelle Bildung.
9. … bereichert und regt zum Nachdenken an.
10. … fördert die Kreativität.
11. … lädt zur Auseinandersetzung mit gesellschaftlichen Themen ein.
12. … stützt sich auf öffentliche Ausgaben, die nur für Kulturbesucher von Nutzen sind.
13. … bedeutet eine sinnvolle Befriedigung der eigenen Interessen.
14. … bietet die Möglichkeit für ein gemeinsames Erlebnis mit Familie und Freunden.
15. … kann Unbequemlichkeiten wie Schlange stehen oder enge Sitze mit sich bringen.
16. … lässt einen in gute Stimmung kommen.
17. … bewirkt, dass man mal wieder rauskommt.

Abb. 6.2 Vor- und Nachteile des Kulturbesuchs. (Vorerhebung 2013, n=20) © Ingrid Gottschalk

individuell empfundenen externen oder internen Hindernissen, etwa der fehlenden Kulturinstitution vor Ort oder den Bedenken vor dem eigenen Verständnis des Kulturangebots. Die Nennungen aus der Vorerhebung konnten zu insgesamt 9 Hemmnissen verdichtet werden (vgl. Abb. 6.3).

Der auf den Erkenntnissen der Vorerhebung basierende Haupterhebungsfragebogen wurde einem intensiven Pretest in schriftlicher Ausführung und Online-Version unterzogen (n=24). Nach Einarbeitung der Rückmeldungen und entsprechenden Revidierungen wurde er schließlich mit Hilfe der Online-Befragungssoftware EFS Survey 10.4 am 20. August 2014 mit einem Link öffentlich gemacht. Der Fragebogenumfang erscheint mit 13 Fragen und 3 demografischen Angaben als überschaubar, allerdings sind allein die beiden Fragen zu den Vorteils- und Nachteilsüberzeugungen mit 17 Beliefs, die jeweils nach ihrer vom Befragten wahrgenommenen Eintrittswahrscheinlichkeit und der persönlichen Bewertung bei Eintritt gewichtet werden müssen, aufwendig.

Vor diesem Hintergrund musste es gelingen, die Befragungspersonen zur Teilnahme zu motivieren, obwohl keine weiteren Anreize oder Belohnungen wie

6.2 Konzeption und Methodik der eigenen Konsumentenbefragung

Meinem Besuch von Kulturveranstaltungen könnten sich folgende Hemmnisse in den Weg stellen:
1. Hohe Preise
2. Kein voller Überblick über das Angebot
3. Zeitmangel wegen anderer Freizeitbeschäftigung (z.B. Sport)
4. Keine Begleitung
5. Entfernung zum Kulturort
6. Zeitmangel wegen ungünstiger Arbeitszeit (z.B. Schichtarbeit)
7. Verstaubte Atmosphäre
8. Fehlende Kinderbetreuung
9. Erwartungen an die Garderobe (Dresscode)

Abb. 6.3 Hemmnisse für den Kulturbesuch. (Befragung 2014, n = 20) © Ingrid Gottschalk

Büchergutscheine in Aussicht gestellt wurden. Stattdessen sollte mit der Betonung des wissenschaftlichen Hintergrunds durch den Absender und dem Logo der Universität Vertrauen geschaffen und in der persönlichen Ansprache eine Mitverantwortung im Hinblick auf mögliche Verbesserungen für den Kulturkonsumenten geweckt werden. Zur weiteren Gewinnung von Teilnehmern konnten zudem Mitglieder eines Stuttgarter Kulturvereins gezielt angesprochen und der Umfragelink in öffentlichen Kulturgruppen auf Facebook platziert werden. Nach zehn Wochen wurde die Umfrage abgeschlossen.

Die zentralen Untersuchungsfragen können in Einklang mit den zugrunde gelegten theoretischen Modellen der Theorie des geplanten Verhaltens und der Theorie der Konsumwerte wie folgt konkretisiert werden

1. Welche Gründe veranlassen Menschen, Kulturveranstaltungen zu besuchen? Welchen Nutzen bzw. welche Vorteile versprechen sie sich, welche positiv besetzten Werte sollen realisiert werden?
2. Warum werden Kulturbesuche nicht verwirklicht? Was steckt dahinter, welche Nachteile werden befürchtet, welche empfundenen Hemmnisse stellen sich dem potenziellen Kulturbesucher in den Weg?
3. Können aus der Vorteils-Nachteils-Bilanz, den als wahrscheinlich und bedeutsam wahrgenommenen Hemmnissen und dem möglicherweise verspürten Druck aus dem sozialen Umfeld argumentative Hinweise gewonnen werden, um den Besuch von Kulturveranstaltungen zu beflügeln?

6.3 Ergebnisse über alle Befragten

6.3.1 Stichprobe

Insgesamt konnten 250 Personen motiviert werden, den Fragebogen anzuklicken, allerdings zog die Hälfte von ihnen es vor, die Befragung gar nicht erst zu beginnen oder aber nach kurzer Zeit abzubrechen. Das ist angesichts der Komplexität der Thematik auch verständlich. Vor diesem Hintergrund musste auch die durchgängige Plausibilität der Antworten geprüft werden, und es zeigte sich, dass vier Befragte offensichtlich die Skalenpole gedanklich vertauscht hatten. Obwohl die genauen Klassifizierungen auf dem Bildschirm zu lesen waren, wurde bei dieser Teilgruppe die Skalierung durchgängig „seitenverkehrt" praktiziert und konnte mit einer teilweise durchaus plausiblen Ambivalenz der Wertungen bei einzelnen Beliefs nicht mehr erklärt werden. Nach Ausschluss dieser vier Personen verblieb mit n = 120, entsprechend knapp der Hälfte aller Angesprochenen, noch ein hoher Teilnahmewert. Wichtig ist, die im Folgenden dargestellten und diskutierten Ergebnisse als Fingerzeig in eine bestimmte Richtung zu sehen. Es handelt sich um eine Gelegenheitsstichprobe, und nicht um eine repräsentative Erhebung.

Die Stichprobe besteht zu drei Vierteln aus weiblichen (n = 90) und zu einem Viertel aus männlichen Befragten (n = 30). Diese Verteilung entspricht durchaus der Interessenlage in der Bevölkerung. Es zeigt sich, dass Frauen sehr häufig in der Gruppe der besonders an Kultur Interessierten überrepräsentiert sind, dies ist etwa ein Ergebnis einer repräsentativen Umfrage des Instituts für Kultur-Markt-Forschung im Auftrag der Stadt Ulm aus dem Jahr 2012 (vgl. IKMF 2012, S. 2).

Die Teilnehmer der vorliegenden Befragung sind im arithmetischen Mittel (M) 34 Jahre alt, wobei sich die Spanne von 19 bis 76 Jahren erstreckt (Standardabweichung SD = 13,53). Eine Unterteilung nach Bildungsgrad ist nicht möglich, da die Stichprobe homogen der hohen Bildungsschicht angehört.

Die „Eisbrecherfrage" am Anfang galt dem Kulturinteresse. Die Befragten sollten auf einer 7-stufigen Likert-Skala anklicken, ob ihr Interesse an Kultur allgemein 1 = gar nicht oder 7 = sehr groß sei. Der Mittelwert von 5,03 (SD = 1,51) signalisiert ein durchschnittlich hohes Interesse an Kultur. Dennoch gibt es auch Teilnehmer, die wenig oder sogar kein Kulturinteresse bekunden, das Spektrum der Skala wird voll ausgeschöpft, jedoch mit deutlicher Tendenz zum eher hohen Kulturinteresse (vgl. Abb. 6.4).

Auf die Frage nach den Kulturveranstaltungen, die mindestens einmal im Jahr von den Teilnehmern besucht würden, zeigte sich die Darstellende Kunst in Form von Kino- und Theaterbesuchen als Spitzenreiter. Nahezu alle Befragten (92,5 Prozent) konstatierten, dass sie mindestens einmal jährlich ins Kino gingen,

6.3 Ergebnisse über alle Befragten

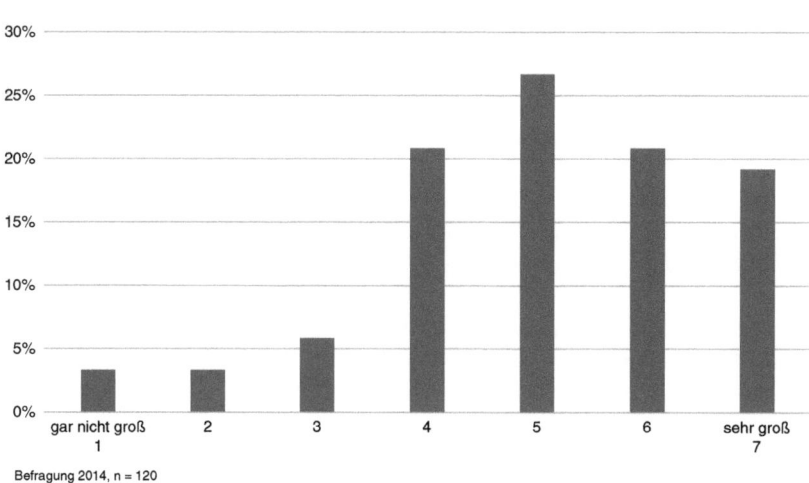

Befragung 2014, n = 120

Abb. 6.4 Kulturinteresse in der Stichprobe. (Befragung 2014, n = 120) © Ingrid Gottschalk

Tab. 6.1 Besuch von Kulturveranstaltungen. (Befragung 2014, n = 120) © Ingrid Gottschalk

Besuch von Kulturveranstaltungen	Besuch mindestens einmal pro Jahr	In Prozent der Befragten
Kino	111	92,5
Theater	70	58,3
Kunstmuseum	66	55,0
Rock/Popkonzert	58	48,3
Gegenwartsmuseum	50	41,7
Oper	31	25,8
Musical	30	25,0
Klassisches Ballett	28	23,3
Modern Dance (z.B. Hip-Hop)	16	13,3

deutlich mehr als die Hälfte besucht das Theater (58,3 Prozent, Mehrfachantworten waren möglich). Diese Frage wurde durch insgesamt zehn beispielhafte Vorgaben, die das Spektrum kultureller Besuchsmöglichkeiten nicht abdecken und diesen Anspruch auch nicht stellen, vorstrukturiert. Die einzelnen Kategorien sowie das Ergebnis dieser gestützten Frage zeigt Tab. 6.1.

Die Vorgaben waren bewusst auf 10 Möglichkeiten ausgerichtet, die dazu dienten, eine Unterteilung in Kulturveranstaltungen bzw. Kulturinstitutionen des „eher klassischen" und des „eher modernen Typs" herbeizuführen. Damit ist selbstverständlich keinerlei Wertung verbunden, es ging allein darum, anhand von konkreten Beispielen zu erkunden, ob der Befragte, über das Jahr gesehen, mehr die eine oder andere Richtung besucht. Je nachdem, welcher Typus eher bevorzugt wurde, wurde die Wahl mit einem Filter bestätigt und darum gebeten, bei den folgenden Fragen die Kategorie „Klassik" oder „Modern" vor Augen zu haben.

▶ **Filterfrage für den Kulturveranstaltungstyp** So über das Jahr gesehen, welche Art von Kulturveranstaltungen besuchen Sie häufiger? Es geht um die Wahl zwischen klassischen und modernen Kulturveranstaltungen.

Klassisch sind: Oper, Theater, Kunstmuseum, Klassisches Konzert und Klassisches Ballett.

Modern sind: Musical, Kino, Gegenwartsmuseum, Rock/Popkonzert und Modern Dance.

Es zeigte sich, dass die Zahl der Befragten, die innerhalb eines Jahres häufiger moderne als klassische Kulturveranstaltungen besuchen, die Zahl der Befragten, die relativ häufiger in klassische Kulturveranstaltungen gehen, um mehr als das Doppelte übersteigt (n=85 „modern", 70,8 Prozent, n=35 „klassisch", 29,2 Prozent). Das war schon allein wegen des hohen Anteils junger Befragter auch nicht anders zu erwarten. Aus einem Spektrum der Möglichkeiten von 0=gar kein Besuch bis zu 7=mehrfach die Woche wurde für die Besuche der Klassikveranstaltungen mit 41,2 Prozent am häufigsten die Kategorie „mehrfach im Jahr" gewählt, während bei den modernen Kulturereignissen mit über der Hälfte der Nennungen die höchstmögliche Kategorie „mehrfach die Woche" dominierte. Fasst man – nicht ganz korrekt, aber hilfreich für die spätere Regressionsanalyse – die Abfolge der Kategorien von 0 bis 7 als metrische Skala auf, dann zeigt sich, dass die Klassik im Mittel (M) mit 2,75 besucht wird (Standardabweichung SD=1,36), die Moderne dagegen mit 5,75 (SD=1,75) (vgl. Tab. 6.2).

Die Angaben zur maximalen Zahlungsbereitschaft für klassische oder moderne Kulturveranstaltungen schwanken für beide Kategorien in einer Bandbreite zwischen 0 und 500 Euro. Beide Nennungen sind als Extreme erklärlich, bei völligem Desinteresse einerseits und bei hohem Interesse und sehr aufwendigen Veranstaltungen und knappem Angebot an Eintrittskarten, etwa bei Festivals und Festspielen, andererseits. Die Mittelwerte über alle Nennungen pro Kategorie liegen mit 56,43 Euro (SD=62,79) für die klassischen Kulturveranstaltungen und 52,25 Euro (SD=55,33) für die modernen Kulturereignisse dicht beieinander, der Unterschied zwischen beiden ist nicht signifikant.

6.3 Ergebnisse über alle Befragten

Tab. 6.2 Besuch klassischer und moderner Kulturveranstaltungen. (Befragung 2014, n = 120) © Ingrid Gottschalk

Häufigkeit der Kulturbesuche	Klassische Kulturbesuche		Moderne Kulturveranstaltungen	
	Anzahl der Nennungen		Anzahl der Nennungen	
	absolut	in v.H.	absolut	in v.H.
0 = gar nicht	8	6,7	4	3,4
1 = alle Jahre mal	12	10,1	-	-
2 = einmal im Jahr	23	19,3	8	6,9
3 = mehrfach im Jahr	49	41,2	1	0,9
4 = einmal im Monat	18	15,1	1	0,9
5 = mehrfach im Monat	6	5,0	22	19,0
6 = einmal die Woche	1	1,7	54	46,6
Gesamt	120	100	120	100
M (SD)	M = 2,75 (SD = 1,36)		M = 5,75 (SD = 1,75)	

6.3.2 Überzeugungen und Faktoren

Die durch die Hauptbefragung erfolgte Gewichtung der Vor- und Nachteile des Kulturbesuchs hat die aus der Vorerhebung gewonnene und zufällig präsentierte Liste der 17 Verhaltensüberzeugungen in eine neue Reihenfolge gebracht. Aus Tab. 6.3 und Tab. 6.4, lässt sich entnehmen, welche Vorteile bzw. Nachteile in welchem Ausmaß als wahrscheinlich und unter Voraussetzung ihres Eintretens als gut oder schlecht bewertet werden.

Die jeweilige Grundlage bildet eine siebenstufige Wahrscheinlichkeits- und Bewertungsskala. Um die Einheitlichkeit des Fragebogens zu wahren und die Befragungsteilnehmer nicht unnötig zu verwirren, wurde die Skala durchgängig von 1 bis 7 markiert. Für die Berechnung der Werte im Sinne der Modellvorlage mussten jedoch Umcodierungen vorgenommen werden, und zwar mit Skalenwerten von 0 bis 6 für die Wahrscheinlichkeitsskala und von −3 bis +3 für die Bewertungsskala (zur Diskussion eines *optimal scaling* vgl. Ajzen 1991, S. 192 f. und Gottschalk 2001, S. 241). Dieses Skalierungsspektrum bietet den positiven Effekt, dass ein Belief als nicht relevant verbucht wird, wenn er von der Befragungsperson als gar nicht wahrscheinlich eingestuft wurde (Skalierung mit 0) und dies unabhängig davon, ob er gegebenenfalls als gut oder schlecht bewertet würde. Dies ist der Fall, da die Gesamtbewertung aus dem Produkt der Bewertungen pro Belief besteht. Im Extremfall kann eine Überzeugung als sehr wahrscheinlich (6) und sehr gut (+3) oder sehr schlecht (−3) eingestuft werden und erhielte den Wert von +18 oder −18.

Tab. 6.3 Wahrgenommene und bewertete Vorteile des Kulturbesuchs. (Befragung 2014, n = 120) © Ingrid Gottschalk

Mein Kulturbesuch ...	M (SD)
1. ... bietet die Möglichkeit für ein gemeinsames Erlebnis mit Familie und Freunden.	11,50 (6,25)
2. ... lässt einen in gute Stimmung kommen.	10,80 (6,35)
3. ... erweitert den eigenen Wissens- und Erfahrungshorizont.	10,28 (6,04)
4. ... bietet eine wertvolle Unterhaltung.	9,93 (5,82)
5. ... bedeutet eine sinnvolle Befriedigung der eigenen Interessen.	9,28 (6,01)
6. ... trägt zum Erhalt des Kulturangebots bei.	9,21 (6,15)
7. ... lässt einen in eine andere Welt eintauchen.	9,10 (7,47)
8. ... bewirkt, dass man mal wieder rauskommt.	9,08 (7,12)
9. ... bereichert und regt zum Nachdenken an.	8,76 (6,68)
10. ... fördert die kulturelle Bildung.	8,67 (6,68)
11. ... bietet die Möglichkeit, sich mit anderen Menschen auszutauschen.	7,63 (6,29)
12. ... fördert die Kreativität.	7,11 (6,29)
13. ... lädt zur Auseinandersetzung mit gesellschaftlichen Themen ein.	6,58 (6,52)

Tab. 6.4 Wahrgenommene und bewertete Nachteile des Kulturbesuchs. (Befragung 2014, n = 120) © Ingrid Gottschalk

Mein Kulturbesuch ...	M (SD)
1. ... ist oft kostspielig.	−3,69 (6,54)
2. ... kann Unbequemlichkeiten wie Schlange stehen oder enge Sitze mit sich bringen.	−3,06 (4,78)
3. ... beansprucht viel Zeit.	−1,04 (3,87)
4. ... stützt sich auf öffentliche Ausgaben, die nur für Kulturbesucher von Nutzen sind.	−0,83 (4,41)

Als positive Einflussgröße steht an vorderster Stelle die soziale Komponente eines gemeinsamen Erlebnisses mit Familie und Freunden, gefolgt von den erwarteten und für gut befundenen emotionalen und kognitiven Wirkungen, nämlich in gute Stimmung zu kommen und den eigenen Wissens- und Erfahrungshorizont zu erweitern (vgl. Tab. 6.3).

Misst man sie an ihrer durchschnittlichen Bewertung, dann scheinen die Nachteile des Kulturbesuchs eine eher untergeordnete Rolle zu spielen. Am meisten Gewicht beansprucht der Kostenaspekt: die Möglichkeit, dass ein Kulturbesuch teuer zu stehen kommen könnte, wird mit −3,69 verbucht. Jedoch signalisiert das Streuungsmaß in Höhe von SD = 6,54, wie heterogen dieser Belief von den Befragten eingestuft wurde (vgl. Tab. 6.4).

6.3 Ergebnisse über alle Befragten

Der Einblick in die von den befragten Kulturkonsumenten empfundenen Vor- und Nachteile eines Kulturbesuchs ist aufschlussreich für Kulturanbieter und Kulturförderer, und er ist es letztlich auch für die Kulturkonsumenten selbst. Aus den Rangfolgen durchschnittlicher Bewertungen kann Einblick in das Denken und Fühlen Kulturinteressierter genommen werden. Warum entscheiden sie sich für den Besuch einer Kulturveranstaltung, lassen sich herausragende Bestimmungsgründe nennen, die den Ausschlag für einen Kulturbesuch geben?

Die relativ hohen Bewertungen über alle 13 Vorteile des Kulturbesuchs zeigen, dass eine Vielzahl positiver Erwartungen eine Rolle spielt. Die Kenntnis dieser Gründe ist ein wertvoller Hinweis darauf, sie in den Vordergrund zu stellen und ihre empfundene Eintrittswahrscheinlichkeit und positive Bewertung in Erinnerung zu rufen oder möglichst noch zu verstärken. Die schon dargelegte Theorie der Konsumwerte (vgl. Sheth et al. 1991) postuliert fünf Werte als Determinanten einer Konsumentscheidung (vgl. 4.1.2). Bei Fokussierung dieses Ansatzes auf den Kulturkonsum können diese Werte hier zugespitzt werden als:

- Funktion Bildung
- Funktion Unterhaltung
- Sozialer Wert
- Emotionaler Wert
- Epistemischer Wert
- Persönlichkeitserweiterung/Selbstverwirklichung

Diese Auflistung erweitert den ursprünglich eindimensionalen Funktionalen Wert auf die zwei Dimensionen der Bildung und Unterhaltung. Dies sind die klassischen, schon historisch belegten Aufgaben, die Kunst und Kultur zugeschrieben werden. Der Soziale Wert wird im Sinne eines gemeinsamen Konsums, als Gemeinschaftserlebnis verstanden, der Emotionale Wert als Gemütsregungen jeder Form. Der Epistemische Wert entspricht, ganz im Sinne der Theorie der Konsumwerte, dem Drang nach Neuem, der Befriedigung von Neugier und Wissensdurst (vgl. Sheth et al. 1991). Der in der Theorie zusätzlich genannte Konditionale Wert wird hier nicht gesondert abgegrenzt, da eine relativ kleine Stichprobe nicht genügend Spielraum für die Analyse des Kulturkonsums unter bestimmten Umständen bietet. Als zusätzlicher Wert aus den Konzepten des Erlebniskonsums und der Bedürfnishierarchie wird die Persönlichkeitserweiterung bzw. Selbstverwirklichung aufgenommen (vgl. Sheth et al. 1991, Maslow 1954, vgl. 4.3.2).

Jeder der so abgegrenzten Werte des Kulturkonsums findet sein Pendant in der Liste der wahrgenommenen und bewerteten Vorteile. An vorderster Stelle steht der

Soziale Wert mit dem Belief, dass ein Kulturbesuch die Möglichkeit für ein gemeinsames Erlebnis mit Familie und Freunden biete. Aber auch Bildung, Unterhaltung, Emotion und Befriedigung von Neugierde lassen sich ausmachen, ebenso wie vermutlich ein Konglomerat von Beliefs, die der Persönlichkeitserweiterung dienen, etwa die Förderung von kultureller Bildung und Kreativität.

Diese Vermutungen über bestimmte Ausprägungen des mit Kulturkonsum verfolgten Wertespektrums lassen sich schärfer fassen, wenn es gelingt, die Liste der Beliefs zu Faktoren zu komprimieren. Dies geschah auf dem Wege einer explorativen Faktoranalyse über alle 17 Vor- und Nachteile. Es handelt sich um die Darstellung der rotierten Komponentenmatrix, basierend auf der Extraktionsmethode der Hauptkomponentenanalyse mit der Rotationsmethode Varimax mit Kaiser-Normalisierung (vgl. IBM SPSS Statistics Version 21). Wie üblich, werden nur Überzeugungen mit Faktorladungen größer 0,5 berücksichtigt.

Die explorative Faktoranalyse komprimiert die Liste der 17 Vor-und Nachteile des Kulturbesuchs auf drei Komponenten bzw. Faktoren. Aufgrund des Inhalts der ihnen zugeordneten Beliefs werden sie wie folgt abgegrenzt:

- Faktor A: **Individuelle und gemeinschaftliche Unterhaltung**
- Faktor B: **Bildung und Persönlichkeitserweiterung**
- Faktor C: **Negative Seiten**

Die Überzeugung, dass öffentliche Ausgaben zugrunde lägen, die nur für Kulturbesucher von Nutzen seien, entfällt aufgrund der FL>0,5 Regel (Faktorladung 0,423 im Faktor Negative Seiten). Dies ist auch plausibel, da sich diese mögliche Konsequenz als äußerst ambivalent erwiesen hat, einige Rückmeldungen der Befragten betrafen genau diesen Belief und ein gewisses Unverständnis für seine Aussage.

Es zeigte sich, dass im Grundsatz die klassischen Funktionen der Unterhaltung und Bildung, in sich angereichert durch die Soziale, die Epistemische und die Persönlichkeitserweiterungsfunktion, das Wertespektrum beherrschen. Das emotionale Erlebnis scheint insbesondere den Unterhaltungsfaktor A zu dominieren, der Effekt, dass man durch Kulturkonsum in gute Stimmung kommt, steht mit einer Faktorladung von 0,844 an erster Stelle und ist damit besonders relevant für den Faktor A. Ebenso umfasst dieser Faktor der Individuellen und Gemeinschaftlichen Unterhaltung die Freude an der Entdeckung von Neuem, ausgedrückt in der Überzeugung, in eine andere Welt eintauchen zu können.

Der Faktor B, Bildung und Persönlichkeitserweiterung, wird unter anderem begründet durch die Überzeugungen, dass ein Kulturbesuch den eigenen

6.3 Ergebnisse über alle Befragten

Wissens- und Erfahrungshorizont erweitert, dass er bereichert und zum Nachdenken anregt und die kulturelle Bildung fördert. Hierunter lässt sich neben Bildung auch die Persönlichkeitserweiterung festmachen. Faktor C, geformt aus den als möglichen empfundenen Negativen Seiten des Besuchs einer Kulturveranstaltung, wird gespeist durch den Zeit-, den Kosten- und den Unbequemlichkeitsnachteil (vgl. Tab. 6.5).

Die empfundenen Hemmnisse bzw. Barrieren, die sich aus individueller Sicht einem Kulturbesuch in den Weg stellen können – und dies unabhängig davon, ob die Kulturaktivität überhaupt mit Nachteilen behaftet sein könnte – werden gemäß

Tab. 6.5 Explorative Faktoranalyse der Verhaltensbeliefs. (Befragung 2014, n = 120) © Ingrid Gottschalk

Vor- und Nachteile von Kulturbesuchen	Komponenten mit Faktorladung		
	A	B	C
A Individuelle und gemeinschaftliche Unterhaltung			
1. … lässt einen in gute Stimmung kommen	0,844		
2. … bewirkt, dass man mal wieder rauskommt	0,774		
3. … bedeutet eine sinnvolle Befriedigung der eigenen Interessen	0,745		
4. … bietet die Möglichkeit für ein gemeinsames Erlebnis mit Familie und Freunden	0,738		
5. … bietet wertvolle Unterhaltung	0,644		
6. … lässt einen in eine andere Welt eintauchen	0,624		
7. … bietet die Möglichkeit, sich mit anderen Menschen auszutauschen	0,596		
B Bildung und Persönlichkeitserweiterung			
8. … erweitert den eigenen Wissens- und Erfahrungshorizont		0,835	
9. … bereichert und regt zum Nachdenken an		0,783	
10. … fördert die kulturelle Bildung		0,769	
11. … trägt zum Erhalt des Kulturangebots bei		0,741	
12. … lädt zur Auseinandersetzung mit gesellschaftlichen Themen ein		0,696	
13. … fördert die Kreativität		0,552	
C Negative Seiten			
14. … beansprucht viel Zeit			0,718
15. … kann Unbequemlichkeiten wie Schlange stehen oder enge Sitze mit sich bringen			0,683
16. … ist oft kostspielig			0,649

dem Ansatz von Ajzen (1991) als *control beliefs* ähnlich ermittelt wie die zuvor dargelegten *behavioral beliefs*, jedoch werden zwei unipolare Skalen zugrunde gelegt (vgl. Ajzen 2002, S. 669). Die individuell wahrgenommene Eintrittswahrscheinlichkeit und die Beurteilung, wie entscheidend das Auftreten einer derartigen Barriere gegebenenfalls für den Kulturbesuch wäre, werden von 0 bis 6 skaliert und pro Kontrollbelief miteinander multipliziert. Das Produkt kann als erwartete und bewertete Kontrollüberzeugung von 0 bis 36 schwanken.

Tabelle. 6.6 zeigt, welche Barrieren besonders ins Gewicht fallen. An erster Stelle in der durchschnittlichen Bewertung steht die Barriere des Eintrittspreises. Er steht hier als Ausdruck einer finanziellen Klippe, die wegen fehlender Mittel nicht übersprungen werden kann. Angesichts des theoretischen Maximums von 36 (sehr wahrscheinlich und sehr entscheidend) fällt der Mittelwert mit 15,08 zwar moderat aus. In der Verteilung der einzelnen Werte wird aber deutlich, dass die individuellen Wertungen durchaus heterogen sind, mit einem relativ hohen Anteil von Personen, die beispielsweise das Eintrittspreishemmnis für weder wahrscheinlich noch für sie selbst entscheidend halten. Dahinter steckt vermutlich der Grund, dass man sich den Kulturgenuss erlauben kann. Das ist angesichts der breiten Spreizung über die Altersgruppen mit zu erwartenden divergierenden Einkommenssituationen auch erklärlich.

In diesem Sinne müssen die Barrieren des Kulturkonsums generell situationsspezifisch interpretiert werden. Es ist selbstverständlich, dass Hemmnisse aufgrund fehlender Kinderbetreuung oder ungünstiger Arbeitszeiten nur für diejenigen relevant sein können, die es betrifft. Für junge Eltern ohne Verwandte in der Nähe ist dieses Problem aber unter Umständen so entscheidend, dass es den Ausflug in die Kultur von vornherein verbietet. Genau so war die gestrichelte Linie im TPB-Modell zu interpretieren (vgl. Abb. 4.7).

Tab. 6.6 Erwartete und bewertete Hemmnisse für einen Kulturbesuch. (Befragung 2014, n = 120) © Ingrid Gottschalk

Erwartete und bewertete Hemmnisse für einen Kulturbesuch	M (SD)
1. Hohe Eintrittspreise	15,08 (10,65)
2. Zeitmangel wegen anderer Freizeitbeschäftigungen	12,54 (9,86)
3. Kein voller Überblick über das Angebot	10,13 (9,018)
4. Entfernung zum Kulturort	10,07 (8,84)
5. Keine Begleitung	9,04 (9.35)
6. Zeitmangel wegen ungünstiger Arbeitszeit (z.B. Schichtarbeit)	7,53 (10,27)
7. Verstaubte Atmosphäre	4,38 (6,92)
8. Erwartungen an die Garderobe (Dresscode)	4,05 (7,02)
9. Fehlende Kinderbetreuung	3,05 (7,50)

6.3 Ergebnisse über alle Befragten

Auch bei der Liste der Hemmnisse kann eine Komprimierung in Form der Faktorbildung versucht werden. In der Tat kristallisierten sich durch explorative Faktoranalyse auf der Grundlage der Hauptkomponentenanalyse und bei Anwendung der Rotationsmethode nach Varimax mit Kaiser-Normalisierung (vgl. IBM SPSS Statistics Version 21) drei Faktoren heraus, die sich gut inhaltlich interpretieren lassen.

(1) **Ökonomischer Hemmnisfaktor**

Faktor A kann mit den Stichworten: keine Zeit, kein Geld, keine Transparenz gekennzeichnet und als „ökonomisch" gekennzeichnet werden, da er typische Marktdeterminanten umfasst. Er lädt hoch auf als wahrscheinlich und entscheidend empfundene Kostenbarrieren des Zeitmangels, des fehlendem Überblicks über das Angebot und der zu zahlenden Eintrittspreise. Interessant ist, dass der Zeitmangel und die fehlende Übersicht noch höher auf diesen Faktor laden als der Eintrittspreis.

(2) **Organisatorischer Hemmnisfaktor**

Faktor B umfasst dagegen die Hemmnisse, die aufgrund individueller, tatsächlicher oder vermeintlicher, Umstände organisatorisch nicht zu bewerkstelligen sein scheinen. Dazu gehören die fehlende Kinderbetreuung, die ungünstige Arbeitszeit oder die Vorstellung, man habe nichts Passendes zum Anziehen.

(3) **Institutioneller Hemmnisfaktor**

Faktor C ist schließlich an Barrieren geknüpft, die im Zusammenhang mit der Kulturinstitution selbst und deren Besuch anfallen, sei es, dass sie zu weit entfernt ist, als verstaubt empfunden oder aber nicht gern allein besucht wird (vgl. Tab. 6.7).

Im Verhaltensplanungsansatz spielt auch das soziale Umfeld in Form von relevanten Bezugspersonen eine unter Umständen wichtige Rolle. Die Skalierungen entsprechen denen für die Hemmnisse, es handelt sich also um zwei unipolare Skalen mit den für die Berechnungen umcodierten Endwerten von 0 und 6.

Tabelle. 6.8 zeigt die Verteilung über die drei Kategorien Familie, Freunde und Kollegen. In der durchschnittlichen Bewertung über die gesamte Stichprobe von n = 120 zeigt sich, dass die Freunde tendenziell noch von vergleichsweise höherer Bedeutung für den eigenen Kulturkonsum zu sein scheinen als die Familie, aber dieser Unterschied ist nicht signifikant. Dagegen sind die Differenzen zu den Kollegen als Bezugspersonen von systematischer Natur, die Mittelwerte sind signifikant niedriger als bei der Familie und den Freunden.

Tab. 6.7 Explorative Faktoranalyse der Hemmnisse des Kulturbesuchs. (Befragung 2014, n = 120) © Ingrid Gottschalk

Hemmnisse des Kulturbesuchs	Komponenten mit Faktorladung		
	A	B	C
A Ökonomischer Hemmnisfaktor			
1. Zeitmangel wegen anderer Beschäftigungen (z.B. Sport)	0,767		
2. Kein voller Überblick über das Angebot	0,744		
3. Hohe Eintrittspreise	0,615		
B Organisatorischer Hemmnisfaktor			
1. Fehlende Kinderbetreuung		0,841	
2. Ungünstige Arbeitszeit (z. B. Schichtarbeit)		0,735	
3. Erwartungen an die Garderobe (Dresscode)		0,536	
C Institutioneller Hemmnisfaktor			
1. Keine Begleitung			0,764
2. Verstaubte Atmosphäre			0,707
3. Entfernung zum Kulturort			0,615

Tab. 6.8 Wahrgenommene und bewertete normative Beliefs. (Befragung 2014, n = 120) © Ingrid Gottschalk

	Bewerteter Belief M (SD)	Wahrscheinlichkeit M (SD)	Bewertung M (SD)
1. Freunde	14,92 (11,55)	3,40 (1,87)	3,93 (1,85)
2. Familie	13,98 (12,06)	3,13 (2,04)	4,02 (1,89)
3. Kollegen	9,86 (10,91)	2,68 (1,93)	2,89 (1,89)

6.4 Gruppenspezifische Ergebnisse

6.4.1 Unterschiede zwischen Gruppen

Die bisher dargestellten Ergebnisse betreffen die gesamte Stichprobe. Nun wäre es aufschlussreich, und unter dem Aspekt einer gezielten Ansprache möglicher Kulturbesucher auch sehr hilfreich, mehr über Teilgruppen zu wissen. Dazu gehört etwa die Frage, ob männliche und weibliche oder jüngere und ältere Befragte in ihren Einschätzungen übereinstimmen, oder ob sich signifikante Unterschiede und damit Anknüpfungspunkte gruppenspezifischer Ansprache finden lassen. Vor dem Hintergrund, dass Frauen die häufigeren Kulturbesucher sind,

6.4 Gruppenspezifische Ergebnisse

könnte etwa eine höhere Bewertung von Vorteilen und eine weniger starke Gewichtung von Nachteilen erwartet werden. Bei unterschiedlichen Altersgruppen wiederum könnte, schon aufgrund divergierender Einkommenssituation, vermutet werden, dass jüngere Befragte mit eher schmalem Einkommen Kostenaspekte als schwerwiegender empfinden als ältere, annahmegemäß mehr verdienende Kulturkonsumenten.

Diese Überlegungen können mithilfe einer univariaten Varianzanalyse (ANOVA) geprüft werden. Im Folgenden werden nur die Ergebnisse näher genannt, die signifikant sind und auf systematische Zusammenhänge verweisen. Dabei wird mindestens ein Signifikanzniveau von 95 Prozent zugrunde gelegt, das heißt, dass eine festgestellte Varianz, beispielsweise in den unterschiedlichen Mittelwerten der bewerteten Beliefs zwischen der Gruppe jüngerer und der Gruppe älterer Befragter, mit nur maximal 5 Prozent Irrtumswahrscheinlichkeit *nicht* durch die jeweilige Gruppenzugehörigkeit erklärt werden kann. Dasselbe gilt unter noch strengeren Kriterien für die Irrtumswahrscheinlichkeiten (p) von 0,1 und 0,01 Prozent.

Die Prüfung der Stichprobe auf Unterschiede in den weiblichen und männlichen Befragtengruppen konnte keine signifikanten Unterschiede in den Bewertungen von Überzeugungen zeigen. Der auf der tatsächlichen Inanspruchnahme von Kulturleistungen basierende Rückschluss, dass Frauen die Kosten und Nutzen eines Kulturbesuchs anders gewichten als Männer, findet in dieser Stichprobe keine statistische Untermauerung.

Partiell anders sieht es in Bezug auf die Variable Alter aus. Bei der relativ hohen Anzahl junger Befragter in dieser Stichprobe liegt der Median schon bei 27 Jahren. Als Konsequenz des Median-Splits bilden sich zwei Altersgruppen, die junge Gruppe 1 von 19 bis 27 Jahre (n=63, 52,5 Prozent) und die ältere Gruppe 2 mit einer breiten Spanne von 28 bis 76 Jahren (n=57, 47,5 Prozent). Interessant ist, dass sich aus diesem Split aufschlussreiche Hinweise ableiten lassen. Als Ergebnisse der Varianzanalysen werden signifikante Divergenzen in den Beurteilungen bei verschiedenen Verhaltensüberzeugungen, Hemmnissen oder normativen Einflussgrößen deutlich:

- Die Gruppe der Jüngeren legt ein größeres Gewicht auf die wertvolle Unterhaltung als die Gruppe der Älteren.
- Das Eintrittspreishemmnis wird von den jüngeren Kulturbesuchern hoch signifikant stärker betont.
- Der ökonomische Hemmnisfaktor hat eine stärkere Bedeutung für die unter 28-Jährigen.
- Freunden und Kollegen wird bei den Jüngeren mehr Einfluss eingeräumt als bei den Älteren.

Tab. 6.9 Varianzanalysen bei Altersgruppen. (Befragung 2014, n = 120) © Ingrid Gottschalk

Altersgruppen/Diverse abhängige Variablen	Altersgruppe 1 < 28 Jahre		Altersgruppe 2 ≥ 28 Jahre		Signifikanz
	M	SD	M	SD	
Mein Kulturbesuch bietet wertvolle Unterhaltung	11,14	4,83	8,58	6,53	p = 0,015 *
Hemmnis hoher Eintrittspreise	18,27	10,66	11,56	9,54	p = 0,000 ***
Ökonomischer Hemmnisfaktor	13,87	7,31	11,16	7,01	p = 0,010 *
Den Erwartungen der Freunde nachgeben	17,49	11,08	12,07	11,47	p = 0,010 *
Den Erwartungen der Kollegen nachgeben	12,29	10,35	7,18	10,98	p = 0,010 *
Neigung zum Besuch moderner Kulturveranstaltungen	5,73	1,27	4,93	1,95	p = 0,008 **

- Die Neigung zum Besuch moderner Kulturveranstaltungen ist bei den Älteren signifikant weniger stark ausgeprägt als bei den Jüngeren (auf einer Skala von 1 = gar nicht bis 7 = sehr stark) (vgl. Tab. 6.9).

Interessante Erkenntnisse ergeben sich auch aus der Gruppierung nach Kulturinteresse, gemessen durch die Frage: Wie hoch ist Ihr Interesse an Kultur allgemein? (Skalierungswerte von 1 = gar nicht groß bis 7 = sehr groß). Der Median liegt in dieser Stichprobe mit einem Wert von 5 rechts von der Mitte der Skala, der Median-Split resultiert in der vergleichsweise weniger an Kultur interessierten Gruppe 1 (n = 72, 60 Prozent) und der relativ stark kulturinteressierten Gruppe 2 (n = 48, 40 Prozent). Die Varianzanalysen zeigten signifikante Zusammenhänge bezüglich einiger Verhaltensüberzeugungen und in einem Fall auch für ein Hemmnis.

- An Kultur nicht sonderlich Interessierte vertrauen weniger einer Reihe von Vorteilen des Kulturbesuchs, die im Bereich Bildung und Persönlichkeitserweiterung verankert sind. Die Unterschiede in den Gruppenbeurteilungen sind in einigen Fällen sogar hoch signifikant.
- Besonders stark unterscheiden sich die Beurteilungen bezüglich der Horizonterweiterung und der Anregung zur Auseinandersetzung mit gesellschaftlichen Themen.

6.4 Gruppenspezifische Ergebnisse

- Aber auch die individuelle Bereicherung sowie die Förderung von kultureller Bildung und Kreativität werden signifikant schwächer von den weniger Kulturinteressierten eingeschätzt.
- Dasselbe gilt für den möglichen Beitrag zum Erhalt des Kulturangebots.
- Das Hemmnis, auf eine verstaubte Atmosphäre zu treffen, wird signifikant stärker von den wenig Kulturinteressierten betont.

Insbesondere die Barriere der „Verstaubtheit" spricht ein Problem an, das möglicherweise in der Kulturlandschaft schon als überwunden geglaubt und ad acta gelegt wurde. Zwar wird es von den Befragten der Stichprobe insgesamt eher niedrig gehängt, dennoch sind die signifikanten Unterschiede zwischen beiden Gruppen nicht zu übersehen. Die Erwartung und Entscheidungsrelevanz einer mit einem Kulturbesuch einhergehenden „verstaubten Atmosphäre" wird im Mittel der niedrig an Kulturinteressierten mit 5,44 gewichtet, bei den hoch Kulturinteressierten dagegen nur mit 2,79 (auf einer möglichen Spannweite von 0 bis 18). Allerdings zeigt auch das hohe Streuungsmaß bei den weniger Interessierten (SD = 8,25), wie kontrovers auch in dieser Gruppe die Bewertung ist (vgl. Tab. 6.10).

Tab. 6.10 Varianzanalysen bei Interessengruppen. (Befragung 2014, n = 120) © Ingrid Gottschalk

Interessengruppen/Abhängige Variablen: Verhaltensüberzeugungen	Interessen-gruppe 1 Relativ niedriges Kulturinteresse		Interessen-gruppe 2 Relativ hohes Kulturinteresse		
Mein Kulturbesuch....	M	SD	M	SD	Signifikanz
... erweitert den eigenen Wissens- und Erfahrungshorizont.	8,70	5,98	12,65	5,36	p = 0,000 ***
... lädt zur Auseinandersetzung mit gesellschaftlichen Themen ein.	4,85	6,26	9,19	6,08	p = 0,000 ***
... bereichert und regt zum Nachdenken an.	7,42	6,38	10,77	6,69	p = 0,007 **
... fördert die kulturelle Bildung.	7,54	6,09	10,35	6,01	p = 0,014 *
... trägt zum Erhalt des Kulturangebots bei.	8,13	6,22	10,83	5,72	p = 0,017 *
... fördert die Kreativität.	6,06	5,57	8,69	7,01	p = 0,024 *
Meinem Kulturbesuch steht als Hemmnis entgegen: Die verstaubte Atmosphäre	5,44	8,25	2,79	3,78	p = 0,039 *

Aus beiden Erkenntnissen lassen sich wertvolle Hinweise für die Förderung von Kulturinteresse schöpfen. Zum einen geht es darum, Zweifel an positiven Wirkungen von Kulturbesuchen abbauen zu helfen, beispielsweise durch eine Probevorstellung bei kostenfreiem Eintritt. Zum anderen könnte bei einer derartigen Gelegenheit auch demonstriert werden, dass die Furcht vor negativen Begleiterscheinungen allenfalls ein Problem der „verstaubten" vorangegangenen Jahrhunderte war.

6.4.2 Zusammenhänge zwischen Variablen

Im Folgenden geht es nicht mehr um die Unterschiedlichkeit einzelner Gruppen, sondern um Zusammenhänge zwischen verschiedenen Variablen, die die gesamte Stichprobe betreffen. Hier kann die Frage gestellt werden, ob bestimmte unabhängige Variablen wie die erhofften Vorteile oder die befürchteten Nachteile eines Kulturbesuchs eine Brücke zu zentralen abhängigen Variablen wie dem Kulturinteresse und Kulturverhalten bauen. Die Regressionsanalyse ist ein für diese Zwecke geeignetes Verfahren. Ihre grundlegende Frage lautet, inwieweit eine oder mehrere unabhängige Variable als Prädiktoren das Auftreten einer abhängigen Variablen, des Regressors, erklären oder prognostizieren können. Getestet werden die unabhängigen Faktoren, bei denen aufgrund von theoretischen Modellannahmen, Erfahrungswerten oder Plausibilitätsüberlegungen ein Einfluss auf die abhängige Variable Kulturinteresse respektive Neigung zum Kulturbesuch vermutet werden kann. Die Regressionsanalyse kann zeigen, ob diese Zusammenhänge im statistischen Sinne mehr als zufällig, nämlich systematisch, sind. Einen Ursache-Wirkungs-Nachweis kann sie dagegen nicht leisten, nicht einmal in der Klärung der Richtung, also des „wer oder was beeinflusst wen oder was". Diese Einschränkung ist bei der Interpretation der folgenden Ergebnisse zu bedenken.

Im Fokus stehen die abhängigen Variablen Kulturinteresse respektive Neigung zum klassischen Kulturbesuch (hier abgegrenzt als: Oper, Theater, Kunstmuseum, Klassisches Konzert und Ballett) oder Neigung zum modernen Kulturbesuch (hier: Musical, Kino, Gegenwartsmuseum, Rock/Popkonzert, Modern Dance). Als unabhängige Variable geprüft werden die demographischen Variablen Alter und Geschlecht (letztere als „Dummy-Variable" mit den Werten 0 und 1), die Erfahrung mit modernen und klassischen Kulturbesuchen, jeweils gemessen durch die Häufigkeit der Teilnahme, die Faktoren der Verhaltensüberzeugungen und der Hemmnisse sowie die drei Referenzpersonen Familie, Freunde und Kollegen. Im Folgenden werden aus dieser Reihe möglicher Einflussfaktoren nur die

6.4 Gruppenspezifische Ergebnisse

Ergebnisse dargestellt, die statistische Signifikanz beinhalten, das heißt bei einer Irrtumswahrscheinlichkeit von höchstens 5 Prozent nicht mehr als zufällig angesehen werden können.

Inwieweit wird nun das Kulturinteresse durch die Prädiktoren in Form der aufgeführten unabhängigen Variablen beschrieben? Im Regressionsmodell erreicht R^2 einen Wert von 0,389, das heißt, dass rund 40 Prozent der Varianz der abhängigen Variable Kulturinteresse durch die neun unabhängigen Variablen erklärt wird. Unter diesen stehen aber nur die Kulturerfahrung bei klassischen Veranstaltungen sowie der Bildungsfaktor in einer signifikanten Beziehung zum Kulturinteresse. Beide sind signifikant auf dem 99 Prozent Niveau, ihre standardisierten Regressionskoeffizienten Beta (b) signalisieren mit Werten von 0,323 und 0,316 ihren Beitrag zur Varianzaufklärung (vgl. Abb. 6.5.).

Bei der Neigung zum klassischen respektive modernen Kulturbesuch erweisen sich andere Faktoren als signifikant bedeutsam. Im Regressionsmodell für die klassischen Veranstaltungen ist die Varianzaufklärung mit $R^2=0,654$ recht hoch: 65 Prozent der abhängigen Variable kann durch die zehn unabhängigen Variablen erklärt werden (es ist nunmehr eine unabhängige Variable mehr im Spiel, da Kulturinteresse als Einflussfaktor für Kulturverhalten angenommen werden kann).

Abbildung. 6.6 zeigt, dass drei unabhängige Variable eine Rolle spielen. Das Kulturinteresse und die Kulturerfahrung stehen in hoch signifikantem Zusammenhang zur Neigung zum klassischen Kulturbesuch, ihre Regressionskoeffizienten signalisieren hohe Anteile an der Varianzaufklärung (b=0,429 und

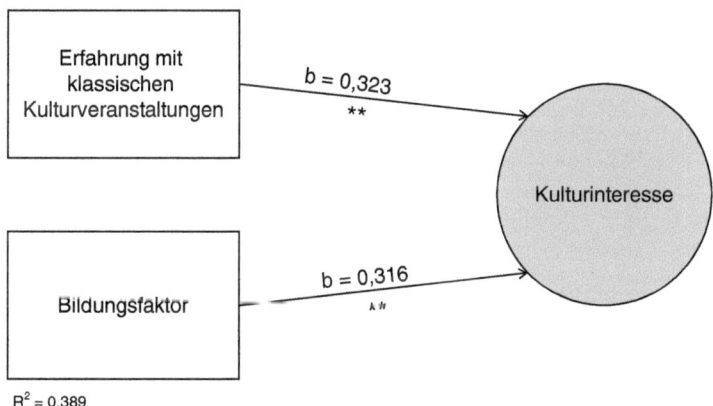

Abb. 6.5 Regressionsmodell Kulturinteresse. (Befragung 2014, n=120) © Ingrid Gottschalk

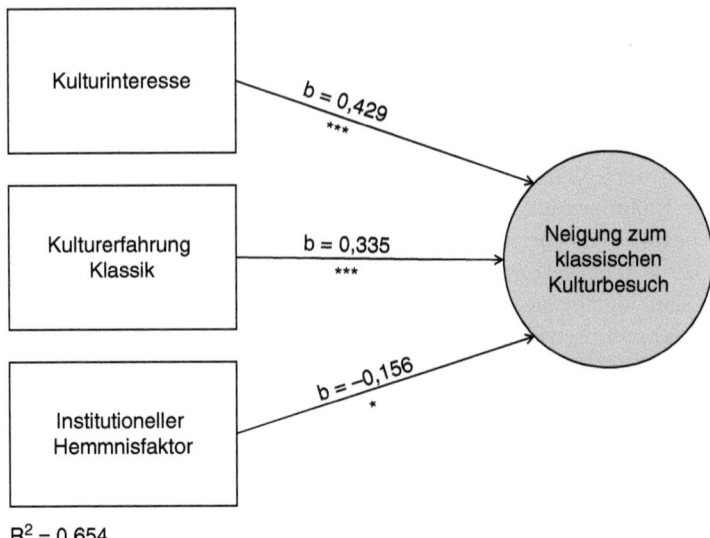

Abb. 6.6 Regressionsmodell Neigung zum Klassischen Kulturbesuch. (Befragung 2014, n = 120) © Ingrid Gottschalk

b=0,335). Eine andere Rolle spielt der Institutionelle Hemmnisfaktor. Hinter ihm verbergen sich die Barrieren, die sich aus der mangelnden Begleitung, der Entfernung zum Kulturort und der schon diskutierten „verstaubten Atmosphäre" zusammensetzen. Ihr Einfluss bewirkt zusammen genommen, dass die Neigung zum klassischen Kulturbesuch sinkt, hier abgegrenzt als Besuch von Oper, Theater, Kunstmuseum, Klassischem Konzert und Klassischem Ballett. Dieser Effekt wird deutlich sichtbar am negativen Vorzeichen des Regressionskoeffizienten (b=−0,156).

Die Neigung, eine moderne Kulturveranstaltung aufzusuchen, wird von zwei Faktoren negativ und von einem Faktor positiv berührt, in allen drei Fällen auf 95-prozentigem Signifikanzniveau. Zum ersten Mal innerhalb der Regressionsmodelle spielt die demographische Variable Alter eine Rolle, und dies im abträglichen Sinne: je älter die Befragten sind, desto geringer ist ihre Neigung, an einer Kulturveranstaltung des modernen Typs teilzunehmen, nämlich Aufführungen von Musicals, Rock/Popkonzerten und Modern Dance zu besuchen bzw. ins Kino oder Gegenwartsmuseum zu gehen (b=−0,236). Auf derselben Linie liegt die Erkenntnis, dass die Kulturerfahrung in der Klassik in einer negativen Beziehung zur Teilnahme an modernen Kulturveranstaltungen steht (b=−0,240). In anderen Worten: Diejenigen, die viel in klassische Kulturveranstaltungen gehen,

6.4 Gruppenspezifische Ergebnisse

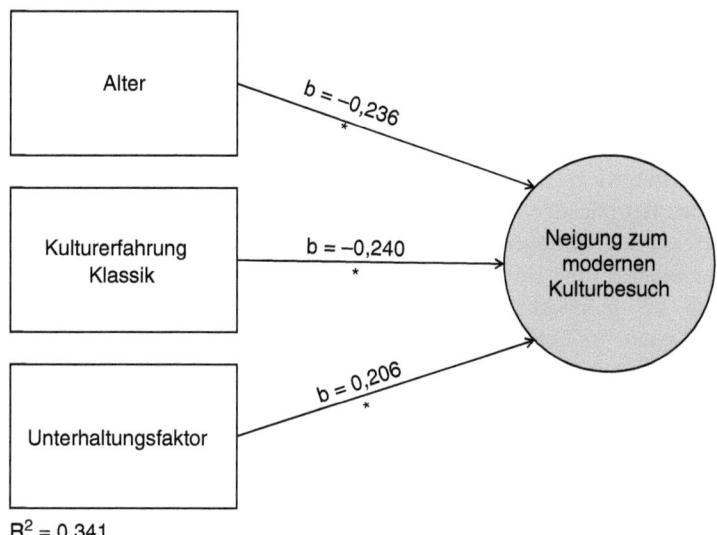

Abb. 6.7 Regressionsmodell Neigung zum Modernen Kulturbesuch. (Befragung 2014, n = 120) © Ingrid Gottschalk

haben weder Zeit noch Lust auf Veranstaltungen des modernen Typs – wobei der eigentliche Grund Spekulation ist und, wie schon erwähnt, aus der regressiven Beziehung allein nicht erschlossen werden kann.

Insgesamt ist die erklärte Varianz R^2 mit 0,341 deutlich niedriger als im Regressionsmodell für die klassischen Kulturbesuche. Offenbar sind die verursachenden Faktoren für moderne Kulturbesuche vielfältiger und breiter gestreut als für Kulturbesuche der klassischen Art. Einen signifikant positiven Beitrag liefert der Unterhaltungsfaktor, der Individuelle und Gemeinschaftliche Unterhaltung umfasst. Die darunter subsumierten Vorteile wie das Erzeugen von guter Stimmung, dass man mal wieder rauskommt und ein gemeinsames Erlebnis mit Familie und Freunden haben kann, ist von signifikanter Bedeutung (b = 0,206) (vgl. Abb. 6.7).

Basierend auf dem Modell des geplanten Verhaltens (TPB) und der Theorie der Konsumwerte wurden ergebnisbezogene, normative und kontrollorientierte Überzeugungen im Hinblick auf einen Kulturbesuch in einer Vorbefragung ermittelt (n = 20) und im Rahmen der Hauptbefragung gewichtet (n = 120). Besonders positiv wurde die soziale Komponente des gemeinsamen Erlebnisses mit Familie und Freunden gewertet. Es folgen die emotionalen und kognitiven Wirkungen, insbesondere in gute Stimmung zu kommen und den eigenen Wissens- und Erfahrungshorizont zu erweitern. Die empfundenen Nachteile durch den Besuch einer Kulturveranstaltung sind weit weniger zahlreich, und sie werden auch deutlich schwächer gewichtet als die Vorteile. Relativ am schwersten wiegt der Kostenaspekt mit der Vorstellung, dass ein Kulturbesuch für den Betreffenden teuer zu stehen kommen könnte. Die an Kultur weniger Interessierten vertrauen den Vorteilen eines Kulturbesuchs weniger als die Interessierten, und sie gewichten die Nachteile stärker. Außerdem wird von ihnen das mögliche Hemmnis, beim Kulturbesuch auf eine „verstaubte Atmosphäre" zu treffen, signifikant höher eingestuft.

Literatur

Ajzen, Icek (1991). The theory of planned behavior. Organizational behavior and human decision processes, 50(2), 179–211.

Ajzen, Icek (2002). Perceived behavioural control, self-efficacy, locus of control, and the Theory of Planned Behavior. Journal of Applied Social Psychology, 32(4), 665–683.

Ajzen, Icek (2011). The theory of planned behaviour: Reactions and reflections. Psychology and Health, 26(9), 1113–1127.

Deutsche Orchestervereinigung (DOV) und Zentrum für Kulturforschung (ZfKf) (Hrsg.) (2011). Präsentation des 9. Kulturbarometers. Als Online-Dokument veröffentlicht, abgerufen am 15.01.2015 unter http://www.miz.org/dokumente/2011_KulturBarometer.pdf

European Commission (2007). European cultural values. Special Eurobarometer 278. Als Online-Dokument veröffentlicht, abgerufen am 14.01.2015 unter http://ec.europa.eu/public_opinion/archives/ebs/ebs_278_en.pdf

Gottschalk, Ingrid (2001). Ökologische Verbraucherinformation. Grundlagen, Methoden und Wirkungschancen. Berlin: Duncker & Humblot.

HWWI und Berenberg Bank (Hrsg.) (2013). Art von Kulturveranstaltungen, die die Deutschen am liebsten besuchen im Jahr 2013. Als Online-Dokument unter Statista veröffentlicht, abgerufen am 14.0ß1.2015 unter http://de.statista.com/statistik/daten/studie/310600/umfrage/art-von-kulturveranstaltungen-die-deutsche-gerne-besuchen/

IfD Allensbach (2014). Interesse der Bevölkerung in Deutschland an der Kunst- und Kulturszene von 2012 bis 2014. Als Online-Dokument unter Statista veröffentlicht, abgerufen am 14.01.2015 unter http://de.statista.com/statistik/daten/studie/170946/umfrage/interesse-an-kunst-und-kultur/

Institut für Kultur-Markt-Forschung (IFKM) (2012). Umfrage der Stadt Ulm zur Nutzung kultureller Angebote. Als Online-Dokument veröffentlicht, abgerufen am 15.01.2015 unter http://www.ulm.de/sixcms/media.php/29/Zusammenfassung%20Kulturumfrage%20Ulm%202012.pdf

Maslow, Abraham H. (1954). Motivation and personality. New York: Harper & Row.

Sheth, Jagdish N., Newman, Bruce I. und Gross, Barbara L. (1991). Why we buy what we buy: A theory of consumption values. Journal of Business Research, 22(2), 159–170.

Statistisches Bundesamt (2014). Laufende Wirtschaftsrechnungen. Einnahmen und Ausgaben privater Haushalte. Als Online-Dokument veröffentlicht, abgerufen am 12.01.2015 unter https://www.destatis.de/DE/Publikationen/Thematisch/Einkommen KonsumLebensbedingungen/LfdWirtschaftsrechnungen/Einnahmen AusgabenprivaterHaushalte2150100127004.pdf?__blob=publicationFile

Statistisches Bundesamt (2015). Bevölkerung – Zahl der Einwohner in Deutschland nach Altersgruppen. Als Online-Dokument veröffentlicht, abgerufen am 03.02.2015 unter http://de.statista.com/statistik/daten/studie/1365/umfrage/bevoelkerung-deutschlands-nach-altersgruppen/

Kulturökonomik in Museen und Theatern

7

Zusammenfassung

Museen und Theater stehen vor der teilweise konträren Aufgabe, Kunst zu bewahren und zu verbreiten. Dazu gehört einerseits, unbekannte, vom allgemeinen Geschmack noch entfernte Kunstrichtungen zu präsentieren, aber andererseits auch, sich dem Publikum mit allen Mitteln verständlich zu machen. Angewandte Kulturökonomik kann bei der Erfüllung dieser Aufgabe behilflich sein. Durch Befragungen werden Besucherwünsche sowie empfundene Vor- und Nachteile erhoben und bestehende Defizite aufgedeckt. Eine besondere Schwierigkeit liegt darin, den eher kulturfernen Menschen den Einstieg zu erleichtern und Empfindungen wie Schwellenangst und Inkompetenz zu zerstreuen. Den Kulturbesuchern geht es im Regelfall nicht nur um das Kunsterlebnis an sich. Von Bedeutung sind auch die Bedingungen, die den Kulturkonsum ermöglichen, ihn anreichern und mit anderen teilen lassen. Zusatzangebote und der Verkauf von „Kunst zum Mitnehmen", etwa im Museumsshop, sind geeignete Ansätze. Durch Präsentation und Kommunikation im Internet können Kulturanbieter ihr Programm darbieten, Buchungen von Eintrittskarten organisieren und den Austausch von Kulturkonsumenten untereinander stimulieren.

7.1 Besucherzahlen und Besuchererwartungen

7.1.1 Museen als Publikumseinrichtungen

Misst man das Wohlergehen von Kulturinstitutionen an der Zahl ihrer Besucher, dann zeigt die Entwicklung für die Museen einen insgesamt positiven Trend. Die vom Institut für Museumsforschung (2014) im Zeitraum zwischen 1997 und 2013 erhobene Zahl der Museumsbesuche in deutschen Museen weist nur in drei Jahren einen Rückgang auf, für alle anderen Jahre geht die Kurve nach oben. Bei dieser Entwicklung spielen große, publikumswirksame Sonderausstellungen wie unter anderem die documenta 2012 in Kassel, aber vermutlich auch Maßnahmen der Museumspädagogik und Besucherbetreuung eine Rolle (vgl. Institut für Museumsforschung 2014, S. 15).

Alle Kulturinstitutionen, ob Theater, Opernhäuser oder Museen, müssen den Spagat zwischen Bewahrung und Verbreitung ihrer Kunstrichtung leisten. Es fällt nicht immer leicht, das eine Ziel mit dem anderen zu verbinden. Das Bewahren von Kunst steht auch dafür, Werke zu sammeln, zu präsentieren oder zur Aufführung zu bringen, die dem aktuellen Trend der Publikumsmeinung nicht zu entsprechen scheinen. Die Pflicht zur Verbreitung bedeutet auf der anderen Seite, Überzeugungsarbeit leisten zu müssen und es auf sich zu nehmen, sich dem Publikum verständlich zu machen, auch mit neuen, bisher unverstandenen künstlerischen Arbeiten.

Am Beispiel des Kunstmuseums stellt sich diese Situation wie folgt dar. Nach allgemein akzeptierter Definition des *International Council of Museums* (ICOM) sind Museen dauerhafte, nicht profitorientierte Einrichtungen im öffentlichen Interesse, die dazu da sind, Kunstgegenstände zur Freude und Bildung der Öffentlichkeit zu sammeln, zu erhalten, zu studieren und wissenschaftlich zu ergründen und auszustellen (vgl. ICOM 2015; vgl. Yorke und Jones 1987, S. 25; vgl. Hendon 1979, S. 29). Die ausgestellten Objekte werden als Mittel der Kommunikation verstanden, die allumfassende Funktion des Museums aus der Interaktion mit diversen Besuchern abgeleitet. Zu viel Öffnung nach außen und Orientierung am Markt könnte aber, so die kritischen Stimmen, die profunden Sammlungs- und Forschungsziele, insgesamt die berechtigten Ansprüche der anbietenden Museen gefährden. Aus Sicht der Museumspraktiker wird die Frage gestellt, ob der Primat des Marketing zu einem ausschließlich auf die Gegenwart bezogenen Aktionismus führe (vgl. Dube und Schauerte 1988, S. 87).

Doch das wären Übersteigerungen, um die es nicht geht. Der öffentliche Auftrag der Kulturanbieter, der auch in der Heranführung an neue, noch unbekannte Kunstrichtungen besteht, wird nicht bestritten. Allerdings kann nicht das

7.1 Besucherzahlen und Besuchererwartungen

Aufoktroyieren aus der Warte der Besserwissenden, sondern nur das Ringen um Vermittlung der geeignete Maßstab der Angebotspolitik sein. Kundenorientierung anzustreben heißt nicht, dem Besucher die alleinige Verfügungsgewalt zu übertragen. Gerade in einem Bereich wie der Kunst, in dem der Einzelne ohne Umstände Bereitschaft zeigt, fachliche Kompetenz und Autorität anzuerkennen, bleiben diesbezügliche Vorbehalte ohne Substanz. Die Besucher sollen weder die Exponate aussuchen noch die Ausstellungen konzipieren. Aber das, was ihnen dargeboten wird, sollen sie verstehen können, sie sollen sich daran erfreuen, ihren Horizont erweitern, kurzum sie sollen das von ihnen selbst gewünschte Nutzenspektrum eines Kulturbesuchs bestmöglich erreichen können.

Marktforschung ist eine Selbstverständlichkeit für Anbieter, die am Markt konkurrieren. Erfolgreich ist der, der die Konsumentenwünsche bestmöglich auslotet und sein Angebot entsprechend ausrichtet. Auch der Kulturanbieter ist Mitbewerber um die Gunst seiner Besucher. Das gilt im Verhältnis zu anderen kulturellen Ereignissen, aber auch zu alternativen Freizeitbeschäftigungen wie Sport und Unterhaltung, generell zu anderen Zeit- und Geldverwendungsrichtungen. Umso verwunderlicher erscheint es, dass die Wünsche von Kunstkonsumenten bisher vergleichsweise wenig untersucht wurden. In einer finnischen Studie wurde das Image von Kunstmuseen durch Befragung von Besuchern erforscht (vgl. Uusitalo 1994). Die 487 Befragten stuften den ästhetischen Genuss sowie die Möglichkeit, etwas über die eigene Kultur und sich selbst ebenso wie über Kunst und deren verschiedene Stile zu lernen als wichtigste Motive ihres Museumsbesuchs ein (vgl. Uusitalo 1994, S. 14). Die hohe Bedeutung der Lernfunktion zeigt, dass Museen als Orte der Selbstverwirklichung und Mittler zur Verbesserung der kulturellen Kompetenz begriffen werden. Nicht unwichtig ist auch die Rolle der Museen als sozialer Treffpunkt. Keinesfalls erwarten die Besucher allerdings ein Ambiente, das mit dem eines Einkaufszentrums zu vergleichen wäre. Materieller und immaterieller Konsum sollen offenbar nicht unzulässig miteinander vermischt werden. Das allegorische Bild, das als zu einem Museum passend empfunden wird, ist primär das eines Schlosses oder Palastes oder das einer Bücherei – als schöne, würdevolle und lehrreiche Orte (vgl. Uusitalo 1994, S. 13).

In einer eigenen Untersuchung der Universität Hohenheim aus dem Jahr 2001 (n = 82) wurde ein Imageprofil von Museen erstellt und mit Blick auf „Vielgänger" und „Weniggänger" unterschieden (vgl. Ammann 2001). Ein gutes Drittel der Stichprobe (34,2 Prozent) geht innerhalb eines Jahres gar nicht oder maximal einmal ins Museum (die Weniggänger). Die restlichen zwei Drittel (65,9 Prozent) statten den Museen nach eigenem Bekunden zwei bis dreimal pro Jahr oder öfter einen Besuch ab (die Vielgänger). Es stellt sich die Frage, mit welcher Strategie es gelingen kann, das Segment derjenigen, die einem Museum eher fern bleiben, zu einem Besuch zu locken. Diese Strategie wäre einfacher zu entwerfen, wenn die Kunden bereits Erfahrungen gesammelt hätten, an die man anknüpfen kann. Bei den Nicht- oder Wenigbesuchern sind dagegen schon aus Unkenntnis Barrieren grundsätzlicher Art zu überwinden. Ihre Ablehnung scheint fundamental, aber gleichzeitig auch diffus zu sein. Ausdruck für das generelle Unbehagen, das dieses Segment im Vergleich zu den Häufiggängern empfindet, liefert das in Abb. 7.1 für das Kunstmuseum gezeigte Polaritätsprofil. Im semantischen Differential konträrer Aussagen wie: Ein Museumsbesuch ist langweilig oder spannend, unterhaltend oder trocken, anregend oder ermüdend, treten in der Mehrzahl der Fälle signifikante, das heißt im statistischen Sinne mehr als zufällige Unterschiede zwischen beiden Gruppen auf. Mit anderen Worten: Die Weniggänger empfinden massive Vorbehalte und assoziieren mit einem Museumsbesuch eher negative Konsequenzen. Sie erwarten offenbar das Gegenteil einer anregenden Unterhaltung.

Kann man dennoch den Menschen einen Museumsbesuch schmackhaft machen, die nur bescheidene, vielleicht sogar negative Erwartungen daran knüpfen? Theoretisch fällt die Antwort nicht schwer. Nicht- und Weniggänger können zu einem Besuch motiviert werden, sofern es gelingt, die sich ihnen in den Weg

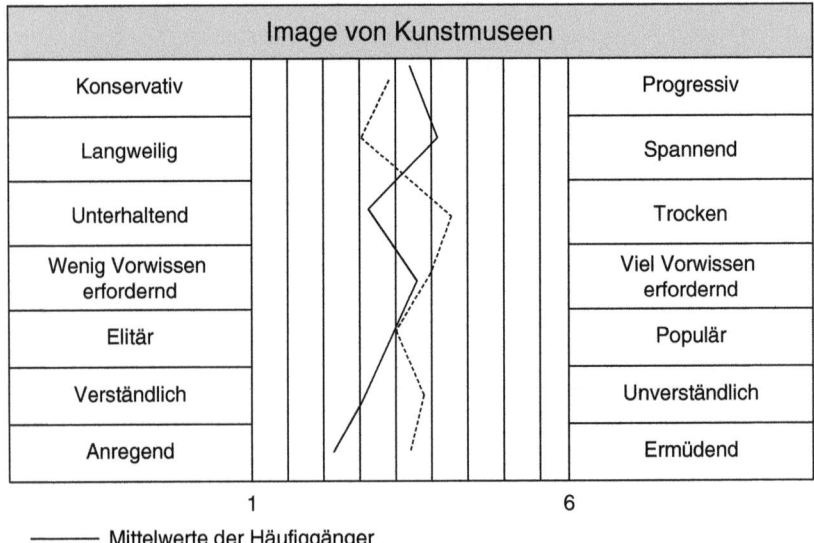

Abb. 7.1 Imageprofil von Kunstmuseen. (Befragung 2001, n=82) © Ingrid Gottschalk nach Ammann 2001, S. 81

7.1 Besucherzahlen und Besuchererwartungen

stellenden Barrieren und die von ihnen empfundenen Nachteile oder Kosten abzubauen und die erhofften Vorteile zu erhöhen (vgl. 4.2.1). Dazu bedarf es einer Abwägung der Gründe, die aus subjektiver Sicht für oder gegen das Museum sprechen. In Kap. 6 wurde bereits dargelegt, welche positiven und negativen Überzeugungen generell an einen Kulturbesuch geknüpft werden und wie diese durch explorative Faktoranalyse zu drei Bestimmungsfaktoren komprimiert werden können (Unterhaltungsfaktor A, Bildungsfaktor B und Negative Seiten Faktor C, vgl. Tab. 6.3). Setzt man diese Ergebnisse in Relation zu den spezifischen Erwartungen an das Museum, so zeigen sich besondere Anforderungen an den Museumsbesuch, die im Rahmen einer eigenen Untersuchung der Universität Hohenheim erhoben wurden (Befragung junger Probanden 1995, Gelegenheitsstichprobe von n = 40, vgl. hier und im Folgenden Walter 1995).

Die von der Stichprobe nach Wahrscheinlichkeit (von 0 bis 6) und individueller Wertschätzung (von −3 bis +3) gewichteten und anschließend multiplizierten Überzeugungen können nach dem Vorbild der im vorigen Kapitel ermittelten Faktoren des Kulturbesuchs kategorisiert werden. Hierbei handelt es sich um eine geschätzte Zuordnung, die bei einer erneuten Erhebung der statistischen Bestätigung bedürfte. Interessant ist aber, dass sich dieselben Strukturen zeigen. Auch der Museumsbesuch soll der Entspannung und dem individuellen und sozialen Erlebnis dienen. Außerdem geht es um Kreativitätsvermittlung und Bildungszuwächse. Bei den befürchteten negativen Seiten des Museumsbesuchs zeigt sich das schon bekannte Bild. In den Vordergrund gestellt werden Eintrittspreise und hoher Zeitaufwand. Auf der Habenseite individueller Wertschätzung werden die museumsspezifischen Wirkungen, die unter einem vermuteten Institutionellen Faktor D als Museumsspezifika verbucht werden können, besonders hoch eingestuft. Darunter ist mit einem durchschnittlichen Wert von 13,5 auch der soziale Nutzen, dass durch den Museumsbesuch die Arbeit dieser Institutionen und deren Erhalten und Fördern von Kunst unterstützt werden kann. Noch stärker wird nur gewichtet, dass Kunst im Original angeschaut werden kann (14,0). Aber auch negative Besonderheiten, die mit dem Besuch eines Museums verknüpft werden, kommen zur Sprache, etwa dass Kunst schwer verständlich sein kann (−5,7) und Führungen langweilig sein können (−5,4) (vgl. Tab. 7.1).

Als Barrieren oder Hindernisse, die sich einem geplanten Handeln in den Weg stellen können, lassen sich fehlende Möglichkeiten auf der einen, mangelhafte Fähigkeiten auf der anderen Seite unterscheiden. Beide sind dadurch gekennzeichnet, dass sie nur bedingt oder auch gar nicht der Kontrolle des Individuums zu unterliegen scheinen. Zumindest ist dies die persönliche Einschätzung des Betreffenden. Es mag sein, dass die Verhältnisse in Wirklichkeit anders liegen, aber das ist in diesem Zusammenhang unerheblich. Entscheidend ist, dass das

Tab. 7.1 Vorteile und Nachteile des Museumsbesuchs. (*Befragung 2014, n=120; **Befragung 1995, n=40) © Ingrid Gottschalk

Faktoren des Kulturbesuchs*	Vor- und Nachteile des Museumsbesuchs**	M (SD)
A. Individuelle und gemeinschaftliche Unterhaltung	Alltag vergessen, entspannen, Genuss	7,6 (7,1)
	Gemeinsames Erlebnis und Kennenlernen anderer Menschen	4,5 (7,2)
B. Bildung und Persönlichkeitserweiterung	Inspiration, Kreativitätsschub, neue Eindrücke	9,5 (7,0)
	Allgemeinbildung und Weiterbildung	8,5 (6,8)
C. Negative Seiten	Eintrittspreis zu hoch	−4,9 (4,6)
	Hoher Zeitaufwand	−3,1 (7,9)
D. Institutioneller Faktor: Museumsspezifika	Kunst im Original anschauen	14,0 (6,0)
	Museen fördern und erhalten Kunst	13,5 (5,7)
	Kunst ist schwer verständlich	−5,7 (8,2)
	Führungen sind langweilig	−5,4 (6,2)
	Museumsbesuch ist anstrengend	−1,8 (6,9)

Individuum glaubt – oder glauben will – dass sein prinzipiell geplantes Verhalten nicht machbar ist. Dies ist etwa dann der Fall, wenn der verhinderte Museumsbesucher über lange Anfahrtswege klagt (−8,6) oder signalisiert, auf Grund ungünstiger Öffnungszeiten nicht in die Ausstellung gehen zu können (−4,4). Andere externe Barrieren des Museumsbesuchs bestehen in störenden Menschenmassen (−6,0), unzureichender Information (−5,8) oder der Größe der Ausstellung (−3,9). Der Bereich möglicher Einstufungen liegt zwischen 0 und −18, da die Gewichtung der empfundenen Schwere der Hemmnisse ebenso unipolar erfolgt wie die der Wahrscheinlichkeiten (vgl. Tab. 7.2).

Da die Befragten der Hohenheimer Befragung nicht ausdrücklich auf mögliche interne Barrieren hingewiesen wurden, ist es nicht untypisch, dass von ihnen lediglich Dinge genannt wurden, die außerhalb der eigenen Befähigung stehen. Es scheint nicht in der Macht der Befragten zu liegen, diese von außen kommenden Hindernisse auszuschalten. Interne Barrieren des Museumsbesuchs kommen aber durchaus zur Sprache, wenn die Befragten gezielt um Auskunft gebeten werden. Wie Tab. 7.3 zeigt, konnten die inneren Hemmnisse aus der im Jahr 1994 durchgeführten Befragung von Kunstmuseumsbesuchern in Helsinki herausgefiltert werden (n=487) (vgl. Uusitalo 1994, S. 16). In jedem einzelnen Fall handelt es sich um das individuelle Empfinden, zu wenig zu wissen, nicht mitreden zu können, nicht dazu zu gehören. Die finnische Autorin klassifiziert diese Äußerungen als Ausdruck eines Gefühls eingeschränkter Befähigung in Kulturdingen, als mangelnde kulturelle Kompetenz (vgl. Uusitalo 1994).

Tab. 7.2 Externe Barrieren des Museumsbesuchs. (Befragung 1995, n=40) © Ingrid Gottschalk

Externe Barrieren des Museumsbesuchs	M (SD)
1. Lange Anfahrtswege	−8,6 (7,3)
2. Menschmassen stören	−6,0 (10,3)
3. Zu wenig Information	−5,8 (6,0)
4. Ungünstige Öffnungszeiten	−4,4 (5,4)
5. Ausstellungen sind zu groß	−3,9 (6,6)
6. Ungenügende Präsentation der Kunstgegenstände	−3,6 (5,7)
7. Zu selten bekannte Künstler	−3,0 (6,4)

Tab. 7.3 Interne Barrieren des Museumsbesuchs. (Befragung 1994, n=487) © Ingrid Gottschalk nach Uusitalo 1994, S. 16

Interne Barrrieren des Museumsbesuchs	in v.H.
1. Generelle Interessenlosigkeit an Kunst	26,6
2. Man weiß zu wenig über Kunst	20,1
3. Kunst gehört zu den Eliten	18,4
4. Altmodisches, negatives Image von Kunstgegenständen	13,6
5. Keine Heranführung an Kunst in der Schule	12,4

▷ Mangel an kultureller Kompetenz

Noch deutlicher wird das, was sich im Inneren der Menschen abspielt, die die Kunst meiden oder den sie repräsentierenden Kunstinstitutionen befangen gegenüberstehen, wenn man die Befragten frei berichten lässt. Dies war in qualitativen Interviews, aus denen Cooper und Tower (1992) referieren, der Fall. Abbildung 7.2 zeigt, welche Kommentare die beiden Autoren aus der inneren Welt der Konsumentenvorstellungen hervorlocken konnten. Nach Meinung der beiden Autoren stammen die psychologischen Hemmschwellen, die einen Kulturbesuch verhindern können, obwohl die Betroffenen von dessen persönlichem Nutzen überzeugt sein mögen, aus dem mangelnden Selbstvertrauen und dem klassenbezogenen Vorurteil, Kunst sei nur der oberen sozialen Schicht vorbehalten (vgl. Cooper und Tower 1992, S. 305 f.).

Die hier dargestellten Untersuchungen sind weitere Hinweise für die Notwendigkeit eines erfolgsorientierten Marketings in Kunstmuseen. Der Erfolg wird daran zu messen sein, inwieweit es gelingt, den Museumsbesuch unter dem Strich zu einem Erlebnis werden zu lassen, das mehr Nutzen erbringt, als Kosten dafür eingesetzt werden müssen (vgl. 5.2.1). Für die (Noch-)Nichtbesucher sind die Minuspunkte, auch hinsichtlich der zu überwindenden psychologischen

Psychologische Hemmschwellen vor dem Kulturbesuch

1. Es fehlt der intellektuelle Hintergrund
2. Man traut sich nicht etwas zu mögen oder aber auch nicht zu mögen
3. Andere lachen, wenn man selbst nicht lachen kann und umgekehrt
4. Zu viel „Mystisches" um Kunst, alleine der Begriff ist beängstigend
5. Kunst ist für die Elite, die „Upper class"
6. Die eigene „Peergroup" macht einen lächerlich oder weist einen zurück

  Mangelndes Selbstvertrauen, Klassen-Vorurteile

Abb. 7.2 Psychologische Hemmschwellen gegenüber Kulturbesuchen. © Ingrid Gottschalk nach Cooper und Tower 1992, S. 305 f

Barrieren, offenbar sehr viel höher als für diejenigen, die schon Erfahrungen gesammelt haben. Aber genau darum wird es gehen: Den Einstieg in die Kunst zu erleichtern, in der Hoffnung, das der sich selbst tragende Mechanismus des Kunstkonsums greift und auf dem Wege sinkender Verarbeitungskosten eine höhere Nachfrage nach sich zieht. Zur Erreichung dieses Ziels müssen alle Facetten auf der Kosten- wie auf der Nutzenseite bedacht werden. Es macht keinen Sinn, so zu tun, als würden Museumsbesucher ausschließlich aus Gründen der Ästhetik und Bildung in die Museen strömen – auch wenn die Puristen unter den Museumsleuten dies vielleicht gerne so hätten. Richtig ist aber, dass auch andere Werte, darunter der Unterhaltungswert sowie der soziale Kontakt mit anderen, eine nicht unmaßgebliche Rolle spielen.

7.1.2 Wünsche von Theaterbesuchern

Bei den Theatern ist der Aufwärtstrend nach Besucherzahlen nicht ebenso eindeutig auszumachen wie bei den Museen. Im Zeitraum von 2012 bis 2014 wurden in Quotenstichproben von jeweils mehr als 25.000 Teilnehmern persönliche Befragungen zum Besuch von Theater, Oper oder Schauspielhaus durchgeführt (vgl. IfD Allensbach 2015). Zwar hat es auf die Frage, ob man regelmäßig eine dieser Einrichtungen der Darstellenden Kunst besuche, nach einer Delle im

7.1 Besucherzahlen und Besuchererwartungen

Vergleich zwischen 2012 und 2013 (2,45 Mio. Besucher in 2012, 2,43 Mio. in 2013) wieder einen Anstieg im Jahr 2014 auf 2,54 Mio. Besucher gegeben. Zudem hat der Anteil derjenigen, die von sich selbst sagen, „nie" in eine derartige Kulturinstitution zu gehen, leicht abgenommen (von 40,53 Mio. auf 40,40 Mio. im Vergleich der beiden letzten Betrachtungsjahre). Dennoch ist festzuhalten, dass eine Zahl von mehr als 40 Mio. Nichtbesuchern der Darstellenden Kunst einem Anteil von mehr als der Hälfte der Gesamtbevölkerung über 14 Jahre entspricht (40,4 Mio. von 70,52 Mio., entsprechend einem Anteil von 57,3 Prozent, vgl. IfD Allensbach 2015). Unter diesem Blickwinkel ist es angezeigt, die Öffnung der Kulturinstitutionen gegenüber marktmäßigen Elementen voranzutreiben und den Kulturkonsumenten in den Mittelpunkt zu stellen. Die Wünsche des bereits vorhandenen Publikums, aber auch die Vorstellungen der noch zu erschließenden Kunden müssen zur Richtschnur des Planens und Handelns werden. Die **Besucherforschung** rückt zunehmend ins Zentrum der Aufmerksamkeit (vgl. Locher und Stemmler 1998; Klein 2011)

Wie man vorgehen kann, um Kundenwünsche bei der Darstellenden Kunst zu ermitteln, zeigt die folgende, im Jahr 1997 an der Universität Hohenheim durchgeführte Publikumsbefragung. Grundlage ist eine Erhebung im Theater „Rampe im Zahnradbahnhof e.V." in Stuttgart, gemeinhin als „Die Rampe" bezeichnet (vgl. hier und im Folgenden Wünsch 1998). Sie wurde Mitte der achtziger Jahre als Studententheater gegründet und ab 1991 aus dem Kuluretat der Stadt Stuttgart und vom Land Baden-Württemberg öffentlich bezuschusst. Die Rampe versteht sich als Avantgardetheater, bei dem zeitgenössische Aufführungen im Vordergrund stehen. Sie fasst je nach Bestuhlung bis zu 260 Besucher. Das Publikum ist eher durch junge Theaterbesucher geprägt.

Grundlage für die Strukturierung des Fragebogens war das Verhaltensintentionsmodell von Ajzen und Fishbein (1980) (vgl. 4.2.1). In einer Vorerhebung im Herbst 1997 wurden 28 Personen nach ihren verschiedenen Überzeugungen, die sie mit einem Theaterbesuch verknüpfen, in Form von offenen Fragen befragt. Die Ergebnisse dieser ersten Runde dienten der Kategorienbildung und Fertigstellung des Fragebogens mit primär geschlossenen Fragen in der Haupterhebung im Jahr 1998. Insgesamt wurden 162 Personen befragt, darunter 56 Personen (35 Prozent), die angaben, lediglich alle zwei Jahre oder weniger ins Theater zu gehen. Dieses Segment wurde als Nicht-Theatergänger klassifiziert. Die restlichen 106 Befragten (65 Prozent) sind Theatergänger mit Theaterbesuchen von ein- bis zweimal im Jahr und öfter. Diese Zweiteilung der Stichprobe wurde in der Vermutung vorgenommen, dass sich beide Gruppen in ihren Bedürfnissen gegenüber dem Theaterangebot unterscheiden. An genau diesen Unterschieden müssten die Theatermacher aber ansetzen, um ihr Angebot für alle Besucherschichten attraktiver machen zu können. Im Einzelnen ging es um die Fragen: Welche Wünsche haben Theatergänger, welche die Nichtgänger, inwieweit gibt es substanzielle Unterschiede? Können organisatorische Maßnahmen dazu beitragen, die Bekanntheit zu erhöhen und den Auslastungsgrad zu verbessern?

Die Stichprobe spiegelt insgesamt ein jüngeres Publikum von durchschnittlich 35 Jahren wider. Die Singles dominieren mit 75 Prozent. Ansonsten entspricht die Verteilung der demographischen Variablen derjenigen von typischen Kulturbesuchern: Verstärkt mit höherem Bildungsabschluss (über 80 Prozent mit Abitur) und mehr Frauen als Männer (56 Prozent weiblich). Die Gewichtungen der Vor- und Nachteile eines Theaterbesuchs nach Wahrscheinlichkeit und Bewertung bestimmen in ihrer Summe nicht nur die Einstellung zum Theater. Sie geben auch detailliert Auskunft darüber, warum die Einstellung und in Folge die Verhaltensdisposition eher positiv oder eher negativ ist, und ob etwas geschehen kann, die Leute zu beeinflussen. Man kann sozusagen in die Köpfe der Menschen blicken und erkennen, welche Bewertungen den Ausschlag für ihre Haltung in die eine oder andere Richtung geben. Was aber bewegt diejenigen, die viel ins Theater gehen, und was unterscheidet sie von der Gruppe, die eher fern bleibt?

Abbildung 7.3 zeigt die Gewichtungen der Vor- und Nachteile in beiden Gruppen. Angezeigt werden die jeweiligen Mittelwerte. Sie können nach erfolgter Multiplikation beider Werte im Höchstfall +18 betragen, sofern die Wahrscheinlichkeit auf der unipolaren Skala von 0 bis 6 als sehr hoch und das Ergebnis auf der bipolaren Skala von −3 bis +3 als sehr gut angesehen wird. Das negative Extrem der Bewertung liegt bei −18, bei höchstmöglicher Wahrscheinlichkeit von 6 und einer sehr schlechten Einstufung von −3. In Anbindung an die Kulturumfrage aus dem Jahr 2014 (vgl. Kap. 6) wird wie schon bei der Museumsumfrage versucht, die ermittelten Überzeugungen zum Theaterbesuch den drei Faktoren des Kulturbesuchs – Unterhaltung, Bildung, Negative Seiten – sowie einem Institutionellen Faktor, den Theaterspezifika, zuzuordnen. Dies sind Schätzungen, aber noch keine validierten Kategorisierungen.

Sowohl bei den Vorteilen als auch bei den Nachteilen unterscheiden sich die Bewertungen der Theatergänger von denen der Nichtgänger auf einen Blick: Beide Gruppen ergreifen stärker Partei. Die Theaterbesucher gewichten alle Vorteile, die Nichtbesucher alle Nachteile stärker als die jeweils andere Gruppe. Die sich in Form der durchschnittlichen Gewichtung ergebenden Rangplätze weichen dagegen kaum voneinander ab. Mit anderen Worten: Die Beurteilung ist gar nicht fundamental unterschiedlich, aber die empfundene Bedeutung ist eine andere.

Als Spitzenreiter unter den Vorteilen werden in beiden Segmenten das Anregen zum Nachdenken und die Förderung der kulturellen Allgemeinbildung, aber auch der Unterhaltungswert, die Individualität und das besondere Ambiente hervorgehoben. Dies sind empfundene Vorzüge, die den Faktoren Bildung und Unterhaltung

7.1 Besucherzahlen und Besuchererwartungen

Faktoren des Kulturbesuchs*	Vor- und Nachteile des Theaterbesuchs**	Theater-gänger M	Nicht-gänger M
A. Individuelle und gemeinschaftliche Unterhaltung	Hoher Unterhaltungswert	9,5	7,8
	Möglichkeit sich mit Freunden zu treffen	7,0	5,5
	Möglichkeit zum Ausstieg aus der Realität	5,9	4,3
B. Bildung und Persönlichkeitserweiterung	Anregung zum Nachdenken	11,5	8,2
	Förderung der kulturellen Allgemeinbildung	10,5	8,3
C. Negative Seiten	Teurer als andere Freizeitaktivitäten	−3,7	−5,7
	Zeitaufwendig	−2,6	−6,1
D. Institutioneller Faktor: Theaterspezifika	Individueller als Kino	9,0	6,5
	Genuss eines besonderen Ambientes	8,3	1,8
	Live und mit direktem Kontakt zu den Schauspielern	7,5	6,5
	Zu elitär und intellektuell	−2,5	−5,7
	Mit anstrengender Kleiderordnung verbunden	−1,8	−4,7

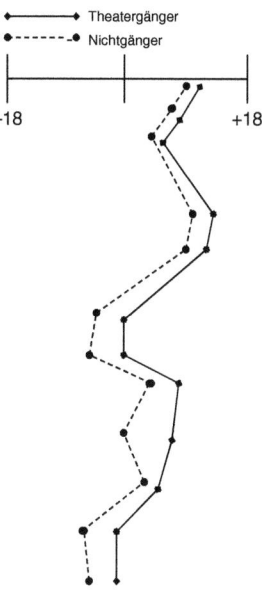

Theatergänger
Nichtgänger

Abb. 7.3 Vorteile und Nachteile des Theaterbesuchs

dienen, aber auch das Besondere eines Theaterbesuchs demonstrieren. Aber während bei den Theatergängern das durch die Kulturveranstaltung induzierte Nachdenken als ziemlich wahrscheinlich und gut bewertet wird (Mittelwert von 11,5), wird diese Konsequenz bei den Nichtgängern deutlich verhaltener erwartet und begrüßt (Mittelwert von 8,2). Auch über den positiven Effekt der individuellen Darbietung, der das Theater vom Kino unterscheidet, sind die beiden Gruppen besonders uneins und werten im Mittel mit 9,0 beziehungsweise 6,5. Um mehr Besucher in die Theater zu locken, müsste genau an solchen Punkten angesetzt werden. Es muss gelingen, die Vorteile des Theaterbesuchs auf breiter Basis wahrscheinlich und wünschenswert zu machen.

Gleichzeitig ist es wichtig, die Nachteile, die auch die Theatergänger sehen, aber weniger stark ins Spiel kommen lassen, nach kalkulierter Auftretenswahrscheinlichkeit und negativem Empfinden insbesondere bei den Nichtgängern zu entschärfen. Negativ fallen Geld- und Zeitkosten, aber auch psychische Kosten ins Gewicht. Die „anstrengende Kleiderordnung" und das „Elitäre und Intellektuelle" werden von den Nichtgängern signifikant negativer gesehen als von den Befragten, die regelmäßig im Theater sind. Zwar könnte das Problem, dass ein

Tab. 7.4 Barrieren des Theaterbesuchs. (Befragung 1998, n = 162) © Ingrid Gottschalk

Externe Barrieren des Theaterbesuchs	Theatergänger M	Nichtgänger M
1. Langer Anfahrtsweg und ungünstige Parkplatzsituation	−6,2	−8,8
2. Enttäuschendes Programmangebot	−4,5	−7,5
3. Umständliche Kartenvorbestellung	−4,4	−7,2
4. Unzureichende Information über das Stück	−3,7	−4,7

Theaterbesuch als zeitaufwendig klassifiziert wird, Anlass zu der Vermutung geben, dass dieser Grund zumindest bei einem Teil der Befragten ein vorgeschobener Grund ist. Unabhängig davon muss eine Werbung für den Theaterbesuch an allen als negativ empfundenen Konsequenzen ansetzen und versuchen, sie argumentativ abzuschwächen. Nur unter dieser Voraussetzung kann es gelingen, neue Segmente in die Theater zu bringen (vgl. Abb. 7.3).

Auch bei den externen Barrieren, die sich einer positiven Entscheidung für die Theateraufführung in den Weg stellen können, ergibt sich das schon bekannte Bild. Die Nichtgänger urteilen durchgängig extremer als die Theatergänger. Die geäußerte Enttäuschung über das Programmangebot mag bei den regelmäßigen Theaterbesuchern Substanz haben (Mittelwert von −4,5). Bei denen, die praktisch nie im Theater sind, muss man sich dagegen fragen, ob sie beurteilen können, was sie nicht kennen (Mittelwert von −7,5). Andere Hindernisse, wie die als umständlich empfundene Kartenvorbestellung, mögen bei denen, die sie schon praktiziert haben, zu einem Teil Routine geworden sein. Zur Anwerbung neuer Besucherschichten sollten die Theaterleitungen derartige Stolpersteine allerdings ernst nehmen. Das gilt auch für Klagen über unzureichende Information über das Stück (vgl. Tab. 7.4).

7.2 Incentives durch Zusatzangebote

Aus den verschiedenen, in diesem und den vorherigen Kapiteln zitierten Befragungen, in denen der Kulturkonsument zu Wort kam, schält sich ein mosaiksteinartiges Bild von Verbraucherbedürfnissen bei Kulturbesuchen heraus. Auf den Punkt gebracht geht es den Besuchern nicht nur um das Kunsterlebnis per se. Ebenfalls von Belang sind die Bedingungen, die zu diesem Kulturkonsum führen, ihn anreichern und mit anderen teilen lassen.

Die im Jahr 2001 (n = 82) von der Universität Hohenheim erhobenen Verbraucherwünsche über zusätzliche Angebote im Museum (vgl. Ammann 2001)

7.2 Incentives durch Zusatzangebote

werden im Folgenden nach Plausibilität in die Wunschkategorien (1) Organisation und Information, (2) Ausstattung und Verköstigung und (3) Darbietung und Diskussion gruppiert. Diese Einteilung müsste in einer neuen Befragung aktualisiert und statistisch bestätigt werden. Es ist aber davon auszugehen, dass die Wünsche der Besucher im Grundsatz stabil sind und der Erklärungswert durch die zeitliche Distanz nicht beeinträchtigt wird.

Aus jedem Detail der Wunschliste lassen sich interessante Hinweise auf Verbesserungsmöglichkeiten beim Kulturangebot ableiten. Die Befragten haben sich als kreativ und konstruktiv erwiesen. Einige ihrer Präferenzen sind seitdem bereits in Angriff genommen worden, etwa die Umrahmung von Ausstellungen mit themenspezifischen Vorträgen und Diskussionen. Andere Ideen sind von anhaltender Aktualität und bis heute nicht umfassend gelöst, etwa die Öffnungszeiten von Museen, oder noch wenig umgesetzt, beispielsweise der Wunsch nach Live-Darbietungen, der beispielsweise durch die Möglichkeit, der Entstehung eines Kunstwerks zuschauen zu können, befriedigt werden könnte (Durchschnittliche Einstufung $M=4{,}38$ auf der Skala von $1=$ stimme gar nicht zu bis $6=$ stimme voll zu). Die Möglichkeit zu individualisierten Führungen wird hoch eingestuft $(M=5{,}15)$. Ebenso erhält der Wunsch, sich eigenes, auf die individuellen Bedürfnisse zugeschnittenes Informationsmaterial besorgen zu können, eine hohe Wertung $(M=4{,}71)$. Hier könnte die Möglichkeit zur Individualisierung von Information, die über das Internet heruntergeladen werden kann, zur Verwirklichung dieses Wunsches beitragen. Diese Chance wurde vermutlich zum Zeitpunkt der Erhebung vor mehr als einem Dezennium noch nicht in dem Maße gesehen. Der Kunstgenuss wird offensichtlich aber auch durch ein Angebot, sich vor Ort entspannen zu können und kulinarisch versorgt zu werden beflügelt (Nette Sitzgruppen, $M=4{,}71$, Museumscafé oder Museumsrestaurant, $M=4{,}02$) (vgl. Tab. 7.5).

Die Verbraucherwünsche an zusätzliche Leistungen des Theaters wurden in der eigenen Befragung von 2009 in Form einer offenen Frage erhoben ($n=96$). Mehr als die Hälfte der Befragten hatte sich die Mühe gemacht, individuelle Vorschläge aufzuschreiben. Das ist angesichts dessen, dass Befragte im Normalfall nur zögerlich noch eigene, Zeit beanspruchende Kommentare hinzufügen, ein sehr hoher Wert, der signalisiert, wie wichtig diese zusätzlichen Anmerkungen genommen wurden. Ebenso wie bei den Wünschen über Zusatzangebote im Museum konnten die Vorschläge für weitere Angebote im Theater in die drei Kategorien Organisation und Information, Ausstattung und Verköstigung und Darbietung und Diskussion eingeordnet werden. Bei den Details dieser Wunschliste fällt auf, dass der Kategorie 2, die die Ausstattungsbelange und die kulinarischen Anforderungen beinhaltet, mit 47,8 Prozent der höchste Anteil an Nennungen zukam. Dieser Befund zeigt erneut, dass das Theatererlebnis als Gesamtpaket wahrgenommen und gewünscht wird, das auch scheinbar banale Dinge des alltäglichen Lebens umfasst (vgl. Tab. 7.6).

Tab. 7.5 Wünsche nach Zusatzangeboten im Museum. (Befragung 2001, n=82) © Ingrid Gottschalk

Wunschkategorien	Wunschdetails	M
1. Organisation und Information	Großzügige Öffnungszeiten, vor allem abends und am Wochenende	4,98
	Verschiedene Führungen mit unterschiedlichen Schwerpunkten und Informationstiefen	5,15
	Individualisierbare Informationsmöglichkeiten	4,71
2. Ausstattung und Verköstigung	Nette Sitzgruppen	4,71
	Kinderabteilung mit Beaufsichtigung	4,41
	Museumscafé oder Museumsrestaurant	4,02
3. Darbietung und Diskussion	Live-Darbietungen zum Ausstellungsthema	4,38
	Andere themenbezogene kulturelle Veranstaltungen in den Museumsräumen	4,34
	Zum Thema passende Vorträge und Diskussionsrunden	4,27

Tab. 7.6 Wünsche nach Zusatzangeboten im Theater. (Befragung 2009, n=96) © Ingrid Gottschalk

Wunschkategorien	Wunschdetails (Beispiele)	Anzahl der Nennungen absolut	in v.H.
1. Organisation und Information	Abholung reservierter Karten noch zehn Minuten vorher	12	26,1
	Parkplatzservice		
	Kostenloses Programmheft		
	Kostenlose Garderobe		
	Erklärung des Regisseurs/ Dramaturgen zum Stück		
2. Ausstattung und Verköstigung	Origineller Bühnenbau/Beleuchtung	22	47,8
	Mehr Fußraum		
	Mehr Damentoiletten		
	Ein Getränk/Sekt incl.		
	Snacks wie Erdnüsse in der Pause		
3. Darbietung und Diskussion	Blick hinter die Kulissen	12	26,1
	Werkstattgespräch		
	Gespräche mit den Künstlern		
	Autogrammstunde während der Pause		
Gesamt		46	100

Aus der Auswertung der offenen Frage in der Befragung von 2009 resultierten noch zusätzliche Wünsche, die den Theaterbetrieb in seiner ureigenen Funktion betreffen, in ihren Einzelaussagen aber auch die Heterogenität der Ansprüche des Publikums an das Theater widerspiegeln. Anhand dieser Wünsche wird auch deutlich, dass es sich um teilweise konträre Forderungen handelt, die von den Theatern nur durch die auch schon praktizierte Vielfalt beantwortet werden können, darunter:

- Besseres klassisches Angebot
- Bekannte Darsteller
- Junge, wenig bekannte Autoren
- Zeitgenössische Stücke
- Experimentaltheater.

7.3 Verkäufe in Kulturinstitutionen

7.3.1 Shops vor Ort

Schienen Verkaufsmöglichkeiten in der Kulturinstitution wie Museumsshops noch vor wenigen Jahren eher als „Stiefkinder" der Wissenschaft behandelt zu werden, so hat es in der jüngeren Zeit einige Untersuchungen zu diesen „Shops vor Ort" gegeben. In der Monographie von Hampel (2010) diskutiert die Autorin, warum Museumsshops in Deutschland in heutiger Zeit erfolgreich sind (vgl. Hampel 2010, S. 4). Sie untermauert diesen Befund durch ihre schwerpunktmäßig kultursoziologische Analyse und räumt dem Museumsshop seinen Platz als „Schnittstelle von Konsum und Kultur" ein (vgl. Hampel 2010). Mit ihrem Diskurs über Museumsshops als „Kommerz oder Kultur" (vgl. Hampel 2010, S. 140 ff.) befindet sich Hampel in guter Gemeinschaft schon lange währender öffentlicher Diskussion. In der Tat ist der gewerbsmäßige, gewinnorientiert praktizierte Vertrieb von Waren in Kulturinstitutionen keine Erfindung unserer Zeit. Schon 1908, also vor mehr als 100 Jahren, wurde als eine der berühmtesten Institutionen seiner Art der Museumsshop des Metropolitan Museum of Art in New York eröffnet. Viele andere Museen folgten diesem Vorbild, wohl wissend, dass in der Öffentlichkeit auch deutliche Kritik an dieser als unangemessen gebrandmarkten Verbindung, eben der Verbindung von Kunst und Kommerz, geäußert wurde. Diesen kritischen Stimmen zum Trotz war die Öffnung der Museen gegenüber marktmäßigen Elementen nicht mehr aufzuhalten. Zahlreiche Museen der Gegenwart versuchen in der einen oder anderen Form Kunden in ihre Shops zu bringen und sich durch den Verkauf von Ausstellungskatalogen, Postkarten, Postern oder Repliken von Kunstgegenständen zusätzliche Einnahmen zu verschaffen (vgl. Hütter 1999; Siebenmorgen 1999; Leupold 1994).

Die im Jahr 2004 veröffentlichte Studie des Instituts für Museumskunde nähert sich den Verkaufsstellen im Museum unter Marketingaspekten und analysiert Museumsshops als Marketinginstrument (vgl. Hütter und Schulenburg 2004). Neben der Bestandsaufnahme, etwa hinsichtlich Anzahl, Sortiment und Betreiberform, galt ein weiterer Schwerpunkt der praktizierten Besucherorientierung von Kunstmuseen und Historischen Museen in Deutschland. Sie wäre dann gegeben, wenn sich Angebot und Gestaltung der Museumsshops an den Bedürfnissen der Nachfrager und Nutzer ausrichten würden (vgl. Hütter und Schulenburg 2004, S. 37). Dies ist nach eigener Einstufung der befragten Museumsleitungen und Shopbetreiber insofern der Fall, als sie den Servicegedanken dezidiert in den Vordergrund rücken. Aus einer Liste neun vorgegebener Motive für die Errichtung und den Betrieb der Verkaufsstelle (vgl. Hütter und Schulenburg 2004, S. 112) stuften 90,8 Prozent (von n=378 befragten Institutionen) den „Service für die Besucher" und 70,7 Prozent die „Information und Bildung zum Mitnehmen" als relevante Gründe ein (Mehrfachantworten waren möglich, vgl. Hütter und Schulenburg 2004, S. 61). Diesen Befund sehen die Autoren als Widerlegung der Annahme, der Museumsshop würde nur wirtschaftlichen Interessen dienen (vgl. Hütter und Schulenburg 2004, S. 103). Allerdings mahnen sie auch Verbesserungen hinsichtlich der marketingorientierten Gestaltung, insbesondere der Einbindung in das gesamte Kommunikationskonzept der einzelnen Häuser an (vgl. Hütter und Schulenburg 2004, S. 104).

Die Studie des Instituts für Museumskunde bietet die Perspektive der Anbieterseite, doch wie steht es um die **Sicht der Nutzer**? Befürworten Museumsbesucher unter dem Strich die Museumsläden, und welche Produkte wünschen sie gegebenenfalls zu erwerben? Diese Fragen standen im Zentrum einer empirischen Erhebung über Museumsshops der Universität Hohenheim im Jahr 2002 (n=110, vgl. Holly 2002). Es kann unterstellt werden, dass die hier erhobenen Präferenzen grundsätzlicher Natur sind und bis in die Gegenwart Aktualität beanspruchen können.

Auf die Frage, wie wichtig ihnen die Möglichkeit ist, im Museum einkaufen zu können, attestierten mehr als 70 Prozent der Probanden, dass ihnen das wichtig, sehr wichtig oder sogar äußerst wichtig sei (vgl. Gottschalk und Holly 2002). Basierend auf dem Ajzen und Fishbein (1980) Ansatz der Theorie des durchdachten Handelns (vgl. 4.2.1) wurden die im Rahmen einer Vorerhebung (n=46) ermittelten Beliefs den Teilnehmern der Haupterhebung zur Gewichtung vorgelegt (n=110, Wahrscheinlichkeitsskala von 0=gar nicht bis 6=sehr, Bewertungsskala von −3=sehr schlecht bis +3=sehr gut, Multiplikation beider Werte).

7.3 Verkäufe in Kulturinstitutionen

Tabelle 7.7 zeigt die arithmetischen Mittel der zehn Überzeugungen, die von den Befragten am höchsten gewichtet wurden. Die Vorteile sind im Mittel über alle Befragten absolut höher als die Nachteile, die modellgemäß durch Summierung abgeleitete Einstellung zu Museumsshops ist daher im Durchschnitt deutlich positiv. Eine positive Vorteils-/Nachteilsbilanz mit positiver oder sogar sehr positiver Einstellung trifft für 78,5 Prozent der Befragten in der Stichprobe zu, lediglich 5,5 Prozent haben eine negative Einstellung (vgl. Gottschalk und Holly 2002, S. 11).

In der Liste der zu bewertenden Beliefs schlägt als besonders vorteilhaft zu Buch, dass man nach dem Ausstellungsbesuch, der die Kunstbetrachtung nur aus der Distanz erlaubt, nunmehr Kunst anfassen und nach Hause mitnehmen kann (10,1). Fast ebenso hoch wird das ergänzende Informationsmaterial geschätzt (9,9), der zusätzliche Anreiz, wiederzukommen (8,1) sowie die Hilfe für das eigene Kunstverständnis (7,9). Aber auch der soziale Nutzen, nämlich die Möglichkeit, einen Beitrag zur Finanzierung und letztlich zum Erhalt des Museums zu leisten, wird für wahrscheinlich gehalten und begrüßt (7,6). Bei den empfundenen Nachteilen von Museumsshops geht es im Wesentlichen um den unter Umständen möglichen und unerwünschten Gesamteindruck der Kommerzialisierung. Hier sind die Befragten vermutlich auch ein Spiegelbild der öffentlichen Diskussion. Kommerzialisierung wäre in den Augen der Stichprobe aber nur dann ein Problem, wenn der Museumsladen unsachgemäß bestückt würde. Bei unpassendem Angebot würden die Museen selbst an Reputation verlieren (−6,8). Zudem wird eine Ausstellungspolitik befürchtet, die sich von vornherein am Verkaufserfolg im Museumsladen orientieren könnte (−4,6) (vgl. Tab. 7.7).

Tab. 7.7 Vorteile und Nachteile von Museumsshops.(Befragung 2002, n=110) © Ingrid Gottschalk

Vorteile und Nachteile des Museumsshops	M
1. Man kann Kunst anfassen und mitnehmen	10,1
2. Zusätzliches Informationsmaterial verstärkt den Eindruck	9,9
3. Anregung zu weiteren Museumsbesuchen	8,1
4. Hilfe für das Kunstverständnis	7,9
5. Extra-Einnahmen für das Museum	7,6
6. Prestigeverlust bei unpassendem Angebot	−6,8
7. Ausstellungen werden am Verkaufserfolg orientiert	−4,6
8. Kommerzialisierungstendenzen und Herabwürdigung von Kunst	−3,0
9. Nimmt Zeit und lenkt von der Ausstellung ab	−2,3
10. Man fühlt sich verpflichtet zu kaufen	−1,7

Tab. 7.8 Bevorzugtes Angebot im Museumsshop. © Ingrid Gottschalk

Produktkategorie	Zustimmung
1. Ausstellungskataloge	100 %
2. Museumsbezogene Produkte	90 %
3. Gedrucktes Material	88 %
4. Repliken, Skulpturen	72 %
5. Geschenke	34 %
6. Dekorative Artikel	19 %

Die Dominanz der empfundenen Vorteile über die Nachteile untermauert das Potenzial, das in Museumsshops steckt. Vorausgesetzt, die Einnahmen kämen dem Museumsetat uneingeschränkt zugute, könnten die Museen zumindest einen Teil ihrer finanziellen Sorgen abarbeiten und gleichzeitig ihren Kunden etwas Gutes tun. Doch gibt es Grenzen, die einzuhalten sind. Museumsbesucher haben klare Vorstellungen über das Angebot und die Ausstattung des Museumsladens. Jedes Zuviel wird als unpassend empfunden. Gewünscht wird ein Angebot, das sich stark am Produkt Museumsleistung orientiert und nicht in ein reines Souvenirgeschäft ausartet. Tabelle 7.8 zeigt die Liste der durchschnittlich bevorzugten Artikel.

Von allen Befragten werden Ausstellungskataloge im Shop erwartet und gewünscht. Ähnlich hoch ist die Zustimmung für die typischen Artikel wie Postkarten und Poster, aber auch für Produkte, die die Corporate Identity des Hauses widerspiegeln, beispielsweise Kalender oder Notizblöcke mit dem Museumslogo. Auch Repliken aus der Museumskunst werden mit einer Zustimmung von 72 Prozent hoch gewichtet. Deutlich weniger bevorzugt werden reine Geschenkartikel und dekorative Stücke. Doch auch hier hat ein Teil der Befragten Zustimmung signalisiert, sodass ein, wenn auch schmales, potenzielles Abnehmersegment vorhanden wäre. Das Ambiente, in dem die Käufer dieses Angebot gern finden möchten, ist eindeutig am gehobenen Image eines Kunstmuseums orientiert. Den Stil eines Kaufhauses oder gar Supermarktes wünschen sie nicht. Im Vordergrund steht vielmehr, dass die Ware im Einklang mit der Würde eines Museums stehen muss.

7.3.2 Virtuelle Shops

Eine neue Dimension des Handels mit Museumsartikeln stellt der Vertrieb über das Internet dar. Die Onlineshops der Museen versprechen weitere Umsätze, die den originären Museumsauftrag des Forschens, Bewahrens, Sammelns und Ausstellens

7.3 Verkäufe in Kulturinstitutionen

stützen können. Hier hat es einen dynamischen Entwicklungsprozess gegeben, der sich sehr wahrscheinlich noch fortsetzen wird.

Eine im Jahr 2002 von der Universität Hohenheim vorgenommene Inhaltsanalyse des Internetauftritts von deutschen Museen zeigte, dass die Öffnung über das Internet noch nicht bei allen Museen angekommen war (vgl. Kratzert 2002). Bei einer breit gestreuten Stichprobe von 146 Museen stellte sich heraus, dass 62 Museen (43 Prozent) auf einen Museumsshop hinwiesen, aber nur 38 Institutionen (26 Prozent) über Möglichkeiten zur Online-Bestellung verfügten. Sie wurden einem speziellen Analyseverfahren hinsichtlich der Verbraucherfreundlichkeit ihres Internetangebots unterzogen, die Ergebnisse zeigten erhebliche Lücken. Nur bei 16 Prozent der untersuchten Museen mit Internetshops war es möglich, die Suche nach bestimmten Kaufwünschen, etwa einem speziellen Ausstellungskatalog, mit Hilfe einer Suchmaske zu erleichtern. Für den Kauf mehrerer Artikel bietet sich ein virtueller Einkaufskorb an, der die Einkäufe bündelt und das Volumen auf einen Blick transparent macht, aber nur 21 Prozent der untersuchten Museen verfügten darüber. Diese und andere Unzulänglichkeiten gehören nunmehr, so könnte man vermuten, der Vergangenheit an.

Eine qualitative Studie der Universität Hohenheim aus dem Jahr 2015 signalisiert, dass es Fortschritte gegeben hat, aber ein flächendeckendes Angebot noch fern liegt (vgl. Müller 2015). Untersucht wurden **Internetauftritte und virtuelle Shops** von Museen und Theatern in Deutschland. Um einen näherungsweisen Einblick in die Online-Struktur der deutschen Museums- und Theaterlandschaft zu erhalten, wurden in die Gelegenheitsstichprobe jeweils ein Theater und ein Museum aus jeder Landeshauptstadt sowie pro Bundesland ein weiteres Museums-/Theaterduo aus einer mittelgroßen Stadt um die 70.000 Einwohner einbezogen (n=57). Alle Kulturinstitutionen der Stichprobe besitzen entweder eine eigene Homepage oder sie posten gemeinsam bzw. auf den Homepages ihrer Träger. In der Vermarktung ihrer Artikel hat der Fortschritt aber nur zögerlich Fahrt aufgenommen. Nur rund ein Drittel der untersuchten Institutionen verweist auf einen Shop vor Ort. Das sind noch weniger als 2002, allerdings ist zu bedenken, dass hier Museen und Theater analysiert wurden, bei der mehr als 10 Jahre früheren Studie waren es ausschließlich Museen. Auf 25 Homepages (44 Prozent) werden Artikel wie Programmhefte und Publikationen zum Verkauf angeboten, dann aber mit Bestellschein per Nachnahme oder Rechnung. Wirkliche Online-Käufe in einem eigenständigen Webshop, in dem die Bestellungen in einem Warenkorb gebündelt werden und online bezahlt werden, sind nur bei 7 Kulturinstitutionen möglich. Mit einem Anteil von 13 Prozent an allen Teilnehmern der Stichprobe ist dieser Wert im Vergleich zu der Erhebung von 2002 sogar noch fast um die Hälfte reduziert. Man kann es auch konstruktiv wenden: Bei den virtuellen Shops ist noch viel Ausbaumöglichkeit vorhanden.

Trotz limitierten Umfangs (n=57) kann die Tendenz der Hohenheimer Untersuchung von der umfangreichen Befragung des Instituts für Museumskunde (2014) bei rund 5.000 deutschen Museen im Jahr 2013 bestätigt werden. Von 3.756 Museen, die sich zu Fragen ihrer Internetpräsentation geäußert haben, finden sich bei 22,8 Prozent Angaben zum Museumsshop auf ihrer Homepage. Einen virtuellen Shop haben nach eigenen Angaben 14,6 Prozent (von n=2.349) Institutionen (vgl. Institut für Museumsforschung 2014, S. 55). Diese Befragung unterstreicht großflächig, was sich bei kleinen Fallzahlen schon andeutete. Die virtuellen Shops sind ausbaubedürftig, und dies zum Wohl von Anbietern und Nachfragern gleichermaßen.

7.4 Präsentation im Internet

7.4.1 Internetauftritte

7.4.1.1 Informationsverarbeitungsmodell

Erst im ausgehenden 20. Jahrhundert wurde das unbegrenzt erscheinende Potenzial, das die Etablierung des Internets den Menschen in allen Bereichen bietet, in denen es um Übermittlung von Information oder Vermittlung von Gütern und Leistungen geht, nach und nach deutlich. Dabei war die Annahme des neuen Mediums durch Anbieter und Nachfrager zunächst nur zögerlich angelaufen. Vielfach wurde das Internet als unliebsame Konkurrenz gesehen, die den eigenen Markt einschränken würde, beispielsweise aus dem Blickwinkel der Printmedien. Würden die Menschen noch Zeitungen lesen, die konventionell auf Papier gedruckt wären, wenn sie stattdessen aktuellste Informationen online abrufen könnten? Die Entwicklung zeigt, dass diese und ähnliche Befürchtungen ohne Substanz blieben. Es kam im Gegenteil zu einem positiven Rückkoppelungseffekt. Je selbstverständlicher der Umgang mit dem neuen Medium wurde, desto stabiler behaupteten sich die traditionellen Vermittlungswege. Die virtuelle Welt hat die Realität nicht verdrängt, wohl aber ergänzt. Das gilt in besonderem Maße auch für den Bereich von Kunst und Kultur (vgl. Becker 2000). Auch hier begleiteten kritische Stimmen die Anfänge von Präsentation und Darstellung im Internet. So wurden Befürchtungen laut, der virtuelle Kunstgenuss, etwa der Gang durchs Museum am Bildschirm, könnte die tatsächliche Ausführung, den Museumsbesuch selbst, vereiteln. Diese Einwände blieben jedoch haltlos. Angesichts der zunehmend flächendeckenden Verbreitung der Internetauftritte scheint sich bei den Kulturanbietern offenbar die gegenteilige Auffassung durchgesetzt zu haben. Nämlich die, dass die Nutzung des

7.4 Präsentation im Internet

Internets in allen zur Verfügung stehenden Dimensionen anstelle einer Dezimierung die Steigerung des Kulturkonsums bewirkt. Doch wie kann dieser Schwenk erklärt, die zugrunde liegende Hypothese begründet werden? Hilfreich für die Darlegung der grundlegenden Strukturen ist ein Blick auf das Informationsverarbeitungsmodell. Es bildet wichtige Etappen der Informationsaufnahme der Nachfrager ab und unterstellt, dass die für die Entscheidungsfindung relevante Information in mehreren aufeinander folgenden Stufen verarbeitet wird. Das Durchlaufen jeder einzelnen Verarbeitungsphase ist eine notwendige Bedingung für den Erfolg der Informationsmaßnahme insgesamt.

1) **Exposure**: In der ersten Stufe geht es um die Möglichkeit, die ausgesandte Information zu empfangen. Kann der Verarbeitungsprozess überhaupt in Gang kommen, trifft die Information den gedachten Empfänger? Hier zeigt die Entwicklung der Verbreitung des Internets in eine eindeutig expansive Richtung. Im Jahr 2015 ist die Nutzungsrate bei den 14- bis 19-Jährigen mit 97,5 Prozent fast allumfassend, und auch alle anderen Altersgruppen nehmen in hohem Maße an der Nutzung teil. Relativ zurückgenommen sind noch die Älteren: Bei den über 60-Jährigen bleibt mit 58,5 Prozent noch mehr als die Hälfte außerhalb des Netzes (vgl. AGOF 2015). Allerdings scheint innerhalb dieser Kohorte besonders die Gruppe der 60- bis 69-Jährigen im Zuwachs begriffen zu sein. Diese Teilgruppe weist im Vergleich von 2013 zu 2014 sogar die höchste Zuwachsrate auf (von 59 Prozent auf 65 Prozent, ARD/ZDF Onlinestudie 2014). Die Abstinenz von höher betagten und tendenziell auch die von weniger gebildeten Mitbürgern gegenüber dem Internet wird schon seit Längerem unter dem Stichwort der digitalen Spaltung diskutiert und mit Empfehlungen zur Nutzungsanleitung verknüpft. Insgesamt ist das schon erreichte und prinzipiell noch erreichbare Potenzial des Internets als Medium der Informationsvermittlung hoch einzuschätzen.

2) **Attention**: Es reicht nicht, allein in den Gesichtskreis der Empfänger zu kommen. Die Information muss zudem die Aufmerksamkeit erregen, um wahrgenommen zu werden. Die Zuwendung verspricht dann zu gelingen, wenn die Information auf das Interesse der Empfänger trifft, weil diese sich mit der angesprochenen Thematik identifizieren, oder weil sie eine diesbezüglich konkrete Entscheidung treffen wollen, etwa im Hinblick auf das Kulturprogramm in der Freizeitgestaltung. Ein zusätzliches Maß an Aufmerksamkeit wird durch die Aufmachung erreicht, wenn die Information bunt, schrill, laut oder ungewöhnlich verpackt wird. Vor diesem Hintergrund spricht viel dafür, dass Kulturinformation im Internet auf Aufmerksamkeit trifft, sofern sie motivationale und sensorische Aktivierung miteinander verbinden kann.

3) **Comprehension**: Die dritte Stufe im Verarbeitungsprozess wird vielfach unterschätzt. Die Informationsanbieter haben es selbst in der Hand, ob sie den erfolgversprechenden, bedarfsorientierten Weg des Verbraucheransatzes gehen, um Informationsinhalte festzulegen, oder ob sie dies mit dem Expertenansatz den Fachleuten überlassen und riskieren, von den Empfängern der Information nicht mehr verstanden zu werden (vgl. Gottschalk 2001, S. 166 ff.). Die Zugrundelegung des Informationsbedarfs heißt, bei den Abnehmern selbst zu beginnen. Deren offene Fragen und Probleme werden erhoben und zur Richtschnur der Veröffentlichung gemacht. Auf diese Weise können zwei Vorteile in einem Arbeitsgang realisiert werden. Die Informationsempfänger erhalten die Antworten, nach denen sie gesucht haben und sind daran interessiert. Da ihre eigenen Formulierungen in die Informationstexte einfließen ist darüber hinaus die Verständlichkeit gegeben.

4) **Acceptance**: Der Informationssender kann in der vierten Stufe mit Zustimmung zu seiner Botschaft rechnen, vorausgesetzt, die Abfolge der vorangegangenen Schritte war im beschriebenen Sinne verarbeitungsgerecht. Ein Nichtakzeptieren könnte allerdings dann erfolgen, wenn sich weitere Hindernisse in den Weg stellen, die die Fortsetzung der Planung des durch Information angeregten Kulturbesuchs scheitern lassen. Die empirischen Untersuchungen in den vorausgegangenen Abschnitten dieses Kapitels hatten gezeigt, dass es vielfach die organisatorischen Kleinigkeiten sind, die zu Störfaktoren werden, wie beispielsweise die ungelöste Parksituation bei einem Theaterbesuch.

5) **Retention**: Das Behalten der Botschaft markiert die fünfte und letzte Stufe im Prozess der Informationsverarbeitung. Sie dient der Vereinfachung bei wiederholten Entscheidungen. Der Informationsempfänger soll sich gern daran erinnern, dass ihm bei seiner Entscheidungsfindung Hilfe zuteilwurde. Er soll die Wege dorthin abspeichern und bei neuem Bedarf ohne Umstände erneut abrufen können. Das Internet ist für diese Aufgabe im besonderen Maße geeignet. Durch Speichern der relevanten Internetadresse kann der Vorgang im Wiederholungsfall sehr vereinfacht werden.

Alle fünf Stufen des Informationsverarbeitungsmodells werden durch das Einstellen von Information ins Netz erleichtert, sie werden aber auch erweitert. Informationsvermittlung als „Einbahnstraße" im klassischen Sender-Medium-Empfänger-Duktus ist dem Interaktionsmodell zwischen vielen Informationsgebern unterschiedlicher Herkunft und einem breiten Publikum gewichen. Unter diesem Aspekt ist es kein Wunder, dass die anfänglichen Vorbehalte der Kulturanbieter großer Zustimmung wichen und schon zu Beginn des neuen Jahrtausends festgestellt wurde, dass es praktisch keine Kulturinstitution mehr gäbe, die auf eine Homepage verzichtet (vgl. Schuck-Wersig 2000).

7.4.1.2 Homepages

Die Kulturinstitutionen sind dabei, die flexiblen Möglichkeiten der Kommunikation und Transaktion über das Internet auszuschöpfen und verfolgen dabei verschiedene Ziele, darunter

- Dialoge mit allen relevanten Beteiligten, etwa Besuchern, Spendern und Sponsoren.
- Zuwächse an Reputation in der Öffentlichkeit.
- Bestätigung von Stammpublikum und Gewinnung neuer Besucher (vgl. Turrini et al. 2012, S. 475).

Konkret bedeutet das, mehr Information über die verschiedenen Angebote und Programme stets aktuell auf Abruf bereitzustellen und die Homepage hinsichtlich aller Anfragen zu betreuen. Online-Transaktionen zu ermöglichen beinhaltet, Tickets und Produkte aus dem Shop online zu verkaufen oder Spenden per Mausklick einzuwerben, wie es für den Fall der Crowdfunding-Aktion der Stuttgarter Staatsgalerie schon erläutert wurde (vgl. 3.2.2) (vgl. Saxton et al. 2007).

Aus den von der Europäischen Kommission in Auftrag gegebenen Eurobarometern der Jahre 2007 und 2013 lassen sich Tendenzen zur europaweiten Nutzung des Internets für kulturelle Zwecke herauslesen (vgl. European Commission 2007/2013). Befragt wurde jeweils in allen 27 Mitgliedsstaaten in Form von mündlichen Interviews in der jeweiligen Landessprache bei mehr als 26.000 Probanden (vgl. European Commission 2007/2013, S. 3/S. 4). Mehr als die Hälfte der europäischen Bürger nutzten das Internet für kulturelle Belange im Jahr 2013 (56 Prozent der Stichprobe), darunter das Lesen online gestellter Zeitungsartikel (53 Prozent) und die Informationsbeschaffung für Kulturprodukte oder kulturelle Ereignisse (44 Prozent). Aber auch das Downloaden von Musik und Filmen und deren Konsum am Bildschirm sind unter anderem in der Liste kultureller Aktivitäten im Internet vertreten (vgl. European Commission 2013, S. 57). Hier hat es im Vergleich beider Untersuchungen eine Ausdehnung der kulturbezogenen Internetaktivitäten gegeben. Bei Aktivitäten, die individuelle Kosten verursachen, wurde dagegen eine Abschwächung festgestellt und mit den Nachwirkungen der Finanz- und Wirtschaftskrise, ausgelöst durch die Pleite der Lehmann Brothers Bank vom 15. September 2008, erklärt (vgl. European Commission 2013, S. 3). So ging der Online-Verkauf von Kulturprodukten wie Bücher, CDs oder Theatertickets von 30 Prozent in 2007 (vgl. European Commission 2007, S. 25) sechs Jahre später auf 27 Prozent zurück (vgl. European Commission 2013, S. 54). In der Summe überwiegen im Vergleich beider Studien jedoch die Zeichen einer größeren Integration des Internets in die Kulturbelange des Einzelnen

Es ist plausibel anzunehmen, dass der Nutzen webbezogener Aktivitäten den Kulturinstitutionen selbst, etwa durch Generierung von Aufmerksamkeit und Loyalitätsgewinne, aber auch den Besuchern, unter anderem durch mehr Information und vereinfachte Buchungen und Einkäufe, zugutekommt (vgl. Petkus 2004). Diese positiven Wirkungen setzen allerdings die benutzerorientierte Qualität der Websites voraus. Marty (2007) konnte in einer Onlinebefragung von 2005/2006 (n = 1.215) feststellen, dass schon fast jeder fünfte Teilnehmer aus der Stichprobe ein Museum deshalb nicht besucht hat, weil ihm die Aufmachung der Webpage missfiel (vgl. Marty 2007, S. 357). Museumsbesucher wollen nach Darlegung des Autors ihren Museumsbesuch auf der Website vorbereiten, nämlich erste Erkenntnisse schöpfen und möglicherweise den Gang durch das Museum planen, sie wollen ihren Aufenthalt vor Ort aber auch nachbereiten, zum Beispiel durch Abruf vertiefender, das Erlebnis ergänzender Information (vgl. Marty 2007).

Die im Zusammenhang mit den Museumsshops schon angesprochenen Hohenheimer Untersuchungen deuten auf nach wie vor bestehende Qualitätsprobleme der Websites hin. Zwar zeigte sich schon im Jahr 2002, dass die Vernetzung von Kulturinstitutionen in Deutschland hoch ist (vgl. Kratzert 2002). Von 146 analysierten Museen war bei 95 Prozent der untersuchten Fälle eine Homepage vorhanden, bei den großen Museen erwartungsgemäß zu 100 Prozent. Allerdings ließen Aktualität und Pflege des Internetauftritts zu wünschen übrig. Bei lediglich 15 Prozent aller Museen war eine Aktualisierung in den letzten drei Monaten vorgenommen worden. Diese Quote war mit 39 Prozent zwar höher bei den großen Museen, aber immer noch zu gering. Diese Quote verschlechterte sich, je kleiner das Museum war, bis zu nur noch 8 Prozent Pflege bei den kleinen Museen.

Bei der 13 Jahre später vorgenommenen Analyse des Internetauftritts von 57 deutschen Museen und Theatern wurde 100 Prozent Internetpräsenz festgestellt, darunter rund 80 Prozent mit eigener Homepage, der Rest auf Sammelhomepages oder der Homepage des Trägers (vgl. Müller 2015). Auch die Qualität von Inhalt und Darstellung hatte sich verbessert, aber noch nicht vollständig. Alle Homepages lieferten die allgemeinen Daten wie die Angaben zur Anschrift, zu Öffnungszeiten und Kontaktmöglichkeiten. Bis auf eine Ausnahme wurden dem Besucher der Homepage auch die Preise genannt. Während bei fast allen Theatern der Stichprobe (97 Prozent von n = 28) der Onlinekauf von Eintrittskarten möglich war, galt diese bequeme Art, sein Ticket zu erwerben, nur für 14 Prozent der Museen (4 von n = 29). Von großem Vorteil aus Nutzersicht ist wiederum, dass man sich bei allen vier Museen mit Online-Ticketerwerb die Tickets selbst ausdrucken kann. Bei den Theatern war dies nur bei gut der Hälfte (61 Prozent) möglich. Nur knapp die Hälfte aller Institutionen der Stichprobe bot eine multimediale Unterstützung zur Beschreibung des Programms oder der Ausstellung an, etwa in Form eines Videos, eines virtuellen Rundgangs oder einer Audiodatei.

Vergleicht man diese Ergebnisse mit den Daten, die aus der umfangreichen Befragung des Instituts für Museumskunde des Jahres 2013 resultieren, dann scheinen die Werte der Hohenheimer Studie (n = 57) allerdings noch hoch zu sein. Nach der Untersuchung des Instituts für Museumsforschung (2014) bieten 13,2 Prozent der Museen mit medialer Vernetzung (n = 2.349) einen virtuellen Rundgang, aber nur 1,3 Prozent eine virtuelle Ausstellung. Die Schlussfolgerung des Instituts für Museumskunde lautet unter anderem, dass die Museen das Internet zwar schwerpunktmäßig für die Öffentlichkeitsarbeit einsetzen, aber dessen vielfältige Funktionen und technische Möglichkeiten noch ungenutzt blieben (vgl. Institut für Museumsforschung 2014, S. 59). Offenbar besteht im Bereich der Vernetzung von Kulturinstitutionen noch größerer Nachholbedarf.

7.4.2 Internetkommunikation

Zwischen erster und vorliegender zweiter Auflage der „Kulturökonomik" ist weniger als ein Dezennium vergangen. In dieser Zeit haben sich aber die Möglichkeiten genauso wie die Erwartungen, die mit Internetauftritten und Online-Nutzung verknüpft sind, vervielfacht. Eine wichtige, sich vermutlich noch weiter ausbreitende Funktion liegt in beiläufiger, in den Alltag integrierter Kommunikation über kultur- und institutionenbezogene Themen. Diese Art von Beziehungsmanagement zwischen Kulturinstitution und ihren Besuchern läuft im Idealfall als zyklische Interaktion, *cyclical relationship*, in der der virtuelle Besucher der Museumswebsite angeregt wird, das Museum selbst zu besuchen, und der Besucher vor Ort zum Surfen auf der Homepage inspiriert wird (vgl. Marty 2007, S. 337f.).

Was mit E-Mail-Anfragen und deren Beantwortung sowie dem Verschicken von Newslettern begann, hat seine Fortsetzung in den sozialen Medien gefunden. Kulturinstitutionen beginnen damit, sich dieses Kommunikationsinstruments zu bedienen, um von gegebenen oder potenziellen Besuchern mehr über deren Vorstellungen und Wünsche zum Kulturbesuch zu erfahren, Fan-Club-ähnliche Formationen zu pflegen und auf Verbreitung ihrer Informationen im Schneeballsystem von privat an privat zu hoffen. Sie können sich unter Stichworten wie „Museum 2.0" die Anleitung, es richtig zu machen, aus dem Netz selbst holen (z.B. Vogelsang et al. 2011).

Das Institut für Museumsforschung (2014) hat in seiner Befragung von 2013 die mediale Vernetzung der Museen in den neuen Medien untersucht. Das Ergebnis zeigt, dass das Engagement bei den *social media* zwar angelaufen ist, aber vermutlich erst in den Anfängen steckt. 32,8 Prozent der Museen sind bei Facebook vertreten, 8,6 Prozent bei Twitter (vgl. Institut für Museumsforschung 2014, S. 60).

Dem steht eine beachtliche Zahl von Kulturkonsumenten gegenüber, die nach eigenem Bekunden kulturelle Chatrooms oder Foren besuchen (22 Prozent der befragten europäischen Bürger, European Commission 2007, S. 54) oder in kulturbezogenen Blogs lesen bzw. sie verfolgen (21 Prozent der Stichprobe aus allen EU-Mitgliedsstaaten, European Commission 2013, S. 57). Das ist jeweils mehr als jeder Fünfte Kulturinteressierte in Europa. Wie schon zu vermuten, werden mit sozialen Medien vor allem junge Zielgruppen erreicht (vgl. Klein 2013, S. 12). Rund 90 Prozent der Befragten (Befragung 2013, n=631) in der Gruppe unter 30 Jahren nutzen die sozialen Medien (vgl. Klein 2013, S. 12). In den weiteren, im Zehnjahres-Rhythmus gestaffelten Altersgruppen nehmen die Nutzungsanteile sukzessive ab. In der Gruppe der über 60-Jährigen handelt es sich nur noch um einen Nutzeranteil von 13 Prozent der Befragten (vgl. Klein 2013, S. 13). Das ist aber unter zukunftsorientierter Perspektive kein größeres Handicap. Auch die jungen Nutzer von heute werden älter und „wachsen nach". Für die Gegenwart sollte allerdings durch konventionelle Informationspolitik vorgesorgt werden, dass sich ältere, wenig netzaffine Besucher nicht verprellt fühlen. Vorträge mit anschließender Diskussion sind neben anderen eine der klassischen Möglichkeiten, wertvolle Kommentare der Besucher *offline* einzuholen und den Dialog zu pflegen. Für die junge Klientel in den sozialen Medien gilt aber der positive Nebeneffekt, dass über die Vernetzung neue Zielgruppen für die Kultur erschlossen werden können.

Je nach Bearbeitung und Pflege dieser Kontakte im sozialen Beziehungsnetz unterscheidet sich die Zahl bekennender Freunde. Bei Facebook sind es die *likes,* bei Twitter die *follower,* deren Zustimmung zu einer Institution, beispielsweise bezüglich deren Profilaktualisierungen oder speziell gepostet er Maßnahmen, gezählt werden. Gemessen an der Anzahl von Fans können nur wenige deutsche Kulturinstitutionen dem internationalen Vergleich standhalten (vgl. Schellenberg und Bannert 2012). Eine beachtliche Ausnahme bilden die Berliner Philharmoniker, die im Gesamtranking aller Kulturinstitutionen nach dem *London Symphonie Orchestra* den zweiten Platz belegen (vgl. Schellenberg und Bannert 2012). Bei den Museen muss man auf der Datenbank von Museum Analytics (2015) allerdings bis zum 22. Platz scrollen, um mit dem privat geführten Mercedesmuseum in Stuttgart das erste deutsche Museum zu entdecken, danach kommt sehr lange kein deutscher Beitrag. Das Mercedesmuseum hat 360.714 eingetragene Fans auf Facebook und 30.562 Twitter-Freunde. Auf den ersten Plätzen finden sich insbesondere angloamerikanische Häuser wie die Art People Gallery in San Francisco oder das Museum of Modern Art in New York. Der Louvre liegt an dritter Stelle (vgl. Museum Analytics 2015). Wissenschaftliche Analysen sagen jedoch am Beispiel der Theater eine rapide, erfolgreiche Zunahme der Nutzung sozialer

Medien voraus (vgl. Hausmann und Poellmann 2013). An der aktuellen Rangfolge der Museen erschließt sich auf den ersten Blick, dass die hohe Zahl an *Followern*, beispielsweise in Kalifornien und New York, vermutlich auch ein Ergebnis ihres durch Silicon Valley und Wall Street geprägten medialen Umfelds ist und in der Intensität wahrscheinlich nicht an jedem Ort der Welt aufgeholt werden kann.

Besonders gewünscht ist die Stimulierung des Informationsaustausches der privaten Nutzer untereinander. Diese Kommunikationsform des sogenannten **Word of Mouth (WOM)** kann von großem Einfluss sein, da Untersuchungen zeigen, dass Konsumenten der produktbezogenen Aussage ihres näheren und weiteren Umfelds eine besonders hohe Glaubwürdigkeit zusprechen (vgl. Bickart und Schindler 2001). Dabei ist es möglich, dass die Information im persönlichen Gespräch von Mund zu Mund oder als EWOM auf elektronischem Weg weitergegeben wird. Die erste größere Untersuchung im Kulturbereich widmete sich dem Einfluss von Online Book Reviews auf die Verkaufszahlen bei Amazon und Barnes and Noble (vgl. Chevalier and Mayzlin 2006). Es wurde gezeigt, dass WOM wirkt, gemessen am Zusammenhang von Rezensionen und Verkaufszahlen (vgl. Chevalier and Mayzlin 2006). Durch die mit dem Internet entstandene Möglichkeit, Information ohne große Mühe und schnellstmöglich einem großen, verstreuten Publikum zugänglich zu machen, können potenzierte Effekte erwartet werden. Die Bedeutsamkeit, die dieser Art gegenseitiger Information unter Konsumenten zukommt, wird unter anderem mit einem Wettbewerbsvorsprung durch die richtige Kommunikationspolitik erläutert (vgl. Hausmann 2012). Die Kulturinstitutionen müssen sich diesem Wettbewerb stellen und beispielsweise selbst den Austausch unter ihren Besuchern anregen und fördern, wollen sie nicht gravierende Wettbewerbsnachteile erleiden (vgl. Hausmann 2012, S. 41).

Literatur

Ajzen, Icek und Martin Fishbein (1980). Understanding attitudes and predicting social behavior. Englewood Cliffs: Prentice Hall.
Ammann, Verena (2001). Value Marketing im Kulturbereich. Empirisch gestützte Vorschläge für die Umsetzung in Museen. Unveröffentlichte Diplomarbeit am Lehrstuhl für Konsumtheorie und Verbraucherpolitik. Stuttgart: Universität Hohenheim.
Arbeitsgemeinschaft Online-Forschung e. V. (AGOF) (2015). Anteil der Internetnutzer in Deutschland nach Altersgruppen Im Januar 2015. Statista. Als Online-Dokument veröffentlicht, abgerufen am 10.05.2015 unter http://de.statista.com/statistik/daten/studie/72312/umfrage/altersverteilung-der-internetnutzer-in-deutschland/.

ARD/ZDF Onlinestudie (2014). Als Online-Dokument veröffentlicht, abgerufen am 10.05.2015 unter http://www.ard-zdf-onlinestudie.de/.
Becker, Bettina M. (2000). Kultur online. In: W. Heinrichs und A. Klein (Hrsg.). Deutsches Zentrum für Kulturmanagement 1999, Band 3. Baden-Baden: Nomos Verlagsgesellschaft. S. 231–242.
Bickart, Barbara und Schindler, Robert M. (2001). Internet forums as influential sources of consumer information. Journal of Interactive Marketing, 15(3), 31–40.
Chevalier, Judith A. und Mayzlin, Dina (2006). The effect of word of mouth on sales: Online book reviews. Journal of Marketing Research, 43(3), 345–354.
Cooper, Peter und Tower, Rupert (1992). Inside the consumer mind: Consumer attitudes to the arts. Journal of the Market Research Society, Band 34. S. 299–311.
Dube, Wolf-Dieter und Schauerte, Günther (1988). Museen für jedermann? Besucherbezogenes Angebot und bedarfsorientierte Vermittlung von Kunst-, Kultur- und Naturgütern an staatlichen Museen. In: A. Töpfer und G. E. Braun (Hrsg.). Marketing im staatlichen Bereich. Stuttgart: Bonn Aktuell. S. 86–104.
European Commission (2007). European cultural values. Special Eurobarometer 278. Als Online-Dokument veröffentlicht, abgerufen am 11.05.2015 unter http://ec.europa.eu/public_opinion/archives/ebs/ebs_278_en.pdf.
European Commission (2013). Cultural access and participation. Special Eurobarometer 399. Als Online-Dokument veröffentlicht, abgerufen am 11.05.2015 unter http://ec.europa.eu/public_opinion/archives/ebs/ebs_399_en.pdf.
Gottschalk, Ingrid (2001). Ökologische Verbraucherinformation. Grundlagen, Methoden und Wirkungschancen. Berlin: Duncker und Humblot.
Gottschalk, Ingrid und Holly, Melanie (2002). The value of museumsshops: Management consequences of consumer needs. Paper presented at the ACEI Conference in Rotterdam, June 13–15, 2002. Rotterdam: Association for Cultural Economics International. Als Manuskript vervielfältigt. Stuttgart: Lehr- und Forschungsbereich Konsumtheorie und Verbraucherpolitik, Universität Hohenheim.
Hampel, Annika (2010). Der Museumsshop als Schnittstelle von Konsum und Kultur. Hamburg: Diplomica Verlag.
Hausmann, Andrea (2012). The importance of word of mouth for museums: A framework of analysis. International Journal of Arts management, 14(3), 32–43.
Hausmann, Andrea und Pöhlmann, Lorenz (2013). Using social media for arts marketing: Theoretical analysis and empirical insights for performing arts organizations. International Review on Public and Nonprofit Marketing, 10(2), 143–161.
Hendon, William S. (1979). Analyzing an art museum. New York: Praeger.
Holly, Heike M. (2002). Der Museumsshop im Kulturmarketing. Konzeptionelle Konsequenzen einer empirischen Erhebung bei Besuchern und Nicht-Besuchern. Unveröffentlichte Diplomarbeit am Lehrstuhl für Konsumtheorie und Verbraucherpolitik. Stuttgart: Universität Hohenheim.
Hütter, Hans W. (1999). Bestselling durch Erlebnis Geschichte. Zum Museumshop im Haus der Geschichte der Bundesrepublik Deutschland. In: W. Heinrichs (Hrsg.). Merchandising and Licensing in Kulturbetrieben. Stuttgart: Raabe. S. 41–61.
Hütter, Hans W. und Schulenburg, Sophie (2004). Museumsshops – ein Marketinginstrument von Museen. Mitteilungen und Berichte aus dem Institut für Museumskunde Nr. 28. Als Online-Dokument veröffentlicht, abgerufen am 07.05.2015 unter http://www.smb.museum/fileadmin/website/Institute/Institut_fuer_Museumsforschung/Mitteilungen/MIT028.pdf.

Literatur

IfD Allensbach (2015). Anzahl der Personen in Deutschland, die ins Theater, die Oper oder in ein Schauspielhaus gehen, nach Häufigkeit von 2012 bis 2014 (in Millionen). Als Online-Dokument bei Statista veröffentlicht, abgerufen am 29.04.2015 unter http://de.statista.com/statistik/daten/studie/171174/umfrage/haeufigkeit-des-besuchs-von-theater-oper-schauspielhaus/.

Institut für Museumsforschung (2014). Statistische Gesamterhebung an den Museen der Bundesrepublik Deutschland für das Jahr 2013. Heft 68. Als Online-Dokument im Internet veröffentlicht, abgerufen als PDF am 29.04.2015 unter http://www.museumsbund.de/de/das_museum/themen/statistik/.

International Council of Museums (ICOM) (2015). Definition of a Museum. ICOM Archives. Als Online-Dokument veröffentlicht, abgerufen am 09.05.2015 unter http://archives.icom.museum/definition.html.

Klein, Armin (2011). Kultur-Marketing. Das Marketingkonzept für Kulturbetriebe. 3. Auflage. München: Deutscher Taschenbuchverlag.

Klein, Armin (2013). Studie zur Social Media Nutzung. Abschlussbericht Projekt Social Media. Pädagogische Hochschule Ludwigsburg. Als Online-Dokument veröffentlicht, abgerufen am 11.05.2015 unter http://www.kulturmanagement.net/downloads/studie-socialmedia-ludwigsburg.pdf.

Kratzert, Christian (2002). Präsenz und Besucherfreundlichkeit von Museumsshops im Internet. Eine Recherche für den deutschen Markt. Unveröffentlichte Diplomarbeit am Lehrstuhl für Konsumtheorie und Verbraucherpolitik. Stuttgart: Universität Hohenheim.

Leupold, Mario (1994). Der Handel im Vorhof des Musentempels. Aspekte der Integration von Museum und Museumsshop. In: Compania Media (Hrsg.). Der Museumsshop: Positionen, Strategien und Sortimente. Ein Praxisführer. Bielefeld: Transcript Verlag. S. 6–35.

Locher, Antje und Stemmler, Klaus (1998). Das Publikum – ein unbekanntes Wesen? ...ein Theater(haus) will's wissen. In: W. Heinrichs und A. Klein (Hrsg.). Deutsches Jahrbuch für Kulturmanagement 1997, Band 1. Baden-Baden: Nomos Verlagsgesellschaft. S. 72–85.

Marty, Paul F. (2007). Museum websites and museum visitors: Before and after the museum visit. Museum Management and Coratorship, 22(4), 337–360.

Müller, Anja (2015). Die Homepagequalität deutscher Theater und Museen. Eine theoretische und empirische Analyse aus Verbrauchersicht. Unveröffentlichte Bachelorarbeit am Institut für Health Care and Public Management der Universität Hohenheim. Stuttgart: Universität Hohenheim.

Museum Analytics (2015). Datenbank. Als Onlline-Dokument eingestellt, abgerufen am 11.05.2015 unter http://www.museum-analytics.org/museums/.

Petkus, Ed Jr. (2004). Enhancing the application of experiential marketing in the arts. International Journal of Nonprofit and Voluntary Sector Marketing, 9(1), 49–56.

Saxton, Gregory D., Guo, Chao und Brown, William A. (2007). New dimensions of nonprofit responsiveness, the application and promise of internet-based technologies. Public Performance and Management Review, 31(2), 144-173.

Schellenberg, Frank und Bannert, Peter (2012). Viele deutsche Kulturinstitutionen hinken bei der Nutzung von Social Media hinterher. Actori Studie. Als Online-Dokument veröffentlicht, abgerufen am 11.05.2015 unter http://www.actori.de/fileadmin/Redaktion/Downloadcontent/Publikationen/Social_Media_Studie_FINAL.pdf.

Schuck-Wersig, Petra (2000). Deutsche Museen im Internet. Leitfaden. Sponsoring & Event-Marketing. Februar 2000. S. 1–16.
Siebenmorgen, Harald (1999). Der Museumsshop – So ist das Leben. In: Compania Media (Hrsg.). Der Museumsshop: Positionen, Strategien und Sortimente. Ein Praxisführer. Berlin: Transcript Verlag. S. 22–25.
Turrini, Alex, Soscia, Isabella und Maulini, Andrea (2012). Web communication can help theaters attract and keep younger audiences. International Journal of Cultural Policy, 18(4), 474–485.
Uusitalo, Liisa (1994). Images of art museums. Paper presented at the Eighth International Congress on Cultural Economics. Unveröffentlichtes Manuskript. Witten/Herdecke University, Germany, 25 August 1995.
Vogelsang, Axel, Ninder, Bettina und Mohr, Saraina (2011). Social Media für Museen. Ein Leitfaden zum Einstieg in die Nutzung von Blog, Facebook, Twitter & Co. für die Museumsarbeit. Hochschule Luzern, Design & Co. Als Online-Dokument veröffentlicht, abgerufen am 11.05.2015 unter http://blog.hslu.ch/audienceplus/files/2011/10/HSLU-DK_SozialeMedien_Doppelseiten_Mittel.pdf.
Walter, Tanja (1995). Zur Berücksichtigung von Verbraucherwünschen im Museumsangebot. Unveröffentlichte Seminararbeit am Lehrstuhl für Konsumtheorie und Verbraucherpolitik. Stuttgart: Universität Hohenheim.
Wünsch, Claudia (1998). Möglichkeiten zur konsumentenorientierten Vermittlung des Theaterangebots: Eine empirische Analyse. Unveröffentlichte Diplomarbeit am Lehrstuhl für Konsumtheorie und Verbraucherpolitik. Stuttgart: Universität Hohenheim.
Yorke, David und Jones, P. R. (1987). Museums and marketing techniques. Management Decisions, 25(1), 25–32.

Konsequenzen aus den kulturökonomischen Analysen

8

> **Zusammenfassung**
>
> Die Kulturnation Deutschland zehrt zunehmend von ihrem historischen Kapital. Eine auf niedrigem Niveau verharrende Nachfrage nach Kulturleistungen, bei den klassischen Kulturangeboten vornehmlich durch älteres, weibliches Publikum der höheren Bildungsschicht praktiziert, bietet keinen Anlass zum Ausruhen. Der Schlüssel zum Gegensteuern liegt in der Stärkung des Kulturbewusstseins. Alle Untersuchungen zeigen, dass der Zugang zur Kultur in jungen Jahren geschafft werden sollte, um dauerhaft Bestand zu haben. Grundlegender Ansatzpunkt ist die breite Förderung von Kulturkompetenz. Mangelt es an kulturkompetenten Eltern und Lehrern, kann auch die Weitervermittlung nicht gelingen. Darüber hinaus bilden strukturelle und prozessbezogene Komponenten ein stetiges Störpotenzial für das harmonische Zusammenspiel von Kulturangebot und Kulturnachfrage. Darunter fallen die Kostenkrankheit und Managementdefizite auf der Anbieterseite und Schwarzfahrertum und Crowding out-Tendenzen bei den Nachfragern.

8.1 Förderung des Kulturangebots

8.1.1 Stabilisierung der Rahmenbedingungen

Kreativität braucht den sicheren Untergrund. Keine der im deutschen Bundestag vertretenen Parteien verneint, dass Kunst und Kultur der schützenden Hand des Staates bedarf. Uneinigkeit besteht aber hinsichtlich der rechtlichen Absicherung. Soll Kultur als Staatsziel im Grundgesetz verankert werden? Dies wurde in den Koalitionsverhandlungen 2013 zwischen CDU/CSU und SPD stark diskutiert, aber schlussendlich nicht in den Koalitionsvertrag aufgenommen. Dort befindet sich stattdessen die recht wolkige Formulierung, dass Kultur keine Subvention, sondern eine Investition in unsere Zukunft sei (vgl. Koalitionsvertrag 2013, S. 89; Müller 2013). Besondere Betonung liegt auf der kulturellen Teilhabe für jeden Einzelnen in der Gesellschaft, unabhängig von sozialem Stand und ethnischer Herkunft. Als notwendiges Instrument zur Erreichung dieses Ziels wird die kulturelle Bildung, insbesondere junger Menschen, in den Vordergrund gestellt (vgl. Koalitionsvertrag 2013, S. 89).

Die wissenschaftliche und politische Untermauerung für die Aufnahme des Staatsziels Kultur in das Grundgesetz wurde durch die entsprechende Empfehlung im Zwischenbericht und Schlussbericht der vom Bundestag im Dezember 2005 eingesetzten Enquetekommission „Kultur in Deutschland" gelegt. Forderung war ein ergänzender Grundgesetzartikel 20b mit dem Wortlaut: „Der Staat schützt und fördert die Kultur" (vgl. Enquetekommission Kultur in Deutschland 2007, S. 65). Als juristische Grundlage wurde Bezug auf den im Europäischen Verfassungsrecht gemäß Artikel 151 des EG-Vertrages bereits bestehenden Kulturartikel genommen. Als nationale verfassungsrechtliche Lücke wurde moniert, dass im Grundgesetz zwar Artikel zum Sozialstaatsprinzip und zum Schutz der natürlichen Lebensgrundlagen und der Tiere, aber nichts Vergleichbares zum Schutz der geistigen und ideellen Dimensionen des Daseins verankert sei (vgl. Enquetekommission Kultur in Deutschland 2007, S. 69). Der von den Freien Demokraten Deutschlands (FDP) in der 16. Legislaturperiode eingebrachte Gesetzentwurf zur Änderung des Grundgesetzes durch Aufnahme des Staatsziels Kultur (vgl. Deutscher Bundestag 2006) wurde bei der ersten Lesung im Bundestag 2006 von allen Fraktionen befürwortet. Rückfragen oder kritische Stimmen galten staatsrechtlichen Fragen hinsichtlich der Abstimmung zwischen Bund und Ländern und der grundsätzlichen Überlegung, ob es zum Schutz der Kultur tatsächlich einer Verfassungsänderung bedürfe (vgl. Küster 2006). Der Antrag wurde in den Rechtsausschuss überwiesen, genau genommen steht man dort immer noch. Auch die Anträge der Sozialdemokratischen Partei Deutschlands (SPD) zur Aufnahme von Sport und Kultur aus der 17. Legislaturperiode im Jahr 2012 (vgl. Deutscher Bundestag 2012a) sowie der Fraktion DIE LINKE (vgl. Deutscher Bundestag 2012b) wurden abgelehnt.

8.1 Förderung des Kulturangebots

> Die Frage, ob **Kultur als Staatsziel** in das Grundgesetz aufgenommen werden soll, war schon vor zehn Jahren ein Thema und begleitet nach wie vor die hier vorliegende zweite Auflage der Kulturökonomik. Die politische und juristische Lösung bleibt in der Diskussion, aber auch in der Schwebe. Diese Ungewissheit ist der notwendigen Stabilität der Rahmenbedingungen für Kunst und Kultur abträglich, unabhängig von der Frage öffentlicher Finanzierung.

Kulturschutz durch den Staat bedeutet auch, Private zur Förderung von Kultur zu motivieren und den stabilen privatrechtlichen Rahmen zu schaffen. Dazu gehört Rechtssicherheit bezüglich der steuerlichen Behandlung von Sponsorengeldern, Spenden und Nachlässen. Wie das amerikanische Beispiel gezeigt hat, kann die öffentliche Hand die private Bereitschaft zur Spendentätigkeit und zum Sponsoring nachhaltig beeinflussen. Das ist angesichts der dort praktizierten, großzügigen Form der Abzugsfähigkeit auch nicht weiter verwunderlich. So sind etwa Spenden an karitative Einrichtungen in den USA bis zu 50 Prozent steuerlich abzugsfähig (vgl. Anheier et al. 1997, S. 198). Insgesamt können Privatpersonen in den Vereinigten Staaten ihr zu versteuerndes Einkommen durch Spenden an gemeinnützige Institutionen, zu denen auch die Institutionen der Darstellenden Kunst zählen, um bis zu 50 Prozent, Unternehmen ihre zu versteuernden Gewinne um bis zu 10 Prozent reduzieren. In Deutschland sind laut Einkommensteuergesetz § 10b Zuwendungen an steuerbegünstigte Zwecke, z. B. an gemeinnützige Institutionen, als Sonderausgaben bis zur Höhe von 20 Prozent des Gesamtbetrags der Einkünfte oder alternativ 0,4 Prozent der Summe der gesamten Umsätze und der im Kalenderjahr aufgewendeten Löhne und Gehälter möglich (vgl. Bundesministerium der Justiz und für Verbraucherschutz 2015).

Vor fast 20 Jahren hat einer der Herausgeber der Frankfurter Allgemeinen Zeitung die Frage gestellt, wie viel Kultur wir uns leisten wollten (vgl. Jeske 1997). Zwar stehe außer Frage, dass sich Deutschland nicht als Kulturnation verabschieden dürfe. Doch sei es ebenso sicher, dass sich auch der Staat angesichts der angespannten öffentlichen Kassen in seiner Kulturförderung umorientieren und in Teilen auch zurückziehen müsse. Dies aber nur unter der Bedingung, dass der privaten Förderung mehr Freiraum gegeben würde, zuallererst durch eine allgemein niedrigere Besteuerung, aber ebenso wie in Amerika durch entsprechende Stiftungs-, Erbschafts- und Schenkungsregelungen. Letztendlich entscheidend sei aber der Wille, eine Kulturnation bleiben zu wollen: Darüber würden wir alle entscheiden (vgl. Jeske 1997). Diese Maßgabe kann bis in die Gegenwart unverändert übernommen werden.

8.1.2 Stärkung des Kulturbewusstseins

Deutschland sieht sich traditionell als Kulturnation. Doch wie steht es wirklich um die Haltung der Bürger zu Kunst und Kultur? Wie wichtig ist ihnen die Gestaltung ihres privaten Kulturprogramms, welche Veränderungen lassen sich über die Zeit beobachten? Auskünfte über die Teilnahme der Bevölkerung am Kulturleben geben die vom Bonner Zentrum für Kulturforschung (ZfKf) in Kooperation mit der Deutschen Orchestervereinigung (DOV) und dem Bundesministerium für Bildung und Forschung (BMBF) periodisch durchgeführten, repräsentativen Bevölkerungsumfragen zu unterschiedlichen Schwerpunktthemen im Kulturbereich. Sie werden als KulturBarometer bezeichnet und seit ihrem ersten Erscheinen im Jahr 1991 regelmäßig veröffentlicht. Auf diese Weise können Entwicklungen präzisiert und Trends im Kulturverhalten der Bürger deutlich werden. So wird die Präsentation der Ergebnisse des 9. KulturBarometers für die Saison 2010/2011 von den Verfassern mit den Worten gekennzeichnet, es sei zwar der Abwärtstrend gestoppt, die Nachwuchsarbeit müsse aber dennoch weiter intensiviert werden (vgl. DOV und ZfKf 2011). Es sei einerseits als Erfolg zu werten, dass der im vorhergehenden KulturBarometer konstatierte „Untergang des Abendlands" mit um rund 6 Prozent zurückgehenden Besucherzahlen für Musiktheater und Klassische Konzerte gestoppt werden konnte. Allerdings wäre diese Entwicklung hauptsächlich auf die verstärkte Nachfrage der über 65-Jährigen zurückzuführen, die jüngere Generation würde immer noch nicht ausreichend erreicht (vgl. DOV und ZfKf 2011). Insgesamt gingen 44 Prozent der Bevölkerung mindestens einmal pro Jahr in eine klassische Musikaufführung (vgl. ZEIT ONLINE 2011). Der nochmals gestiegenen Anteil älteren Publikums könnte auch als Zeichen des demografischen Wandels hin zu einer alternden Gesellschaft verstanden werden (vgl. ZEIT ONLINE 2011). Aber drückt man es einmal weniger positiv aus, dann wird deutlich, dass mit 56 Prozent mehr als die Hälfte der erwachsenen Bevölkerung einen Bogen um die klassischen Konzerte macht. Es lebt der Nimbus vom Kulturstaat, doch die Realität hat in nicht unerheblichen Segmenten Abstriche zu verkraften. Vor diesem Hintergrund wäre es wichtig, das allgemeine Kulturbewusstsein aufzubauen und substanziell zu stärken. Das Kulturbewusstsein scheint stabil bei den Kulturinteressierten, aber gemessen an der Zuwendung zu klassischen Inhalten noch unterentwickelt bis gar nicht vorhanden bei denen, die in diesen Kreislauf noch nicht eingetreten sind.

Die Wurzeln für die Haltung gegenüber Kunst und Kultur werden in der Kindheit und der Erziehung angelegt. Wer aber gilt als kulturinteressiert, wer nicht? Die Richtschnur für das kulturelle Empfinden entwickelt sich in einem gesellschaftlichen Prozess unter Beteiligung verschiedenster Institutionen, nicht zuletzt der Kulturinstitutionen selbst und der Medien. Der Stellenwert, den Kultur

8.1 Förderung des Kulturangebots

in der Gesellschaft einnimmt, bemisst sich jedoch nicht an der Bevorzugung einzelner Kulturformen. Es macht keinen Sinn, ein Volk von Opernliebhabern als kulturell hochstehender einzustufen als ein Land von Tanz- oder Filmfreunden. Es gibt jedoch Indikatoren, mit deren Hilfe die generelle Haltung deutlich gemacht werden kann, etwa als Bereitschaft zum Besuch und zur Finanzierung von Kulturveranstaltungen, gleich welchen Genres, und als politische Unterstützung von Kunst und Kultur durch Wahl von Parteien mit entsprechendem Programm. Doch wie beeinflusst ein ungeschriebener Konsens über ein angemessenes Kulturbewusstsein das Kulturhandeln des Einzelnen, inwieweit gibt es Spielraum für Veränderungen?

Zur Illustration dessen, was möglich ist, können das Umweltbewusstsein und die Überlegungen zur Förderung von umweltgerechtem Verhalten dienen. Grundlage ist ein von dem Schweizer Ökonomen Kirsch entwickelter analytischer Rahmen. Er rückt neben den individuell erlebten Kosten und Nutzen umweltdienlichen Handelns auch die gesellschaftliche Fixierung dessen, was als umweltfreundlich gelten kann, als bestimmende Variable ins Zentrum (vgl. Kirsch 1991). Dieselbe Idee kann auf den Kulturbereich übertragen werden. Statt des Bewusstseins für Umweltbelange geht es hier um die Haltung, die die Gesellschaft und der Einzelne gegenüber dem Kultursektor einnehmen.

In Abb. 8.1 steht die Abszisse rechts von der y-Achse für kulturzugewandtes und links davon für kulturabgewandtes Verhalten, während die Ordinate oberhalb der x-Achse die Kosten und unterhalb der Abszisse den Nutzen kulturbezogenen Verhaltens angibt (nach der Vorlage von Kirsch 1991, S. 252). Die vom linken oberen in den rechten unteren Quadranten verlaufenden Geraden sind Verhaltenskurven der drei Akteure a, b und c. Bezogen auf die Ausgangsordinate ist Subjekt c dasjenige, das für kulturelle Dinge am meisten einzusetzen bereit ist. Es agiert selbst dann noch zu Gunsten der Kultur, wenn Kosten bis zur Höhe von A entstehen. Erst wenn die finanzielle Last einen Umfang einnimmt, der A übersteigt, rutscht Subjekt c gemäß seiner Verhaltenskurve aus dem der Kultur zugewandten, rechten oberen Quadranten auf die linke, der Kultur abgewandte Seite. Akteur b ist vergleichsweise neutral, Kultur stellt für ihn keinen Zusatznutzen dar, er handelt nur gemäß den individuell anfallenden Kosten und Nutzen. Subjekt a ist sogar ein echter Kulturmuffel, der sich nur dann kulturellen Dingen zuwendet, wenn für ihn ein Nutzen in Höhe von größer als B herausspringt.

Doch die Verhaltenskurven selbst sind im Moment gar nicht interessant. Hier geht es um die Lage der Ordinate, mithin die gesellschaftlich gezogene Grenze zwischen Kulturfreunden und Kulturfeinden. Je nachdem, wo in Abb. 8.1 die Ordinate eingezeichnet wird, mutieren im gesellschaftlichen Urteil Freunde zu Feinden und umgekehrt. Kirsch hat die Vermutung geäußert, dass wir in der

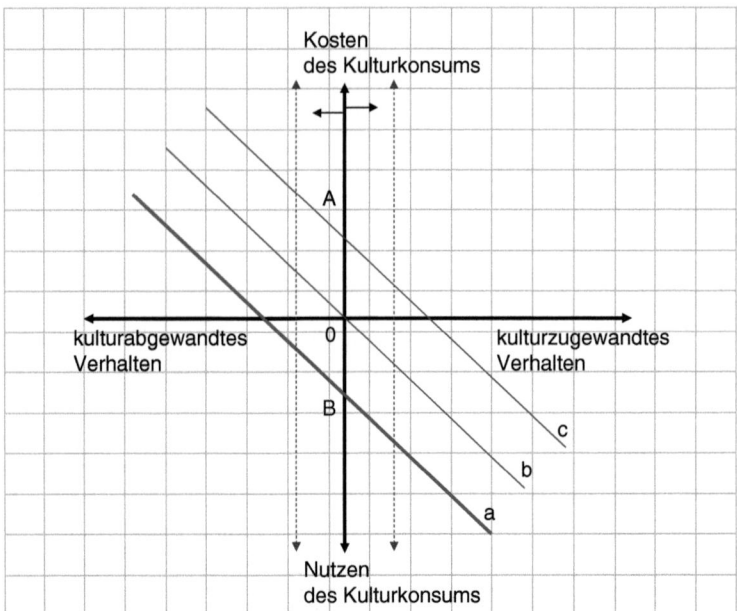

Abb. 8.1 Analytischer Rahmen für Kulturbewusstsein und Kulturhandeln. © Ingrid Gottschalk nach Kirsch 1991, S. 252

Umweltdiskussion den Maßstab derart scharf setzen würden, dass wir uns aufgrund der extrem nach rechts verschobenen Ordinate als selbst ernannte Umweltsünder wiederfinden würden (vgl. Kirsch 1991, S. 256 f.).

Für den Kulturbereich könnte man diese Hypothese in umgedrehter Richtung sehen. Vielleicht geht die Gesellschaft hier zu sanft mit sich um, definiert als kulturfreundlich, was dieses Prädikat bei näherer Betrachtung möglicherweise nicht mehr verdient. Ist Deutschland eine Kulturnation, wenn erhebliche Teile der Bevölkerung keinen Zugang zur Kultur suchen? Der analytische Rahmen von Kirsch lässt Gedankenspiele zu. Bei Rechtsverschiebung der Ordinate gäbe es mit einem Federstrich weniger Kulturfreunde als zuvor. Das ist ein Modell, nicht die Realität. Doch es zwingt zu Präzisierungen. Zu beantworten wären als erstes die Fragen, was genau Kulturbewusstsein heißen soll, und welche Anforderungen die Gesellschaft an das Kulturhandeln ihrer Bürger stellt. Zu überlegen wäre zweitens, was auf dem Wege von Erziehung und Bildung möglich ist, um mehr Menschen, insbesondere die bisher daran nicht beteiligten Gruppen, in das Kulturleben zu integrieren.

8.2 Förderung der Kulturkonsumenten

8.2.1 Erhöhung der Kulturkompetenz

Kompetenz dient als Sammelbegriff für die Kennzeichnung von Qualifikationen, die einen Entscheidungsträger auszeichnen. Sie versetzt ihn in die Lage, bestimmte Vorgänge zu durchschauen, einzuordnen und erfolgreich zu bearbeiten (vgl. hier und im Folgenden Gottschalk 2003). Gegenstand der Betrachtung sind ganz unterschiedliche Themen und Aktionsfelder. Kompetenz steht generell für die Befähigung, etwas gut tun zu können. Sie ist für denjenigen, der sie verspürt, die Grundlage selbstbestimmten Handelns und eine Quelle für Stolz und Selbstwertgefühl. Vor diesem Hintergrund wird das Streben nach kompetenter Auseinandersetzung mit dem Lebensumfeld als Grundmotiv für das Handeln von Lebewesen eingestuft, das bei Tieren und Menschen gleichermaßen nachweisbar ist (vgl. White 1959).

Konsumkompetenz umfasst die Befähigung, die Konsumaufgabe gut lösen zu können. Zur besseren Kennzeichnung der verschiedenen Dimensionen von Konsumkompetenz können die vier Phasen des Konsumverhaltens sowie die Konsumzielsetzung unter der Maßgabe von Effizienz und Verantwortlichkeit als Markierungspunkte genutzt werden (vgl. 4.2.1). Unter diesem Blickwinkel stellt die Kompetenz zum Konsum das übergeordnete Konzept dar, das die Summe der Teilkompetenzen pro Konsumphase umfasst. In anderen Worten: Konsumkompetenz steht für die Befähigung für das effiziente und verantwortliche Erfüllen der Konsumaufgabe je Verarbeitungsschritt.

1. **Informationskompetenz**: Das Voliegen von Informationskompetenz entscheidet darüber, inwieweit der Verbraucher die am Markt verfügbaren Informationen für sich nutzen kann. Er sollte nicht nur wissen, welche Angaben für ihn wichtig sind und wo er sie findet, sondern auch in der Lage sein, die gültige Anbieterinformation aus den üblichen werblichen Übertreibungen herauszufiltern. Ein Konsument muss deshalb mit den Medien und der Werbung kompetent umgehen können. In einer globalen Wirtschaft darf die Informationssuche zudem nicht mehr an den nationalen Grenzen Halt machen (vgl. Gottschalk 1999, S. 3). Konsumenten müssen bereit und fähig sein, sich weltweit Information über Produkte und anstehende Konsumentscheidungen zu beschaffen.
2. **Entscheidungskompetenz**: Sie umfasst Qualifikationen zur Bewertung und Reflexion der gewonnenen Daten. Hierzu gehören die Integration und Verdichtung von Einzelinformationen zu einem Gesamturteil sowie deren vergleichende Beurteilung. Das ist angesichts oftmals komplizierter oder sogar

widersprüchlicher Angaben eine schwierige Aufgabe. Sie beinhaltet auch die Option, einen vermeintlichen Bedarf zu revidieren und sich im Sinne einer Bedarfsreflexion gegen die anfänglich geplante Konsumentscheidung zu stellen.
3. **Nutzungskompetenz**: In der dritten Phase des Konsumprozesses geht es um den Verbrauch oder Gebrauch im engeren Sinne. Im Vordergrund stehen hier Fähigkeiten zur Kalkulation der notwendigen Konsumzeit sowie zur abschließenden Überprüfung des Konsumziels. Wurde durch den Konsum erreicht, was erreicht werden sollte? Sportgeräte, die mit gutem Vorsatz gekauft wurden, aber aus Zeitmangel liegen bleiben oder Geräte der Unterhaltungselektronik, die der Käufer wegen fehlenden Bedienungswissens nicht anstellen kann, verdeutlichen den hohen Stellenwert der Nutzungskompetenz. Die eigentlich angestrebten Werte der körperlichen Ertüchtigung, der Entspannung, der Unterhaltung und des Kulturgenusses werden in den genannten Beispielen nicht erreicht, knappe Ressourcen nutzlos eingesetzt.
4. **Verwertungskompetenz**: Die den Konsumtionsvorgang abschließende Phase betrifft Fragen der Weiterverwertung oder Entsorgung am Ende des Produktlebens und generell die Vorbereitung auf eine neu zu treffende Entscheidung. Die Wertekompetenz steht für die Fähigkeit, die Konsequenzen des in der Vergangenheit getätigten Konsums nach Maßgabe von Effizienz und Verantwortung zu bilanzieren und gegebenenfalls in zukünftig revidierte Konsumentscheidungen umzusetzen.

Kulturkonsum ist immaterieller Art. Er kostet Geld, Zeit und Mühe, stiftet bei gutem Gelingen im Gegenzug aber auch lang anhaltenden Nutzen und eine dauerhafte Aufstockung des Humankapitals. Auch bei Kulturkonsum geht es um den kompetenten Entscheidungsprozess mit den vier Phasen von Informationssuche, Entscheidungsfindung, Konsumausübung und dem Einbringen der Erfahrungen in die neuen Entscheidungen. Vor diesem Hintergrund steht Kulturkompetenz für eine spezielle Ausprägung der Befähigung zum guten Kulturkonsum. Doch was bedeutet es, über Kulturkompetenz zu verfügen, welche Kriterien spielen eine Rolle, an welchem Maßstab wird die gewünschte Befähigung gemessen? Es ist schwierig wenn nicht gar unmöglich, diese Fragen exakt zu beantworten. Kompetenz ist ein subjektives und relatives Konzept, das in einem durch Konvention bestimmten Rahmen angesiedelt ist.

1. **Subjektive Betrachtung**: Die selbst ernannten Kenner der Kunstszene mögen es anders sehen und ihren eigenen Umgang mit Kunst zum Maß aller Dinge

erheben wollen. Das aber ginge am individuellen Ansatz vorbei. Der Einzelne ist der Nutzenmaximierer, nicht nur in den materiellen Dingen des Alltags, sondern auch im Kunstkonsum. Hier wie dort gilt aber der Grundsatz des *more value for money*. Die Effizienz der Entscheidung kann durch Maximierung der Teilkompetenzen in allen Phasen des Konsums erhöht werden.

2. **Relative Bedeutung**: Der subjektiven Basis entsprechend können Kompetenzveränderungen nur mit Eigenbezug festgestellt werden. Zuwächse an kultureller Kompetenz bedeuten, mit den vorhandenen Mitteln mehr Kunstgenuss zu empfinden. Gerade so, wie es im Konzept des erworbenen Geschmacks vorhergesagt wurde: Die Freude an Kunst, zumal an anspruchsvollen Darbietungen, will erst erlernt sein (vgl. Gäfgen 1992, S. 187). Durch Wissens- und Erfahrungserweiterung kann der Einzelne mehr aus seinen eingebrachten Ressourcen machen. Sein Nutzenzuwachs steigt relativ überproportional zum Einsatz seiner Mittel.

3. **Konventionelle Eingrenzung**: Trotz der individuellen Fundierung gibt es Grenzen für den Kompetenzraum. Diese sind allerdings, wie die Diskussion um das Kulturbewusstsein gezeigt hat, von dynamisch-veränderlicher Natur und nicht für alle Zeiten gegeben. In Verantwortlichkeit zu konsumieren heißt, die Rechte anderer, der natürlichen und der sozialen Mitwelt, zu berücksichtigen und keinesfalls zu verletzen. Kompetenter, verantwortlicher Kulturkonsum umfasst auch, den sozialen Nutzen von Kulturgütern zu respektieren und ihn in die eigenen Entscheidungen einzubeziehen.

Die Förderung der Kulturkompetenz dient der sukzessiven Steigerung des Kunstgenusses, der Effizienz der eigenen Entscheidung sowie der verantwortlichen Rücksichtnahme auf die externen Effekte von Kulturgütern. Doch es geht noch um weitere positive Wirkungen. In Analogie zum Umweltbereich spricht Hutter von Kunst als einer erschöpfbaren Ressource (vgl. Hutter 1989). Genauso, wie die Übernutzung ohne adäquate Pflege einen Kahlschlag in der Natur hinterlassen wird, verhielte es sich auch mit dem Reservoir an Kreativität in der Kunst. Ohne positive Aufnahme in einem intellektuellen Kräftefeld der Zustimmung würde dem künstlerischen Schaffen der Boden entzogen (vgl. Hutter 1989, S. 76). Die fehlende Anerkennung durch die Öffentlichkeit, den Mangel an *appreciation* sieht Hutter als den Hauptengpassfaktor im kreativen Wachstumsprozess an. Er basiere auf einem Mangel an Kunsterziehung, der dazu führe, dass die Menschen es nicht gelernt hätten, Kunst zu entschlüsseln. Der Aufbau von Kunstkompetenz sei deshalb zwingend: *Stocking up on art competence may be an appropriate strategy* (vgl. Hutter 1989, S. 77ff.).

8.2.2 Förderschwerpunkt junge Konsumenten

Warum gehen die einen zu Kulturveranstaltungen und die anderen nicht, welches Beweggründe führen zum Kunstkonsum? Eine Antwort auf diese Frage liegt auch in der Kindheit der betreffenden Personen begründet. Der kanadische Kulturökonom Colbert nennt vier Faktoren, die die kulturellen Vorlieben der Erwachsenen aus der Anleitung, den Vorbildern und den Erlebnissen in der Jugend erklären. Es handelt sich im Einzelnen um:

- Wertvorstellungen, die in der Familie geprägt wurden.
- Werteraster, die in der Schule vermittelt wurden.
- Die Konfrontation mit Kunst in jungen Jahren.
- Das eigene Ausüben von Kunst als Amateur (vgl. Colbert 2002, S. 44).

Geschmack und Präferenzen der Handelnden werden bis zum zwanzigsten Lebensjahr fixiert. Unter diesen Maßgaben ist es von entscheidender Bedeutung, Kinder schon frühzeitig für Kunst zu interessieren (vgl. Colbert 2002, S. 45). Das Medien- und Freizeitverhalten der Eltern, deren Vorlieben für bestimmte Kulturdarbietungen werden gespeichert und auf dem Wege des Modelllernens bei späterem eigenen Bedarf abgerufen und umgesetzt. Aber auch die Schule hat einen maßgeblichen Anteil an der Entwicklung von Kulturpräferenzen in der jungen Generation.

In der eigenen Untersuchung bei Theaterbesuchern konnten wir feststellen, dass sowohl die Familie als auch die Schule den für die spätere Entwicklung entscheidenden Anstoß für den ersten Theaterbesuch geben können (Befragung 1998, n = 162, vgl. Wünsch 1998). Die Chance, ein regelmäßiger Theaterbesucher zu werden, ist desto größer, je früher der erste Kontakt mit dem Theater stattfindet. Sind die Eltern die Initiatoren, dann liegt das Durchschnittsalter bei 10 Jahren. Findet der erste Theaterbesuch mit der Schule statt, dann sind die Jugendlichen im Schnitt drei Jahre älter. Die Motivation, durch Freunde oder Bekannte eine Vorstellung zu besuchen, trifft im Mittel auf junge Erwachsene, die schon 22 Jahre alt sind. Der späte Kontakt mit der Theaterwelt hat Folgen für die innere Haltung gegenüber dem Theaterangebot.

Die Hypothese, dass die Einstellung zum Theater einen höheren Wert hat, also positiver ist, wenn man mit der Familie oder der Schule zum ersten Mal mit dem Theater in Berührung kommt als mit Freunden oder Bekannten, konnte angenommen werden. Die Unterschiede in den Einstellungsmittelwerten je Gruppe sind signifikant, also im statistischen Sinne überzufällig. Die Einstellung ist bei den von der Familie an das Theater Herangeführten nochmals positiver als bei denen, die ihren ersten Theaterbesuch mit der Schule gemacht haben. In Verbindung mit dem jeweils unterschiedlichen Einstiegsalter gilt: Je jünger die Befragten bei ihrem ersten Theaterbesuch waren, desto positiver stehen sie als Erwachsene dem Theater gegenüber. Die Intention, ins Theater zu gehen, hängt folglich davon ab, wie alt man bei seiner eigenen Premiere mit dem Theater war.

Die pädagogischen Konsequenzen dieser Ergebnisse liegen auf der Hand. Das Heranführen an die Welt des Theaters kann gar nicht früh genug passieren. Die Familien müssen dazu motiviert werden, ihren Beitrag zur Kulturerziehung ihrer Kinder zu leisten. Dazu könnten besondere Angebote, etwa Eltern-Kind-Vorstellungen zu angemessenen Zeiten, beitragen. Sind die Eltern jedoch dazu nicht fähig oder willig, dann müssen die Erziehungsinstitutionen einspringen. Das durchschnittliche Einstiegsalter, in dem die Kinder mit der Schule ins Theater kommen, ist mit 13 Jahren zu hoch. Diese Einschätzung wird von den Vertretern der Kulturinstitutionen geteilt. Im neunten KulturBarometer gilt ein besonderes Augenmerk dem Besucherschwund bei klassischen Konzerten bei unter 25-Jährigen sowie der Frage, was dagegen zu tun sei (vgl. DOV und ZfKf 2011). Vorgeschlagen werden Programme, die über die Stärkung des Erlebnis- und Unterhaltungsfaktors mehr Ansprache für jüngere Altersgruppen bereithalten (vgl. DOV und ZfKf 2011). In Praxis und Wissenschaft werden Konzepte zur gezielten Ansprache junger Besucher ersonnen und erprobt (vgl. Keuchel und Weber-Witzel 2009; Institute for Art Education 2010).

Die Stadt Stuttgart wirbt auf ihrer Homepage mit einem speziellen Kulturangebot für die junge Zielgruppe und verweist mit weiterführenden Links auf Unterabteilungen der großen Kulturinstitutionen der Kommune, die auf das junge Publikum zugeschnitten sind, darunter der Kunstclub der Staatsgalerie, der Club des Kunstmuseums für Jugendliche und junge Erwachsene, der unter dem Namen „crumpled paper" läuft, und das Junge Ensemble Stuttgart (JES), das regelmäßig für die jungen Zuschauer spielt, um nur einige Beispiele unter vielen zu nennen (vgl. Stadt Stuttgart 2015). Diese Art jugendzentrierter Kulturaktivität ist in vielen Städten zu beobachten, darunter Kinder- und Jugendkonzerte für junge Menschen bis einschließlich 21 Jahre in Berlin (vgl. JugendKulturService 2015), die Kulturevents für junge Leute in München (vgl. JungendInformationsZentrum München 2015) und das spezielle Kulturprogramm aller Sparten für die junge Generation in Hamburg (vgl. Stadt Hamburg 2015) als weitere, stellvertretende Beispiele für andere. Alle Angebote zeichnet das gemeinsame Charakteristikum aus, die „Nachwuchssorgen" bei den Zuschauern erkannt zu haben, ernst zu nehmen und mit gegensteuernden Maßnahmen zu reagieren.

Die schon beschriebenen „Langen Nächte", die das Konzept des Erlebniskonsums aufgreifen (vgl. 4.1.2) und schon an vielen Orten in Deutschland für verschiedene

Sparten der Kunst angeboten werden, bilden einen weiteren erfolgreichen Einstieg. Empirische Untersuchungen in Amerika haben am Beispiel der Museen untermauert, dass die Museumsbesuche von Erwachsenen davon abhängen, ob sie durch Kunsterziehung in der Jugend dazu angeleitet wurden. Der Unterricht zeitigt in der Tat positive Effekte. Dies schlägt besonders deutlich im Pre-Teen-Alter von unter 12 Jahren und bei den älteren Jugendlichen, den Post-Teens, zu Buche (vgl. Gray 1998).

8.3 Krisenpotenzial bei Kunst und Kultur

8.3.1 Analyse von Krisenherden

Vor fast 50 Jahren haben Baumol und Bowen die Gründe für die krisenhafte Zuspitzung bei der Finanzierung von Kulturinstitutionen dargelegt (vgl. Baumol und Bowen 1966; vgl. 2.2). In der Tat ist es zu Entwicklungen gekommen, die ihre Prognose zu untermauern scheinen. Theater wurden geschlossen, Ankaufsetats gekappt, Öffnungszeiten und kulturelle Programme reduziert. Wenn die Kosten der Bereitstellung des Kulturangebots nicht durch die Beiträge der Nachfrager gedeckt werden können, entsteht ein Defizit in der Kulturfinanzierung. Es ist krisenhaft, da es sich nicht selbst beheben kann, und die Kulturanbieter auf den Staat oder private Financiers angewiesen sind. Aber warum kommen Anbieter und Nachfrager nicht harmonisch zusammen, wo liegen die Ursachen für Disharmonien mit unter Umständen krisenhaften Zuspitzungen?

Abbildung 8.2 zeigt auf, wo Ansatzpunkte für ein Ungleichgewicht zwischen den Anbietern und den Nachfragern von Kunstgütern auszumachen sind. Bei beiden Parteien, ebenso bei den dazwischen liegenden und weniger fassbaren, aber nichtsdestotrotz beeinflussenden Größen Medien und Kunstkritik sind problematische Situationen diagnostizierbar.

Die Nachfrageseite, in Abb. 8.2 verkörpert durch die Kulturkonsumenten, die Unternehmen und den Staat, wird möglicherweise durch Zahlungsunwilligkeit oder Zahlungsunfähigkeit in ihrem Wirkungsgrad dezimiert. Bei den Konsumenten könnte ein Übermaß an Freizeitalternativen, bei den Unternehmen eine strikte Shareholder-Value-Orientierung, beim Staat die angestrebte Haushaltsdisziplin negativ zu Buche schlagen. Die Anbieterseite, hier dargestellt durch die Künstler, die Kulturinstitutionen wie beispielsweise Theater und Museen und die Kunstagenten, etwa Galerien, schaffen ihrerseits Probleme, wenn sie unverstandene, nicht gewünschte oder zu teure Kunst offerieren.

8.3 Krisenpotenzial bei Kunst und Kultur

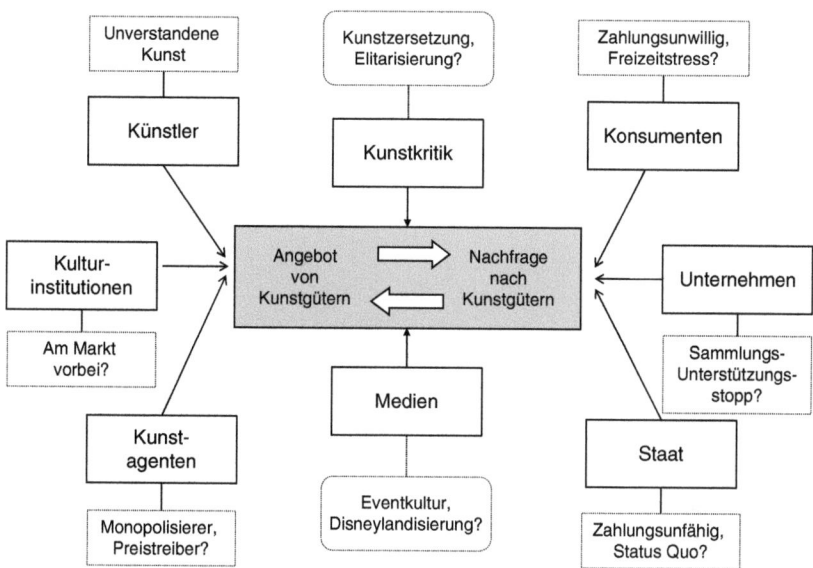

Abb. 8.2 Analyse der Krisensituation. © Ingrid Gottschalk

Medien und Kunstkritik können darüber hinaus in ihrem Zusammenspiel zur weiteren Verunsicherung des Kunstmarktes beitragen. Beispielsweise indem sie zersetzende, nur für hohe Bildungsschichten verständliche Kunstinterpretationen abgeben oder umgekehrt die reine Eventorientierung, im Extrem die „Disneylandisierung" fördern. Die Ängste vor Massenkultur und Verflachung der Künste würden jedoch von einem Teil der Kritiker hervorgerufen. Sie wollten sich selbst mit ihrer Vorliebe für die hohe Kunst zum Maßstab aller machen und beklagen den Verlust an Authentizität und das durch die elektronischen Medien geschürte Abgleiten in einen rein passiven Konsum. Die Verfasser dieses „weltuntergangsnahen Unsinns" (*doom-laden nonsense*) würden sich nach Meinung des Oxforder Literaturprofessors John Carey natürlich nicht selbst betroffen sehen (vgl. Carey 2005, S. 56). Der britische Autor brandmarkt diese Haltung als unerträglich arrogant: *The arrogance of this is breathtaking* (vgl. Carey 2005, S. 58). Statt mit der eigenen, am Schreibtisch erdachten Vorstellung zu argumentieren, wäre es notwendig, herauszugehen und die Vorlieben der Bevölkerung zu erfragen (vgl. Carey 2005, S. 54).

Die Kritik und die Medien müssen sich selbst aus der Krise führen. Was aber kann konstruktiv auf Seiten der Marktpartner getan werden? Eine Systematisierung der Ursachen von Krisenherden kann am besten unter Beibehaltung des Anbieter-/

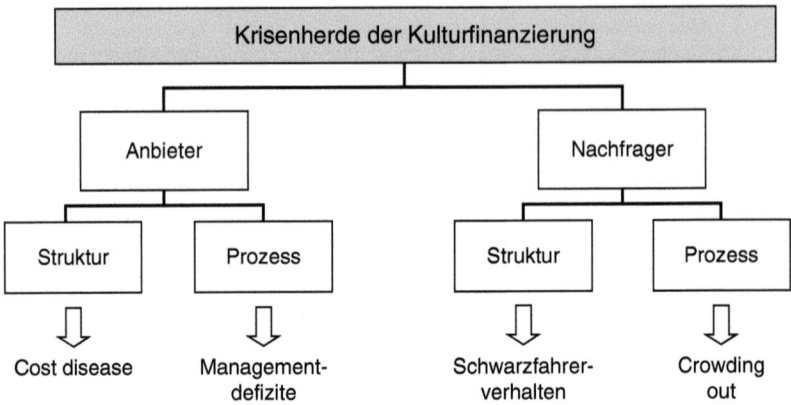

Abb. 8.3 Systematisierung von Krisenherden. © Ingrid Gottschalk

Nachfragerschemas erfolgen, unter Differenzierung in Strukturgrößen und Prozessgrößen. Wie Abb. 8.3 zeigt, können schwerpunktmäßig vier Problembereiche herausgearbeitet werden.

Auf der Anbieterseite entsteht das strukturelle Problem eines relativen Produktivitätsnachteils, wie es in der Baumol'schen Kostenkrankheit thematisiert worden ist. Im Prozess können Managementdefizite, wie etwa eine mangelnde Kundenorientierung, sichtbar werden. Auf Seiten der Nachfrager liegt das Strukturproblem in dem durch die Nichtausschließbarkeit vom Nutzen begründbaren Schwarzfahrerverhalten, dem öffentlichen Gut-Problem. Es wird dann noch verschärft, wenn der Ablauf zwischen öffentlichem Eingreifen und privater Teilhabe derart gestört wird, dass die Verantwortung der Privaten verdrängt wird und Crowding out Effekte auftreten.

1. **Kostenkrankheit**: Es seien strukturelle Gegebenheiten, die eine permanente und sich tendenziell verschärfende Krise bei den Kulturanbietern nach sich ziehen würden. Die dieser Prognose zugrundeliegende kulturökonomische Pionierstudie wurde vor fast 50 Jahren am Beispiel der Darstellenden Kunst veröffentlicht: *Performing arts, the economic dilemma* (vgl. Baumol und Bowen 1966). Das Hauptergebnis ihrer Analyse fand unter dem Schlagwort der *cost disease*, der (Baumol'schen) Kostenkrankheit weite Verbreitung und wurde von den Anbietern im Kulturbereich gern aufgegriffen (vgl. 2.2). Endlich konnten sie etwaige Verdachtsmomente über mangelnde Effizienz und Misswirtschaft fundiert von sich weisen und weitere Unterstützungen

anmahnen. Die Autoren hatten dargelegt, dass die Defizite im Kultursektor vermutlich anwachsen würden, wenn nicht Ausgleich von dritter Seite käme (vgl. Baumol und Bowen 1966, S. 10). Und selbst wenn im Laufe der Diskussion verschiedene Ideen ins Spiel gebracht wurden, wie durch Einsatz von Technik und Medien die Auslastung und der Verbreitungsgrad von Kulturleistungen erhöht und damit der Produktivitätsnachteil entschärft werden könnte, so bliebe die Logik der Kostenkrankheit in ihrem Grundsatz unangetastet (vgl. Throsby 1994, S. 15 f.).

2. **Schwarzfahrerverhalten**: Auch wenn Produktivitäts- und Kostennachteile bei den Kulturanbietern angenommen werden müssen, stellt sich die Frage, weshalb man nicht auf der Nachfrageseite ansetzen könnte. Weshalb lässt man die Kunden nicht mehr bezahlen, führt kostenbedingte Preisanhebungen durch? Die Argumentation von Baumol und Bowen lautet, dass die Masse der Kunden den Mehrpreis vermutlich nicht zahlen würde und Einschränkungen im Kunstangebot die Folge wären (vgl. Baumol und Bowen 1966, S. 174). Ohne Unterstützung der Kunst, sei es in Form von öffentlichen oder privaten Mitteln, könnten sich nur noch die Reichen den Kulturgenuss leisten (vgl. Baumol und Bowen 1966, S. 378). Nun scheint diese Art der Preisreagibilität auf den ersten Blick marktwirtschaftliche Gegebenheit, aber kein grundsätzlicher Hinderungsgrund zu sein. Teure Angebote des Konsumbereichs können sich in der Regel nur die Wohlhabenden leisten, ohne dass darüber diskutiert würde. Bisher ist niemand auf die Idee gekommen, begehrte Luxusgüter durch Subventionierung für die breite Masse erschwinglich zu machen. Das Problem liegt woanders. Es geht nicht nur um die distributive, sondern auch um die allokative Komponente. Nicht nur der einzelne, auch die Gesamtheit leidet, wenn Individuen vom Kunstkonsum Abstand nehmen und das Kunstangebot dezimieren. Der Grund liegt in den schon dargelegten gesamtgesellschaftlichen, sozialen und ökonomischen Wirkungen der Bereitstellung von Kunst. Sie sind abhängig von der Bereitstellung, aber unabhängig von der effektiven individuellen Nutznießung. Diese positiven externen Effekte geben den Ausschlag dafür, dass das Ausmaß des Kunstangebots nicht allein aktueller individueller Neigung und einem Lavieren nach Schwarzfahrermanier überlassen werden kann. Das Kunstangebot per se zieht unverzichtbare gesamtgesellschaftliche Wirkungen nach sich, die in Form von fünf Werten gekennzeichnet wurden: Optionswert, Existenzwert, Vermächtniswert, Prestigewert und Bildungswert (vgl. 1.3.2).

3. **Managementdefizite**: Auch in Kulturkreisen wird bemängelt, dass Kundenorientierung sowie technische Ausstattung und informationstechnische Vernetzung lange Zeit kein Thema für Kulturanbieter waren. Die Reduzierung des Zuflusses öffentlicher Mittel erforderte zwangsläufig ein Umdenken.

Kulturmarketing gilt nicht mehr als Fremdkörper, sondern als zwingend. Hier wurden Ansätze wie das Value Marketing vorgeschlagen, dessen zentraler Maßstab im Wert der dargebrachten Leistung für den Kunden liegt (vgl. 5.2). Der Kulturkonsument steht uneingeschränkt im Vordergrund der Analyse (vgl. Colbert 2003; Lenders 1995; Holch 1995). Dies ist schon deswegen zwingend, da der Nachfrager in die von der Kulturinstitution zu erbringende Dienstleistung der Vermittlung von Kultur eingebunden werden muss. Ohne den Besucher geht es nicht, er ist ein unabdingbares Element im Produktionsprozess (vgl. Lenders 1995, S. 24). Dabei kann das Verhalten des Kunden die Qualität der erbrachten kulturellen Dienstleistung nachhaltig beeinflussen. Beispielsweise hängt die Güte einer Konzert- oder Theateraufführung auch maßgeblich davon ab, ob und wie das Publikum mitgeht (vgl. Holch 1995, S. 29). Zudem sind die technische Ausstattung vor Ort und die Anbindung an das Internet wichtig, um insbesondere für ein junges Publikum attraktiv zu sein.

4. **Crowding out**: Die Crowding Theorie entstammt dem Gedankengebäude der kognitiven Psychologie (vgl. Deci 1971; Deci und Ryan 1985; Frey und Jegen 2001). Sie liefert eine Erklärungsgrundlage für die Situationen, in denen Individuen entgegen der erwarteten ökonomischen Reaktion handeln. Das tun sie dann, wenn sie das belohnte Verhalten nicht nur nicht ausweiten sondern möglicherweise sogar noch verringern und das gestrafte Tun nicht einschränken, sondern vielleicht sogar noch verstärken. Der in bester Absicht Intervenierende muss miterleben, dass sein Eingriff die Sache noch verschlimmert hat und die zu Beeinflussenden genau entgegengesetzt reagieren. Der Grund liegt darin, dass die psychischen Kosten die ökonomischen Vorteile überkompensieren. Man spricht von *hidden costs of reward*, versteckten Verdrängungskosten. Gemeint ist, dass durch die Honorierung von außen die ureigene, intrinsische Motivation, etwas Gutes zu tun, für andere, für die Familie, die Umwelt oder die Kultur, verdeckt wird. Die externen Anreize verdrängen die internen Anreize. Unter bestimmten Umständen wird deshalb der relative Preiseffekt, der zunächst dafür spricht, dass Handeln ausgeweitet wird, wenn es entlohnt wird bzw. eingeschränkt wird, wenn es sich verteuert, durch den Crowding out Effekt dominiert.

Die Verdrängungstheorie könnte einen interessanten Erklärungsansatz dafür liefern, dass das öffentliche Eingreifen im Kulturbereich auch unerwünschte Effekte wie den einer **Verdrängung von Verantwortlichkeit** gebracht hat. Der Staat hätte dann, trotz bester Absicht, durch sein Kulturengagement kontraproduktiv gewirkt, da er private Initiative und individuelle Kulturverantwortung verdrängt. Ein interessantes Indiz für den Plausibilitätscharakter der Verantwortungsverdrängungshypothese liefern in dieselbe Richtung gehende Ergebnisse eigener Studien. Darin sollten die Befragten Angaben zu ihrer Preisbereitschaft bei unterschiedlichen Freizeitbeschäftigungen in Kultur und Sport geben. Es war ein konkreter Geldbetrag als maximale Zahlungsbereitschaft unter anderem für den Eintritt ins Musical oder ins Theater/die Oper anzugeben. Interessant ist, dass die Angaben der Befragten ein Spiegelbild tatsächlicher Gegebenheiten in Relation von Markt- und Subventionspreisen darstellen. Eigentlich scheint ja gar nicht einsehbar zu sein, warum der Einzelne geneigt sein sollte, mehr für den Besuch eines Musicals als für einen Theater- oder Opernbesuch auszugeben. Jedoch trat genau dieses Ergebnis ein. Für das Musical waren die Befragten im Mittel bereit, rund 50 Prozent mehr auszugeben (Befragung 1996, n = 86). Diese Relation entspricht durchaus den tatsächlichen Gegebenheiten und den Preisrelationen zwischen privat geführten Musicaltheatern und öffentlich subventionierten Theatern und Opernhäusern. Es liegt die Vermutung nahe, dass die individuelle Preisverantwortung durch den kontrollierenden Eingriff des Staates verdrängt wurde. Die individuelle Motivation, sich auch finanziell für die Kultur zu engagieren, wurde partiell auf die Kulturtätigkeit des Staates ausgelagert.

8.3.2 Private Initiative fördern

Im Grundsatz stehen zwei Wege zur Verfügung, um private Akteure stärker in die Finanzierung und Pflege des Kulturangebots einzubinden. Erstens geht es um die Aufwertung des Kulturkonsums, zweitens um direkte Beteiligungen.

Die Kulturkonsumenten müssen bereit sein, über verstärkte Nachfrage, die Akzeptanz höherer, möglicherweise sogar kostendeckender Preise sowie die Aufstockung von Spenden die Finanzierung von Kulturangeboten auf eine solide Basis zu stellen. Gelingt es den Kulturinstitutionen unter diesen Voraussetzungen mithilfe von *earned income* ihre Selbstfinanzierungsquote zu erhöhen, dann bieten sich Möglichkeiten zum Ausgleich fehlender öffentlicher Mittel. Jedoch erfordern die Stimulierung des Kulturinteresses und der individuellen Zahlungsbereitschaft Überzeugungsarbeit, die Zeit kostet. Preise müssen verdient werden und dem Kunden, auch im Vergleich zu anderen Leistungen, als gerechtfertigt erscheinen. Zudem kann, wie eben ausgeführt, das vertraut niedrige Niveau der Eintrittspreise in Kulturveranstaltungen einen Gewöhnungseffekt mit Crowding out Tendenzen bewirken. Dennoch zeigen die Ergebnisse aus eigenen Erhebung, dass die Kulturkonsumenten zwar gern Subventionspreise in Anspruch nehmen, aber dennoch eine grundsätzliche Verantwortung bei sich selbst suchen. Auf die Frage, wie sich Museen idealerweise finanzieren sollten, wurde mit genau einem Drittel (33,3 Prozent von 100 Prozent Finanzierungsvolumen) der Konsumentenseite der höchste Beitrag verordnet, die Eigeneinnahmen der Kulturinstitution durch Kauf von Tickets und Artikeln aus dem Museumsshop zu gestalten. Insgesamt wurde die private Seite, unter Einschluss von Unternehmen, Stiftungen und Spendern, zu 75 Prozent in die Finanzierungsverantwortung genommen, der Staat nur zu einem Viertel (vgl. Tab. 5.4).

Die Tendenz, den Staat zu entlasten und stattdessen sich selbst und die anderen privaten Institutionen in die Pflicht zu nehmen, ist ein hilfreiches Signal für den zweiten, direkten Weg privater Initiative. Er beschreibt das Eintreten für die Kunst aus individuellem, bürgerschaftlichem Engagement. In diesem Bereich wurde bereits viel geleistet, aber das Potenzial ist sicher noch nicht ausgeschöpft. Drei Beispiele seien im Folgenden stellvertretend für andere hervorgehoben.

1. **Bereitschaft zum Sponsoring**: Hinter Sponsoring steht ein „do ut des": Ich gebe, damit du gibst. Es handelt sich um ein Geben und Nehmen auf Gegenseitigkeit. Dabei muss die Äquivalenz keinen buchhalterischen Ansprüchen genügen. Es reicht, wenn der Nutzen der gesponserten Maßnahme den Unternehmenseignern, dem Management, den Partnern und nicht zuletzt den Kunden glaubhaft vermittelt werden kann. Die Kulturinstitutionen müssen diesem gestiegenen Erklärungsbedarf Rechnung tragen. Kunst hat zweifellos ihren Eigenwert, aber der Sponsor will die individuellen Vorteile betont sehen. Nach der Studie von O'Hagan und Harvey (2000), die auf einer Befragung von 69 Unternehmen im Jahr 1996 beruht, ist die Steigerung des Images in der Öffentlichkeit am wichtigsten. An zweiter Stelle werden Effizienzsteigerungen genannt. Kunstsponsoring könnte die Mitarbeiter anspornen und die Beziehungen zu Zulieferern und Kunden stärken. Schwieriger nachzuweisen, aber immer noch nennenswert ist drittens die gewünschte Beeinflussung des politischen Umfeldes, die Lobby-Tätigkeit vor Ort für den *political goodwill*, sowie viertens der nichtmonetäre Nutzen für das leitende Management, das selbst kunstliebend ist (vgl. O'Hagan und Harvey 2000, S. 211f.).
2. **Ehrenamtliche Arbeit**: Viele Dienstleistungen, die bei der Präsentation von Kunstgütern anfallen, etwa bei Museen oder in Theatern, wären ohne den Einsatz ehrenamtlicher Kräfte nicht möglich. Dazu gehört beispielsweise die Besucherbetreuung an Informationsständen, bei der Garderobe und der Pausenbewirtung oder im Museumsshop. Auch die Überwachungs- und Kontrollfunktionen wären ohne die Mitarbeit vieler freiwilliger Helfer gar nicht mehr möglich und finanzierbar. Eine Anfang der neunziger Jahre in den USA

8.3 Krisenpotenzial bei Kunst und Kultur

durchgeführte Studie zu ehrenamtlichen Einsätzen, nach der jeder zweite Amerikaner in irgendeiner Form ehrenamtlich tätig war, machte noch erhebliche Differenzen zu Europa deutlich (vgl. Anheier et al. 1997, S. 200). Auch wenn die hohe amerikanische Quote der Ehrenamtlichen noch nicht erreicht ist, hat sich einiges getan. Nach den repräsentativen Erhebungen des Allensbacher Institut mit jeweils mehr als 25.000 Befragten stieg die Zahl der Ehrenamtlichen in Deutschland von 12,21 Mio. im Jahr 2012 auf 12,96 Mio. im Jahr 2014 (vgl. IfD Allensbach 2014). Die Engagementquote, ermittelt als Anteil freiwillig Engagierter an der Bevölkerung, lag laut TNS Infratest im Jahr 2009 bei einer Größenordnung von 36 Prozent (vgl. TNS Infratest 2015). Positive Beispiele wie das der freiwilligen Helferinnen und Helfer, die in Eigenregie den Museumsshop der Kunsthalle Mannheim bestücken, zeigen, was möglich ist. Generell gilt, dass ehrenamtliches Engagement durch artikulierte Akzeptanz im sozialen Umfeld gefördert wird. Dazu gehört, dass die freiwillige Leistung gemessen, beim Namen genannt und publik gemacht wird (vgl. Zimmer 1996, S. 360).
3. **Wirken von Kunstvereinen**: Kunstvereine sind keine Erfindung unserer Zeit. Deren positives Wirken hat sich vielmehr bereits über mehr als ein ganzes Jahrhundert in sichtbaren Erfolgen niedergeschlagen. Stellvertretend für andere sei die Arbeit der Freunde der Staatsgalerie – Stuttgarter Galerieverein mit über 11.000 Mitgliedern als herausragendes Beispiel gewürdigt. Im Jahr 2006 blickte der Galerieverein auf sein 100-jähriges Bestehen zurück. In dieser Zeit wurden neben der Organisations- und Koordinationstätigkeit bedeutsame Ankäufe für die ständige Kunstsammlung des Hauses getätigt. Als besonders herausragendes Werk ist das bereits im Gründungsjahr erworbene Gemälde „Felder im Frühling" zu nennen, das Claude Monet im Jahr 1887 gemalt hat. Dieses Kunstwerk stand im Zentrum der thematisch entsprechenden Monet-Ausstellung des Jahres 2006. Andere bedeutende Ankäufe fanden unter anderem im Jahr 1979 statt, als die 1920/21 erschaffenen Figurinen des Triadischen Balletts von Oskar Schlemmer erworben wurden, oder im Jahr 1995, als ein blaues Schwammrelief von Yves Klein (ohne Titel, 1961 gemalt) aus Anlass des 90-jährigen Bestehens des Galerievereins der Staatsgalerie als Dauerleihgabe übergeben wurde. Auf seiner Homepage zeigt der Galerieverein von der Gründung bis zum Jahr 2014 insgesamt 28 bedeutsame Ankäufe (vgl. Freunde der Staatsgalerie 2015; von Maur 2006). Zu wünschen ist, dass das im Zuge der großen Oskar Schlemmer Retrospektive des Jahres 2015 unter Beteiligung des Galerievereins gestartete Crowdfunding-Projekt Erfolg hat und der Ankauf der „Familie" von Schlemmer durch breite finanzielle Beteiligung der Bevölkerung gelingt (vgl. 3.2.2).

8.4 Fazit und Ausblick

Kulturökonomik etabliert den ökonomischen Ansatz in einem Bereich, der auf den ersten Blick mit ökonomischem Denken wenig zu tun zu haben scheint. Können Kunst und Kultur und Ökonomik eine harmonische Beziehung eingehen, oder sehen sie sich eher zwangsweise vereint?

Am Anfang dieser Gemeinschaft musste die Ökonomik viel Ablehnung erfahren. Die Kulturanbieter wehrten sich gegen vermeintliche Versuche der Eingrenzung und Gängelei. Die Darlegung und Entwicklung der Kulturökonomik als eigenständige Disziplin konnte dagegen den Abbau von Vorbehalten bewirken. Zwar mag es auch heute noch als revolutionär erscheinen, auch bei Kunst und Kultur von Märkten, von Anbietern und Nachfragern zu sprechen. Dabei geht es nicht um ein Aufstülpen von fremder Terminologie. Entscheidend ist der neu gewonnene Blickwinkel. Auf allen Seiten entstehen Rechte und Pflichten, die so akzentuiert vorher nicht gesehen wurden (vgl. Gottschalk 1998).

8.4.1 Konsequenzen für die Kulturanbieter

Kundenfreundlichkeit sollte nicht allein ein Schlüsselwort für die kommerziellen Anbieter bleiben. Auch die Kulturinstitutionen ohne Gewinnorientierung müssen sich bezüglich ihrer Organisation, den Inhalten und der Finanzierung ihres Angebots stärker nach den Bedürfnissen ihrer Nachfrager richten. Im organisatorischen Teil reicht das Spektrum von Öffnungszeiten über Parkplätze, Garderobe, Kinderbetreuung, die gesamte Informationspolitik bis hin zum gastronomischen Service. Viele Teilnehmer an Kulturveranstaltungen bringen ihren Ärger über die Kosten für die Abgabe der Garderobe, über teure und inhaltsleere Programmhefte, unfreundliches Personal und schlechten Service bei Erfrischungen, die ihren Preis nicht wert sind, zum Ausdruck. Diese Kritik gilt sicher nicht flächendeckend, bietet aber in einer Reihe von Fällen ausbaufähige Anhaltspunkte, derer sich die Kulturorganisationen annehmen sollten.

Bezüglich des inhaltlichen Teils fällt es sehr viel schwerer, auf Abstimmung mit den Präferenzen der Nachfrager zu pochen. Kann ein Kulturkonsument überhaupt souverän sein – in dem Sinne, dass seine Wünsche und Vorstellungen langfristig das Angebot lenken sollen? Es scheint, als sei der Bereich von Kunst und Kultur, ebenso wie der der Medizin oder Technik so konzipiert, dass die Konsumenten ihren Einfluss willentlich an Kompetentere delegierten, mit einer geteilten Souveränität einverstanden wären. Doch selbst wenn diese Vorstellung zutreffend wäre, würde sie das andere Extrem nicht rechtfertigen. Selbst geteilte Souveränität heißt nämlich nicht, die Wünsche der Nachfrager mutwillig zu ignorieren, wie es manchmal den Anschein hat, wenn Publikumslieblinge bewusst aus dem Repertoire ausgespart werden. Anbieter sind aber gehalten, um die Gunst ihres Publikums zu ringen, auch mit Produktionen, deren avantgardistischer Charakter eine breite Apriori-Zustimmung nicht erwarten lassen kann. Der Erfolg von Erläuterungen und von Diskussionen mit dem Publikum beweist, dass derartige Wege mit Gewinn für alle Seiten beschritten werden können.

Auch der finanzielle Teil erfordert eine Neustrukturierung, darunter ein Zugehen auf die Nachfrager, das Kulturanbieter bisher kaum gekannt haben. Folgende Punkte aus dem Bereich von Preispolitik und Finanzierung seien beispielhaft und stellvertend für andere genannt:

1. **Preismoral**: Preise muss man sich verdienen, man kann sie nicht verordnen. Preisanhebungen, auch hohe Preise, sind durchsetzbar, sofern sie als angemessen und glaubhaft begründbar sind. Ist dies nicht der Fall, reagieren die Kunden mit empfindlicher Kaufzurückhaltung und Abwanderung zu Alternativen.
2. **Preisdifferenzierung**: Warum bei Einheitspreisen verharren, wenn Preisabstufungen Kapazitäten besser auslasten würden und zudem sozial gerechter wären, weil Bedürftige ihre Nachfrage zu kostengünstigeren besuchsschwachen Zeiten entfalten könnten. Der Preis als Marketingfaktor wurde bisher bei Kulturanbietern erst ansatzweise erkannt.
3. **Fundraising**: Was in der amerikanischen Kulturwelt gang und gebe ist, hat hier doch noch mehr das Image des Klingelbeutels oder der Sammelbüchse. Das Sammeln von Geld vor Ort, wie es beispielsweise durch das Aufstellen von Glasbehältern in Kunstmuseen zu beobachten ist, wirkt eher laienhaft anstelle von professionell. Der Versuch der Staatsgalerie Stuttgart, Spenden über das Crowd Funding einzunehmen, ist eine Form zeitgemäßer Mittelgenerierung (vgl. 3.2.2).

8.4.2 Konsequenzen für die Kulturnachfrager

Die staatliche Fürsorge für die Entstehung, die Darbietung und den Erhalt von Kunstgütern bedarf eines zumindest partiellen Perspektivenwechsels. In einer Marktwirtschaft und unter dem Postulat der Konsumentensouveränität sollte der Kulturkonsument mehr Beachtung erfahren und ein gesteigertes Mitspracherecht genießen. Dies kann beispielsweise durch das System der Konsumentensubventionierung geschehen, die in Form von Kulturgutscheinen oder im Modell der Kulturkarte konzeptioniert und in Modellversuchen und durch Marktforschung getestet wurden (vgl. 2.4.2 und 5.3.1). Zur Stärkung der Verbraucherposition gehören aber auch staatliche Maßnahmen, die die Befähigung zum Kulturgenuss, das heißt die Kulturkompetenz, fördern und ausbauen. Hier fehlt es insbesondere an geeigneter, erfolgreicher Ansprache von Problemgruppen wie weniger gebildeten und materiell schlechter ausgestatteten Mitbürgern. Auch die Kulturbildung von jungen Konsumenten dürfte nicht allein den wenigen Schulstunden überlassen bleiben. Gesucht sind Konzepte, die junge Leute auf den von ihnen bevorzugten Kommunikationswegen über Kulturthemen ansprechen.

Aber auch die Kulturnachfrager müssen ihren Teil dazu beitragen, um das Bestehen und die Fortentwicklung von Kunst und Kultur dauerhaft zu sichern. Sie müssen es lernen, ihren aktiven Beitrag einzubringen, indem sie

1. Kulturveranstaltungen strategisch in ihren Terminplan einbauen.
2. Bereitschaft zeigen, Preise zu entrichten, die für privatwirtschaftlich angebotene Veranstaltungen auch an der Tagesordnung sind.
3. Für die Kultur hinstehen, Interesse demonstrieren, andere motivieren, insbesondere die nachwachsende Generation.

8.4.3 Ausblick

In der Summe wird es darum gehen, ein Kulturklima aufbauen zu helfen, das die private und öffentliche Unterstützung der Kulturangebote als selbstverständlich begreift. Nur die gemeinsame Wahrnehmung der kulturellen Verantwortung aller beteiligten Gruppen bietet die Chance für eine erfolgreiche Zukunft des Kulturkonsums. Zur Lösung der Zukunftsaufgaben im Kulturbereich müssen alle betroffenen Gruppen und Institutionen ihren Teil beitragen. Es macht keinen Sinn, die Federführung nur der einen oder der anderen Seite zuschieben zu wollen. Der Staat als Hüter des Kulturlebens steht ebenso in der Verantwortung wie die Kulturanbieter und Nachfrager nach Kunst und Kultur selbst.

1. Sind Kultur und Ökonomik hilfreiche Partner oder unversöhnliche Gegner?
2. Werden Kunst und Kultur durch ökonomische Ideen beflügelt oder durch Krämerdenken und buchhalterische Vorgaben bedroht?

Diese Fragen standen am Anfang des ersten Kapitels. Es sollte keiner Überlegung mehr bedürfen, dass hier das Partnerschaftsmodell propagiert und für alle Beteiligten als sinnvoll, das heißt effizient und verantwortlich zugleich, betrachtet wird. In der Tat geht es um den behutsamen Dialog zwischen zwei Disziplinen, die sich auf den ersten Blick fremd zu sein scheinen. Voraussetzung für dessen Erfolg sind das gegenseitige Erlernen von Denkweise und Sprache, die

Akzeptanz unterschiedlicher Gewichtungen bei aktuellen Zielsetzungen und die gemeinsame Abstimmung über langfristig angestrebte Zustände. Allein der sensible Umgang miteinander kann und wird die gewünschten positiven Wirkungen für alle Beteiligten hervorbringen.

Literatur

Anheier, Helmut K, Salamon, Lester M. und Archambault, Edith (1997). Ehrenamtlichkeit und Spendenverhalten in Deutschland, Frankreich und den USA. In: H. K. Anheiner, E. Priller, W. Seibel und A. Zimmer (Hrsg.). Der Dritte Sektor in Deutschland. Organisationen zwischen Staat und Markt im gesellschaftlichen Wandel. Berlin: Edition Sigma. S. 197–209.
Baumol, William J. und Bowen, William G. (1966). Performing arts – the economic dilemma. A study of problems common to theater, opera, music and dance. New York: Twentieth Century Fund.
Bundesministerium der Justiz und für Verbraucherschutz (2015). Einkommensteuergesetz (EStG). §10b, Steuerbegünstigte Zwecke. Als Online-Dokument veröffentlicht, abgerufen am 20.05.2015 unter http://www.gesetze-im-internet.de/estg/__10b.html.
Carey, John (2005). What good are the arts? London: Faber and Faber.
Colbert, Francois (2002). Marketing und Konsumentenverhalten im Bereich Kunst. In: A. Klein (Hrsg.). Innovatives Kulturmarketing. Baden-Baden: Nomos Verlagsgesellschaft. S. 40–53.
Colbert, Francois (2003). Marketing the arts. In: R. Towse (Hrsg.). A handbook of cultural economics. Cheltenham, UK: Elgar. S. 293–300.
Deci, Edward L. (1971). Effects of externally mediated rewards on intrinsic motivation. Journal of Personality and Social Psychology, 18(1), 105–115.
Deci, Edward L. und Ryan, Richard M (1985). Intrinsic motivation and self-determination in human behavior. New York: Plenum Press.
Deutscher Bundestag (2006). Drucksache 16/387 vom 18.01.2006. Gesetzentwurf. Entwurf eines Gesetzes zur Änderung des Grundgesetzes (Staatsziel Kultur). Abgerufen am 20.05.2015 unter http://dip21.bundestag.de/dip21/btd/16/003/1600387.pdf.
Deutscher Bundestag (2012a). Drucksache 17/10644 vom 11.09.2012. Gesetzentwurf der Fraktion der SPD. Entwurf eines Gesetzes zur Aufnahme von Kultur und Sport in das Grundgesetz. Als Online-Dokument veröffentlicht, abgerufen am 20.05.2015 unter http://dip21.bundestag.de/dip21/btd/17/106/1710644.pdf.
Deutscher Bundestag (2012b). Drucksache 17/17085 (neu) vom 25.09.2012. Antrag. Kultur gut stärken – Staatsziel Kultur im Grundgesetz verankern. Als Online-Dokument veröffentlicht, abgerufen am 20.05.2015 unter http://dip21.bundestag.de/dip21/btd/17/107/1710785.pdf.
Deutsche Orchestervereinigung (DOV) und Zentrum für Kulturforschung (ZfKf) (Hrsg.) (2011). Präsentation des 9. Kulturbarometers. Als Online-Dokument veröffentlicht, abgerufen am 15.01.2015 unter http://www.miz.org/dokumente/2011_KulturBarometer.pdf.

Enquetekommission Kultur in Deutschland (2007). Schlussbericht. Deutscher Bundestag, 16. Wahlperiode, Drucksache 16/7000 vom 11.12.2007. Als Online-Dokument veröffentlicht, abgerufen am 15.12.2014 unter http://dip21.bundestag.de/dip21/btd/16/070/1607000.pdf.

Freunde der Staatsgalerie – Stuttgarter Galerieverein (2015). Homepage. Als Online-Dokument veröffentlicht, abgerufen abgerufen am 22.05.2015 unter http://www.freunde-der-staatsgalerie.de/.

Frey, Bruno S. und Jegen, Reto (2001). Motivation crowding theory. Journal of Economic Surveys, 15(5), 589–611.

Gäfgen, Gerard (1992). Die Kunst der Ökonomie am Beispiel der Ökonomie der Kunst. Homo Oeconomicus, 9(2), 171–193.

Gottschalk, Ingrid (1998). Zur Rolle des Kulturkonsumenten – Forderungen und Verpflichtungen. Hauswirtschaftliche Bildung, 74(3), 142–151.

Gottschalk, Ingrid (1999). Stationen einer Konsumentenkarriere. Werbewirkungen bei Kindern und Jugendlichen. ajs-Informationen, Fachzeitschrift der Aktion Jugendschutz, 35(4), 1–9.

Gottschalk, Ingrid (2003). Ausbildung von Konsumkompetenz bei jungen Konsumenten. Haushalt und Bildung, 80(4), 40–49.

Gray, Charles M. (1998). Hope for the future? Early exposure to the arts and adult visits to art museums. Journal of Cultural Economics, 22(2–3), 87–98.

Holch, Julian (1995). Dienstleistungsorientiertes Kulturmarketing. In: W. Benkert, B. Lenders und P. Vermeulen (Hrsg.). Kulturmarketing. Den Dialog zwischen Kultur und Öffentlichkeit gestalten. Stuttgart: Raabe. S. 27–54.

Hutter, Michael (1989). The arts as exhaustible resources: A theory and its policy implications. In: C. R. Waits, W. S. Hendon und J. M. D. Schuster (Hrsg.). Cultural economics 88: A European perspective. Akron, Ohio: Akron University Press. S. 73–79.

IfD Allensbach (2014). Anzahl der Personen in Deutschland, die ehrenamtlich tätig sind, von 2012 bis 2014 (in Millionen). Statista. Als Online-Dokument veröffentlicht, abgerufen am 20.05.2015 unter http://de.statista.com/statistik/daten/studie/173632/umfrage/verbreitung-ehrenamtlicher-arbeit/.

Institute for Art Education (IAE) (2010). Kulturvermittlung für Jugendliche. Studie, erstellt vom IAE der Zürcher Hochschule für Künste. Als Online-Dokument veröffentlicht, abgerufen am 20.04.2015 unter http://iae.zhdk.ch/fileadmin/data/iae/documents/Abschlussbericht_IAE.pdf.

Jeske, Jürgen (1997). Wieviel Kultur wollen wir uns leisten? Frankfurter Allgemeine Zeitung Nr. 118 vom 24. Mai 1997.

Jugendinformationszentrum München (JIZ) (2015). Jugend. München für Jugendliche. Homepage. Als Online-Dokument veröffentlicht, abgerufen am 28.05.2015 unter http://www.muenchen.de/themen/jugend.html.

JugendKulturService gGmbH (2015). Konzerte für junge Leute und Familien Saison 2014/2015. Als Online-Dokument veröffentlicht, abgerufen am 28.05.2015 unter http://jugendkulturservice.de/ger/konzerte/jugendkonzerte-familienkonzerte.php.

Keuchel, Susanne und Weber-Witzel, Markus (2009). Culture to be. Das Düsseldorfer Jugend-Kulturkonzept. Anregungen einer Generation für sich selbst. Zentrum für Kulturforschung Bonn (Hrsg.). Als Online-Dokument veröffentlicht, abgerufen am 20.04.2015 unter https://www.duesseldorf.de/kulturamt/pdf/d_jugendkult.pdf.

Literatur

Kirsch, Guy (1991). Umweltbewußtsein und Umweltverhalten: Eine theoretische Skizze eines empirischen Problems. Zeitschrift für Umweltpolitik und Umweltrecht, 14(5), 249–261.

Koalitionsvertrag (2013). Deutschlands Zukunft gestalten. Koalitionsvertrag zwischen CDU, CSU und SPD. Als Online-Dokument veröffentlicht, abgerufen am 08.05.2015 unter https://www.cdu.de/sites/default/files/media/dokumente/koalitionsvertrag.pdf.

Küster, Bernd (2006). Staatsziel Kultur – Bedarf es einer Verfassungsänderung? Humboldt Forum Recht, HFR 7/2006. Als Online-Dokument veröffentlicht, abgerufen am 08.05.2015 unter http://www.humboldt-forum-recht.de/druckansicht/druckansicht.php?artikelid=4.

Lenders, Britta (1995). Auf dem Weg vom Marketing zum Kulturmarketing. Kulturmarketing als eigenständiges Marketingkonzept für Kultureinrichtungen. In: W. Benkert, B. Lenders und P. Vermeulen (Hrsg.). KulturMarketing. Den Dialog zwischen Kultur und Öffentlichkeit gestalten. Stuttgart: Raabe. S. 17–26.

von Maur, Karin (2006). Kunst vereint. 100 Jahre Stuttgarter Galerieverein. Eine Chronik. Stuttgart: Stuttgarter Galerieverein e.V.

Müller, Katrin B. (2013). Kultur im Koalitionsvertrag. Muffensausen statt Staatsziel. Taz.de vom 28.11.2013. Als Online-Dokument veröffentlicht, abgerufen am 08.05.2015 unter http://www.taz.de/!128376/.

O'Hagan, John W. und Harvey, Denice (2000). Why do companies sponsor arts events? Some evidence and a proposed classification. Journal of Cultural Economics, 24(3), 205–224.

Stadt Hamburg (2015). Kultur für die junge Generation. Homepage. Als Online-Dokument veröffentlicht, abgerufen am 28.05.2015 unter http://www.hamburg.de/kinder-jugend-kultur/.

Stadt Stuttgart (2015). Kultur für Jugendliche. Homepage. Als Online-Dokument veröffentlicht, abgerufen am 28.05.2015 unter https://www.stuttgart.de/jugend/kultur.

Throsby, David (1994). The production and consumption of the arts: A view of cultural economics. Journal of Economic Literature, 32(1), 1–29.

TNS Infratest (2015). Engagementquote (Anteil freiwillig Engagierter an der Bevölkerung) in Deutschland in den Jahren 1999, 2004 und 2009. Statista. Als Online-Dokument veröffentlicht, abgerufen am 20.05.2015 unter http://de.statista.com/statistik/daten/studie/191017/umfrage/engagement-und-aktivitaet-in-der-bevoelkerung-in-deutschland/.

White, Robert (1959). Motivation reconsidered: The concept of competence. Psychological Review, 66(5), 297–333.

Wünsch, Claudia (1998). Möglichkeiten zur konsumentenorientierten Vermittlung des Theaterangebots: Eine empirische Analyse. Unveröffentlichte Diplomarbeit am Lehrstuhl für Konsumtheorie und Verbraucherpolitik. Stuttgart: Universität Hohenheim.

ZEIT ONLINE (2011). KulturBarometer. Mehr Besucher in klassischen Konzerten. Als Online-Dokument veröffentlicht, abgerufen am 20.05.2015 unter http://www.zeit.de/kultur/musik/2011-09/kulturbarometer-zuschauer-oper-konzert.

Zimmer, Annette (1996). Ehrenamtliche und freiwillige Arbeit im Museum. Die vernachlässigten Ressourcen. In: A. Zimmer (Hrsg.). Das Museum als Nonprofit- Organisation. Frankfurt/New York: Campus. S. 359–388.

Literaturverzeichnis

Ajzen, Icek (1991). The theory of planned behavior. Organizational behavior and human decision processes, 50(2), 179–211.
Ajzen, Icek (2002). Perceived behavioural control, self-efficacy, locus of control, and the Theory of Planned Behavior. Journal of Applied Social Psychology, 32(4), 665–683.
Ajzen, Icek (2011). The theory of planned behaviour: Reactions and reflections. Psychology and Health, 26(9), 1113–1127.
Ajzen, Icek und Fishbein, Martin (1980). Understanding attitudes and predicting social behavior. Englewood Cliffs: Prentice Hall.
Ammann, Verena (2001). Value Marketing im Kulturbereich. Empirisch gestützte Vorschläge für die Umsetzung in Museen. Unveröffentlichte Diplomarbeit am Lehrstuhl für Konsumtheorie und Verbraucherpolitik. Stuttgart: Universität Hohenheim.
Anderson, John R. (1981). Effects of prior knowledge on memory for new information. Memory & Cognition, 9(3), 237–246.
Andersson, Tommy D. und Armbrecht, John (2014). Use-value of music event experiences: A „triple ex" model explaining direct and indirect use-value of events. Scandinavian Journal of Hospitality and Tourism, 14(3), 255–274.
Andreae, Clemens-A. und Wilflingseder, Cornelia (1980). Der Einfluß des öffentlichen Sektors auf die Kunst. Wirtschaftspolitische Blätter, Band 27, S. 48.
Andreae, Clemens-August (1994). Wirtschaft und Kunst im Wohlfahrtsstaat. In: F. Aubele (Hrsg.). Clemens August Andreae. Wirtschaft und Gesellschaft. Ausgewählte Schriften in memoriam. Berlin: Duncker & Humblot. S. 413–427.
Anheier, Helmut K, Lester M. Salamon und Archambault, Edith (1997). Ehrenamtlichkeit und Spendenverhalten in Deutschland, Frankreich und den USA. In: H. K. Anheier, E. Priller, W. Seibel und A. Zimmer (Hrsg.). Der Dritte Sektor in Deutschland. Organisationen zwischen Staat und Markt im gesellschaftlichen Wandel. Berlin: Edition Sigma. S. 197–209.

Arbeitskreis Kunst und Kultur des Bundesverbandes Deutscher Stiftungen (2014). Schweriner Erklärung vom 20./21. Januar 2014. Als Online-Dokument veröffentlicht, abgerufen am 23.03.2015. unter http://www.stiftungen.org/fileadmin/bvds/de/Termine_ und_Vernetzung/Arbeitskreise/AK_Kunst_und_Kultur/Schwerin_2014/AK_Kunst_ und_Kultur_Schweriner_Erklaerung_Februar2014.pdf.

Arbeitsgemeinschaft Online-Forschung e. V. (AGOF) (2015). Anteil der Internetnutzer in Deutschland nach Altersgruppen Im Januarn 2015. Statista. Als Online-Dokument veröffentlicht, abgerufen am 10.05.2015 unter http://de.statista.com/statistik/daten/studie/72312/umfrage/altersverteilung-der-internetnutzer-in-deutschland/.

ARD/ZDF Onlinestudie (2014). Als Online-Dokument veröffentlicht, abgerufen am 10.05.2015 unter http://www.ard-zdf-onlinestudie.de/.

ArtAssure (2013). Art market analysis 2013. Als Online-Dokument veröffentlicht, abgerufen am 13.04.2015 unter http://www.artassure.com/art-market-analysis-2013/.

Bacher, Ernst (1997). Anmerkungen zu einer Denkmalpflege in einer globalisierten Welt. In: W. Kippes (Hrsg). Erhaltung des kulturellen Erbes und Zugang zum kulturellen Erbe in einer globalisierten Gesellschaft. Wissenschaftliche Reihe Schönbrunn, Band 4. Wien: Schloss Schönbrunn. S. 8–9.

Bagusat, Ariane (2012). Sponsoring Trends 2012. Eine Onlinebefragung der umsatzstärksten Unternehmen in Deutschland. Als online-Dokument veröffentlicht, abgerufen am 16.03.2015 unter http://www.ostfalia.de/export/sites/default/de/ispm/Blickpunkt_ Sportmanagement/Sponsoring_Trends_2012.pdf.

Baigent, Nick (1975). The economics of cultural subsidy. In: N. Baigent (Hrsg.). The economics of cultural subsidy. Oxford: Blackwell. S. 171–174.

Baumol, Hilda und Baumol, William J. (1997). The impact of the Broadway theatre on the economy of New York City. In: T. Towse (Hrsg.). Baumol's cost disease. The arts and other victims. Cheltenham, UK: Elgar. S. 338–363.

Baumol, William J. (1979). On two experiments in the pricing of theater tickets. In: M. J. Boskin (Hrsg.). Economics and human welfare. New York: Academic Press. S. 41–57.

Baumol, William J. (2003). Applied welfare economics. In: R. Towse (Hrsg.). A handbook of cultural economics. Cheltenham, UK: Elgar. S. 20–31.

Becker, Bettina M. (2000). Kultur online. In: W. Heinrichs und A. Klein (Hrsg.). Deutsches Zentrum für Kulturmanagement 1999, Band 3. Baden-Baden: Nomos Verlagsgesellschaft. S. 231–242.

Becker, Gary S. (1993). Der ökonomische Ansatz zur Erklärung menschlichen Verhaltens. Tübingen: Mohr.

Becker, Gary S. (1996). Accounting for tastes. Kapitel 1: Preferences and values. Cambridge, Mass: Harvard University Press. S. 3–23.

Bedate, Ana, Herrero, Luis C. und Sanz, José A. (2004). Economic valuation of the cultural heritage: Application to four case studies in Spain. Journal of Cultural Heritage, 5(1), 101–111.

Benkert, Wolfgang (1989). Zur Kritik von Umwegrentabilitätsrechnungen im Kulturbereich. In: V. Behr, F. Gnad und K. R. Kunzmann (Hrsg.). Kultur, Wirtschaft, Stadtentwicklung. Dortmunder Beiträge zur Raumplanung, Band 51. Dortmund: Institut für Raumplanung. S. 29–36.

Bennett, Lucy, Chin, Bertha und Jones, Bethan (2015). Crowdfunding: A new media & society special issue. New Media & Society, 17(2), 141–148.

Berliner Morgenpost (2007). Semperoper ist wichtig für die Wirtschaft. Als Online-Dokument veröffentlicht, am 24.03.2015 abgerufen unter http://www.abendblatt.de/kultur-live/article107234628/Semperoper-ist-grosser-Wirtschaftsfaktor.html.

Besharov, Gregory (2005). The outbreak of the cost disease: Baumol and Bowen's founding of cultural economics. History of Political Economy, 37(3), 413–430.

Bianchi, Marina (1997). Collecting as a paradigm of consumption. Journal of Cultural Economics, 21(4), 275–289.

Bickart, Barbara und Schindler, Robert M. (2001). Internet forums as influential sources of consumer information. Journal of Interactive Marketing, 15(3), 31–40.

Bille Hansen, Trine (1997). The willingness-to-pay for the Royal Theatre in Copenhagen as a public good. Journal of Cultural Economics, 21(4), 1–28.

Binder, Steffen (1996). Die Idee der Konsumentensouveränität in der Wettbewerbstheorie. Teleokratische versus nomokratische Auffassung. Frankfurt/Main: Lang.

Blackwell, Roger D., Miniard, Paul W. und Engel, James F. (2006). Consumer behavior. 10. Auflage. Mason, OH: Thomson South Western.

Bönsel, Matthias und Donsbach, Wolfgang (2007). Zusammenfassung der Studie zur Bedeutung der Semperoper für die Wirtschaft in Dresden sowie der Region. Als Online-Dokument veröffentlicht, abgerufen am 24.03.2015 unter http://www.miz.org/dokumente/studie_dresden.pdf.

Booth, Paul (2015). Crowdfunding: A spimatic application of digital fandom. New Media & Society, 17(2), 149–166.

Boulding, Kenneth E. (1977). Notes on goods, services, and cultural economics. Journal of Cultural Economics, 1(1), 1–12.

Braun, Günther und Gallus, Thomas (1999). Kultursponsoring-Management. In: T. Heinze (Hrsg.). Kulturfinanzierung. Sponsoring – Fundraising – Public-Private-Partnership. Münster: LIT. S. 67–104

Bremer Philharmoniker GmbH (2014). Homepage, abgerufen am 15.12.2014 unter http://www.bremerphilharmoniker.de/.

Brenner, Christian (2002). Zur Gewährleistung des Funktionsauftrages durch den öffentlich-rechtlichen Rundfunk. Berlin: Tenea. Als online-Dokument veröffentlicht, abgerufen am 13.01.2015 unter http://www.jurawelt.com/sunrise/media/mediafiles/13820/tenea_juraweltbd17.pdf.

Bridge, Gary (1976). Cultural vouchers. Museum News, 54, 21–26.

Brito, Paul und Barros, Carlos (2005). Learning-by-consuming and the dynamics of the demand and prices of cultural goods. Journal of Cultural Economics, 29(2), 83–106.

Brodbeck, Jürgen (1996). Verbrauchergerechte Finanzierung von Kunst und Kultur: Diskussion und Akzeptanz des Modells der Kulturkarte. Unveröffentlichte Diplomarbeit am Lehrstuhl für Konsumtheorie und Verbraucherpolitik. Stuttgart: Universität Hohenheim.

Brosio, Giorgio (1994). The arts industry: Problems of measurement. In: A. Peacock und I. Rizzo (Hrsg.). Cultural economics and cultural policies. Dordrecht: Kluwer Academic Publishers. S. 17–20.

Brück, Tillmann und Schuhmacher, Dieter (2004). Die wirtschaftlichen Folgen des internationalen Terrorismus. Bundeszentrale für politische Aufklärung (Hrsg.). Aus Politik und Zeitgeschichte. Als Online-Dokument veröffentlicht, abgerufen am 10.04.2015 unter http://www.bpb.de/apuz/28562/die-wirtschaftlichen-folgen-des-internationalen-terrorismus?p=all.

Bruhn, Manfred (1989). Unternehmenskommunikation und Kulturförderung. In: M. Bruhn und D. H. Dahlhoff (Hrsg.). Kulturförderung – Kultursponsoring. Wiesbaden: Gabler. S. 15–33.

Budäus, Dietrich und Grüb, Birgit (2007). Public Private Partnership: Theoretische Bezüge und praktische Strukturierung. ZögUJg.3/2007, S. 245–272, am 05.11.2014 abgerufen unter http://www.zoegu.nomos.de/fileadmin/zoegu/doc/Aufsatz_07_03.pdf.

Budäus, Dietrich und Grüning, Gernod (1997). Public Private Partnership – Konzeption und Probleme eines Instruments zur Verwaltungsreform aus Sicht der Public Choice-Theorie. In: D. Budäus und P. Eichhorn (Hrsg.). Public Private Partnership. Neue Formen öffentlicher Aufgabenerfüllung. Baden-Baden: Nomos-Verlagsgesellschaft. S. 25–66.

Bundesminister der Justiz und für Verbraucherschutz (1976). Abgabenordnung (AO). Als Online-Dokument veröffentlicht, abgerufen am 16.01.2015 unter http://www.gesetze-im internet.de/ao_1977/BJNR006130976.html#BJNR006130976BJNG001001301.

Bundesministerium der Finanzen (BMF) (2013). Die Steuereinnahmen von Bund, Ländern und Gemeinden im Haushaltsjahr 2012. Monatsbericht vom 22.07.3013. Als Online-Dokument veröffentlicht, abgerufen am 10.04.2015 unter https://www.bundesfinanzministerium.de/Content /DE/Monatsberichte/2013/07/Inhalte/Kapitel-3-Analysen/3-2-steuereinnahmen-von-bund-laendern-gemeinden-haushaltsjahr-2012.html#doc300880bodyText3.

Bundesministerium der Finanzen (BMF) (2014). Absetzbarkeit von Spenden. Abgerufen am 29.10.2014 unter https://www.bmf.gv.at/steuern/selbststaendige-unternehmer/einkommensteuer/absetzbarkeit-spenden.html.

Bundesministerium der Finanzen (Hrsg.) (2015). Öffentlich private Partnerschaften, PPP-Projektdatenbank. Als Online-Dokument veröffentlicht, abgerufen am 23.02.2015 unter http://www.ppp-projektdatenbank.de/index.php?id=9.

Bundesministerium der Justiz und für Verbraucherschutz (2015). Einkommensteuergesetz (EStG). §10b, Steuerbegünstigte Zwecke. Als Online-Dokument veröffentlicht, abgerufen am 20.05.2015 unter http://www.gesetze-im-internet.de/estg/__10b.html.

Bundesministerium für Wirtschaft und Energie (BMWi) (Hrsg.) (2014). Monitoring zu ausgewählten wirtschaftlichen Eckdaten der Kultur- und Kreativwirtschaft 2012. Langfassung. Als Online-Dokument veröffentlicht, abgerufen am 14.09.2014 unter http://www.kultur-kreativ-wirtschaft.de/KuK/Redaktion/PDF/monitoring-wirtschaftliche-eckdaten-kuk-2012-langfassung,property=pdf,bereich=kuk,sprache =de,rwb=true.pdf.

Burth, Andreas (2013). Der Mehrwert der kommunalen Doppik aus Sicht von Politikern und Kämmerern. Als Online-Dokument veröffentlicht, abgerufen am 16.01.2015 unter http://www.haushaltssteuerung.de/dokumente/andreas-burth-doppik-studie-mehrwert-kaemmerer-politiker.pdf.

Cameron, Andrew (1997). Zugang zum kulturellen Erbe – einige Grundsätze. In: W. Kippes (Hrsg). Erhaltung des kulturellen Erbes und Zugang zum kulturellen Erbe in einer globalisierten Gesellschaft. Wissenschaftliche Reihe Schönbrunn, Band 4. Wien: Schloss Schönbrunn. S. 21–30.

Carey, John (2005). What good are the arts? London: Faber and Faber.

Chang, Sharon and Mahadevan, Renuka (2014). Fad, fetish or fixture: contingent valuation of performing and visual arts festivals in Singapore. International Journal of Cultural Policy, 20(3), 318–340.

Chevalier, Judith A. und Mayzlin, Dina (2006). The effect of word of mouth on sales: Online book reviews. Journal of Marketing Research, 43(3), 345–354.

Colbert, Francois (2002). Marketing und Konsumentenverhalten im Bereich Kunst. In: A. Klein (Hrsg.). Innovatives Kulturmarketing. Baden-Baden: Nomos Verlagsgesellschaft. S. 40–53.

Colbert, Francois (2003). Marketing the arts. In: R. Towse (Hrsg.). A handbook of cultural economics. Cheltenham, UK: Elgar. S. 293–300.

Cooper, Peter und Tower, Rupert (1992). Inside the consumer mind: Consumer attitudes to the arts. Journal of the Market Research Society, 34(4), 299–311.

Crowdfunding Informationsportal (2015). Als Online-Dokument veröffentlicht, abgerufen am 23.03.2015 unter http://www.crowdfunding.de/plattformen/.

Cuccia, Tiziana (2003). Contingent valuation. In: R. Towse (Hrsg.). A handbook of cultural economics. Cheltenham, UK: Elgar. S. 119–131.

Cultural Institute (2015). Art Project. Kunstwerke weltweit auf einen Blick. Als Online-Dokument veröffentlicht, abgerufen am 21.04.2015 unter http://www.google.com/culturalinstitute/about/artproject/.

Cwi, David (1980). Public support of the arts: Three arguments examined. Journal of Cultural Economics, 4(2), 39–62.

Davidson, Roei und Poor, Nathaniel (2015). The barriers facing artists' use of crowdfunding platforms: Personality, emotional labor, and going to the well one too many times. New Media & Society, 17(2), 289–307.

Davis, Fred D. (1989). Perceived usefulness, perceived ease of use, and user acceptance of information technology. MIS Quarterly 13(3), 319–340.

Deci, Edward L. (1971). Effects of externally mediated rewards on intrinsic motivation. Journal of Personality and Social Psychology, 18(1), 105–115.

Deci, Edward L. und Ryan, Richard M (1985). Intrinsic motivation and self-determination in human behavior. New York: Plenum Press.

Deutsche Orchestervereinigung (DOV) und Zentrum für Kulturforschung (ZfKf) (Hrsg.) (2011). Präsentation des 9. Kulturbarometers. Als Online-Dokument veröffentlicht, abgerufen am 15.01.2015 unter http://www.miz.org/dokumente/2011_KulturBarometer.pdf.

Deutsche Zentrale für Tourismus e.V. (Hrsg) (2015). Kulturpass Deutschland. Als Online-Dokument veröffentlicht, abgerufen am 18.02.2015 unter http://www.sbb.ch/content/dam/sbb/de/pdf/abos-billette/billette-international/DZT_Kulturpass_DB-SBB_DE_web.pdf.

Deutscher Bundestag (2006). Drucksache 16/387 vom 18.01.2006. Gesetzentwurf. Entwurf eines Gesetzes zur Änderung des Grundgesetzes (Staatsziel Kultur). Abgerufen am 20.05.2015 unter http://dip21.bundestag.de/dip21/btd/16/003/1600387.pdf.

Deutscher Bundestag (2012a). Drucksache 17/10644 vom 11.09.2012. Gesetzentwurf der Fraktion der SPD. Entwurf eines Gesetzes zur Aufnahme von Kultur und Sport in das Grundgesetz. Als Online-Dokument veröffentlicht, abgerufen am 20.05.2015 unter http://dip21.bundestag.de/dip21/btd/17/106/1710644.pdf.

Deutscher Bundestag (2012b). Drucksache 17/17085 (neu) vom 25.09.2012. Antrag. Kulturgut stärken – Staatsziel Kultur im Grundgesetz verankern. Als Online-Dokument veröffentlicht, abgerufen am 20.05.2015 unter http://dip21.bundestag.de/dip21/btd/17/107/1710785.pdf.

Deutscher Kulturrat (2008). Kultur-Enquete: In Kulturelle Bildung investieren! Als Online-Dokument veröffentlicht, abgerufen am 18.02.2015 unter http://www.kulturrat.de/pdf/1303.pdf.

Deutscher Museumsbund (2015). Das Museum. Geschichte und Definition. Als Online-Dokument veröffentlicht, abgerufen am 21.04.2015 unter http://www.museumsbund.de/de/das_museum/geschichte_definition/aufgaben_des_museums/.

Deutscher Spendenrat (2013). Anteil verschiedener Zwecke am gesamten privaten Geldspendevolumen in Deutschland. Als Online-Dokument veröffentlicht, abgerufen am 18.03.2015 unter http://de.statista.com/statistik/daten/studie/181996/umfrage/spendenzwecke-in-deutschland/.

Deutsches Museum (2015). Audioguide. Als Online-Dokument veröffentlicht, abgerufen am 20.04.2015 unter http://www.deutsches-museum.de/information/fuehrungen/audioguide/.

DiMaggio, Paul (1994). Culture and economy. In: N. J. Smelser und R. Swedberg (Hrsg.). The handbook of economic sociology. Princeton, N. J.: Princeton University Press. S. 27–57.

Dube, Wolf-Dieter und Schauerte, Günther (1988). Museen für jedermann? Besucherbezogenes Angebot und bedarfsorientierte Vermittlung von Kunst-, Kultur- und Naturgütern an staatlichen Museen. In: A. Töpfer und G. E. Braun (Hrsg.). Marketing im staatlichen Bereich. Stuttgart: Bonn Aktuell. S. 86–104.

Editorial The Guardian / The Oberver (2013). Arts funding: The national theatre is the very model of public-private partnership. Als Online-Dokument veröffentlicht, abgerufen am 15.12.2014 unter http://www.theguardian.com/commentisfree/2013/apr/07/national-theatre-funding-model.

Ellenrieder, Kerstin und Kiel, Hermann-Josef (2006). Public Private Partnership im Kulturbereich. Gestaltungsmöglichkeiten für Akteure. Schriftenreihe für angewandte Betriebswirtschaft der Reinhold-Würth-Hochschule der Hochschule Heilbronn, Künzelsau: Swiridoff.

Endres, Alfred (1994). Umweltökonomie. Darmstadt: Wissenschaftliche Buchgesellschaft.

Enquetekommission Kultur in Deutschland (2007). Schlussbericht. Deutscher Bundestag, 16. Wahlperoide, Drucksache 16/7000 vom 11.12.2007. Als Online-Dokument veröffentlicht, abgerufen am 15.12.2014 unter http://dip21.bundestag.de/dip21/btd/16/070/1607000.pdf.

European Commission (2006). The economy of culture in Europe. Study prepared for the Euopean Commission (Directorate-General for Education and Culture), October 2006, abgerufen am 07.05.2014 unter: http://www.keanet.eu/ecoculture/studynew.pdf

European Commission (2007). European cultural values. Special Eurobarometer 278. Als Online-Dokument veröffentlicht, abgerufen am 11.05.2015 unter http://ec.europa.eu/public_opinion/archives/ebs/ebs_278_en.pdf.

European Commission (2013). Cultural access and participation. Special Eurobarometer 399. Als Online-Dokument veröffentlicht, abgerufen am 11.05.2015 unter http://ec.europa.eu/public_opinion/archives/ebs/ebs_399_en.pdf.

European Fine Art Foundation (2015). Global art sales in 2014 break all known records. Als Online-Dokument veröffentlicht, abgerufen am 13.04.2015 unter http://www.tefaf.com/media/tefafmedia/TEFAF%202015%20-%20PB%208%20 %20Global%20art%20 sales%20in%202014%20break%20all%20known%20records%20EN.pdf.

Felton, Marianne V. (1989). Major influences on the demand for opera tickets. Journal of Cultural Economics, 13(1), 53–64.

Felton, Marianne V. (1992). On the assumed inelasticity of demand for the performing arts. Journal of Cultural Economics, 16(1), 1–12.

Fils, Alexander (2014). Ab 2014 kein ermäßigter Mehrwertsteuersatz auf Kunst. Als Online-Dokument veröffentlicht, abgerufen 29.10.2014 unter http://www.der-kunstverlag.de/Ab-2014-kein-ermaessigter-Mehrwertsteuersatz-auf-Kunst/.

Frank, Björn, Geppert, Kurt und Versper, Dieter (2002). Kultur als Wirtschaftsfaktor in Berlin. Kurzfassung. Berlin: DIW. Als Online-Dokument veröffentlicht, abgerufen am 25.03.2015 unter http://www.diw.de/sixcms/detail.php/38792.

Freunde der Staatsgalerie – Stuttgarter Galerieverein (2015). Homepage. Als Online-Dokument veröffentlicht, abgerufen am 22.05.2015 unter http://www.freunde-der-staatsgalerie.de/.

Frey, Bruno S. (1996). Has Baumol's cost disease disappeared in the performing arts? Richerche Economiche, 50(2), 173–182.

Frey, Bruno S. (1997). The evaluation of cultural heritage: Some critical issues. In: M. Hutter und I. Rizzo (Hrsg.). Economic perspectives on cultural heritage. Houndsmill, GB: Mac Millan Press Ltd. S. 31–49.

Frey, Bruno S. (1999). State support and creativity in the arts: Some new considerations. Journal of Cultural Economics, 23(1/2), 71–85.

Frey, Bruno S. (2001). What is the economic approach to aesthetics? In: N. S. Baer und F. Snickars (Hrsg.). Rational decision-making in the preservation of cultural property. Berlin: Dahlem University Press. S. 225–234.

Frey, Bruno S. (2003). Arts and economics. Analysis and cultural policy. Second Edition. Berlin: Springer.

Frey, Bruno S. und Pommerehne, Werner W. (1989). Staatliche Förderung von Kunst und Kultur: Eine ökonomische Betrachtung. In: V. Behr, F. Gnad und K. R. Kunzmann (Hrsg.). Kultur, Wirtschaft, Stadtentwicklung. Dortmunder Beiträge zur Raumplanung, Band 51. Dortmund: Institut für Raumplanung. S. 131–146.

Frey, Bruno S. und Eichenberger, Reiner (1995). On the rate of return in the art market: Survey and evaluation. European Economic Review, 39(3/4), 528–537.

Frey, Bruno S. und Busenhart, Isabelle (1997). Kunst aus der Sicht rationalen Handelns. In: J. Gerhards (Hrsg.). Soziologie der Kunst: Produzenten, Vermittler und Rezipienten. Opladen: Westdeutscher Verlag. S. 41–53.

Frey, Bruno S. und Jegen, Reto (2001). Motivation crowding theory. Journal of Economic Surveys, 15(5), 589–611.

Frey, Bruno S. und Steiner, Lasse (2012). Pay as you go: A new proposal for museum pricing. Museum Management and Curatorship, 27(3), 223–235. Als Online-Dokument veröffentlicht, abgerufen am 02.03.2015 unter http://www.econ.uzh.ch/faculty/steiner/Pay_as_you_go.pdf

Fullerton, Don (1991). On justification for public support of the arts. Journal of Cultural Economics, 15(2), 67–82.

Gäfgen, Gerard (1992). Die Kunst der Ökonomie am Beispiel der Ökonomie der Kunst. Homo oeconomicus, 9(2), 171–193.

Gaubinger, Bernd (2011). Die wirtschaftliche Bedeutung der Salzburger Festspiele. Als Online-Doklument veröffentlicht, abgerufen am 13.03.2015 unter http://www.salzburgerfestspiele.at/Portals/0/D%20Studie%202011.pdf.

GfK (Hrsg.) (2014). Spendenvolumen im Jahr 2013 auf Rekordniveau. Pressemitteilung, als Onlin-Dokument veröffentlicht, abgerufen am 18.03.2015 unter http://www.gfk.com/de/documents/pressemitteilungen /2014/20140305_bilanz-des-helfens_dfin.pdf.

Girmscheid, Gerhard und Dreyer, Jennifer (2006). Public Private Partnership – Begriffliche Strukturierung und Modellbildung. Bauingenieur, 81 (März 2006). S. 99–109, abgerufen am 05.11.2014 unter http://www.ppp.ethz.ch/documents/publications/paper/begriffe_modell.

Gold, Sonia S. (1983). Consumer sovereignty and the performing arts. In: J L. Shanahan et al. (Hrsg.). Markets for the arts. Akron, Ohio: Akron University Press. S. 99–106.

Gordon, John C. und Beilby-Orrin, Helen (2006). International measurement oft the economic and social importance of culture. Statistics Directorate, Organisation for Economic Co-Operation and Development, Paris. Als Online-Dokument veröffentlicht, abgerufen am 17.09.2014 unter http://www.oecd.org/std/na/37257281.pdf.

Görsch, Markus (2001). Komplementäre Kulturfinanzierung: Das Zusammenwirken von staatlichen und privaten Zuwendungen bei der Finanzierung von Kunst und Kultur. Berlin: dissertation.de.

Gottschalk, Ingrid (1998). Kulturfinanzierung zwischen Markt und Staat. Der neue Ansatz der Kulturkarte. In: M. Neuner und L. A. Reisch (Hrsg.). Konsumperspektiven. Verhaltensaspekte und Infrastruktur. Berlin: Duncker & Humblot. S. 209–227.

Gottschalk, Ingrid (1998). Zur Rolle des Kulturkonsumenten – Forderungen und Verpflichtungen. Hauswirtschaftliche Bildung, 74(3), 142–151.

Gottschalk, Ingrid (1999). Stationen einer Konsumentenkarriere. Werbewirkungen bei Kindern und Jugendlichen. ajs-Informationen, Fachzeitschrift der Aktion Jugendschutz, 35(4), 1–9.

Gottschalk, Ingrid (2001). Meritorische Güter und Konsumentensouveränität – Aktualität einer konfliktreichen Beziehung. Jahrbuch für Wirtschaftswissenschaften, 52(2), 152–170.

Gottschalk, Ingrid (2001). Ökologische Verbraucherinformation. Grundlagen, Methoden und Wirkungschancen. Berlin: Duncker & Humblot.

Gottschalk, Ingrid (2001). Erlebniskonsum als Herausforderung an die Verbraucherbildung. Haushalt und Bildung, 78(4), 29–40.

Gottschalk, Ingrid (2003). Ausbildung von Konsumkompetenz bei jungen Konsumenten. Haushalt und Bildung, 80(4), 40–49.

Gottschalk, Ingrid (2011). Kulturökonomik. In: A. Klein (Hrsg.). Kompendium Kulturmanagement. Handbuch für Studium und Praxis. 3. Auflage, München: Vahlen. S. 369–406.

Gottschalk, Ingrid und Holly, Melanie (2002). The value of museumsshops: Management consequences of consumer needs. Paper presented at the ACEI Conference in Rotterdam, June 13–15, 2002. Rotterdam: Association for Cultural Economics International. Als Manuskript vervielfältigt. Stuttgart: Lehr- und Forschungsbereich Konsumtheorie und Verbraucherpolitik, Universität Hohenheim.

Götz, Franziska und Schmidke, Nina (2014). „Pay as you go" als neuer Museumseintrittspreis? Unveröffentlichte Seminararbeit im Seminar Kulturökonomik des Masterstudiengangs Kulturmanagement. Ludwigsburg: Pädagogische Hochschule Ludwigsburg.

Grabow, Busso (2006). Was sind PPP und welche PPP-Projekte gibt es in Deutschland? Ein Überblick. Als Online-Dokument veröffentlicht, abgerufen am 15.12.2014 unter http://www.petrakellystiftung.de/fileadmin/user_upload/newsartikel/PDF_Dokus/PPP_Grabow.pdf

Gray, Charles M. (1998). Hope for the future? Early exposure to the arts and adult visits to art museums. Journal of Cultural Economics, 22(2–3), 87–98.

Gropp, Rose-Maria (2013). Über die Liaison von Kunst und Mode. Frankfurter Allgemeine, faz.net, abgerufen am 07.05.2014 unter http://www.faz.net/aktuell/gesellschaft/mode/zeitgeschehen-ueber-die-liaison-von-kunst-und-mode-12114399.html

Grunert, Klaus G. (1982). Informationsverarbeitungsprozesse bei der Kaufentscheidung: Ein gedächtnispsychologischer Ansatz. Frankfurt/Main: Lang.

Grunert, Klaus G. (1990). Kognitive Strukturen in der Konsumforschung. Heidelberg: Physica.

Haibach, Marita (1998). Handbuch Fundraising: Spenden, Sponsoring, Stiftungen in der Praxis. Frankfurt/New York: Campus.

Hamburger Weltwirtschaftsinstitut (HWWI) und Berenberg Privatbank (Hrsg.) (2014). HWWI/Berenberg Kultur-Städteranking 2014. Die 30 größten Städte Deutschlands im Vergleich. Als Online-Dokument veröffentlicht, abgerufen am 03.07.2014 unter http://www.berenberg.de/fileadmin/user_upload/berenberg2013/Publikationen/HWWI_Staedteranking/2014_Berenberg_HWWI_Kulturstaedteranking_final_20140623.pdf.

Hampel, Annika (2010). Der Museumsshop als Schnittstelle von Konsum und Kultur. Hamburg: Diplomica Verlag.

Hausmann, Andrea (2012). The importance of word of mouth for museums: A framework of analysis. International Journal of Arts management, 14(3), 32–43.

Hausmann, Andrea und Pöhlmann, Lorenz (2013). Using social media for arts marketing: Theoretical analysis and empirical insights for performing arts organizations. International Review on Public and Nonprofit Marketing, 10(2), 143–161.

Heilbrun, James (2003). Baumol's cost disease. In: R. Towse (Hrsg.). A handbook of cultural economics. Cheltenham, UK: Elgar. S. 91–101.

Heilbrun, James und Gray, Charles M. (1993). The economics of art and culture. An American perspective. Cambridge: Cambridge University Press.

Heinrichs, Werner (1997). Kulturpolitik und Kulturfinanzierung: Strategien und Modelle für eine politische Neuorientierung der Kulturfinanzierung. München: Beck.

Heinrichs, Werner und Klein, Armin (1996). Kulturmanagement von A–Z. Wegweiser für Kultur- und Medienberufe. München: Beck.

Heinrichs, Werner, Klein, Armin und Hellmig, Peter (1997). Kultur und Stadtmarketing in Mittelstädten. Teilergebnisse eines Forschungsprojekts der Wüstenrot-Stiftung. In: W. Heinrichs und A. Klein (Hrsg.). Deutsches Jahrbuch für Kulturmanagement. Baden-Baden: Nomos-Verlagsgesellschaft. S. 113–140.

Helmstädter, Ernst (1992). Die Wirkungen der Ausgaben für Kunst und Kultur auf den Wirtschaftskreislauf. In: C.-A. Andreae und C. Smekal (Hrsg.). Kunstförderung in den Alpenländern: Theorie und Praxis. Innsbruck: Universitätsverlag Wagner. S. 117–125.

Hemer, Joachim (2011). A snapshot on crowdfunding. Fraunhofer Institute for Systems and Innovation Research ISI Karsruhe. Als Online-Dokument veroffentlicht, abgerufen am 18.03.2015 unter http://www.isi.fraunhofer.de/isi-wAssets/docs/p/de/arbpap_unternehmen_region/ap_r2_2011.pdf.

Hendon, William S. (1979). Analyzing an art museum. New York: Praeger.

Hofmeister, Wernfried (2009). Zwillingsformeln. In: G. Ueding (Hrsg.). Historisches Wörterbuch der Rhetorik. Band 9. Tübingen: de Gruyter Mouton. Sp. 1584–1586.

Holbrook, Morris B. (1987). Progress and problems on consumer aesthetics. In: D. V. Shaw, W. S. Hendon und C. R. Waits (Hrsg.). Artists and cultural consumers. Akron/Ohio: Akron University Press. S. 133–146.

Holch, Julian (1995). Dienstleistungsorientiertes Kulturmarketing. In: W. Benkert, B. Lenders und P. Vermeulen (Hrsg.). Kulturmarketing. Den Dialog zwischen Kultur und Öffentlichkeit gestalten. Stuttgart: Raabe. S. 27–54.

Holly, Heike M. (2002). Der Museumsshop im Kulturmarketing. Konzeptionelle Konsequenzen einer empirischen Erhebung bei Besuchern und Nicht-Besuchern. Unveröffentlichte Diplomarbeit am Lehrstuhl für Konsumtheorie und Verbraucherpolitik. Stuttgart: Universität Hohenheim.

Hummel, Marlies (1992). Kultur – Ein Standortfaktor in Problemregionen? IFOSchnelldienst, Band 30. S. 8–11.

Hummel, Marlies (2000). Die volkswirtschaftliche Bedeutung von Kunst, Kultur und Medien in der Bundesrepublik Deutschland. Gutachten im Auftrag des Bundesministeriums des Inneren. Kurzfassung. Ifo-Institut für Wirtschaftsforschung (Hrsg.)., Abteilung Strukturanalysen und Kulturökonomie, München.

Hummel, Marlies und Berger, Manfred (1988). Die volkswirtschaftliche Bedeutung von Kunst und Kultur. Schriftenreihe des Ifo-Instituts für Wirtschaftsforschung, Band 122. Berlin: Duncker & Humblot.

Hummel, Marlies und Berger, Manfred (1989). Die volkswirtschaftliche Bedeutung von Kunst und Kultur. In: V. Behr, F. Gnad und K. R. Kunzmann (Hrsg.). Kultur, Wirtschaft, Stadtentwicklung. Dortmunder Beiträge zur Raumplanung, Band 51. Dortmund: Institut für Raumplanung. S. 13–27.

Hummel, Marlies und Brodbeck, Karl-Heinz (1991). Längerfristige Wechselwirkungen zwischen kultureller und wirtschaftlicher Entwicklung. Schriftenreihe des Ifo-Instituts für Wirtschaftsforschung, Band 128. Berlin: Duncker & Humblot.

Hummel, Marlies und Waldkirchner, Cornelia (1992). Wirtschaftliche Entwicklungstrends von Kunst und Kultur. Schriftenreihe des Ifo-Instituts für Wirtschaftsforschung, Band 132. Berlin: Duncker & Humblot.

Hütter, Hans W. (1999). Bestselling durch Erlebnis Geschichte. Zum Museumshop im Haus der Geschichte der Bundesrepublik Deutschland. In: W. Heinrichs (Hrsg.). Merchandising and Licensing in Kulturbetrieben. Stuttgart: Raabe. S. 41–61.

Hütter, Hans W. und Schulenburg, Sophie (2004). Museumsshops – ein Marketinginstrument von Museen. Mitteilungen und Berichte aus dem Institut für Museumskunde Nr. 28. Als Online-Dokument veröffentlicht, abgerufen am 07.05.2015 unter http://www.smb.museum/fileadmin/website/Institute/Institut_fuer_Museumsforschung/Mitteilungen/MIT028.pdf.

Hutter, Michael (1989). Kommunikationsphänomen Kunst: Ein Gang durch die kunstökonomische Forschung. In: H. Rauhe und C. Dehner (Hrsg.). Kulturmanagement. Bonn: Mittelstands-Verlagsgesellschaft. S. 461–485.

Hutter, Michael (1989). The arts as exhaustible resources: A theory and its policy implications. In: C. R. Waits, W. S. Hendon und J. M. D. Schuster (Hrsg.). Cultural economics 88: A European perspective. Akron, Ohio: Akron University Press. S. 73–79.

Hutter, Michael (1994). Stichwort: Kulturökonomik. In: H. Rauhe und C. Demmer (Hrsg.). Kulturmanagement. Berlin: de Gruyter. S. 57–71.

Hutter, Michael (1995). Die Bürgergesellschaft und der Staat: Bereitstellung und Förderung von Kultur als öffentliche Aufgabe – aber wie? Symposium: Medienentwicklung: Von der Selektion der Anbieter zur Selektion der Bürger – Individualisierung der Nachfrage als Gefährdung der kulturellen Integration. Unveröffentlichtes Manuskript. Berlin: Hanns-Martin-Schleyer-Stiftung.

Hutter, Michael (1996). The impact of cultural economics on economic theory. Journal of Cultural Economics, 20(4), 263–268.

Hutter, Michael (1997). Economic perspectives on cultural heritage: An introduction. In: M. Hutter und I. Rizzo (Hrsg.). Economic perspectives on cultural heritage. Houndsmill, GB: Mac Millan Press Ltd. S. 3–10.

HWWI und Berenberg Bank (Hrsg.) (2013). Art von Kulturveranstaltungen, die die Deutschen am liebsten besuchen im Jahr 2013. Als Online-Dokument unter Statista veröffentlicht, abgerufen am 14.081.2015 unter http://de.statista.com/statistik/daten/studie/310600/umfrage/art-von-kulturveranstaltungen-die-deutsche-gerne-besuchen/.

IfD Allensbach (2014). Anzahl der Personen in Deutschland, die ehrenamtlich tätig sind, von 2012 bis 2014 (in Millionen). Statista. Als Online-Dokument veröffentlicht, abgerufen am 20.05.2015 unter http://de.statista.com/statistik/daten/studie/173632/umfrage/verbreitung-ehrenamtlicher-arbeit/.

IfD Allensbach (2014). Interesse der Bevölkerung in Deutschland an der Kunst- und Kulturszene von 2012 bis 2014. Als Online-Dokument unter Statista veröffentlicht, abgerufen am 14.01.2015 unter http://de.statista.com/statistik/daten/studie/170946/umfrage/interesse-an-kunst-und-kultur/.

IfD Allensbach (2015). Anzahl der Personen in Deutschland, die ins Theater, die Oper oder in ein Schauspielhaus gehen, nach Häufigkeit von 2012 bis 2014 (in Millionen). Als Online-Dokument bei Statista veröffentlicht, abgerufen am 29.04.2015 unter http://de.statista.com/statistik/daten/studie/171174/umfrage/haeufigkeit-des-besuchs-von-theater-oper-schauspielhaus/.

Ifo Institut (Hrsg.) (2012). Die Messe Frankfurt als Wirtschaftsmotor für Stadt und Region: Ergebnisse einer Untersuchung des ifo Instituts zum Thema Umwegrentabilität. Als Online-Dokument veröffentlicht, abgerufen am 13.03.2015 unter http://www.messefrankfurt.com/content/dam/corporate/messe/publikationen/MF-broschuere-umwegrentabilitaet-2012.pdf.

Indiegogo (2015). Als Online-Dokument veröffentlicht, abgerufen am 23.03.2015 unter https://www.indiegogo.com/.

Institut der deutschen Wirtschaft Köln (Hrsg.) (2006). Public Private Partnership. Noch viel Potenzial. Informationsdienst des Instituts der deutschen Wirtschaft Köln (IWD), Jahrgang 32, Nr. 17 vom 27. April 2006. S. 8. Als Online-Dokument veröffentlicht, abgerufen am 23.02.2015 unter http://www.iwkoeln.de/de/infodienste/iwd/archiv/beitrag/68818?highlight=Public%2520Private%2520Partnership.

Institut für Kultur-Markt-Forschung (IFKM) (2012). Umfrage der Stadt Ulm zur Nutzung kultureller Angebote. Als Online-Dokument veröffentlicht, abgerufen am 15.01.2015 unter http://www.ulm.de/sixcms/media.php/29/Zusammenfassung%20Kulturumfrage%20Ulm%202012.pdf.

Institut für Museumsforschung (2013). Statistische Gesamterhebung an den Museen der Bundesrepublik Deutschland für das Jahr 2012. Heft 67. Als Online-Dokument veröffentlicht, abgerufen am 24.05.2015 unter www.smb.museum/.../Institute/Institut...Museumsforschung/Heft67.pdf.

Institut für Museumsforschung (2014). Statistische Gesamterhebung an den Museen der Bundesrepublik Deutschland für das Jahr 2013. Heft 68. Als Online-Dokument im Internet veröffentlicht, abgerufen als PDF am 29.04.2015 unter http://www.museumsbund.de/de/das_museum/themen/statistik/.

Institute for Art Education (IAE) (2010). Kulturvermittlung für Jugendliche. Studie, erstellt vom IAE der Zürcher Hochschule für Künste. Als Online-Dokument veröffentlicht, abgerufen am 20.04.2015 unter http://iae.zhdk.ch/fileadmin/data/iae/documents/Abschlussbericht_IAE.pdf.

International Council of Museums (ICOM) (2015). Definition of a Museum. ICOM Archives. Als Online-Dokument veröffentlicht, abgerufen am 09.05.2015 unter http://archives.icom.museum/definition.html.

Jeske, Jürgen (1997). Wieviel Kultur wollen wir uns leisten? Frankfurter Allgemeine Zeitung Nr. 118 vom 24. Mai 1997.

Jüdisches Museum Berlin (2015). Audioguide. Als Online-Dokument veröffentlicht, abgerufen am 20.04.2015 unter http://www.jmberlin.de/main/DE/00-Besucherinfo/01-fuehrungen/04-audioguide.php.

Jugendinformationszentrum München (JIZ) (2015). Jugend. München für Jugendliche. Homepage. Als Online-Dokument veröffentlicht, abgerufen am 28.05.2015 unter http://www.muenchen.de/themen/jugend.html.

JugendKulturService gGmbH (2015). Konzerte für junge Leute und Familien Saison 2014/2015. Als Online-Dokument veröffentlicht, abgerufen am 28.05.2015 unter http://jugendkulturservice.de/ger/konzerte/jugendkonzerte-familienkonzerte.php.

Kang, Myunghwa und Gretzel, Ulrike (2012). Perceptions of museum podcast tours: Effects of consumer innovativeness, Internet familiarity and podcasting affinity on performance expectations. Tourism Management Perspectives, 4 (October 2012), 155–163.

Karcher, Eva (2011). Kunst und Mode. Das visionäre Paar. ZEIT ONLINE Mode, abgerufen am 07.05.2014 unter http://www.zeit.de/lebensart/mode/2011-02/kunst-mode-lebensstil

Késenne, Stefan (1994). Can a basic income cure Baumol's disease? Journal of Cultural Economics, 18(4), 93–100.

Keuchel, Susanne und Weber-Witzel, Markus (2009). Culture to be. Das Düsseldorfer Jugend-Kulturkonzept. Anregungen einer Generation für sich selbst. Zentrum für Kulturforschung Bonn (Hrsg.). Als Online-Dokument veröffentlicht, abgerufen am 20.04.2015 unter https://www.duesseldorf.de/kulturamt/pdf/d_jugendkult.pdf.

Kim, Mirae und Van Ryzin, Gregg G. (2014). Impact of government funding on donations to arts organizations: A survey experiment. Nonprofit and Voluntary Sector Quarterly, 43(5), 910–925.

Kirsch, Guy (1991). Umweltbewußtsein und Umweltverhalten: Eine theoretische Skizze eines empirischen Problems. Zeitschrift für Umweltpolitik und Umweltrecht, 14(5), 249–261.

Klamer, Arjo (1997). The value of cultural heritage. In: M. Hutter und I. Rizzo (Hrsg.). Economic perspectives on cultural heritage. Houndsmill, GB: Mac Millan Press Ltd. S. 74–87.

Klein, Armin (2011). Kultur-Marketing. Das Marketingkonzept für Kulturbetriebe. 3. Auflage. München: Deutscher Taschenbuchverlag.

Klein, Armin (2013). Studie zur Social Media Nutzung. Abschlussbericht Projekt Social Media. Pädagogische Hochschule Ludwigsburg. Als Online-Dokument veröffentlicht, abgerufen am 11.05.2015 unter http://www.kulturmanagement.net/downloads/studie-socialmedia-ludwigsburg.pdf.

Klein, Armin und Vermeulen, Peter (2011). Öffentliche Rechnungslegung im Neuen Kommunalen Finanzmanagement (NKF). In: A. Klein (Hrsg.).Kompendium Kulturmanagement.Handbuch für Studium und Praxis, 3. Auflage. München: Vahlen. S. 407–439.

13 Literaturverzeichnis

Klingsieck, Andrea (2002). Vorbild Frankreich? Hören nach Quoten. Erschienen in F.A.Z.NET, als Online-Dokument veröffentlicht, abgerufen am 13.01.2015 unter http://www.faz.net/aktuell/feuilleton/musik-vorbild-frankreich-hoeren-nach-quoten-172795.html.

Koalitionsvertrag (2013). Deutschlands Zukunft gestalten. Koalitionsvertrag zwischen CDU, CSU und SPD. Als Online-Dokument veröffentlicht, abgerufen am 08.05.2015 unter https://www.cdu.de/sites/default/files/media/dokumente/koalitionsvertrag.pdf.

Kössner, Brigitte (1996). Kunstsponsoring. Ein neues Marketing- und Kommunikationsinstrument. In: H. Zollinger (Hrsg.). Wieviel Kultur braucht der Mensch? Zürich: Schulthess Poligraphischer Verlag. S. 55–74.

Kotler, Philip (1972). A generic concept of Marketing. Journal of Marketing, 36(2), 46–54.

Kotler, Philip, Keller, Kevin L., Brady, Mairead, Goodman, Malcolm und Hansen, Torben (2009). Marketing Management. Edinburgh Gate: Pearson Education Ltd.

Kratzert, Christian (2002). Präsenz und Besucherfreundlichkeit von Museumsshops im Internet. Eine Recherche für den deutschen Markt. Unveröffentlichte Diplomarbeit am Lehrstuhl für Konsumtheorie und Verbraucherpolitik. Stuttgart: Universität Hohenheim.

Kremer, Dennis (2013). Jedermann kann sein Geld in Kunst anlegen. Frankfurter Allgemeine Zeitung, FAZ.NET. Als Online-Dokument veröffentlicht, abgerufen am 13.04.2015 unter http://www.faz.net/aktuell/finanzen/meine-finanzen/sparen-und-geld-anlegen/kapitalanlage-jedermann-kann-sein-geld-in-kunst-anlegen-12635485.html?printPagedArticle=true#pageIndex_2.

Krempel, Stefan (2014). Oettinger befürwortet Urheberrechtsabgabe fürs Internet. heise online vom 01.11.2014, abgerufen am 03.11.2014 unter http://www.heise.de/newsticker/meldung/Oettinger-befuerwortet-Urheberrechtsabgabe-fuers-Internet-2440841.html.

Krieger, Georg (1996). Ökonomie und Kunst. Wechselseitige Beziehungen und regionale Aspekte. Berlin: Duncker & Humblot.

Kultur schenken. Als Online-Dokument veröffentlicht, abgerufen am 24.02.2015 unter https://www.kulturschenken.de/de/cms/hamburg/gutschein.html.

Kulturfinanzbericht (2003). Statistische Ämter des Bundes und der Länder (Hrsg.) Als Online-Dokument veröffentlicht, abgerufen am 21.05.2014 unter http://www.miz.org/dokumente/Kulturfinanzbericht_2003.pdf.

Kulturfinanzbericht (2006). Statistische Ämter des Bundes und der Länder (Hrsg.) Als Online-Dokument veröffentlicht, abgerufen am 21.05.2014 unter https://www.destatis.de/GPStatistik/servlets/MCRFileNodeServlet/DEHeft_derivate_00003632/B509_200651.pdf;jsessionid=4CBE66E7E03A157268004CF39269703B

Kulturfinanzbericht (2008). Statistische Ämter des Bundes und der Länder (Hrsg.) Als Online-Dokument veröffentlicht, abgerufen am 21.05.2014 unter http://www.miz.org/dokumente /MF_020_Statistisches_Bundesamt_Kulturfinanzbericht_2008.pdf.

Kulturfinanzbericht (2010). Statistische Ämter des Bundes und der Länder (Hrsg.) Als Online-Dokument veröffentlicht, abgerufen am 21.05.2014 unter https://www.destatis.de/DE/Publikationen/Thematisch/BildungForschungKultur/Kultur/Kulturfinanzbericht1023002109004.pdf?__blob=publicationFile.

Kulturfinanzbericht (2012). Statistische Ämter des Bundes und der Länder (Hrsg.) Als Online-Dokument veröffentlicht, abgerufen am 21.05.2014 unter https://www.destatis.de/DE/Publikationen/Thematisch/BildungForschungKultur/Kultur/Kulturfinanzbericht1023002129004.pdf;jsessionid=8C2277E6F6BA-053B2351A61E9E825E8B.cae1?__blob=publicationFile.

Kulturkreis der deutschen Wirtschaft (2010). Unternehmerische Kulturförderung in Deutschland. Als PDF online veröffentlicht, abgerufen am 31.10.2014 unter http://www.miz.org/dokumente/studie_unternehmerische_kulturfoerderung.pdf.

Kulturkreis der deutschen Wirtschaft (2015). Kulturfinanzierung in Deutschland. Als Online-Dokument veröffentlicht, abgerufen am 15.03.2015 unter http://www.kulturkreis.eu/index.php?option=com_content&task=blogcategory&id=44&Itemid=177.

Kunstkarte D.A.C.H., als Online-Dokument veröffentlicht, abgerufen am 24.02.2015 unter http://www.kunstkarte-dach.org/.

Küster, Bernd (2006). Staatsziel Kultur – Bedarf es einer Verfassungsänderung? Humboldt Forum Recht, HFR 7/2006. Als Online-Dokument veröffentlicht, abgerufen am 08.05.2015 unter http://www.humboldt-forum-recht.de/druckansicht/druckansicht.php?artikelid=4.

Lange Nacht der Literatur Hamburg (2014). Homepage, abgerufen am 17.12.2014 unter http://www.langenachtderliteratur.de/.

Lange Nacht der Museen Berlin (2014). Homepage, abgerufen am 17.12.2014 unter http://www.berlin.de/events/2091757-2229501-lange-nacht-der-museen.html.

Lange Nacht der Museen Stuttgart (2014). Homepage, abgerufen am 17.12.2014 unter http://www.lange-nacht.de/.

Lange Nacht der Musik München (2014). Homepage, abgerufen am 17.12.2014 unter http://www.muenchner.de/musiknacht/.

Lange Nacht der Opern und Theater Berlin (2014). Homepage, abgerufen am 17.12.2014 unter http://www.berlin.de/tickets/theater/archiv/2116677-3238896-lange-nacht-der-opern-und-theater.html.

Lehner, Dirk H. (1996). Kultursponsoring. Unveröffentlichte Seminararbeit am Lehrstuhl für Konsumtheorie und Verbraucherpolitik. Stuttgart: Universität Hohenheim.

Lenders, Britta (1995). Auf dem Weg vom Marketing zum Kulturmarketing. Kulturmarketing als eigenständiges Marketingkonzept für Kultureinrichtungen. In: W. Benkert, B. Lenders und P. Vermeulen (Hrsg.). KulturMarketing. Den Dialog zwischen Kultur und Öffentlichkeit gestalten. Stuttgart: Raabe. S. 17–26.

Leupold, Mario (1994). Der Handel im Vorhof des Musentempels. Aspekte der Integration von Museum und Museumsshop. In: Compania Media (Hrsg.). Der Museumsshop: Positionen, Strategien und Sortimente. Ein Praxisführer. Bielefeld: Transcript Verlag. S. 6–35.

Locher, Antje und Stemmler, Klaus (1998). Das Publikum – ein unbekanntes Wesen? …ein Theater(haus) will's wissen. In: W. Heinrichs und A. Klein (Hrsg.). Deutsches Jahrbuch für Kulturmanagement 1997, Band 1. Baden-Baden: Nomos Verlagsgesellschaft. S. 72–85.

Louvre (2015). Audioguide. Als Online-Dokument veröffentlicht, abgerufen am 20.04.2025 unter http://www.louvre.fr/en/audio-guide.

Louvre (2015). Online tours. Als Online-Dokument veröffentlicht, abgerufen am 20.04.2015 unter http://www.louvre.fr/en/visites-en-ligne.

Mankiw, N. Gregory (2006). Principles of economics. 6. Aufl. Fort Worth: The Dryden Press.

Marshall, Alfred (1891). Principles of economics. London: Macmillan.

Marty, Paul F. (2007). Museum websites and museum visitors: Before and after the museum visit. Museum Management and Coratorship, 22(4), 337–360.

Maslow, Abraham H. (1953). Motivation and personality. New York: Harper & Row.

Maslow, Abraham H. (1954). Motivation and personality. New York: Harper & Row.
McCain, Roger A. (2003). Taste formation. In: R. Towse (Hrsg.). A handbook of cultural economics. Cheltenham, UK: Elgar. S. 445–450.
McCarthy, Jerome (1960). Basic marketing: A managerial approach. Homewood, Il.: Irwin.
Menden, Alexander (2011). Audioguides in Museen. Weltenerklärer im Taschenformat. Süddeutsche.de Kultur vom 27. 12. 2011. Als Online-Dokument veröffentlicht, abgerufen am 20.04.2015 unter http://www.sueddeutsche.de/kultur/2.220/audioguides-in-museen-weltenerklaerer-im-taschenformat-1.1244273.
MIBA (Museu d'Idees i Invents de Barcelona) (2015). Homepage, abgerufen am 21.04.2015 unter http://www.mibamuseum.com/en/informacio.
Ministério da Cultura (2015). Vale-Cultura. Als Online-Dokument veröffentlicht, abgerufen am 18.02.2015 unter http://www.cultura.gov.br/valecultura.
Mirow, Thomas (1997). Public Private Partnership – Eine notwendige Strategie zur Entlastung des Staates. Beispiele aus der Freien und Hansestadt Hamburg. In: D. Budäus und P. Eichhorn (Hrsg.). Public Private Partnership. Neue Formen öffentlicher Aufgabenerfüllung. Baden-Baden: Nomos-Verlagsgesellschaft. S. 13–23.
MoMA (2015). MoMA Audio+. Als Online-Dokument veröffentlicht, abgerufen am 20.04.2015 unter http://www.moma.org/visit/plan/atthemuseum/momaaudio.
Müller, Anja (2015). Die Homepagequalität deutscher Theater und Museen. Eine theoretische und empirische Analyse aus Verbrauchersicht. Unveröffentlichte Bachelorarbeit am Institut für Health Care and Public Management der Universität Hohenheim. Stuttgart: Universität Hohenheim.
Müller, Hans-Jürgen (1976). Kunst kommt nicht von Können. 2. Aufl, Edition Moderne Kunst, Zirndorf: Belser Verlag.
Müller, Katrin B. (2013). Kultur im Koalitionsvertrag. Muffensausen statt Staatsziel. Taz.de vom 28.11.2013. Als Online-Dokument veröffentlicht, abgerufen am 08.05.2015 unter http://www.taz.de/!128376/.
Müller, Stefan, Martin, Uta und Böse, Falk (1997). Kultur als Wirtschaftsfaktor. Das Beispiel Dresden. In: U. Blum, S. Müller und M. Th. Vogt (Hrsg.). Kultur und Wirtschaft in Dresden. Leipzig: Leipziger Universitätsverlag. S. 53–197.
Münchner Literaturhaus (2015). Homepage, abgerufen am 01.04.2015 unter http://www.literaturhaus-muenchen.de/ueber-uns.html.
Münnich, Frank E. (1980). Zur ökonomischen Analyse der Kunst. Wirtschaftspolitische Blätter, 27(6), 17–26.
Muschiol, Oliver (2002). Mit Ralph und Siegel. Eine neue alte Zwillingsformel. Frankfurter Allgemeine Zeitung Nr. 121 vom 28. Mai 2002. S. 10.
Museum Analytics (2015). Datenbank. Als Onlline-Dokument eingestellt, abgerufen am 11.05.2015 unter http://www.museum-analytics.org/museums/.
Museum Frieder Burda (2015). Neuer Kinder-Audioguide im Museum Frieder Burda. Als Online-Dokument veröffentlicht, abgerufen am 20.04.2015 unter http://www.baden-baden.de/fileadmin/user_upload/pdf/2015_03_23_Kinder_Audioguide.pdf.
Musgrave, Richard A. (1956/57). A multiple theory of budget determination. Finanzarchiv, N. F.,17(3), 333–343.
Musik Heute (2012). Don Giovanni in Stuttgart – ein Live-Projekt mit der Oper Stuttgart. Als Online-Dokument veröffentlicht, abgerufen am 21.04.2015 unter http://www.musik-heute.de/2729/don-giovanni-in-stuttgart-ein-live-projekt-mit-der-oper-stuttgart/.

Musik Heute (2015). Royal Opera 2015/16 mit zwölf Kino-Liveübertragungen. Als Online-Dokument veröffentlicht, abgerufen am 21.04.2015 unter http://www.musik-heute. de/9973/royal-opera-201516-mit-zwoelf-kino-liveuebertragungen/.

Nagel, Sylvia (2003). Neue Wege der Kulturfinanzierung – private Spendenmodelle als Alternative zu öffentlicher Kulturförderung? Unveröffentlichte Diplomarbeit am Institut für Haushalts- und Konsumökonomik der Universität Hohenheim. Stuttgart: Universität Hohenheim.

O'Hagan, John W. (1998). The state and the arts. An analysis of key economic policy issues in Europe and the United States. Cheltenham, UK: Elgar.

O'Hagan, John W. und Harvey, Denice (2000). Why do companies sponsor arts events? Some evidence and a proposed classification. Journal of Cultural Economics, 24(3), 205–224.

Peacock, Alan (1973). Welfare economics and public subsidies to the arts. In: A. R. Prest (Hrsg.). The Manchester school of economics and social studies. Nendeln: Kraus Reprint. S. 323–335.

Peacock, Alan (1992). Economics, cultural values, and cultural policies. In: R. Towse und A. Khakee (Hrsg.). Cultural economics. Berlin: Springer. S. 9–20.

Peacock, Alan (1993). Paying the piper. Culture, music and money. Edinburgh: Edinburgh University Press.

Peacock, Alan und Rizzo, Ilde (1994). Editorial foreword. In: A. Peacock und I. Rizzo (Hrsg.). Cultural economics and cultural policies. Dordrecht: Kluwer Academic Publishers. S. VII–XI.

Pesando, James (1993). Art as an investment: The market for modern prints. The American Economic Review, 83(5), 1075–1089.

Petkus, Ed Jr. (2004). Enhancing the application of experiential marketing in the arts. International Journal of Nonprofit and Voluntary Sector Marketing, 9(1), 49–56.

Plaza, Beatriz (2010). Valuing museums as economic engines: Willingness to pay or discounting cash-flows? Journal of Cultural Heritage, 11(2), 155–162.

Pommerehne, Werner W. (1983). Diskussionsbeitrag im „Meinungsspiegel". Betriebswirtschaftliche Forschung und Praxis, Band I. S. 49–69.

Pommerehne, Werner W. und Frey, Bruno S. (1993). Musen und Märkte. Ansätze zu einer Ökonomik der Kunst. München: Vahlen.

Priddat, Birger P. (1998). Rationalität, Moral und Person. In: W. Gaertner (Hrsg.). Wirtschaftsethische Perspektiven IV. Methodische Grundsatzfragen, Unternehmensethik, Kooperations- und Verteilungsprobleme. Berlin: Duncker & Humblot. S. 123–148.

Prosi, Gerhard (1996). Der Kulturbürger und seine Wahlfreiheit: Wer und was bestimmen Vielfalt und „Qualität" der Kultur? In: Hanns-Martin-Schleyer- Stiftung (Hrsg.) Medienentwicklung: Von der Selektion der Anbieter zur Selektion der Bürger – Individualisierung der Nachfrage als Gefährdung der kulturellen Integration? Veröffentlichungen der Hanns-Martin-Schleyer-Stiftung, Band 46. Köln: Bachem. S. 21–26.

Rangel, Anja (1999). Die Kulturkarte – eine alternative Finanzierungsform von Kunst und Kultur. Akzeptanz des Modells durch die Kulturanbieter. Unveröffentlichte Diplomarbeit am Lehrstuhl für Konsumtheorie und Verbraucherpolitik. Stuttgart: Universität Hohenheim.

Region Stuttgart (2015). StuttCard. Welcome-Ticket. Als Online-Dokument veröffentlicht, abgerufen am 16.02.2015 unter http://www.stuttgart-tourist.de/o-citycard-stuttcard-stuttgart-erleben.
Reichert, Kolja (2013). Das fiese Geld. ZEIT ONLINE, Jahrgang 2013, Ausgabe 49. Als Online-Doklument veröffentlicht, abgerufen am 13.04.2015 unter http://www.zeit.de/2013/49/kunstmarkt-strukturvergleich-deutsch-international/komplettansicht.
Reyburn, Scott (2014). The great divide in the art market. The New York Times. Als Online-Dokument veröffentlicht, abgerufen am 13.04.2015 unter http://www.nytimes.com/2014/04/28/arts/international/the-great-divide-in-the-art-market.html?_r=0.
Ridley, Frederick F. (1983). Cultural economics and the culture of economists. Journal of Cultural Economics, 7(1), 1–18.
Roth, Peter (1994). Theorie. In: C. Graf Douglas (Hrsg.). Corporate collecting and corporate sponsoring. Regensburg: Lindinger & Schmid. S. 35–52.
Rubinstein, Ariel (2005). Discussion of „Behavioral Economics", abgerufen am 07.05.2014 unter http://www.arielrubinstein.tau.ac.il/papers/behavioral-economics.pdf
Ruhr-Universität Bochum (Hrsg.) (2011). Einführung der Doppik an der Ruhr-Universität Bochum. Als Onlinedokument veröffentlicht, abgerufen am 16.01.2015 unter http://www2.uv.ruhr-uni-bochum.de/doppik/index.html.de.
Rushton, Michael (1999). Methodological individualism and cultural economics. Journal of Cultural Economics, 23(1–2), 137–147.
Samuelson, Paul A. und. Nordhaus, William D. (2005). Volkswirtschaftslehre. Das internationale Standardwerk der Makro- und Mikroökonomie. Landsberg am Lech: mi-Fachverlag, Redline GmbH.
Saxton, Gregory D., Guo, Chao und Brown, William A. (2007). New dimensions of nonprofit responsiveness, the application and promise of internet-based technologies. Public Performance and Management Review, 31(2), 144–173.
Schäfer, Hermann (1997). Museen als Erlebnisraum. In: W. Heinrichs (Hrsg.). Macht Kultur Gewinn? Kulturbetrieb zwischen Nutzen und Gewinn. Baden-Baden: Nomos Verlagsgesellschaft. S. 82–93.
Schellenberg, Frank und Bannert, Peter (2012). Viele deutsche Kulturinstitutionen hinken bei der Nutzung von Social Media hinterher. Actori Studie. Als Online-Dokument veröffentlicht, abgerufen am 11.05.2015 unter http://www.actori.de/fileadmin/Redaktion/Downloadcontent/Publikationen/Social_Media_Studie_FINAL.pdf.
Scherhorn, Gerhard (1992). Kritik des Zusatznutzens. Thexis, Heft 2. S. 24–28.
Scherhorn, Gerhard (1993). Konsumverhalten. In: G. Enderle (Hrsg.). Lexikon der Wirtschaftsethik. Freiburg: Herder. Sp. 545–551.
Scherhorn, Gerhard (1994). Die Unersättlichkeit der Bedürfnisse und der kalte Stern der Knappheit. In: B. Biervert und M. Held (Hrsg.). Das Naturverständnis der Ökonomik. Frankfurt/Main: Campus. S. 224–240.
Schleider, Tim (2012). „Don Giovanni" aus allen Blickwinkeln. Stuttgarter Zeitung vom 21. Juli 2012. Als Online-Doklument veröffentlicht, abgerufen am 21.04.2015 unter http://www.stuttgarter-zeitung.de/inhalt.print.48791ddd-2733-4fdc-acb0-7391cbb8f4fe.presentation.print.v2.html.
Schmidjell, Richard und Gaubinger, Bernd (1980). Quantifizierung der externen Effekte des Kunstsektors am Beispiel der Salzburger Festspiele. Wirtschaftspolitische Blätter, Heft 27. S. 89–97.

Schmidt, Kurt (1970). Kollektivbedürfnisse und Staatstätigkeit. In: H. Haller, L. Kullmer, C. S. Shoup und H. Timm (Hrsg.). Theorie und Praxis des finanzpolitischen Interventionismus. Tübingen: Mohr. S. 3–27.

Schnabel, Hermann (1979). Verhaltenswissenschaftliche Konsumtheorie. Stuttgart: Kohlhammer.

Schuck-Wersig, Petra (2000). Deutsche Museen im Internet. Leitfaden. Sponsoring & Event-Marketing. Februar 2000. S. 1–16.

Schuster, Mark J. (1999). The other side of the subsidized muse: Indirect aid revisited. Journal of Cultural Economics, 23(1–2), 51–70.

Schwaiger, Manfred (2001). Messung der Wirkung von Sponsoringaktivitäten im Kulturbereich. Heft 3/2001 des Instituts für Organisation der Ludwig-Maximilians-Universität München. Als Online-Dokument veröffentlicht, abgerufen am 16.03.2015 unter http://www.imm.bwl.uni-muenchen.de/forschung/schriftenefo/ap_efoplan_03.pdf.

Schwaiger, Manfred (2006). Die Wirkung des Kultursponsorings auf die Unternehmensreputation der Sponsoren. Heft 1/2006 des Instituts für Organisation der Ludwig-Maximilians-Universität München. Als Online-Dokument veröffentlicht, abgerufen am 16.03.2015 unter http://www.imm.bwl.uni-muenchen.de/forschung/schriftenimm/ap_imm_01.pdf.

Schwarz, Gerhard (1992). Ordnungspolitische Betrachtungen zur Kulturförderung. In: C. A. Andreae und C. Smekal (Hrsg.). Kulturförderung in den Alpenländern. Innsbruck: Universitätsverlag Wagner. S. 61–69.

Scitovsky, Tibor (1989). Culture is a good thing: A welfare-economic judgment. Journal of Cultural Economics, 13(1), 1–16.

Scott, Suzanne (2015). The moral economy of crowdfunding and the transformative capacity of fan-ancing. New Media & Society, 17(2), 167–182.

Seaman, Bruce A. (2003). Economic impacts of the arts. In: R. Towse (Ed.). A handbook of cultural economics. Cheltenham, UK: Elgar. S. 224–231.

Shanahan, James L. (1980). The arts and urban development. In: W. S. Hendon und J. L. Shanahan (Hrsg.). Economic policy for the arts. Cambridge, Mass.: Abt Books. S. 295–307.

Sheth, Jagdish N., Newman, Bruce I. und Gross, Barbara L. (1991). Why we buy what we buy: A theory of consumption values. Journal of Business Research, 22(2), 159–170.

Sheth, Jagdish N., Newman, Bruce I. und Gross, Barbara L. (1991). Why we buy what we buy: A theory of consumption values. Journal of Business Research, 22(2), 159–170.

Siebenmorgen, Harald (1999). Der Museumsshop – So ist das Leben. In: Compania Media (Hrsg.). Der Museumsshop: Positionen, Strategien und Sortimente. Ein Praxisführer. Berlin: Transcript Verlag. S. 22–25.

Sigloch, Tabea (2010). Der Stellenwert von Kunst- und Kulturstiftungen in der Kulturökonomik. Theoretische Analyse und empirische Untersuchungen. Unveröffentlichte Diplomarbeit am Institut für Haushalts- und Konsumökonomik der Universität Hohenheim. Stuttgart: Universität Hohenheim.

Smekal, Christian (1992). Förderung von Kultur und Kunst aus der Sicht der neueren Subventionstheorie. In: C.-A. Andreae und C. Smekal (Hrsg.). Kulturförderung in den Alpenländern. Innsbruck: Universitätsverlag Wagner. S. 71–81.

Smith, Adam (1776/1974). Der Wohlstand der Nationen: Eine Untersuchung seiner Natur und Ursachen. Aus dem Englischen übertragen von Horst Claus Recktenwald. Nach der 5. Auflage. München: Beck.

Smith, Anthony N. (2015). The backer-developer connection: Exproring crowdfunding's influence on video game production. New Media & Society, 17(2), 196–214.

Smith, Thomas M. (2007).The impact of government funding on private contributions to non-profit performing arts organizations. Annals of Public and Cooperative Economics, 78(1), 137–160.

Snowball, Jeanette D. (2008). Measuring the value of culture. Methods and examples in cultural economics. Berlin: Springer.

Söndermann, Michael, Backes, Christoph und Arndt, Olaf (2009). Gesamtwirtschaftliche Perspektiven der Kultur- und Kreativwirtschaft in Deutschland. Kurzfassung eines Forschungsgutachtens im Auftrag des Bundesministeriums für Wirtschaft und Technologie. Forschungsbericht Nr. 577. Als Online-Dokument abgerufen am 12.09. 2014 unter https://www.kultur-kreativ-wirtschaft.de/Dateien/KuK/PDF/doku-577-gesamtwirtschaftliche-perspektiven-kultur-und-kreativwirtschaft-kurzfassung,property= pdf,bereich=kuk,sprache=de,rwb=true.pdf.

Staatsgalerie Stuttgart (2015). Schlemmers „Familie" muss in Stuttgart bleiben: Helfen Sie mit Ihrer Spende! Als Online-Dokument veröffentlicht, abgerufen am 06.05.2015 unter https://shop.staatsgalerie.de/spendenaufruf.

Stadt Hamburg (2015). Kultur für die junge Generation. Homepage. Als Online-Dokument veröffentlicht, abgerufen am 28.05.2015 unter http://www.hamburg.de/kinder-jugend-kultur/.

Stadt Stuttgart (2015). Kultur für Jugendliche. Homepage. Als Online-Dokument veröffentlicht, abgerufen am 28.05.2015 unter https://www.stuttgart.de/jugend/kultur.

Stadtmuseum Tübingen (2015). Audioguide und Geräuscharchiv. Als Online-Dokument veröffentlicht, abgerufen am 20.04.2015 unter https://www.tuebingen.de/stadtmuseum/1389.html.

Statistisches Bundesamt (2014). Laufende Wirtschaftsrechnungen. Einnahmen und Ausgaben privater Haushalte. Als Online-Dokument veröffentlicht, abgerufen am 12.01.2015 unter https://www.destatis.de/DE/Publikationen/Thematisch/Einkommen KonsumLebensbedingungen/LfdWirtschaftsrechnungen/Einnahmen AusgabenprivaterHaushalte2150100127004.pdf?__blob=publicationFile.

Statistisches Bundesamt (2015). Bevölkerung – Zahl der Einwohner in Deutschland nach Altersgruppen. Als Online-Dokument veröffentlicht, abgerufen am 03.02.2015 unter http://de.statista.com/statistik/daten/studie/1365/umfrage/bevoelkerung-deutschlands-nach-altersgruppen/.

Terlutter, Ralf (1999). Lebensstilorientiertes Kulturmarketing. Wiesbaden: Gabler.

The British Museum (2015). Online tours. Als Online-Dokument veröffentlicht, abgerufen am 21.04.2015 unter https://www.britishmuseum.org/explore/online_tours.aspx.

The European Fine Art Foundation (2015). Global art sales in 2014 break all known records. Als Online-Dokument veröffentlicht, abgerufen am 13.04.2015 unter http://www.tefaf. com/media/tefafmedia/TEFAF%202015%20-%20PB%208%20-%20Global%20art%20 sales%20in%202014%20break%20all%20known%20records%20EN.pdf.

Throsby, C. David und Withers, Glenn A. (1983). Measuring the demand for the art as a public good: Theory and empirical results. In: W. S. Hendon und J. L. Shanahan (Hrsg.). Economics of cultural decisions. Cambridge, Mass.: Abt. S. 177–191.

Throsby, David (1994). The production and consumption of the arts: A view of cultural economics. Journal of Economic Literature, 32(1), 1–29.

Throsby, David (2001). Economics and culture. Cambridge: Cambridge University Press.
Throsby, David (2001). Economics and culture. Daraus insbesondere Kap. 6. The economics of creativity, S. 93–109. Cambridge: Cambridge University Press.
Throsby, David (2003). Determining the value of cultural goods. How much (or how little) does contingent valuation tell us? Journal of Cultural Economics, 27(3/4), 275–285.
Tietzel, Manfred (1995). Literaturökonomik. Tübingen: Mohr.
TNS Infratest (2015). Engagementquote (Anteil freiwillig Engagierter an der Bevölkerung) in Deutschland in den Jahren 1999, 2004 und 2009. Statista. Als Online-Dokument veröffentlicht, abgerufen am 20.05.2015 unter http://de.statista.com/statistik/daten/studie/191017/umfrage/engagement-und-aktivitaet-in-der-bevoelkerung-in-deutschland/.
TNS Infratest (Hrsg.) (2011). 17 Jahre deutscher Spendenmonitor. Fakten und Trends im Zeitverlauf. Als Online-Dokument veröffentlicht, abgerufen am 18.03.2015 unter http://www.tns-infratest.com/presse/pdf/Presse/TNS_Infratest_Deutscher_Spendenmonitor_2011.pdf.
Toepler, Stefan (1991). Kulturfinanzierung: Ein Vergleich USA – Deutschland. Wiesbaden: Gabler.
Toffler, Alvin (1973). The culture consumers. New York: Random House.
Tohmo, Timo (2004). Economic value of a local museum factors of willingness-to-pay. The Journal of Socio-Economics, 33(2), 229–240.
Tuan, Tran Huu und Navrud, Stale (2008). Capturing the benefits of preserving cultural heritage. Journal of Cultural Heritage, 9(3), 326–337.
Turrini, Alex, Soscia, Isabella und Maulini, Andrea (2012). Web communication can help theaters attract and keep younger audiences. International Journal of Cultural Policy, 18(4), 474–485.
umbra Markt- und Sozialforschung (2014). Lange Nacht der Museen in Stuttgart, 15. März 2014, Befragung von 707 zufällig ausgewählten Besucherinnen und Besuchern. Unveröffentlichtes Manuskript. Landau: umbra Markt- und Sozialforschung.
UNESCO (2009). The 2009 UNESCO Framework for Cultural Statistics (FCS). Montral, Quebec, Canada: UNESCO Institute for Statistics, abgerufen am 07.05.2014 unter http://www.uis.unesco.org/Library/Documents/framework-cultural-statistics-culture-2009-en.pdf.
Urselmann, Michael und Schwabbacher, Wolfram (2013). Deutscher Spendenmarkt wächst auf Rekordergebnis. Fundraiser-Magazin vom 09.12.2014. Als Online-Dokument veröffentlicht, abgerufen am 18.03.2015 unter http://www.fundraiser-magazin.de/index.php/szene-news-archiv/deutscher-spendenmarkt-waechst-auf-rekordergebnis-699.html.
Uusitalo, Liisa (1994). Images of art museums. Paper presented at the Eighth International Congress on Cultural Economics. Unveröffentlichtes Manuskript. Witten/Herdecke University, Germany, 25 August 1995.
Van der Beek, Gregor (2002). Kulturfinanzen. Ein volkswirtschaftlicher Beitrag zur Reform der öffentlichen Museen und Theater in Deutschland. Berlin: Duncker & Humblot.
Vanhaverbeke, Wim (1992). How students evaluate business sponsorship to the arts in Flanders. Journal of Cultural Economics, 16(1), 53–66.
Vautravers-Busenhart, Isabelle (1998). Kultur- oder Sparpolitik? Eine ökonomische und institutionelle Analyse für die Schweiz. Chur: Rüegger.

13 Literaturverzeichnis

Vielmeier, Jürgen (2011). Google Art Project: Virtueller Rundgang durch Museen für alle. Als Online-Dokument veröffentlicht, abgerufen am 20. 04.2015 unter https://www.basicthinking.de/blog/2011/02/01/google-art-project-virtueller-rundgang-durch-museen-fuer-alle/.

Visit Berlin (2015). Die Berlin WelcomeCard auf einen Blick. Als Online-Dokument veröffentlicht, abgerufen am 16.02.2015 unter http://www.visitberlin.de/de/artikel/die-berlin-welcomecard-auf-einen-blick.

Vogelsang, Axel, Ninder, Bettina und Mohr, Saraina (2011). Social Media für Museen. Ein Leitfaden zum Einstieg in die Nutzung von Blog, Facebook, Twitter & Co. für die Museumsarbeit. Hochschule Luzern, Design & Co. Als Online-Dokument veröffentlicht, abgerufen am 11.05.2015 unter http://blog.hslu.ch/audienceplus/files/2011/10/HSLU-DK_SozialeMedien_Doppelseiten_Mittel.pdf.

Von Maur, Karin (2006). Kunst vereint. 100 Jahre Stuttgarter Galerieverein. Eine Chronik. Stuttgart: Stuttgarter Galerieverein e.V.

Voss, Julia (2009). Der Betrachter ist im Ohr. Frankfurter Allgemeine Feuilleton vom 24.08.2009. Als Online-Dokument veröffentlicht, abgerufen am 20.04.2015 unter http://www.faz.net/aktuell/feuilleton/kunst/audioguides-der-betrachter-ist-im-ohr-1635067.html.

Walter, Tanja (1995). Zur Berücksichtigung von Verbraucherwünschen im Museumsangebot. Unveröffentlichte Seminararbeit am Lehrstuhl für Konsumtheorie und Verbraucherpolitik. Stuttgart: Universität Hohenheim.

Weinberg, Peter (1986). Vom Preis- zum Erlebniswettbewerb. Absatzwirtschaft, 29(3), 87–91.

West, Edward G. (1986). Arts vouchers to replace grants. Economic Affairs, 6(3), S. 9–16.

Wettenhall, Roger (2003). The rhetoric and reality of Public-Private Partnerships. Public Organization Review: A Global Journal, 3(1), 77–107.

White, Robert (1959). Motivation reconsidered: The concept of competence. Psychological Review, 66(5), 297–333.

Wiesbadener Kurier (2014). 100. Todestag des Kunstmäzens Hugo Reisinger. Als Online-Dokument veröffentlicht, abgerufen am 29.10.2014 unter http://www.wiesbadener-kurier.de/lokales/wiesbaden/nachrichten-wiesbaden/100-todestag-des-kunstmaezen-hugo-reisinger_14203881.htm.

Williams, Allan, Shore, Gareth und Huber, Martin (1995). The arts and economic development: Regional and urban–rural contrasts in UK local authority policies for the arts. Regional Studies, 29(1), 73–100.

Wink, Rüdiger, Kirchner, Laura, Koch, Florian und Speda, Daniel (2014). Studie zur Umwegrentabilität der kulturellen Eigenbetriebe der Stadt Leipzig. Kurzfassung. Als Online-Dokument veröffentlicht, abgerufen am 13.03.2015 unter http://www.miz.org/dokumente/2014_HTWK_Studie_Umwegrentabilitaet_Kurzfassung.pdf.

Wiswede, Günter (2000) Konsumsoziologie – Eine vergessene Disziplin. In: D. Rosenkranz und N. F. Schneider (Hrsg.). Konsum. Soziologische, ökonomische und psychologische Perspektiven. Opladen: Leske & Budrich. S. 23–72.

Wünsch, Claudia (1998). Möglichkeiten zur konsumentenorientierten Vermittlung des Theaterangebots: Eine empirische Analyse. Unveröffentlichte Diplomarbeit am Lehrstuhl für Konsumtheorie und Verbraucherpolitik. Stuttgart: Universität Hohenheim.

Yorke, David und Jones, P. R. (1987). Museums and marketing techniques. Management Decisions, 25(1), 25–32.

Yudelson, Julian (1999). Adapting McCarthy's four p's for the twenty-first century. Journal of Marketing Education, 21(1), 60–67.

ZEIT ONLINE (2011). KulturBarometer. Mehr Besucher in klassischen Konzerten. Als Online-Dokument veröffentlicht, abgerufen am 20. 05.2015 unter http://www.zeit.de/kultur/musik/2011-09/kulturbarometer-zuschauer-oper-konzert.

Zimmer, Annette (1996). Ehrenamtliche und freiwillige Arbeit im Museum. Die vernachlässigten Ressourcen. In: A. Zimmer (Hrsg.). Das Museum als Nonprofit- Organisation. Frankfurt/New York: Campus. S. 359–388.

Stichwortregister

A
acquired taste, 123
Aktivierungsverbreitungstheorie, 120
Allokationseffekt, 144
Allokationseffizienz, 31
allokative Ineffizienz, 128
Angebotsfreiheit, 30
Anteilsfinanzierung, 50
Arbeitsteilung, 7
Audioguides, 156

B
Baumol'sche Kostenkrankheit, 39
Bedarfsreflexion, 228
Bedürfnispyramide, 106, 108, 113, 166
Bedürfnisse, 7, 8, 30, 102, 106, 107, 124, 141, 153, 199, 203, 206, 240
behavioral beliefs, 178
Beliefs, 166, 176
Beschäftigungswirkungen, 84
besser informierte Gruppe, 35, 37
betriebswirtschaftliche Perspektive, 22
Bildungswert, 19, 235
Budgetinzidenzanalyse, 127

C
contingent valuation, 92
control beliefs, 178
cost disease, 39, 41, 43, 234
Crowdfunding, 76, 77, 213, 239
Crowding out, 76, 234, 236, 237
Crowding out Effekt, 234, 236
Culture Card, 144, 146

D
Defizitmotive, 106
demeritorische Güter, 35
Denkmalpflege, 75, 81, 91
Distributionseffekt, 144
Doppelnatur, 16, 103

E
Effizienz, 31, 42, 79, 150, 227–229
Ehrenamtliche Arbeit, 238
Eigenfinanzierung, 151
Einsatz-/Energiekosten, 142
Einstellung zum Verhalten, 116, 117
Eintretenswahrscheinlichkeit, 117
Eintrittspreise, 151, 237
Entscheidungs- und Handlungsfreiheit, 30

Entscheidungskompetenz, 227
Ergebnisüberzeugungen, 116, 117
Erhalt des Kulturgutes, 91
Erhaltungswert, 90
Erlebnisfaktor, 111
Erlebniskonsum, 109, 111, 175, 231
Existenzwert, 19, 93, 235
Exit-Preis, 154
Externalitäten, 33, 34, 50
externe Anreize, 89, 236
externe Effekte, 33, 34, 229
externe Hemmnisse, 117

F
Fehlallokation, 22
Fehlbedarfsfinanzierung, 50
Fehlbetragsfinanzierung, 50
Finanzierung von Kulturinstitutionen, 49, 51, 66, 72, 77, 150, 151
Förderung des Kulturangebots, 203, 222
Förderung von Kunst und Kultur, 22, 42
Förderverein, 78, 138
free rider, 17, 235
freie Marktwirtschaft, 30
Fundraising, 77, 241

G
Gemeinschaftsaufgabe, 32
gesamtgesellschaftliche Wirkungen des Kulturangebots, 20, 235
Gesamtwert einer Konsumentscheidung, 120
Gesetz vom abnehmenden Grenznutzen, 121, 123
geteilte Souveränität, 118, 240
given-new-Strategie, 120
Grenznutzen, 121, 123, 150
Güterkategorien, 31, 32

H
Haushaltsproduktionsmodell, 123
Humankapital, 3, 104, 111, 114, 122, 228

I
Image von Kunstmuseen, 193, 208
Imagetransfer, 74
immaterielle Bedürfnisse, 102
immaterieller Konsum, 102, 106, 193, 228
Informationskompetenz, 227
Informationssuche, 113, 227, 228
Informationsverarbeitungsmodell, 210
institutionelle Finanzierung, 50
institutionelle Kreativität, 89
intangible kulturelle Werte, 90
interne Anreize, 236
interne Hemmnisse, 117
Internet als Informationsmedium, 155, 158, 203, 210, 213
Internetauftritt, 210, 214, 215
Internetshops, 209
intrinsische Motivation, 89, 236

K
kameralistische Buchführung, 49
Kernbereich von Kunst und Kultur, 79
Knappheit, 5
Koalitionsvertrag 2013, 222
kognitive Effizienz, 120
kognitive Entlastung, 120
kognitive Psychologie, 120
Komplementärausgaben, 84
Konsum, 16, 17, 33, 103
Konsumaufgabe, 227
Konsument, 102
Konsumentenpräferenzen, 14, 35, 36, 128
Konsumentensouveränität, 6, 26, 30, 34, 36, 38, 43, 117, 118, 128, 241
Konsumentensubventionierung, 241
Konsumentenverhalten, 116
Konsumentenwünsche, 31, 148, 193
Konsumentscheidung, 38, 107, 108, 113, 115, 121, 124, 153, 175, 227
Konsumforschung, 147
Konsumfreiheit, 30
Konsumgesellschaft, 101
Konsumkompetenz, 118, 227
Konsumnutzen, 102, 128

Stichwortregister

Konsumphase, 164, 227
Konsumprozess, 113, 114, 228
Konsumtheorie, 105, 123
Kontrollüberzeugungen, 117
Kostenkrankheit, 39, 40, 43, 128, 234
Kosten-Nutzen-Vergleich, 89, 120, 141
kreativer Prozess, 88
Kreativität, 88, 124, 176, 183, 222, 229
Kreativwirtschaft, 67, 68
Kreislaufbetrachtung, 83
Kreislaufmodell, 84
Kreislauftheorie, 83
Krisenherde, 232–234
Kultur, 9–11, 13
Kultur als Staatsziel, 222
Kultur in der Gesellschaft, 224
Kultur schenken 2015, 150, 151
Kultur-und Stadtmarketing, 86
Kulturanbieter, 43, 44, 48, 50–52, 54, 61, 67, 83
Kulturangebot, 42, 47, 60, 67, 75, 79, 122, 125, 203, 222
Kulturausgaben, 63, 65, 66, 69, 84, 127, 164
KulturBarometer, 226, 233
Kulturbesucher, 84, 176, 200
Kulturbewusstsein, 45, 54, 224–226
Kulturbildung, 54, 242
kulturelle Kompetenz, 196
kulturelle Werte, 61, 87, 90
kulturelles Umfeld, 4, 86
Kulturerbe, 6, 89–90
Kulturerziehung, 54, 231
Kultur-Event, 86
Kulturfinanzbericht, 63, 67
Kulturfinanzierung, 14, 22, 68, 78, 127, 151, 232
Kulturförderung, 42, 44, 48, 64, 69–72, 75, 78, 81, 135, 223
Kulturgesellschaft, 91
Kulturgüter, 11, 13, 16, 20, 33, 61, 82, 91, 103, 123, 128, 134
Kulturgutscheine, 44, 51, 52, 119, 128, 144, 241
Kulturhandeln des Einzelnen, 225
Kulturhaushalt, 127

kulturinduzierter Umsatz, 84
Kulturinstitutionen, 66, 88, 92, 112, 117, 138, 139, 144, 232, 237, 240
Kulturinteresse, 54, 147, 170, 171, 182, 184, 185, 237
Kulturkarte, 144, 150
Kulturkarte, Akzeptanz, 147, 149, 150
Kulturkarte, Modell, 145–147, 241
Kulturkarte, Nachteile, 148
Kulturkarte, Vorteile, 148
Kulturklima, 242
Kulturkompetenz, 227–229, 241
Kulturkonsum, 112, 116, 121, 124, 150, 175, 176, 178, 211, 228, 229, 242
Kulturkonsument, 43, 44, 51, 74, 82, 102, 103, 114, 128, 165, 236, 237
Kulturkonsument, souverän, 240, 241
Kulturleben, 45, 52, 126, 224, 226, 242
Kulturleistung, 52, 83, 127, 139, 141, 235
Kulturmanagement, 22
Kulturmarketing, 139, 236
Kulturnachfrage, 44, 51, 102, 144, 242
Kulturnation, 223, 226
Kulturökonomik, 7, 12–14, 21, 23, 44, 234, 240
kulturpädagogische Maßnahmen, 120
Kulturpolitik, 84
Kulturpräferenzen, 230
Kulturschutz, 223
Kultursektor, 9, 14, 25, 39, 40, 43, 66, 67, 79, 80, 235
Kultursponsoring, 72–74, 144, 145
Kultursubvention, 126, 146
Kulturverhalten, 184, 185, 224
Kundenorientierung, 51, 74, 77, 148, 150, 193, 234, 235
Kundenwert, 139
Kundenwünsche im Kulturbereich, 139, 199
Kunst, 9, 11–13
Kunst als Idee, 23, 24
Kunst als Materie, 23, 24
Kunst und Kultur, 8, 9, 12, 16, 21, 44
Kunstangebot, 16, 235
Kunsterlebnis, 103, 111, 122, 127, 202
Kunsterziehung, 126, 229, 232

Kunstförderung, 20, 89
Kunstgenuss, 4, 107, 123, 142, 155, 203, 210, 229
Kunstgüter, 12, 16, 19, 35, 50, 105, 119, 123, 241
Kunstkonsum, 52, 105, 107, 113, 121, 123, 126, 229, 230
Kunstkonsument, 25, 52, 118
Kunstkonsument als Rezipient, 104
Kunstkonsument als Sammler, 103
Künstler, 17, 18, 76, 80, 87
künstlerische Idee, 24, 103
Kunstmarkt, 104, 105
Kunstnachfrage, 121
Kunstökonomik, 12
Kunstpass, 144
Kunstsammler, 103
Kunstverein, 78, 239
Kunstvermittlung, 154

L

Lebens-und Standortqualität, 86
Lerneffekt, 52

M

Marketing, 139
Märkte, reale, 30
Märkte, virtuelle, 30
Marktforschung, 193
Marktkorrekturen, 48, 51
Marktmechanismus, 31
Marktunvollkommenheiten, 31, 43
Marktversagen, 26, 31, 44
Marktwirtschaft, 30, 241
materielle Bedürfnisse, 102
materielle Kulturwerte, 10
materieller Konsum, 102
Maximalprinzip, 6
Mäzen, 72
meritorische Güter, 35, 37, 38
Meta-Präferenzen, 3
Minimalprinzip, 6
Mischgut, 33, 35
mixed goods, 32

Multiplikatoreffekte, 84
Museumsbesuch, 116, 141, 143, 144, 154, 194
Museumseintrittspreise, 144
Museumsläden, 206
Museumsmarketing, 141
Museumsshops, 205, 207, 208, 210

N

Nachfrage nach Kunst und Kultur, 119, 121, 123
nachgelagerte Bereiche, 80
Nachhaltigkeit, 6, 90
natürliche Mitwelt, 118
net surplus, 121
Nettoübertragungen, 81
Nettowert, 139–141
Netzwerkmodelle, 120
nicht-ausschließbarer Konsum, 16
Nicht-Ausschließbarkeit, 17, 23, 32, 33
nicht-rivalisierender Konsum, 16
Nicht-Rivalität, 17, 32, 33
nonuser benefits, 93
normative Überzeugungen, 117
Nutzungskompetenz, 228

O

öffentliche Aufgabe, 25, 89, 126
öffentliche Gütereigenschaften, 16
öffentliche Kulturfinanzierung, 63
öffentlichen Kulturausgaben, 63
öffentliches Gut, 16
Okonomik, 8
ökonomische Analyse, 3, 12
ökonomische Wohlfahrt, 30
ökonomischer Ansatz, 2, 240
ökonomisches Denken, 5
ökonomisches Prinzip, 5
online tours, 158
Onlineshops, 208
Online-Verkauf, 213
Opportunitätskosten, 6, 90, 121
optional goods, 19
Optionswert, 19

Stichwortregister

P
perceived ease of use, 155
perceived utility, 155
persönliche Kreativität, 89
physiologischen Bedürfnisse, 106
Podcast, 155, 156
postmoderner Konsum, 109
Präferenzen, 2–4, 17, 38, 44, 52, 118, 119, 147
Preisdifferenzierung, 143, 241
Preiselastizität der Nachfrage, 121, 122
Preis-Leistungs-Verhältnis, 142
Preismechanismus, 25, 30
Preismoral, 241
Prestigewert, 19
Primärausgaben, 84
private Kulturförderung, 69
privates Gut, 16, 33
privat-öffentliche Kooperationen, 134, 137
Produktivitätsfalle, 38, 40
Produktivitätssteigerung, 39
Projektfinanzierung, 50
psychische Kosten, 142, 201
Public Private Partnership, 134, 135
Publikumseinrichtungen, 192
pure public goods, 32

R
rationales Handeln, 31, 89
Regressionswirkung, 127
rein öffentliche Güter, 22, 31, 43
rein private Güter, 34, 103
relativer Preiseffekt, 236
Rentabilität, 82, 85
Ressourcen, 90, 118, 128, 134
Restriktionen, 2, 4
Rezipient, 103

S
Sammler, 103
Schattenpreise, 123
Schwarzfahrer, 17, 31, 234, 235
Sekundärausgaben, 84

Selbstverwirklichung, 89, 106, 107, 110, 125, 167
Selbstverwirklichungsbedürfnisse, 106
semantisches Netzwerkmodell, 120
Sicherheitsbedürfnisse, 106
soziale Marktwirtschaft, 30
soziale Mitwelt, 118
soziale Relevanz, 34
sozialen Bedürfnisse, 106
soziales Umfeld, 116, 117, 179, 239
Spendenbereitschaft, 75
Spendenbeschaffungsmaßnahmen, 77
spezifisch öffentliche Güter, 32, 34
spezifische Egalität, 126
Sponsor, 72, 73, 134, 238
Sponsoring, 72–74, 134, 145, 146, 238
Staatsversagen, 43
Standortentscheidungen, 86
Standortfaktor, 50, 86
Subjektive Norm, 116, 117
Subventionen, 48, 51, 88, 149
Subventionspreise, 126, 237

T
tangibles Kulturgut, 91
Technologieakzeptanzmodell, 155
Teilfinanzierung, 50
Theaterbesucher, 198, 200, 202, 230
Theorie der Konsumwerte, 107, 125, 166, 169
Theorie des durchdachten Handelns, 206
Theorie des geplanten Verhaltens, 116, 166, 169
theory of planned behavior, 116
theory of reasoned action, 116, 155

U
Überzeugungen, 116, 117, 155
Umwegrentabilität, 85
Umwegrentabilitätsrechnung, 82, 84
unsichtbare Hand, 30
Unterhaltungswert, 124, 143, 198
Urheberrecht, 45

V

Value Marketing, 120, 139, 141, 142, 144, 236
Verbraucher, 30, 38, 102, 113, 114, 147, 227
Verdrängung von Verantwortlichkeit, 236
Verdrängungskosten, 236
Verdrängungstheorie, 76, 236
Verflechtungsmodell, 73
Verhaltenintentionsmodell, 116
Vermächtniswert, 19
Verteilungswirkungen, 128
Verwertungskompetenz, 228
virtuelle Präsentation, 157
virtueller Einkaufskorb, 209
virtueller Kulturbesuch, 157
virtueller Kunstgenuss, 210
volkswirtschaftliche Kennziffern für Kultur, 79
volkswirtschaftlicher Beitrag, 79
Vollfinanzierung, 50
Vor- und Nachteile des Museumsbesuchs, 196
Vor- und Nachteile des Theaterbesuchs, 202
Vor- und Nachteile eines Museumsbesuchs, 195
Vor- und Nachteile eines Theaterbesuchs, 200
Vor- und Nachteile von Museumsshops, 207
vorgelagerte Bereiche, 80
Voucher-Modell, 51

W

Wachstumsmotive, 106
wahrgenommene Benutzerfreundlichkeit, 155
wahrgenommene Nützlichkeit, 155
Wert eines Museumsbesuchs, 143
Werteanalyse, 141
Wertekompetenz, 228
Wertmarketing, 141
Wertmaximierer, 139
willingness-to-pay, 91
Wirkungen des Kulturangebots, 26, 79
Wirkungen des Kulturkonsums, 124
Wirtschaften, 7
Wirtschaftlichkeit, 5
Wirtschaftlichkeitsprinzip, 5, 120
Wirtschaftswissenschaft, 8
Wohlfahrtsökonomisch, 31
Wünsche von Kunstkonsumenten, 193

Z

Zahlungsbereitschaft, 91–94
Zeit- und Geldkosten, 142

Autorenregister

A
AGOF 2015, 211
Ajzen 1991, 116, 173, 178
Ajzen 2002, 178
Ajzen 2011, 116
Ajzen und Fishbein 1980, 115, 147, 199, 206
Ammann 2001, 141, 193, 202
Anderson 1981, 120
Anderson und Armbrecht 2014, 93
Andreae 1994, 17
Andreae und Wilflingseder 1980, 11, 103, 104
Anheier et al. 1997, 223, 239
Arbeitskreis Kunst und Kultur des Bundesverbandes Deutscher Stiftungen 2014, 78
ARD/ZDF Onlinestudie 2014, 211
ArtAssure 2013, 104

B
Bacher 1997, 91
Bagusat 2012, 72
Baigent 1975, 2
Baumol 1979, 53
Baumol 2003, 43
Baumol und Baumol 1985, 42
Baumol und Baumol 1997, 86
Baumol und Bowen 1966, 13, 19, 38–42, 127, 232, 234, 235
Becker 1993, 7
Becker 1996, 3
Becker 2000, 210
Bedate et al. 2004, 92
Benkert 1989, 84
Bennett et al. 2015, 76
Berliner Morgenpost 2007, 85
Besharov 2005, 41
Bianchi 1997, 103
Bickart und Schindler 2001, 217
Bille Hansen 1997, 93
Binder 1996, 117
Blackwell et al. 2006, 10
BMF 2013, 65
BMF 2014, 45
BMWI 2014, 62
Bönsel und Donsbach 2007, 84
Booth 2015, 76
Boulding 1977, 3
Braun und Gallus 1999, 10
Bremer Philharmoniker 2014, 138
Brenner 2002, 36
Bridge 1976, 52–54
Brito und Barros 2005, 123
Brodbeck 1996, 147
Brosio 1994, 15

Brück und Schuhmacher 2004, 65
Bruhn 1989, 73
Budäus und Grüb 2007, 137
Budäus und Grüning 1997, 134–136
Bundesministerium der Finanzen 2015, 137
Bundesministerium der Justiz und für Verbraucherschutz 1976, 47
Bundesministerium der Justiz und für Verbraucherschutz 2015, 223
Burth 2013, 50

C
Cameron 1997, 91
Carey 2005, 233
Chang und Mahadevan 2014, 92
Chevalier und Mayzlin 2006, 217
Colbert 2002, 230
Colbert 2003, 236
Cooper und Tower 1992, 125, 197, 198
Crowdfunding Informationsportal 2015, 76
Cuccia 2003, 92
Cultural Institute 2015, 158
Cwi 1980, 43

D
Davidson und Poor 2015, 76
Davis 1989, 155
Deci 1971, 76, 236
Deci und Ryan 1985, 76, 236
Deutsche Zentrale für Tourismus e.V. 2015, 55
Deutscher Bundestag 2006, 222
Deutscher Bundestag 2012a, 222
Deutscher Bundestag 2012b, 222
Deutscher Kulturrat 2008, 55
Deutscher Museumsbund 2015, 154
Deutscher Spendenrat 2013, 75
Deutsches Museum 2015, 156
DiMaggio 1994, 4
DOV und ZfKf 2011, 165, 224, 231
Dube und Schauerte 1988, 192

E
Editorial The Guardian/The Observer 2013, 138
Ellenrieder und Kiel 2006, 138

Endres 1994, 34
Enquetekommission Kultur in Deutschland 2007, 55, 222
European Commission 2006, 15
European Commission 2007, 166, 213, 216
European Commission 2007/2013, 213, 216
European Commission 2013, 213
European Fine Art Foundation 2015, 104

F
Felton 1989, 121
Felton 1992, 122
Fils 2014, 45
Frank et al. 2002, 86
Freunde der Staatsgalerie 2015, 239
Frey 1996, 41
Frey 1997, 90–92
Frey 1999, 88, 89
Frey 2001, 19, 93, 119
Frey 2003, 87
Frey und Busenhart 1997, 89
Frey und Eichenberger 1995, 104
Frey und Jegen 2001, 76, 236
Frey und Pommerehne 1989, 44
Frey und Steiner 2012, 152, 153
Fullerton 1991, 20

G
Gäfgen 1992, 126, 229
Gaubinger 2011, 85
GfK 2014, 75
Girmscheid und Dreyer 2006, 134
Gold 1983, 118
Gordon und Beilby-Orrin 2006, 62
Görsch 2001, 77
Gottschalk 1998, 144, 240
Gottschalk 1999, 227
Gottschalk 2001, 38, 173, 212
Gottschalk 2001a, 109
Gottschalk 2001b, 115, 116
Gottschalk 2003, 227
Gottschalk 2011, 23
Gottschalk und Holly 2002, 206, 207
Götz und Schmidtke 2014, 153
Grabow 2006, 137
Gray 1998, 232

Autorenregister

Gropp 2013, 18
Grunert 1982, 120
Grunert 1990, 120

H
Haibach 1998, 77
Hampel 2010, 205
Hausmann 2012, 217
Hausmann und Poellmann 2013, 217
Heilbrun 2003, 39, 41
Heilbrun und Gray 1993, 43, 44, 51, 121–123
Heinrichs 1997, 9, 14, 78, 134
Heinrichs et al. 1997, 86
Heinrichs und Klein 1996, 49, 50, 80, 81
Helmstädter 1992, 83, 102
Hemer 2011, 76
Hendon 1979, 125, 192
Hofmeister 2009, 9
Holbrook 1987, 123
Holch 1995, 236
Holly 2002, 206
Hummel 1992, 86
Hummel 2000, 80, 81
Hummel und Berger 1988, 79, 81
Hummel und Berger 1989, 81, 82
Hummel und Brodbeck 1991, 79
Hummel und Waldkirchner 1992, 79, 81
Hütter 1999, 206
Hütter und Schulenburg 2004, 206
Hutter 1989, 17, 18, 229
Hutter 1989, 13 Hutter 1994, 13
Hutter 1995, 134
Hutter 1996, 4, 13
Hutter 1997, 90
HWWI und Berenberg Bank 2013, 165

I
IBM SPSS Statistics Version 21, 176, 179
Icek Ajzen 2011, 166
ICOM 2015, 192
IfD Allensbach 2014, 165, 239
IfD Allensbach 2015, 198, 199
Ifo-Institut 2012, 82
IKMF 2012, 170

Indiegogo 2015, 76
Institut der deutschen Wirtschaft Köln 2006, 137
Institut für Museumsforschung 2013, 152
Institut für Museumsforschung 2014, 192, 215
Institut für Museumskunde 2014, 210, 215
Institute for Art Education 2010, 231

J
Jeske 1997, 223
Jüdisches Museum Berlin 2015, 156
Jugend Kultur Service 2015, 231
Jungend Informations Zentrum München 2015, 231

K
Karcher 2011, 18
Karg und Gretzel 2012, 155–157
Késenne 1994, 42
Keuchel und Weber-Witzel 2009, 231
Kim und Van Ryzin 2014, 76
Kirsch 1991, 225, 226
Klamer 1997, 20, 90
Klein 2011, 199
Klein 2013, 216
Klingsieck 2002, 36
Kössner 1996, 73
Kotler 1972, 139
Kotler et al. 2009, 139, 140
Kratzert 2002, 209, 214
Kremer 2013, 104
Krempl 2014, 45
Krieger 1996, 2
Kubicek 2002, 211
Kulturfinanzbericht 2003, 64
Kulturfinanzbericht 2006, 64
Kulturfinanzbericht 2008, 64
Kulturfinanzbericht 2010, 64
Kulturfinanzbericht 2012, 63, 65–68
Kulturkreis der deutschen Wirtschaft 2010, 70, 71, 135
Kulturkreis der deutschen Wirtschaft 2015, 76
Kunstkarte D.A.C.H. 2015, 151
Küster 2006, 222

L
Lange Nacht der Literatur Hamburg
  2014, 112
Lange Nacht der Museen Berlin 2014,
  112, 113
Lange Nacht der Museen Stuttgart
  2014, 112
Lange Nacht der Musik München
  2014, 112
Lange Nacht der Opern und Theater Berlin
  2014, 112
Lehner 1996, 74
Lenders 1995, 236
Leupold 1994, 206
Locher und Stemmler 1998, 199
Louvre 2015b, 158

M
Mankiw 2006, 4, 8, 30, 31
Marshall 1891, 123
Marty 2006, 214
Marty 2007, 214, 215
Maslow 1953, 167, 175
Maslow 1954, 105, 125
McCain 2003, 107
McCarthy 1960, 22
Menden 2011, 156
MIBA 2015, 154
Ministério da Cultura 2015, 55
Mirow 1997, 136
Müller 1976, 11
Müller 2013, 222
Müller 2015, 209, 214
Müller et al. 1997, 84
Münchner Literaturhaus 2015, 138
Münnich 1980, 12, 16, 17
Muschiol 2002, 9
Museum Analytics 2015, 216
Museum Frieder Burda 2015, 156
Musgrave 1956/57, 37, 118
Musik Heute 2012, 157
Musik Heute 2015, 157

N
Nagel 2003, 77

O
O'Hagan 1998, 19, 20, 45–48, 126
O'Hagan und Harvey 2000, 238

P
Peacock 1973, 8, 20, 52
Peacock 1992, 8, 128
Peacock 1993, 119
Peacock und Rizzo 1994, 13
Pesando 1993, 103
Petkus 2004, 214
Plaza 2010, 92
Pommerehne 1983, 13
Pommerehne und Frey 1993, 12, 19, 38,
  82, 103
Priddat 1998, 3
Prosi 1996, 118

R
Rangel 1999, 149
Region Stuttgart 2015, 54
Reichert 2013, 104
Reyburn 2014, 104
Ridley 1983, 43
Roth 1994, 74
Rubinstein 2005, 8
Ruhr-Universität Bochum 2011, 49
Rushton 1999, 20, 43

S
Samuelson und Nordhaus 2005, 2
Saxton et al. 2007, 213
Schäfer 1997, 112
Schellenberg und Bannert 2012, 216
Scherhorn 1992, 102
Scherhorn 1993, 118

Scherhorn 1994, 103
Schleider 2012, 157
Schmidjell und Gaubinger 1980, 85
Schmidt 1970, 37
Schnabel 1979, 106
Schuck-Wersig 2000, 212
Schuster 1999, 45
Schwaiger 2001, 74
Schwaiger 2006, 73
Schwarz 1992, 43
Scitovsky 1989, 2
Scott 2015, 76
Seaman 2003, 82
Shanahan 1980, 86
Sheth et al. 1991, 107–109, 124, 125, 166, 175, 177
Sheth et al. 1999, 110
Siebenmorgen 1999, 206
Sigloch 2010, 78
Smekal 1992, 48
Smith 1776/1974, 30
Smith 2007, 76
Smith 2015, 76
Snowball 2008, 92
Söndermann et al. 2009, 66–68
Staatsgalerie Stuttgart 2015, 76, 77
Stadt Hamburg 2015, 231
Stadt Stuttgart 2015, 231
Stadtmuseum Tübingen 2015, 156
Statistisches Bundesamt 2014, 164, 165
Statistisches Bundesamt 2015, 165

T
Terlutter 1999, 139
The British Museum 2015, 158
Throsby 1994, 38, 40, 121–123, 235
Throsby 2001, 8, 87, 88
Throsby 2003, 92
Throsby und Withers 1983, 92, 93
Tietzel 1995, 16
TNS Infratest 2011, 75
TNS Infratest 2015, 239
Toepler 1991, 77
Toffler 1973, 102, 104
Tohmo 2004, 91

Tuan und Navrud 2008, 93, 94
Turrini et al. 2012, 213

U
umbra Markt-und Sozialforschung 2014, 112, 113
UNESCO 2009, 15, 60–62
Urselmann und Schwabbacher 2013, 75
Uusitalo 1994, 193, 196, 197

V
Van der Beek 2002, 41, 42, 127
Vanhaverbeke 1992, 74
Vautravers-Busenhart 1998, 123
Vielmeier 2011, 158
Visit Berlin 2015, 54
Vogelsang et al. 2011, 215
von Maur 2006, 239
Voss 2009, 156

W
Walter 1995, 195
Weinberg 1986, 109
Weltwirtschaftsinstitut und Berenberg Privatbank 2014, 68
West 1986, 53
Wettenhall 2003, 136
White 1959, 227
Wiesbadener Kurier 2014, 47
Williams et al. 1995, 86
Wink et al. 2014, 85
Wiswede 2000, 113
Wünsch 1998, 199, 230

Y
Yorke und Jones 1987, 139, 192
Yudelson 1999, 22

Z
ZEIT ONLINE 2011, 224
Zimmer 1996, 239

MIX
Papier aus verantwortungsvollen Quellen
Paper from responsible sources
FSC® C105338

If you have any concerns about our products,
you can contact us on
ProductSafety@springernature.com

In case Publisher is established outside the EU,
the EU authorized representative is:
**Springer Nature Customer Service Center GmbH
Europaplatz 3, 69115 Heidelberg, Germany**

Printed by Libri Plureos GmbH
in Hamburg, Germany